THE BASICS OF FINANCIAL ECONOMETRICS
TOOLS, CONCEPTS, AND ASSET MANAGEMENT APPLICATIONS

金融计量经济学基础
工具、概念和资产管理应用

【美】 弗兰克·J. 法博齐
(Frank J. Fabozzi)
耶鲁大学

【美】 塞尔吉奥·M. 福卡尔迪
(Sergio M. Focardi)
纽约州立大学石溪分校

著

【德】 斯维特洛扎·T. 拉切夫
(Svetlozar T. Rachev)
纽约州立大学石溪分校

【美】 巴拉·G. 阿尔沙纳帕利
(Bala G. Arshanapalli)
印第安纳大学西北分校

吴卫星
对外经济贸易大学
等译

机械工业出版社
China Machine Press

图书在版编目（CIP）数据

金融计量经济学基础：工具、概念和资产管理应用 /（美）弗兰克·J. 法博齐（Frank J. Fabozzi）等著；吴卫星等译 . —北京：机械工业出版社，2019.9

（金融教材译丛）

书名原文：The Basics of Financial Econometrics: Tools, Concepts, and Asset Management Applications

ISBN 978-7-111-63458-4

I. 金… II. ①弗… ②吴… III. 金融学 – 计量经济学 IV. F830

中国版本图书馆 CIP 数据核字（2019）第 186060 号

本书版权登记号：图字 01-2015-4407

Frank J. Fabozzi, Sergio M. Focardi, Svetlozar T. Rachev, Bala G. Arshanapalli. The Basics of Financial Econometrics: Tools, Concepts, and Asset Management Applications.

ISBN 978-1-118-57320-4

Copyright © 2014 by John Wiley & Sons, Inc.

This translation published under license. Authorized translation from the English language edition, Published by John Wiley & Sons. Simplified Chinese translation copyright © 2019 by China Machine Press.

No part of this book may be reproduced or transmitted in any form or by any means, electronic or mechanical, including photocopying, recording or any information storage and retrieval system,without permission, in writing, from the publisher. Copies of this book sold without a Wiley sticker on the cover are unauthorized and illegal.

All rights reserved.

本书中文简体字版由 John Wiley & Sons 公司授权机械工业出版社在全球独家出版发行。

未经出版者书面许可，不得以任何方式抄袭、复制或节录本书中的任何部分。

本书封底贴有 John Wiley & Sons 公司防伪标签，无标签者不得销售。

随着数量金融专业的不断兴起，金融计量经济学在金融领域的应用变得十分重要，它可以提供分析模型用以确定复杂的金融产品结构，也可以用来估值和进行风险评估。本书涵盖金融计量经济学的常用技术，避免使用不必要的数学和统计模型分析，且强调基础理论和应用。本书主要讨论了回归分析模型、因子分析、风险分析和时间序列分析。另外，本书安排了配套的教学资源，读者可以在上面查到大量的真实案例和新近的研究内容，比如信贷得分、对冲固定收益证券、平衡资产组合等。

本书适合金融应用程序开发人员、金融从业者、投资组合经理等使用。

出版发行：机械工业出版社（北京市西城区百万庄大街22号）	邮政编码：100037
责任编辑：李晓敏	责任校对：殷 虹
印　　刷：北京市荣盛彩色印刷有限公司	版　　次：2019年10月第1版第1次印刷
开　　本：185mm × 260mm　1/16	印　　张：23.25
书　　号：ISBN 978-7-111-63458-4	定　　价：79.00元
客服电话：(010) 88361066　88379833　68326294	投稿热线：(010) 88379007
华章网站：www.hzbook.com	读者信箱：hzjg@hzbook.com

版权所有·侵权必究
封底无防伪标均为盗版
本书法律顾问：北京大成律师事务所　韩光 / 邹晓东

弗兰克·J. 法博齐
谨以此书献给我的儿子 Francesco，希望他能阅读此书。

塞尔吉奥·M. 福卡尔迪
谨以此书献给我的家庭。

斯维特洛扎·T. 拉切夫
谨以此书献给我的孙辈们：Iliana、Zoya 和 Svetlozar。

巴拉·G. 阿尔沙纳帕利
谨以此书献给我的妻子 Vidya，孩子 Priyanka 和 Ashish。

译者序

自从1952年马科维茨提出现代投资组合理论开始，金融学的研究就已经和定量分析技术密不可分了。尽管偶尔还有学者抱怨经济学或者金融学的研究过于数学化，但这仅仅是在讨论合理使用程度的问题。用量化技术对金融学问题进行精确分析已经是不可逆转的趋势。任何新的金融学的进展，要么是纯粹的金融逻辑推理，像马科维茨一样以数学模型来讲述金融学道理和解决相关问题；要么是利用现实的数据来展示金融世界潜在的规律和模式。金融计量经济学也因此成为大学里所有金融学相关专业学生的必修课程。

金融计量经济学的优秀教科书现在已经可以称得上汗牛充栋了，无数杰出的教授在这方面做出了贡献。这些教科书往往分为两类：一类是试图从数学意义上严格地介绍金融研究中常用的计量经济学方法，并且讨论这些方法的统计学性质，在此基础上以经典的金融学案例来探讨这些方法的适用性；而另一类教科书则首先追求的是寻找计量经济学方法和金融学问题的平衡，这类教科书首先考虑的不是数学的严格，而是方法和问题的结合。弗兰克·法博齐（Frank J. Fabozzi）教授和他的合作者们写作的这本书正是第二类教科书的典范。从标题就可以看出，这本书的作者们尝试将计量经济学方法与资产管理相关的金融学问题结合起来。例如作者在介绍分位数回归时，不仅仅介绍了分位数回归在度量在险价值（VaR）时的经典应用，还介绍了用分位数回归构建量化投资策略、探测投资组合经理的风格、确定影响公司资本结构的影响因素等，这些例子都是分位数回归在金融学领域非常精巧的应用，新颖而且有启发性，在以往的教科书中很少能够找到。

另外，大学教授通常喜欢按照学术的脉络来讲解相关理论和方法，而中小学老师则强调如何让学生更加容易地掌握新知识。实际上，如果大学教授适度考虑学生的接受能力，会达到事半功倍的效果。法博齐教授和他的合作者们写作的这本书在这方面也下了不少功夫，很多时候作者把金融学问题讲得很清楚，但是如何用经济计量学方法来解决的细节却有点儿简略。在翻译的过程中，我和我的合作者们有时候希望是不是多加几个长长的"译者注"来帮助读者真正理解每一个步骤，但我们最后还是抑制住这种冲动来保持译者的本分，同时维护全书的风格。书中一些复杂的方法往往有多个知识点，作者将这些知识点分散在不同的章节中，使得读者不至于一开始就陷入过于烦琐的数学推导中而失去对所研究问题的兴趣。

在翻译过程中，对外经济贸易大学的多位博士生和硕士生直接参与了具体的翻译工作，他们分别是博士生蔡显军、付志强、李燕红、李羽翔、刘细宪、孙晓婷、田歌然、王沈南、魏丽、张旭阳、赵文耀，硕士生葛诗蕙、李捷、潘韬略、王笑梅、王雅婧、尹晓芸、张义斌、张雨萌、周一曼、朱江泰（排名不分先后）。翻译的过程中我们互相帮助，更多的时候是互相挑刺，然而最后依然不太敢交稿，最后在编辑的一再催促下才依依不舍地交上了这一份依然需要提高的译稿，如有疏漏敬请读者指正。特别要感谢的是机械工业出版社的编辑们，他们对本书的翻译工作提供了帮助，并提出了很多宝贵的意见和建议。

吴卫星等
2019 年 9 月

前言

计量经济学是经济学的一个分支，但是它更侧重从统计角度检验和分析经济学关系。在计量经济学的研究范畴内，有的理论计量经济学家致力于对模型估计量统计性质的研究。其中的佼佼者为该领域的发展做出了重要贡献，因此获得了诺贝尔经济学奖。为了彰显计量经济学对经济学学科的重要性，两位计量经济学家简·丁伯根（Jan Tinbergen）和拉格纳·弗里希（Ragnar Frisch）（后者首次使用了如今所使用的计量经济学这个术语）同时获得了第一届诺贝尔经济学奖。拉尔斯·彼得·汉森（Lars Peter Hansen）为计量经济学领域的发展做出了重要贡献，并成为2013年诺贝尔经济学奖的获得者之一。

本书主要介绍的是金融计量经济学，这是计量经济学进一步细分的研究领域。正如范剑青（Jianqing Fan）所述，金融计量经济学是"使用统计学技术和经济学理论研究金融学所面临的问题的学科。所研究的问题涵盖了金融模型的构建、金融模型的估计和推断、波动率估计、风险管理、检验金融经济学理论、资本资产定价、金融衍生品定价、投资组合配置、风险调整后的收益、金融系统的仿真、对冲策略及其他"○。

罗伯特·恩格尔（Robert Engle）和克莱夫·格兰杰（Clive Granger）两位计量经济学家为金融计量经济学的发展做出了重大的贡献，并于2003年共同获得了诺贝尔经济学奖。

为什么要写这本书？因为学习和教授金融计量经济学如何应用于金融领域的需求日益增加。本书的独特之处在于，重点介绍了如何将金融计量经济学应用在资产

○ "An Introduction to Financial Econometrics," Unpublished paper, Department of Operations Research and Financial Engineering, Princeton University, 2004.

管理领域相关理论的验证和投资策略的开发中。本书所要传达的核心观点来自作者多年来致力于将金融计量经济学应用于资产管理领域的设计、开发、测试和实施的实际经验。

在本书中，我们对实施金融计量模型所需的基本工具进行了讲解和举例说明。与其他书强调资产管理的抽象数学模型不同，本书另辟蹊径，着重讲解了如何使用金融计量工具构建资产管理策略。本书讨论了资产管理策略构建过程的各个方面，涉及模型风险、模型局限性以及模型背后的经济学直觉，并且使用现实中的例子来描述关键问题。

首先，本书讨论了将金融计量经济学应用于资产管理的流程，详细地讨论了建模涉及的三个基本步骤：模型的选择、估计和检验。本书强调了经济学直觉发挥的作用。在设计模型之前，我们必须决定在资产管理过程中利用哪些要件。

其次，本书讨论了金融计量经济学的基本技术：回归分析。回归模型尽管看起来简单，但是只有在经过细心思考后所构建的回归模型才能成为强有力的工具。本书介绍了多种回归分析模型，包括分位数回归和含有分类变量的回归，也介绍了模型的适用性和失效条件。本书还介绍了稳健回归的相关概念和技术细节。本书所涉及的概念也都附上了实践中的例子。

再次，本书分析了时间序列的动态特性，介绍了单变量自回归模型和向量自回归模型。本书通过引入协整的概念将均值回归形式化，并描述了金融时间序列的异方差行为，还讨论了每个模型背后的经济学直觉，以及参数估计和检验的方法。本书还分析了自回归技术的局限性，在条件可行时使用均值回归的优势，以及使用自回归分析模型的风险，并且再次用真实的例子来加以说明。

随后，本书开始考虑标的数量较多的投资组合，并讨论用于对大规模联立时间序列建模的技术，特别是因子模型和主成分分析。本书探讨了参数数量较多模型的估计和测试问题，以及在大型的、互相相关的时间序列中分离信息和噪声的技术。

最后，本书讨论了将金融计量模型应用于资产管理的具体过程，并讲解了该过程的各个步骤，以及构建模型时所涉及的技术。

当前计量模型发展的一个重要特点是可以利用先进的计量经济学软件。金融计量模型应用过程中的很多环节已经集成到了现成的软件中。大多数技术性工作，从数据优化到回归模型的估计及自回归模型的构建，都是通过计量经济学软件完成的。使用这些软件工具已经成为金融应用程序开发人员的常见做法。由于这个原因，我们确实花了很多时间来讨论计算问题，这些是由专家处理的高级技术问题。计量经济学应用程序的一般用户和（或）开发人员不会花时间重写通过商业途径可以得到的应用程序。因此，我们将重点放在设计金融计量模型的过程上，而不是基本技术背后的计算问题。

致谢

感谢 Markus Höchstötter 在部分章节及附录 A、附录 B 和附录 C 的写作过程中提供的帮助。他所做的贡献十分重要。

本书第 15 章是我们和 KCM 资产管理公司的 K. C. Ma 博士共同完成的,他同时是斯泰森大学金融学教授和 George Investments Institute and Roland George Investments 项目的负责人。我们还要感谢纽约州立大学石溪分校应用数学与统计系的一些博士生,他们投入了大量的精力复核本书的各个章节和附录,并提出反馈意见。以下是每个学生审核的章节或附录:

Fangfei(Sophia)Dong	第 2,3,12 章
Tetsuo Kurosaki	第 8,9,11,12 章
Tiantian Li	第 13 章
Barret Shao	第 7,12 章
Naoshi Tsuchida	第 8,9,12 章
Yuzhong(Marco)Zhang	第 2,3,12 章

关于作者
ABOUT THE AUTHORS

弗兰克·J. 法博齐（Frank J. Fabozzi），EDHEC 商学院金融学教授，EDHEC 风险研究院成员，在耶鲁大学和麻省理工学院担任多个教授职位。在 2013～2014 学年，法博齐担任普林斯顿大学创业领域访问教授，并自 2011 年起担任普林斯顿大学运筹学和金融工程系研究员。自 1986 年以来法博齐担任期刊 *Journal of Portfolio Management* 的编辑。法博齐撰写和编辑了许多关于资产管理和量化金融的著作。他是沃顿商学院 Jacobs Levy 定量金融研究股权管理中心顾问委员会和 Q 集团遴选委员会成员。2003～2011 年，法博齐担任普林斯顿大学运筹学和金融工程系理事会成员，他也是耶鲁大学国际金融中心的研究员，贝莱德家族封闭式基金的受托人，并于 2007 年获得 CFA 协会 C. Stewart Sheppard 奖，同时也是固定收益分析师协会名人堂的入选者。法博齐教授于 1972 年 9 月在纽约城市大学获得经济学博士学位，并成为特许金融分析师（1977 年）和注册会计师（1982 年）。

塞尔吉奥·M. 福卡尔迪（Sergio M. Focardi），纽约州立大学石溪分校的客座教授，就职于商学院和应用数学与统计系。在此之前，他是尼斯 EDHEC 商学院的金融学教授。福卡尔迪教授是总部位于巴黎的咨询公司 The Intertek 集团的合伙创始人。作为 *Journal of Portfolio Management* 期刊编辑委员会成员，他撰写了大量关于金融建模和风险管理的论文和专著，其中包括 *Mathematical Methods in Finance*（2013），*Probability and Statistics for Finance*（2010），*Quantitative Equity Investing: Techniques and Strategies*（2010），*Robust Portfolio Optimization and Management*（2007），*Financial Econometrics*（2007），*Financial Modeling of the Equity Market*（2006），*The Mathematics of Financial Modeling and Invest-*

ment Management（2004），Risk Management：Framework，Methods，and Practice（1998），以及 Modeling the Markets：New Theories and Techniques（1997）。他还与他人合著了 CFA 协会研究基金会出版的三本专著：Challenges in Quantitative Equity Management（2008），The Impact of the Financial Crisis on the Asset Management Industry（2010），Trends in Quantitative Finance（2006）。福卡尔迪教授拥有热那亚大学电子工程学士学位，以及卡尔斯鲁厄理工学院数理金融和金融计量经济学博士学位。

斯维特洛扎·T. 拉切夫（Svetlozar T. Rachev），在纽约州立大学石溪分校任教授，就职于应用数学与统计系和商学院。此前，他曾在卡尔斯鲁厄理工学院（KIT）经济与商业工程学院担任统计学、计量经济学和数理金融学讲座教授，现任加州大学圣塔芭芭拉分校统计和应用概率系名誉教授。拉切夫教授出版了 14 本专著，10 本手册和特别编辑合集，发表了 300 多篇研究论文。他近期在 Wiley 出版的数理金融和金融计量经济学领域的合著书包括 Financial Models with Lèvy Processes and Volatility Clustering（2011），A Probability Metrics Approach to Financial Risk Measures（2011），Financial Econometrics：From Basics to Advanced Modeling Techniques（2007）以及 Bayesian Methods in Finance（2008）。他是 Bravo 风险管理集团的联合创始人，该集团主要开展金融风险管理软件相关业务。Bravo 集团后来被 FinAnalytica 收购，目前他担任 FinAnalytica 的首席科学家。拉切夫教授于 1979 年在莫斯科罗蒙诺索夫国立大学获得博士学位，并于 1986 年在莫斯科 Steklov 数学研究所获得理学博士学位。

巴拉·G. 阿尔沙纳帕利（Bala G. Arshanapalli），是印第安纳大学西北分校商业和经济学教授以及 Gallagher-Mills 讲席教授。在加入印第安纳大学之前，阿尔沙纳帕利教授是桥港大学 Virginia and Harvey Hubbell 商业和金融学教授，还在康考迪亚大学和普渡大学担任客座教授。他曾任 Legacy Foundation 董事会成员。他是 International Journal of Bonds and Currency Derivatives 和 International Journal of Economics and Finance 的编辑委员会成员。阿尔沙纳帕利教授还曾是 European Financial Management 和 International Journal of Operations and Quantitative Management 的编辑委员会成员。他目前的研究领域包括资产配置、

退休计划和金融时间序列建模中的实证方法。阿尔沙纳帕利教授发表了超过 45 篇文章，部分作品发表在 *Journal of Risk and Uncertainty*，*Journal of Banking and Finance*，*International Journal of Money and Finance*，*Journal of Portfolio Management* 和 *Industrial and Labor Relations Review* 上。他曾为美国知名公司做咨询并教授高管发展课程。阿尔沙纳帕利教授于 1988 年在北伊利诺伊大学获得金融学博士学位。

目 录

译者序
前言
致谢
关于作者

第1章 导论 …………………… 1
学习目标 ………………………… 1
1.1 金融计量经济学的步骤 ……… 2
    1.1.1 模型选择 ………………… 2
    1.1.2 模型估计 ………………… 3
    1.1.3 模型检验 ………………… 4
1.2 数据生成过程 ………………… 5
1.3 金融计量经济学在投资管理
    领域的应用 ……………………… 6
    1.3.1 资产配置 ………………… 6
    1.3.2 投资组合的构建 ………… 7
    1.3.3 投资组合的风险管理 …… 8
要点回顾 ………………………… 10

第2章 简单线性回归 …………… 12
学习目标 ………………………… 12
2.1 相关性的作用 ………………… 12
2.2 回归模型：两个变量之间的
    线性函数关系 ………………… 14
2.3 回归模型的分布假设 ………… 15

2.4 回归模型的估计 ……………… 17
2.5 模型的拟合优度 ……………… 20
2.6 简单线性回归在金融领域的
    两个应用 ……………………… 22
    2.6.1 估计共同基金的
        特征线 …………………… 22
    2.6.2 控制股票投资组合的
        风险 ……………………… 26
2.7 非线性关系的线性回归 ……… 33
要点回顾 ………………………… 34

第3章 多元线性回归模型 ……… 36
学习目标 ………………………… 36
3.1 多元线性回归模型概述 ……… 36
3.2 多元线性回归模型的假设 …… 37
3.3 模型参数的估计 ……………… 38
3.4 模型设计 ……………………… 40
3.5 诊断检验及模型显著性 ……… 40
    3.5.1 模型的显著性检验 ……… 41
    3.5.2 自变量显著性的检验 …… 43
    3.5.3 新增变量的 F 检验 ……… 43
3.6 多元线性回归在金融领域的
    应用 …………………………… 44
    3.6.1 久期的估计 ……………… 44
    3.6.2 预测10年期国债
        收益率 …………………… 52

3.6.3 基准的选择:夏普基准 … 59
3.6.4 基于收益率的对冲基金投资风格分析 … 61
3.6.5 抵押市场的溢价/折价分析 … 63
3.6.6 强式定价效率检验 … 65
3.6.7 资本资产定价模型的检验 … 67
3.6.8 多因子模型的证明 … 69
要点回顾 … 70

第4章 建立和检验多重线性回归模型 … 72

学习目标 … 72
4.1 多重线性问题 … 72
4.2 建模技术 … 75
  4.2.1 逐步包含回归方法 … 76
  4.2.2 逐步排除回归方法 … 77
  4.2.3 标准的逐步回归方法 … 77
  4.2.4 逐步回归方法的应用 … 77
4.3 多元线性回归模型的假设检验 … 78
  4.3.1 线性检验 … 80
  4.3.2 关于误差项的假定统计特性 … 81
  4.3.3 残差的正态分布检验 … 82
  4.3.4 验证误差项的常方差（同方差性） … 83
  4.3.5 残差的非自相关 … 85
要点回顾 … 88

第5章 时间序列分析简介 … 91

学习目标 … 91
5.1 时间序列 … 91
5.2 时间序列的分解 … 93
5.3 用差分方程表示时间序列 … 96
5.4 应用：价格波动过程 … 97
  5.4.1 随机游走模型 … 97
  5.4.2 误差修正模型 … 99
要点回顾 … 100

第6章 回归模型中的分类变量 … 102

学习目标 … 102
6.1 自变量为分类变量 … 103
6.2 因变量为分类变量 … 123
  6.2.1 线性概率模型 … 123
  6.2.2 probit 回归模型 … 124
  6.2.3 logit 回归模型 … 125
要点回顾 … 125

第7章 分位数回归 … 127

学习目标 … 127
7.1 经典回归分析的局限性 … 128
7.2 参数估计 … 128
7.3 分位数回归过程 … 129
7.4 分位数回归在金融领域的应用 … 131
  7.4.1 投资组合管理者风格的决定因素 … 132
  7.4.2 影响资本结构的决定因素 … 134
要点回顾 … 137

第8章 稳健回归 … 138

学习目标 … 138
8.1 稳健回归估计 … 139
8.2 协方差和相关矩阵的稳健估计 … 145

8.3 应用 …………………… 147
要点回顾 ………………………… 148

第9章 自回归移动平均模型 … 149
学习目标 ………………………… 149
9.1 自回归模型 …………………… 150
9.2 移动平均模型 ………………… 153
9.3 自回归移动平均模型概述 … 155
9.4 使用 ARMA 模型预测标准普尔500指数的周收益 …… 158
9.5 向量自回归模型 ……………… 162
要点回顾 ………………………… 163

第10章 协整 …………………… 164
学习目标 ………………………… 164
10.1 平稳、非平稳时间序列和协整 …………………… 165
10.2 协整关系检验 ……………… 169
　10.2.1 Engle-Granger 协整检验 ……………… 169
　10.2.2 Johansen-Juselius 协整检验 ……………… 176
要点回顾 ………………………… 181

第11章 自回归异方差模型及其扩展 ……………… 182
学习目标 ………………………… 182
11.1 估计和预测时间序列的波动性 ………………… 183
11.2 ARCH 模型 ………………… 184
　11.2.1 ARCH 行为 ………… 184
　11.2.2 ARCH 模型表现 …… 187
　11.2.3 ARCH 均值模型 …… 191
11.3 GARCH 模型 ……………… 191

　11.3.1 ARCH/GARCH 模型应用 ……………… 193
　11.3.2 GARCH 模型的单变量扩展 …………… 194
　11.3.3 ARCH/GARCH 模型的参数估计 ……… 196
　11.3.4 GARCH 模型在期权定价上的应用 ……… 196
　11.3.5 ARCH/GARCH 模型的多元扩展 ……… 197
要点回顾 ………………………… 200

第12章 因子分析和主成分分析 …………………… 201
学习目标 ………………………… 201
12.1 线性回归的假设 …………… 202
12.2 因子模型的基本概念 ……… 203
12.3 因子模型的假设和分类 … 206
12.4 因子模型与线性回归的异同 ………………… 206
12.5 因子模型的性质 …………… 207
12.6 因子模型的估计 …………… 209
　12.6.1 因子的不确定性问题 ……………… 209
　12.6.2 因子的数量估量 … 210
　12.6.3 模型参数估计 …… 210
　12.6.4 因子的估计 ……… 214
　12.6.5 其他类型的因子模型 ……………… 216
12.7 主成分分析 ………………… 216
　12.7.1 主成分分析步骤 … 216
　12.7.2 主成分分析的过程 …… 224
12.8 因子分析与主成分分析之间的差异 ……………… 224

12.9 近似（大）因子模型 225
12.10 近似因子模型和主成分分析 226
要点回顾 227

第13章 模型估计 229

学习目标 229
13.1 统计估计与检验 229
13.2 估计方法 231
13.3 最小二乘估计法 232
 13.3.1 普通最小二乘估计法 ... 237
 13.3.2 加权最小二乘估计法 ... 238
 13.3.3 广义最小二乘估计法 ... 240
13.4 极大似然估计法 240
 13.4.1 极大似然估计在回归模型中的应用之一 241
 13.4.2 极大似然估计在回归模型中的应用之二 242
 13.4.3 极大似然估计在因子模型中的应用 244
13.5 工具变量估计法 244
13.6 矩估计法 245
13.7 M估计方法和M估计量 ... 250
要点回顾 250

第14章 模型选择 251

学习目标 251
14.1 物理和经济学：科学的两种途径 251
14.2 对复杂性建模和样本容量 253
14.3 数据透视 255
14.4 幸存者偏差和其他样本缺陷 256
14.5 模型风险 259
14.6 模型选择小结 260
要点回顾 262

第15章 使用金融计量经济模型构建和实施投资策略 ... 264

学习目标 264
15.1 量化研究过程 265
 15.1.1 基于金融经济理论形成一个事前的合理推断 ... 266
 15.1.2 避免样本中的幸存者偏差 267
 15.1.3 选择模型的估计方法 268
 15.1.4 拟合和预测的权衡 268
 15.1.5 情绪的影响 270
 15.1.6 统计显著并不能保证 alpha 271
15.2 投资策略的构建过程 272
 15.2.1 建立估计预期收益的模型 272
 15.2.2 独立的风险控制 274
要点回顾 276

附录A 描述性统计 277
附录B 金融计量经济学常用的连续概率分布 297
附录C 推断统计 311
附录D 矩阵代数基础 332
附录E 模型选择准则：AIC和BIC 343
附录F 稳健统计 347

第 1 章

导 论

学习目标

在阅读本章后,你将了解以下内容:
- 金融计量经济学涵盖的领域。
- 运用金融计量经济学的三个步骤:模型选择、模型估计以及模型检验。
- 数据生成过程。
- 金融计量经济学在投资管理的各个阶段的应用方式。

金融计量经济学是一门对金融数据进行建模和预测的科学,应用的领域包括资产价格、资产收益率、利率、财务比率、债券违约与回收率、风险敞口等。也有人将金融计量经济学描述为面向金融市场的计量经济学。金融计量经济学必须具备三个基本要素:①任何所需频率下的数据的可得性,包括交易水平数据;②可以负担的具有强大计算能力的计算机的可得性;③现成的计量经济学软件的可得性。以上三个基本要素,大多数金融公司(如银行和资产管理公司等)都可以满足,因此高级的计量经济学方法得以在这些公司的实务中应用。

在本章中,我们将介绍金融计量经济学的实施步骤和应用。金融计量经济学既适用于时间序列数据,例如股票的收益率,也适用于横截面数据,如某个时间点或某个范围内的所有股票的市值⊖。随着高频和超高频金融数据的应用越来越广泛,金融计量模型现在也可以针对数据量更大的数据库进行更准确的统计分析,

---

⊖ 一家公司的市值,通常被称为"market cap",根据其普通股的总市值来计算,是将普通股总股数乘以每股价格得到的。

为扩展金融市场和投资策略相关问题的研究提供了可能。[注]

1.1 金融计量经济学的步骤

应用金融计量经济学涉及三个关键步骤：

步骤1：模型选择。

步骤2：模型估计。

步骤3：模型检验。

对资产管理者、交易者和分析师来说，通过以上三个步骤便能够得到应用于构建投资策略的相关结论。使用金融计量经济学模型构建和实施投资策略的相关内容，是本书第15章的主题，此处暂不详述。

后续内容将简要说明这三个步骤。更多细节将在后面的章节中进行介绍，模型估计和模型选择将分别在第13章和第14章中进行讨论。

1.1.1 模型选择

在模型选择中，建模者是根据数据的统计属性选择一系列模型的。这就需要借助数学推导出来的模型性质和金融经济学原理来证明模型的选择是否恰当。例如，在此步骤中，建模者可能决定使用回归方法或其他方法作为分析工具，然后基于公司的财务数据和宏观变量，预测股票的收益。

通常来说，建模者需要有很强的经济学直觉来选择模型。例如，我们会从经济学直觉中得到启发，知道什么样的因素考虑进模型当中才能产生良好的预测结果，或在什么条件下才可以找到回归长期均值的过程。我们可以将模型选择视为一种适应性过程，经济直觉可以推荐所需的模型族，但是最终模型的选择还得通过严格的统计学检验。

[注] 恩格尔认为高频金融数据和超高频金融数据存在以下区别：对金融变量的观察，如每日或更精确的时间尺度上的价格，被称为高频金融数据。通常，这样的观察值随时间的推移被规律地间隔开。超高频金融数据指的是每隔一段时间进行交易的，或者是不定期的数据。超高频金融数据是指以逐笔交易的时间来标记的数据，这些交易数据在时间上是不规则分布的。见 Robert F. Engle, "The Econometrics of Ultra-High Frequency Data," *Econometrica* 69, no.1(2000), 1-22。

另外，金融计量经济学也可能纯粹基于数据来进行研究。这种做法，我们通常称为"让数据来说话"。这种纯粹基于数据的模型选择方法称为"**数据挖掘**"（data mining）。数据挖掘对于模型选择也许十分有效，但使用时必须谨慎。数据挖掘是基于使用非常灵活的模型集，这些模型可以适应任何类型的数据，并让统计方法选择模型。其中的风险在于，我们获取到的数据可能会包含一些未来将不再重复出现的特殊样本值。换句话说，这种方法的风险在于"拟合噪声"（fitting noise）。数据挖掘的通常方法是将可选模型限制在尽量简单的模型集内，以使模型能抓取样本最一般的特征。

我们可以将数据挖掘比作一种具有副作用的特效药，只能在医术高明的医生的严格监督下才能使用。如果不谨慎地使用数据挖掘，可能会导致对风险和机会做出严重失实的判断。另外，正确地使用数据挖掘可能会揭示隐藏在数据背后的真实关系。

1.1.2 模型估计

一般来说，模型的数学表达式会含有若干参数，这些参数需要用样本数据估计出来，这便是应用金融计量经济学的第二步——模型估计。假设我们要使用回归模型方法对主要股票市场指数的收益，比如标准普尔 500 指数（S&P 500），进行建模分析（回归模型方法将在后面的章节中讨论）。这就需要使用历史数据对回归模型的系数进行估计。模型估计就提供了现实与模型之间的联系。我们在模型选择阶段选择了一族模型，然后在模型估计阶段便可以确定出一个最优的模型。

模型估计有两个主要方面：找到估计值以及理解估计值的含义。接下来将对此进行解释。在许多情况下，我们直接观察某些量的数值大小，例如企业的市值。当然，企业的市值也涉及一些计算，即用每股价格乘以股票发行总股数。企业的市值虽然不是直接观察到的数值，但是其计算本质上不过是对直接观察到的数据的简单处理。

可是，当我们对数据建模时不能直接观察到模型中的参数。例如，考虑一个非常简单的模型，这个模型用于对通用电气（GE）股票的周收益率与标准普尔 500 指数的周收益率之间的线性关系进行估计。当我们讨论到第 2 章中的简单线性回归分析的计量经济学方法时，我们将看到它们之间的关系将是[1]：

$$\text{GE 股票收益率} = \alpha + \beta(\text{标准普尔 500 指数收益率}) + \text{残差项}$$

上述关系中的两个参数 α 和 β 被称为回归系数。我们可以从交易数据直接找到计算 GE 股票收益率和标准普尔 500 指数收益率所需要的信息，但是无法直接观察到这两个回归系数是多少。除此之外，我们也不能观察到每周的残差项是多少。模型估计的过程就是寻找参数的估计值。估计值是根据所获取的数据计算得出的，近似于待估参数的实际值。

估计值并不是真的等于我们要估计的参数理论上的数值。估计值是取决于样本的，所以它只是近似等于理论值。金融计量经济学的关键问题是样本量通常很少，估计值随着样本的变化而变化。这是金融计量经济学的一个主要特征，也就是：样本量少，而噪声非常大，因此估计值有很强的不确定性。金融计量经济学家总是面临从大量噪声中提取少量信息的问题。这就是为什么用金融经济理论来支持计量经济学的估计非常重要。

1.1.3 模型检验

如前所述，模型选择和模型估计是针对历史数据而言的。由于模型是对历史数据进行调整（或拟合），所以总是存在一种风险，即拟合的过程抓住的是存在于特定样本数据中的特征，而非更为一般的在未来会重复出现的特征。例如，基于股票收益率特别高的时间段内的样本进行估计，结果可能是对真实的平均收益率产生错误的估计。因此，需要对估计结果在估计样本外新的数据集上进行检验。这便是应用金融计量经济学的第三步，也就是模型检验。我们用全新的数据评估模型的效果，这也被普遍称为"模型回测"。

一种流行的模型回测方法是移动窗口法。假设现在有一些股票在过去 30 年每周的收益率数据，我们想检验一个模型对 1 周后收益率的预测效果。我们可以采用过去 30 年的数据除以 1 周的数据对模型的参数进行估计，并测试估计的模型对最后 1 周的数据的预测效果。使用这种方法可能有两个主要的缺点：第一，每个检验，我们只能预测一期来进行检验；第二，估计模型要基于历史数据，而这些历

---

[1] 如第 2 章所述，股票的这种关系被称为其特征线。

史数据可能不再能反映现在的市场情况。

有一个合理的方法来解决模型回测的问题，即使用较短时间（例如 3 年或 4 年）的数据作为样本数据，用样本数据对模型进行估计，再检验对 1 周后的数据的预测效果。然后我们将窗口向前移动 1 周，重复此过程。通过这种方法，可以形成一个较长的验证模型预测效果的数据序列。这个过程中要注意两件事情：首先，在每个窗口内，估计样本数据和模型检验数据都要严格区分；其次，我们不是检验单个模型，而是在每个窗口内，针对一系列模型进行重新估计后再检验。

对估计窗口的时间长度的选择是关键。一个窗口的时间必须足够长，以确保模型估计结果的合理性。同时，估计窗口必须足够短，以确保在每个窗口内的参数的估计值不会有太大变化。

1.2 数据生成过程

形成金融计量经济学定量规律的基本原则与过去 4 个世纪以来定量科学的发展特点是相同的。我们建立数学模型用来对在不同时刻和不同地点的不同变量之间的关系进行定量分析。定量科学的基本原则是不管时刻或地点有什么不同，变量之间的关系不会改变。例如，海浪的运动看起来就像一个完全随机的运动，但在任何地方和任何时间，流体动力学的基本规律不变。类似地，在金融市场中，资产价格行为看起来是随机的，但金融计量经济学的规律在每个时刻和每一个资产类别[一]中都依然保持一致。

金融计量经济学模型与物理科学模型之间存在相似之处，然而也有着重要的差异：物理科学模型的目标是寻找不变的自然规律；金融计量经济学模型是对经济和金融市场进行建模，而经济和金融市场受人的影响而变化。例如，从 1792 年 5 月起，美国的金融市场以证券交易所为形式开始运作（纽约证券交易所的起源）。与彼时相较，当今美国的证券交易所，甚至全球的证券交易所，在上市股票的数

[一] 在大多数发达国家，四大资产类别是：①普通股；②债券；③现金等价物；④房地产。通常根据资产同时具有的以下三种投资特征来划分资产类别：①影响资产类别价值的主要经济因素。基于资产类别的这种定义方式，每个资产的回报率高度相关。②相似的风险和收益率特征。③共同的法律或监管结构。基于资产类别的这种定义方式，不同资产类别的回报率之间的相关性将很低。

量和交易类型上都有显著的改变，交易时可获得的信息也发生了变化。在20世纪50年代，市场参与者往往只能获得收盘价信息，而且通常只能在第2天而不是交易日结束时，才能获得前一日的收盘价。而现在，我们可以获得关于每一笔交易的即时信息。由于经济和金融市场是人为可变的，所以金融计量经济学的模型也并非具有唯一永恒的规律，它们必须适应不断变化的环境。

我们将数据生成过程（DGP）定义为使用过去和现在的数据进行建模来表示未来数据的数学模型。如果DGP已知，我们就可以生成与实证数据具有相同的统计特征的数据。如果DGP的数学表达式已知，我们就可以用计算机程序来生成模拟数据。这些模拟数据可用于计算统计量，而这些统计量很难通过数学演算得到，甚至不可能得到。基于模拟技术的方法通常称为蒙特卡罗方法。

1.3 金融计量经济学在投资管理领域的应用

研究人员在研究金融领域的重要问题时会在实证分析中采用金融计量经济学模型。他们在金融领域所涉及的问题涵盖了金融市场、公司金融和投资管理领域的关键问题。许多关于金融市场的研究成果，有助于制定或者弃用投资者和政府监管部门正在采用的某项政策。在资本结构（即公司债务融资和股权融资的组合）、股利分配政策以及股票回购决策的影响的实证研究中，金融计量经济学的使用为企业高管和董事会在制定公司财务政策时提供了有用的指导。

自20世纪90年代初以来，金融计量经济学最重要的应用领域是投资管理。金融计量经济学模型是量化资产管理的公司所使用的重要工具之一。在实务中，金融计量经济学在投资管理领域主要用于资产配置、投资组合的构建以及投资组合的风险管理。由于金融计量经济学在投资管理实务中的重要应用，本书中的许多例子也大都来自该领域，因此本章的最后将对资产配置、投资组合的构建以及投资组合的风险管理过程进行简要的讲解。

1.3.1 资产配置

投资管理过程的主要行动之一就是制定投资政策准则，以实现客户的投资目标。制定投资政策准则需要从资产配置开始，即决定基金的投资如何在主要资产类别之间进行分配。

在不同的情况下,对拥有不同背景的人,"资产配置"这个词的含义也不相同。可以将资产配置分为三种类型:①战略资产配置(policy asset allocation);②动态资产配置(dynamic asset allocation);③战术资产配置(tactical asset allocation)。[一]战略资产配置决策可以被粗略地表述为长期资产配置决策,在这种决策中,投资者寻求获得一个合适的长期"正常"资产组合,这个资产组合是可控的风险和合适的收益的理想组合。在动态资产配置中,资产组合根据不断变化的市场条件进行改变。一旦战略资产配置确定下来,投资者就可以关注是否要主动偏离投资计划的长期"正常"资产组合。假设长期"正常"资产组合是由40%的股票和60%的债券组成的,则在某些情况下投资者是可以让其偏离这种组合状态的。当偏离投资计划的决定是投资者基于严格的客观价值衡量标准做出的,则称之为战术资产配置。战术资产配置可以更广泛地理解为,是一种根据资本市场的可获利情况,相机改变资产组合中资产的配置,以提高绩效的主动策略。值得注意的是,战术资产配置更倾向于旨在评估多种类别的资产在未来可能的期望收益率变化的基础上改变资产配置,以期获得更高回报的严谨的过程。

上述各类资产配置策略中使用的模型,依赖于对主要资产类别收益的预测和各个资产类别之间未来相关关系的预期。宽基市场指数(broad-based market index)是代表主要资产类别的指数。美国普通股的收益率通常使用标准普尔500指数的期望收益率,债券则使用巴克莱美国综合债券指数(Barclays U. S. Aggregate Bond index)的期望收益率。

资产配置预测不仅仅是预测收益率。金融投资的基本原则就是投资者必须在风险与收益之间进行权衡和妥协。因此,在资产配置建模中,建模者不仅要预测收益,还要预测风险。预测风险的最基本的元素是协方差矩阵。因此,构建投资组合最基础的是估计主要资产类别之间的协方差矩阵。

1.3.2 投资组合的构建

投资组合策略需要与客户或者投资机构的投资目标和投资政策准则相一致,

[一] 出自 Robert D. Arnott and Frank J. Fabozzi, "The Many Dimensions of the Asset Allocation Decision," in *Active Asset Allocation*, ed. Robert D. Arnott and Frank J. Fabozzi (Chicago: Probus Publishing, 1992).

选择投资策略是投资管理过程中的主要行为。投资组合策略可以分为主动型投资组合策略和被动型投资组合策略。

主动型投资组合策略通过使用可获取的信息和预测技术，寻求比简单的分散化投资更好的投资业绩。所有主动型投资策略都期望找到影响某类资产的收益表现的因子。例如，普通股票的主动型策略可能就要对未来收益、分红或市盈率等进行预测，债券的主动型投资组合策略可能涉及对未来利率和债券品种间价差的预测，外国证券的主动型投资组合策略可能需要对当地利率和汇率进行预测。

主动型投资组合策略中投资组合的构建和优化需要使用模型对收益率进行预测：没有方法不需要预测未来收益率。在股票投资组合中，我们需要预测投资组合经理想要考虑纳入投资组合的每个备选股票的收益率。此外，如我们在讨论资产配置时所解释的，在构建投资组合时必须预测风险。因此，我们必须估计备选资产的协方差矩阵。

被动型投资组合策略往往需要最少的预期投入，通过分散化投资达到某个市场指数的业绩表现。实际上，被动型投资组合策略的基本假定是资产价格可以有效地反映市场上所有可获得的信息。被动型投资组合策略投资于各种指数，而不需要预测每个资产类别的未来收益率。虽然被动型投资组合策略不需要预测，但是需要更高水平的分析和更长的投资周期。而主动型投资组合策略恰恰是基于对未来收益率的预测从而构建投资组合的。⊖

在构建投资组合的过程中，使用到的最复杂的模型是风险因子模型（或简称为因子模型），该类模型需要使用因子分析和主成分分析等金融计量学工具，这些会在第 12 章中加以描述。

1.3.3 投资组合的风险管理

投资组合的风险管理可以被广泛地定义为用来设定投资组合的风险目标，估计投资组合策略的风险，并在必要时采取适当的纠正措施的一系列方法和技术。投资组合风险本身可以用许多不同的方式定义，但本质上是对未来收益的不确定

⊖ 在这些极端的主动型投资组合策略和被动型投资组合策略之间，出现了两种策略相中和的策略。例如，被动管理投资组合的主要部分，同时主动地管理其余部分。

性的衡量。当未来有收益可能偏离预期，导致未来财富的价值也可能偏离预期时，便会产生风险。

投资组合管理本质上是管理如何在风险与收益之间权衡。有各种各样的度量方法可以用来识别投资组合中的不同风险，如标准差、在险价值(VaR)模型或条件在险价值(conditional VaR)、跟踪误差(tracking error)等，这些指标在本书稍后的章节会介绍。这些指标通常必须使用后续章节中讲解的金融计量经济学方法进行估计。规模大一点的资产管理公司会有一个内部风险管理小组来监控投资组合风险，并且至少每天汇报投资组合的风险情况。

投资组合管理中的关键风险在于，在调整了管理费用之后，投资组合经理的业绩低于客户认可的基准收益率。该基准可以是任何指数，如标准普尔500指数或巴克莱资本美国综合债券指数。用于控制投资组合风险的最重要的措施是跟踪误差。跟踪误差衡量的是投资组合收益率相对于基准收益率的偏差。也就是说，跟踪误差是投资组合的主动收益率(active return)的标准差，主动收益率被定义为：

$$主动收益率 = 投资组合的实际收益率 - 基准的实际收益率$$

为了匹配某个基准标的(如某个指数基金)而构建的投资组合如果总是有零主动收益率(意味着，总是跟基准标的的实际收益率相匹配)，则跟踪误差也将是零。相比之下，一个主动管理的投资组合持仓与基准标的的构成可能具有很大的差异，其主动收益率可能也很大，但有可能是正的，也有可能是负的，因而其年度跟踪误差可能会很大，比如5%～10%。投资组合经理通过与基准标的差异化的持仓，寄希望于会获得更高的收益。例如，在普通股投资组合管理中，差异化的持仓可能涉及以下一个或多个方面：投资组合对基准标的的敏感程度(投资组合的贝塔值)，不同于基准标的的行业投资分配，不同于基准标的的选股风格(如，价值股还是成长股)，以及个股持仓比例与基准标的的构成不同。

跟踪误差有两种：历史跟踪误差(backward-looking tracking error)和前瞻性跟踪误差(forward-looking tracking error)。前者是根据一段时间内投资组合的历史收益率简单计算得出的。例如，投资组合和基准标的52周的收益率，可以根据每周的主动收益率及其年化标准差计算得出。这就是历史跟踪误差，这个跟踪误差，也被称为事后跟踪误差(ex-post tracking error)，正是投资组合经理在这52周内投资组合决策的结果。

历史跟踪误差的一个问题是,没有反映投资组合经理当前的决策对将来主动收益的影响,因此也不能反映出可能实现的未来跟踪误差。例如,如果投资组合经理现在大幅改变投资组合的贝塔值或行业投资分配情况,那么使用之前的数据计算出来的历史跟踪误差就无法准确地反映目前的投资组合风险。也就是说,历史跟踪误差几乎没有预测价值,对于投资组合的风险走向的预测可能会误导投资组合经理。

投资组合经理需要一个能够对跟踪误差进行预测的方法,以便更准确地了解未来的投资组合风险走向。在实践中,可以使用风险因子模型来确定与基准标的相关的风险,该模型会在第12章进行讨论。金融计量模型通过分析基准指数的历史收益率数据,获取风险因子并量化股票的风险。通过投资组合经理当前的持仓情况,可以计算出投资组合对各种因子的风险敞口,并与基准标的对相同因子的风险敞口进行对比。通过计算因子敞口和因子的风险,可以计算出投资组合的前瞻性跟踪误差。这个跟踪误差也被称为预期跟踪误差(predicted tracking error)或事前跟踪误差(ex-ante tracking error)。

要点回顾

- 金融计量经济学是对金融数据进行建模和预测的科学。
- 应用金融计量经济学的三个步骤是模型选择、模型估计和模型检验。
- 在模型选择中,建模者是根据数据的统计属性选择一系列模型的。模型的选择需要符合金融经济理论。在这一步中建模者要确定使用何种金融计量方法。
- 数据挖掘是基于数据进行模型选择的方法,虽然十分有效但必须谨慎使用,因为风险在于所选择的模型可能捕获到的是样本的特性,而这种特性可能不再重复出现。
- 通常,模型体现在数学表达式中,并包含必须从样本数据估计的许多参数。模型估计涉及确定估计量,要理解估计量的含义。
- 模型检验是必需的,因为模型选择和模型估计是针对历史数据进行的,因此会存在风险。这种风险是指在估计过程抓取了所使用的样本数据的独有的特征，但是这些特征并非全样本的一般特征，这些特征在未来的样本中不一定会重新出现。

- 模型检验是用新数据评估模型的效果。这个过程称为回测，模型回测的主流方法是移动窗口法。
- 数据生成过程是基于历史和现在的数据使用数学模型来生成未来数据。通过已知的数据生成过程的数学表达式，我们可以使用蒙特卡罗方法的计算机程序来模拟生成数据，并且计算所生成数据的统计量。而使用传统数学方法很难计算这些统计量，甚至是不可能计算的。
- 金融计量经济学技术已被用于投资管理过程中，主要用于决定资产配置（即主要资产类别的资产配置）、投资组合的构建（即资产类别中的资产选择）以及投资组合的风险管理。此外，对于影响投资组合相对于基准标的的业绩表现的风险因子的风险度量，也需要用到金融计量方法。

第 2 章

简单线性回归

学习目标

在阅读本章后,你将了解以下内容:
- 估计一个简单的线性回归模型。
- 回归模型的残差和误差。
- 回归模型的分布假设。
- 关于回归模型中误差项的均值和方差的假设。
- 衡量回归模型的拟合优度。
- 估计非线性关系的线性回归模型。

在本章中,我们将介绍表达两个变量之间关联关系的方法。这种关联关系假设一个变量的变动至少在一定程度上是由这两个变量之间的函数关系所导致的。本章还将介绍线性回归模型及其普通最小二乘估计以及回归模型的拟合优度。尽管在后文涉及经济学工具的章节中,我们不会专注于介绍参数估计,但会对一些基本的计算方法进行介绍。在第 13 章我们会重点解释各种参数估计的方法。

在介绍回归理论之前,我们要了解回归背后的基本思想。变量之间的基本关系可以表示为线性相关关系(linear dependence),即相关性(correlation)。

2.1 相关性的作用

在许多应用中,我们对两个资产如何变动很感兴趣,因此需要分析它们的联合分布。如果我们对两个变量(比如 x 和 y)的线性关系感兴趣,那么 x 和 y 的协方差是帮助我们分析它们之间关系的一个很好的工具。关于两个变量之间由相关系数表述的相关关系,更详细的表述请参看附录 A。相关性可以表示为一个介于 -1 和 1 之间的值,其中符号表示线性相关的方向。例如,-1 的相关系数意味着每一组 (x, y) 都位于具有负斜率的线上。一般来说,相关系数对于一元线性回归建模很重要,相关性的强度不受正负号的影响,相关系数的绝对值才是重要的。相关系数在评估两个变量之间是否满足线性条件假设时是十分有用的。

在处理回归分析时,可能会出现数据看似相关,但实际上并不相关的问题。这是由于观察值存在偶然的联动性。这种情况被称为伪回归,我们将在第 10 章中进一步讨论。

相关性在股票收益率方面的应用

例如,我们考虑 1996 年 1 月 31 日至 2003 年 12 月 31 日标准普尔 500(S&P 500)股票指数的每月收益率,其间包括 96 次观察值,数据如表 2-1 所示。为了说明指数与个股之间的线性相关关系,我们选取了同一时期的通用电气(GE)股票的月度收益率数据,也在表 2-1 中给出。使用附录 A 中的公式,我们可以计算出它们的相关系数是 $r_{S\&P500,GE}^{monthly}=0.7125$。这表明,标准普尔 500 股票指数的收益率与通用电气的每股股票收益率之间的正向相关性相当高。所以,我们可以以较高的确定性预期通用电气的股价与标准普尔 500 指数的变动方向一致。在通常情况下,股票价格走势与股票指数呈正相关。

为了比较,我们还使用同一时期的每周及每日收益率来计算这两个系列之间的相关性(数据未在此列出)。使用每周收益率数据计算得到 $r_{S\&P500,GE}^{weekly}=0.7616$,而使用每日收益率数据计算得到 $r_{S\&P500,GE}^{daily}=0.7660$。两个数值的差异在于,真实的相关性的真实值是未知的,而相关系数作为统计量,其数值取决于样本数据。

表 2-1　标准普尔 500 和通用电气 1996 年 1 月 31 日至 2003 年 12 月 31 日的月收益率

	S&P 500	GE		S&P 500	GE		S&P 500	GE
1996/1/31	0.032 1	0.065 6	1998/9/30	0.060 5	0.007 7	2001/5/31	0.005 0	0.012 4
1996/2/29	0.006 9	−0.015	1998/10/30	0.077 2	0.101 9	2001/6/29	−0.025	−0.002
1996/3/29	0.007 8	0.039 1	1998/11/30	0.057 4	0.034 3	2001/7/31	−0.010	−0.105
1996/4/30	0.013 3	−0.006	1998/12/31	0.054 8	0.129 6	2001/8/31	−0.066	−0.056
1996/5/31	0.022 5	0.070 9	1999/1/29	0.040 1	0.030 7	2001/9/28	−0.085	−0.073
1996/6/28	0.002 2	0.048 0	1999/2/26	−0.032	−0.041	2001/10/31	0.017 9	−0.017
1996/7/31	−0.046	−0.045	1999/3/31	0.038 0	0.105 0	2001/11/30	0.072 4	0.060 3
1996/8/30	0.018 6	0.012 1	1999/4/30	0.037 2	−0.042	2001/12/31	0.007 5	0.047 4
1996/9/30	0.052 7	0.096 8	1999/5/28	−0.025	−0.032	2002/1/31	−0.015	−0.072
1996/10/31	0.025 7	0.062 2	1999/6/30	0.053 0	0.108 4	2002/2/28	−0.020	0.044 3
1996/11/29	0.070 8	0.073 8	1999/7/30	−0.032	−0.030	2002/3/28	0.036 0	−0.024
1996/12/31	−0.021	−0.042	1999/8/31	−0.006	0.033 0	2002/4/30	−0.063	−0.163
1997/1/31	0.059 5	0.048 9	1999/9/30	−0.028	0.059 7	2002/5/31	−0.009	−0.005
1997/2/28	0.005 9	−0.004	1999/10/29	0.060 6	0.137 3	2002/6/28	−0.075	−0.058
1997/3/31	−0.043	−0.028	1999/11/30	0.018 8	−0.037	2002/7/31	−0.082	0.119 4
1997/4/30	0.056 7	0.115 4	1999/12/31	0.056 2	0.178 6	2002/8/31	0.004 8	−0.056
1997/5/30	0.056 9	0.086 7	2000/1/31	−0.052	−0.141	2002/9/30	−0.116	−0.185
1997/6/30	0.042 5	0.075 7	2000/2/29	−0.020	−0.003	2002/10/31	0.082 9	0.039 0
1997/7/31	0.075 2	0.082 2	2000/3/31	0.092 0	0.175 4	2002/11/29	0.055 5	0.079 1
1997/8/29	−0.059	−0.109	2000/4/28	−0.031	0.016 0	2002/12/31	−0.062	−0.097
1997/9/30	0.051 7	0.091 8	2000/5/31	−0.022	0.009 9	2003/1/31	−0.027	−0.046
1997/10/31	−0.035	−0.044	2000/6/30	0.023 6	0.010 8	2003/2/28	−0.017	0.048 8
1997/11/28	0.043 6	0.137 3	2000/7/31	−0.016	−0.023	2003/3/31	0.008 3	0.064 5
1997/12/31	0.015 6	0.000 2	2000/8/31	0.058 9	0.135 4	2003/4/30	0.077 9	0.146 9
1998/1/30	0.010 0	0.056 9	2000/9/29	−0.054	−0.012	2003/5/30	0.049 6	−0.024
1998/2/27	0.068 0	0.003 8	2000/10/31	−0.004	−0.041	2003/6/30	0.011 2	0.007 7
1998/3/31	0.048 7	0.108 7	2000/11/31	−0.083	−0.096	2003/7/31	0.016 0	−0.006
1998/4/30	0.009 0	−0.010	2000/12/29	0.004 0	−0.023	2003/8/29	0.017 7	0.040 7
1998/5/29	−0.019	−0.019	2001/1/31	0.034 0	−0.028	2003/9/30	−0.012	0.016 4
1998/6/30	0.038 6	0.088 1	2001/2/28	−0.096	0.015 9	2003/10/31	0.053 5	−0.025
1998/7/31	−0.011	−0.010	2001/3/31	−0.066	−0.087	2003/11/28	0.007 1	−0.010
1998/8/31	−0.157	−0.105	2001/4/30	0.074 0	0.156 9	2003/12/31	0.049 5	0.084 8

2.2　回归模型：两个变量之间的线性函数关系

到目前为止，我们已经讨论了横截面的双变量数据 x 和 y，而且这两个变量被认为地位是同等的。现在，我们将其中一个变量看作是外生变量，把另一个变量看作是对该已知变量所做的反应。也就是说，y 作为因变量随解释变量 x 的变化而变化，x 也称为自变量或回归元。在这种情况下，上一节中提到的变量之间的关联关系，现在可以描述 y 是 x 或者更多自变量的函数。我们假设两个变量之间的函数关系表达式如下：

$$y = f(x) \tag{2-1}$$

这是一个确定性的关系。

然而，我们承认 y 的变化也受 x 之外其他变量的影响。因此，我们使用某个额外的变量表示与 x 不相关的残差项，用来解释变量 y 没有被式(2-1)解释的变动情况。由于通常假设这些残差服从正态分布，并且 x 和残差服从联合正态分布，因此假设残差与 x 不相关，等价于假设残差与 x 相互独立。（注意：当 x 和残差的任何线性组合均服从正态分布时，x 和残差被定义为联合正态分布。）于是，我们建立了由以下等式关系表示的模型：

$$y = f(x) + \varepsilon \tag{2-2}$$

其中 ε 表示残差项（或误差项）。

残差除了独立于其他任何变量，还被设定为均值为零、方差为常数 σ_e^2 的变量。这种随机扰动项是由一些不可预见的信息或冲击造成的。假设线性函数关系的表达式为：

$$f(x) = \alpha + \beta x \tag{2-3}$$

其中总体参数 α 和 β 分别是纵轴截距和斜率。

在上述假设下，式(2-2)被称为简单线性回归模型或一元回归模型。因为只有一个自变量，所以我们将简单线性回归模型称为一元回归模型，而具有多个自变量的回归模型被称为多元线性回归模型（后续章节的主题）。然而，简单的线性回归模型有时被称为双变量回归模型，因为有两个变量，一个因变量和一个自变量。

参数 β 表示 x 变化一个单位时 y 的变化量。也就是说，y 的平均变化量取决于 x 的平均变化量。但是，当 x 和 y 之间不是线性关系时，情况便不是如此了。

2.3 回归模型的分布假设

自变量可以是确定的变量，也可以是随机变量。前者通常是基于实验的设定，因为模型中的一些变量需要被控制。而后者在金融领域比较常见，我们在回归时针对我们无法直接控制的变量进行回归，例如个股或股票指数的收益率等。

假定式(2-2)中的残差项独立同分布(后文用 i.i.d. 表示)。独立同分布的概念意味着以下内容：首先，独立性保证每个残差项都不受任何其他残差项的影响。所以，不可以通过已知的残差项来预测其他残差项。其次，所有残差项的分布相同。因此，其他条件不变时，对于每对 (x, y)，每个残差项都独立于其他残差项。如果我们想要确保式(2-1)包含了所有的信息，并且与式(2-1)的偏差是纯粹随机的，那么这时 i.i.d. 假设非常重要。换句话说，残差是统计噪声，所以不能由其他变量预测。如果残差不满足 i.i.d. 要求，那么模型就有可能是错误的。此外，在这种情况下，很多估计结果将是错误的。

假设所有残差服从相同的分布，并且均值为零，方差为常数，则以 x 为条件的 y 的平均值和方差分别为：

$$\mu_{y|x} = f(x) = \alpha + \beta x$$
$$\sigma_{y|x}^2 = \sigma_e^2 \tag{2-4}$$

换句话说，一旦 x 的值给定，我们假设在平均值意义上 y 将刚好等于函数关系式给出的值。式(2-4)中唯一的变化来源于残差项。如图 2-1 所示，我们可以看到由线性方程得到的理想直线。另外，对于每组 x 和 y 来说，扰动项由对应的虚线表示。对于 x 的每个值，ε 的分布平均值位于 x 上方的 $\alpha + \beta \cdot x$ 线上。这意味着，平均来说误差项对于 y 的值不会有任何影响，即 $\overline{y} = \overline{f(x)}$，其中横线上标表示取均值。若 x 是外生变量，则 $\overline{f(x)} = f(x)$；若 x 是内生变量，则 $f(x)$ 的期望值是 $\overline{f(x)}$。①

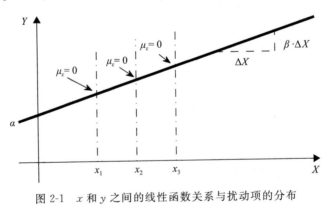

图 2-1 x 和 y 之间的线性函数关系与扰动项的分布

---

① 外生变量和内生变量是相对于特定因果模型而进行的分类。在回归分析中，当变量与误差项相关时，变量被认为是内生的。外生变量的值由其他变量决定。

所有ε的分布是相同的。通常，假定这些分布遵循正态分布㊀。因此，误差项通常是均值为零、方差为常数的连续变量。㊁

2.4 回归模型的估计

即使我们假设式(2-2)中的线性关系是合理的，在大多数情况下我们也并不知道总体参数，必须通过样本回归参数来估计总体参数。首先可以绘制 x 和 y 的散点图，再通过散点绘制直线，直到找到最佳回归线。这种方法可参见图 2-2。这两条线看起来都很合理，我们并不知道哪一条是最佳的。

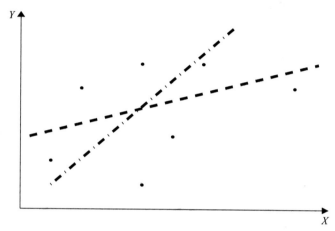

图 2-2 具有两条不同线性拟合线的数据散点图

可能存在其他看起来同样合适，甚至更好的回归线。最优回归线是指通过调整使得 y 值与回归线的垂直距离之和最小的回归线。然而问题是，在散点图中，正的误差将抵消负的误差。为了解决这个问题，我们可以看一下误差项的绝对值(即忽略负号)。这里使用一种替代方法，对误差项进行平方，以避免正负误差相互抵消。

我们需要的是一个确定拟合优化程度的正式标准。我们希望以误差平方和为标准来衡量拟合优度。在数学上而言，我们要解决如下问题：

$$\min_{a,b} \sum_{i=1}^{n} (y_i - a - bx_i)^2 \tag{2-5}$$

㊀ 有关正态分布的讨论，请参阅附录 B。
㊁ 误差项表示为：
$$\varepsilon \stackrel{i.i.d.}{\sim} N(0,\sigma^2)$$

也就是说，我们需要分别求出 α 和 β 参数的估计值 a 和 b，以使误差平方和最小。这里误差是指回归线上拟合值和真实观测值 y 之差。通过采取平方的方法，不仅避免了正负误差相互抵消的问题，而且随机扰动项越大惩罚程度也越大。

式(2-5)给出的估计方法是普通最小二乘法(OLS)，我们会在第 13 章中更详细地描述它。这里通过使用微积分(具体来说是一阶导数的方法)得到最小残差平方和以及对应的 α 和 β。所得的估计值表示为：

$$b = \frac{\frac{1}{n}\sum_{i=1}^{n}(x_i - \overline{x})(y_i - \overline{y})}{\frac{1}{n}\sum_{i=1}^{n}(x_i - \overline{x})^2} = \frac{\left(\frac{1}{n}\sum_{i=1}^{n}x_i y_i\right) - \overline{x}\,\overline{y}}{\left(\frac{1}{n}\sum_{i=1}^{n}x_i^2\right) - \overline{x}^2} \tag{2-6}$$

$$a = \overline{y} - b\overline{x} \tag{2-7}$$

任何其他的线性估计都不能够得到更小的残差平方和，采用普通最小二乘法得到的是最优线性无偏估计方法(有关最优线性无偏估计的解释，请参阅附录 C)。这条线平衡与各散点的距离，即意味着：

$$\sum_{i=1}^{n} e_i = 0$$

也就是说，该回归线像一个天平一样，穿过均值点 $(\overline{x}, \overline{y})$，干扰项相互抵消。

如果 x 和 y 不相关，则 b 为零。由于因变量 y 和自变量 x 之间没有相关性，所以 y 中的所有变量都将由残差项决定，是完全随机的。相应的散点图将与图 2-3 一样，回归线呈水平延伸。这与回归系数 $\beta = 0$ 一致。

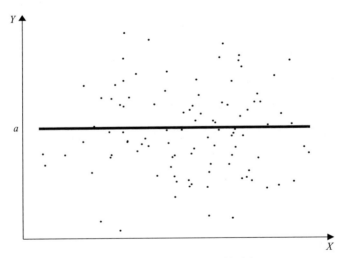

图 2-3 不相关变量 x 和 y 的回归

回归模型在股票收益率方面的应用

例如,再次考虑从 1996 年 1 月 31 日至 2003 年 12 月 31 日期间的标准普尔 500 指数收益率(以 x 表示)和通用电气股票的月度收益率(以 y 表示)。我们列出股指收益对股票收益做回归的中间结果:

$$\overline{x} = 0.006\,2$$

$$\overline{y} = 0.015\,9$$

$$\frac{1}{96}\sum_{i=1}^{96} x_i y_i = 0.002\,7$$

$$\frac{1}{96}\sum_{i=1}^{96} x_i^2 = 0.002\,5$$

$$\overline{x}^2 = 0.000\,04$$

在这里,$\overline{x}^2$ 使用更加精确的五位小数来表示,因为如果四舍五入结果为 $0.000\,0$,会在下列计算中导致不同的结果。将此结果代入式(2-6)和式(2-7),我们将得到:

$$b = \frac{0.002\,7 - 0.006\,2 \times 0.015\,9}{0.002\,5 - 0.000\,04} = 1.057\,5$$

$$a = 0.015\,9 - 1.057\,5 \times 0.006\,2 = 0.009\,3$$

估计的回归方程如下:

$$\hat{y} = 0.009\,3 + 1.057\,5x$$

观测数据的散点图以及最小二乘回归线如图 2-4 所示。

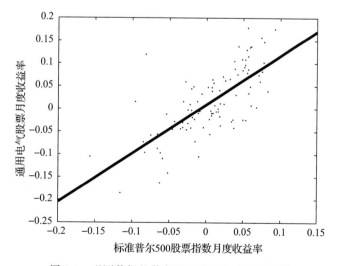

图 2-4 观测数据的散点图以及最小二乘回归线

从回归参数 b 和图 2-4 我们看到这两个变量有同方向运动的趋势,这与之前得到的正相关系数相一致。我们可以做出如下理解,对于标准普尔 500 指数获得每单位的收益,预计通用电气股票会获得 1.06 单位的收益。对应于使用周收益率和日收益率的参数分别为 $b=1.2421$,$a=0.0003$ 和 $b=1.2482$,$a=0.0004$。

2.5 模型的拟合优度

正如附录 A 中解释的那样,相关系数 $r_{x,y}$ 是 x 和 y 之间线性相关程度的衡量方法。我们需要找到一个对应的度量方法评估由普通最小二乘估计结果得到的回归线是否可靠。对此,我们引入了可决系数(coefficient of determination),通常记作 R^2。可决系数衡量了 y 的变化有多少是由 x 引起的或者由变量 x 解释的。如果能够被可决系数解释的比例较小,则拟合优度不高。在正式介绍这种方法之前,我们提出一些初步的分析。

y 的观测值的方差可以由围绕 y 的均值的总平方和(the total sum of squares, SST)得出,公式如下:

$$SST = \sum_{i=1}^{n}(y_i - \overline{y})^2 \tag{2-8}$$

总平方和可以分解为回归平方和(the sum of squares explained by the regression, SSR)和残差平方和(the sum of squared errors, SSE)。⊖ 公式如下:

$$SST = SSE + SSR \tag{2-9}$$

$$SSR = \sum_{i=1}^{n}(\hat{y}_i - \overline{y})^2 \tag{2-10}$$

$$SSE = \sum_{i=1}^{n}(y_i - \hat{y}_i)^2 = \sum_{i=1}^{n}e_i^2 = \sum_{i=1}^{n}y_i^2 - a\sum_{i=1}^{n}y_i - b\sum_{i=1}^{n}x_iy_i$$

这里,$\hat{y}$ 是回归得出的 y 的估计值。

SSR 是总平方和的一部分,该部分可以由回归项 $f(x)$ 解释。SSE 也是总平方和的一部分,该部分不可以被回归项 $f(x)$ 解释,或者可以等价地表示为误差平方

⊖ 本书解释 R^2 的符号有所不同。在一些书中,SSR 表示残差平方和(R 表示残差,即误差),SSE 表示回归所解释的平方和(E 代表可解释),符号与我们使用的正好相反。

和。可决系数的定义如下：①

$$R^2 = \frac{\mathrm{Var}[f(x)]}{s_y^2} = \frac{\frac{1}{n}\sum_{i=1}^{n}(a+bx_i-\overline{y})^2}{s_y^2} = \frac{\frac{1}{n}\sum_{i=1}^{n}(\hat{y}_i-\overline{y})^2}{\frac{1}{n}\sum_{i=1}^{n}(y_i-\overline{y})^2}$$

$$= \frac{SSR}{SST} = \frac{SST-SSE}{SST} = 1 - \frac{SSE}{SST}$$

R^2 的取值区间为[0，1]。$R^2=0$ 的含义是变量 x 和变量 y 之间没有明显的线性关系。变量 y 的变化不能够被变量 x 解释，因此线性回归是没有意义的。如果 $R^2=1$，则回归线的拟合是完美的，y 的所有变化都是由 x 的变化来解释的。在这种情况下，回归线可以有正斜率或负斜率，无论正负，x 和 y 之间的线性关系都同样明显。② 在这时，所有点 (x_i, y_i) 恰好位于回归线上。③

我们以上一个示例的月收益率数据为例，使用参数 $b=1.057\ 5$，$a=0.009\ 3$ 得到回归的估计值 $\hat{y}$，我们得到 $SST=0.526\ 0$，$SSR=0.267\ 0$ 和 $SSE=0.259\ 0$，最后得到 $R^2=\left(\dfrac{0.267\ 0}{0.526\ 0}\right)=0.507\ 6$。对于周收益率数据，我们得到 $SST=0.762\ 0$，$SSR=0.442\ 0$，$SSE=0.320\ 0$，拟合优度 $R^2=0.580\ 0$。对于日收益率数据，我们得到 $SST=0.830\ 5$，$SSR=0.487\ 3$，$SSE=0.343\ 2$，拟合优度 $R^2=0.586\ 7$。

可决系数和相关系数之间的关系

通过进一步分析可知，可决系数 R^2 仅仅是 x 和 y 相关系数 $r_{x,y}$ 的平方。这个等式关系表示，x 与 y 之间的相关关系可以由线性回归的拟合优度反映。而对于任何正实数都有两个绝对值相同的正根和负根，可决系数 R^2 也是如此。在极限情况下，可决系数 $R^2=1$ 时，所对应的相关系数可能是 $r_{x,y}=1$ 或者 $r_{x,y}=-1$。此处重述了之前提到的事实，即在线性模型中 y 可以随着 x 的增加而增加，也可以随着 x 的增加而减少。y 对 x 的依赖程度不受正负号的影响。如前所述，检验相关系数 $r_{x,y}$ 绝对值的大小对于评估线性模型的有效性十分重要。

---

① 请注意 y 和 $\hat{y}$ 的均值相同（即它们的均值都是 $\overline{y}$）。
② 斜率必须是不等于零的，因为在斜率等于零的情况下，y 值是没有任何变化的，x 的任何变化都不会对 y 产生影响。
③ 在下一章中，我们将介绍另一种衡量拟合优度的方法，称为调整后的 R^2。这一测度不仅考虑了用于估计回归的观测样本数量，还考虑了自变量的个数。

在前面的例子中，标准普尔 500 指数收益率（x）与通用电气股票月度收益率（y）之间具有完全线性相关关系，假设通用电气股票收益率的公式为 $y=0.0085+1.1567x$，由于 $R^2=1$，所有的残差项将为零，SSE 也为零。

2.6 简单线性回归在金融领域的两个应用

在这个部分，我们提供简单线性回归分析方法在金融领域应用的两个例子。

2.6.1 估计共同基金的特征线

现在我们讨论一个应用于证券收益率的模型。这个模型将证券收益率分为三部分：第一部分是无风险资产的收益率；第二部分是证券特有因素相关的收益率；第三部分是超出无风险收益率部分的市场收益率（即超额收益率）的加权，其权重为单个证券收益率与市场收益率的协方差和市场收益率方差的比值。具体公式如下：

$$R_S = R_f + \alpha_S + \beta_{S,M}(R_M - R_f) \tag{2-11}$$

式中：R_S 是证券收益率；R_f 是无风险收益率；α_S 是证券特有因素相关的收益率；$\beta_{S,M} = \dfrac{\mathrm{Cov}(R_S, R_M)}{\mathrm{Var}(R_M)}$，称为贝塔因子。

β 测量了证券收益率对市场的敏感性，在式(2-11)等号的两侧减去无风险收益率 R_f，我们得到超额收益率的表达形式：

$$R_S - R_f = \alpha_S + \beta_{S,M}(R_M - R_f)$$

等同于：

$$r_S = \alpha_S + \beta_{S,M} r_M \tag{2-12}$$

上述表达式被称作特征线，其中，$r_S = R_S - R_f$ 和 $r_M = R_M - R_f$ 分别表示证券和市场的超额收益率。

这种表达形式与式(2-3)相似。式(2-12)给出的模型表明，在 t 时刻，可观测到的证券超额收益率 $r_{S,t}$ 可以由上述函数关系式估算出：

$$r_{S,t} = \alpha_S + \beta_{S,M} r_{M,t} + \varepsilon_{S,t} \tag{2-13}$$

式(2-13)指出，证券 S 的实际超额收益率是由与证券自身因素相关的收益率

(α_S),市场超额收益率的相关收益率($\beta_{S,M} r_{M,t}$),以及模型在 t 时刻的误差项($\varepsilon_{S,t}$)组成的。截距项 α_S 通常用来衡量证券表现高于还是低于市场基准表现,被当作股票的平均异常表现。

我们已经描述了股票的特征线,它也适用于任何投资组合或基金。为了说明这一点,我们使用表 2-2 所示的 1995 年 1 月至 2004 年 12 月的月度收益率数据,将所涉及的两个共同基金称为基金 A 和基金 B,两个基金都是大型股票基金。我们使用标准普尔 500 指数作为市场表现的代表。⊖ 为了估计式(2-12)给出的超额收益率形式的特征线,我们使用表 2-2 中的超额收益率数据,并使用式(2-6)和式(2-7)进行参数的估计。对于基金 A,估计的回归系数为 $a_A=-0.21$ 和 $b_{A,S\&P500}=0.84$,从而得到 $r_A=-0.21+0.84 r_{S\&P500}$。对于基金 B,估计的回归系数为 $a_B=0.01$ 和 $b_{B,S\&P500}=0.82$,从而得到 $r_B=0.01+0.82 r_{S\&P500}$。

表 2-2 用于估计两个大型共同基金的特征线的数据

日期	市场超额收益率	基金 A 超额收益率	基金 B 超额收益率
1/31/1995	2.18	0.23	0.86
2/28/1995	3.48	3.04	2.76
3/31/1995	2.50	2.43	2.12
4/30/1995	2.47	1.21	1.37
5/31/1995	3.41	2.12	2.42
6/30/1995	1.88	1.65	1.71
7/31/1995	2.88	3.19	2.83
8/31/1995	−0.20	−0.87	0.51
9/30/1995	3.76	2.63	3.04
10/31/1995	−0.82	−2.24	−1.10
11/30/1995	3.98	3.59	3.50
12/31/1995	1.36	0.80	1.24
1/31/1996	3.01	2.93	1.71
2/29/1996	0.57	1.14	1.49
3/31/1996	0.57	0.20	1.26
4/30/1996	1.01	1.00	1.37
5/31/1996	2.16	1.75	1.78
6/30/1996	0.01	−1.03	−0.40
7/31/1996	−4.90	−4.75	−4.18
8/31/1996	1.71	2.32	1.83

⊖ 数据由 Raman Vardharaj 提供,真实的基金名称不能显示在文中。

(续)

日期	市场超额收益率	基金A超额收益率	基金B超额收益率
9/30/1996	5.18	4.87	4.05
10/31/1996	2.32	1.00	0.92
11/30/1996	7.18	5.68	4.89
12/31/1996	−2.42	−1.84	−1.36
1/31/1997	5.76	3.70	5.28
2/28/1997	0.42	1.26	−1.75
3/31/1997	−4.59	−4.99	−4.18
4/30/1997	5.54	4.20	2.95
5/31/1997	5.65	4.76	5.56
6/30/1997	4.09	2.61	2.53
7/31/1997	7.51	5.57	7.49
8/31/1997	−5.97	−4.81	−3.70
9/30/1997	5.04	5.26	4.53
10/31/1997	−3.76	−3.18	−3.00
11/30/1997	4.24	2.81	2.52
12/31/1997	1.24	1.23	1.93
1/31/1998	0.68	−0.44	−0.70
2/28/1998	6.82	5.11	6.45
3/31/1998	4.73	5.06	3.45
4/30/1998	0.58	−0.95	0.64
5/31/1998	−2.12	−1.65	−1.70
6/30/1998	3.65	2.96	3.65
7/31/1998	−1.46	−0.30	−2.15
8/31/1998	−14.89	−16.22	−13.87
9/30/1998	5.95	4.54	4.40
10/31/1998	7.81	5.09	4.24
11/30/1998	5.75	4.88	5.25
12/31/1998	5.38	7.21	6.80
1/31/1999	3.83	2.25	2.76
2/28/1999	−3.46	−4.48	−3.36
3/31/1999	3.57	2.66	2.84
4/30/1999	3.50	1.89	1.85
5/31/1999	−2.70	−2.46	−1.66
6/30/1999	5.15	4.03	4.96
7/31/1999	−3.50	−3.53	−2.10
8/31/1999	−0.89	−1.44	−2.45
9/30/1999	−3.13	−3.25	−1.72
10/31/1999	5.94	5.16	1.90
11/30/1999	1.67	2.87	3.27

（续）

日期	市场超额收益率	基金 A 超额收益率	基金 B 超额收益率
12/31/1999	5.45	8.04	6.65
1/31/2000	−5.43	−4.50	−1.24
2/29/2000	−2.32	1.00	2.54
3/31/2000	9.31	6.37	5.39
4/30/2000	−3.47	−4.50	−5.01
5/31/2000	−2.55	−3.37	−4.97
6/30/2000	2.06	0.14	5.66
7/31/2000	−2.04	−1.41	1.41
8/31/2000	5.71	6.80	5.51
9/30/2000	−5.79	−5.24	−5.32
10/31/2000	−0.98	−2.48	−5.40
11/30/2000	−8.39	−7.24	−11.51
12/31/2000	−0.01	2.11	3.19
1/31/2001	3.01	−0.18	4.47
2/28/2001	−9.50	−5.79	−8.54
3/31/2001	−6.75	−5.56	−6.23
4/30/2001	7.38	4.86	4.28
5/31/2001	0.35	0.15	0.13
6/30/2001	−2.71	−3.76	−1.61
7/31/2001	−1.28	−2.54	−2.10
8/31/2001	−6.57	−5.09	−5.72
9/30/2001	−8.36	−6.74	−7.55
10/31/2001	1.69	0.79	2.08
11/30/2001	7.50	4.32	5.45
12/31/2001	0.73	1.78	1.99
1/31/2002	−1.60	−1.13	−3.41
2/28/2002	−2.06	−0.97	−2.81
3/31/2002	3.63	3.25	4.57
4/30/2002	−6.21	−4.53	−3.47
5/31/2002	−0.88	−1.92	−0.95
6/30/2002	−7.25	−6.05	−5.42
7/31/2002	−7.95	−6.52	−7.67
8/31/2002	0.52	−0.20	1.72
9/30/2002	−11.01	−9.52	−6.18
10/31/2002	8.66	3.32	4.96
11/30/2002	5.77	3.69	1.61
12/31/2002	−5.99	−4.88	−3.07
1/31/2003	−2.72	−1.73	−2.44
2/28/2003	−1.59	−0.57	−2.37

(续)

日期	市场超额收益率	基金 A 超额收益率	基金 B 超额收益率
3/31/2003	0.87	1.01	1.50
4/30/2003	8.14	6.57	5.34
5/31/2003	5.18	4.87	6.56
6/30/2003	1.18	0.59	1.08
7/31/2003	1.69	1.64	3.54
8/31/2003	1.88	1.25	1.06
9/30/2003	−1.14	−1.42	−1.20
10/31/2003	5.59	5.23	4.14
11/30/2003	0.81	0.67	1.11
12/31/2003	5.16	4.79	4.69
1/31/2004	1.77	0.80	2.44
2/29/2004	1.33	0.91	1.12
3/31/2004	−1.60	−0.98	−1.88
4/30/2004	−1.65	−2.67	−1.81
5/31/2004	1.31	0.60	0.77
6/30/2004	1.86	1.58	1.48
7/31/2004	−3.41	−2.92	−4.36
8/31/2004	0.29	0.44	−0.11
9/30/2004	0.97	1.09	1.88
10/31/2004	1.42	0.22	1.10
11/30/2004	3.90	4.72	5.53
12/31/2004	3.24	2.46	3.27

通过分析 a 的估计结果，我们看到基金 A 相对于市场基准来说有一个负的表现，而基金 B 的表现优于市场基准。根据基金 A 估计的贝塔系数（即 b），我们可以认为标准普尔 500 指数的收益率增加一单位，会导致基金 A 平均增加 84% 单位的收益率。这与基金 B 的情况类似，即对于标准普尔 500 指数的每单位收益率变动，基金 B 的收益率将有 82% 单位的变动。正如预期的那样，这两笔资金都与市场表现呈正相关。

基金 A 的特征线的拟合优度（R^2）为 0.92，基金 B 的为 0.86。我们可以看到两个共同基金的特征线都具有良好的拟合优度。

2.6.2 控制股票投资组合的风险

资产管理者能够通过修正投资组合的贝塔值来改变市场风险对投资组合的影

响。我们可以重新调整投资组合来产生目标贝塔值，但在调整投资组合的过程中存在交易成本。由于期货合约存在固有的杠杆，资产管理者可以使用股指期货以相当低的成本实现目标贝塔值。购买股指期货将增加投资组合的贝塔值，而卖出股票期货则会减少投资组合的贝塔值。

期货市场的主要经济功能是将价格风险从对冲者转移给投机者。对冲是指利用期货合约作为在现货市场进行交易的替代。如果现货与期货市场价格变动方向相同，则对冲者在任一市场上（无论是现货市场还是期货市场）头寸的损失都将由另一市场上头寸的收益所抵消。当对冲者在两个市场上的收益和损失相等时，我们称之为一个完全对冲（perfect hedge）。

空头对冲（short hedge）可以用来防止未来标的资产现货价格下跌。为执行一个空头对冲，对冲者需要出售期货合约。因此，空头对冲也称为卖出对冲（sell hedge）。建立空头对冲能够锁定未来现货价格并将价格风险转移给合约的购买者。

这是资产管理者使用空头对冲的例子。有一位养老基金经理，他知道从现在开始4个月之后，该基金需要支付受益人3 000万美元，他得卖出基金资产组合中的一部分股票。如果他为满足受益人收益而打算卖出的股票的价值在4个月之后降低，那么他需要卖出更多的资产。处理这种情况的最简单方法是让资产管理者出售所需数量的股票，并将收益投资于4个月后到期的国库券。但是假设由于某种原因，资产管理者现在不能进行销售，则他可以利用空头对冲来锁定未来将要被卖出的股票的价值。

多头对冲（long hedge）是为了防止未来预期购买价格的上涨。在多头对冲中，套期保值者买入期货合约，所以这种套期保值也被称为买入对冲（buy hedge）。举一个例子，再次考虑养老基金经理。这一次，假设资产管理者预期在4个月后，将会得到一大笔来自赞助人的出资，并计划将这些出资投入不同公司的股票中。养老基金经理预计，他将投资的股票的市场价格在4个月后会上涨，因此他将承担必须支付更高价格的风险，则养老基金经理可以用多头对冲来有效地锁定这些股票的未来价格。

控制股票投资组合价格向不利方向变化带来的损失是应用对冲的一个特例。在对冲中，目标是改变当前或预期的股票投资组合头寸，使其贝塔值为零。贝塔值为零的投资组合，将会获得无风险收益。因此，在一个完全对冲中，收益率将等于无风险收益率。更具体地说，收益率相当于到期期限恰好和期货合约结算日一致的无风险利率。

因此，与标准普尔 500 指数完全相同的投资组合（例如标准普尔 500 指数基金），可以通过以理论上的期货价格卖出 60 天的标准普尔 500 期货合约进行完全套期保值。对冲过的头寸的收益率将是 60 天无风险收益。如果一个投资组合经理想要暂时消除标准普尔 500 指数的所有风险，他可以出售所有的股票，并用收到的资金投资于国库券。通过使用股指期货合约，投资组合经理可以通过对冲消除对标准普尔 500 指数的风险，对冲头寸将获得与国库券相同的收益。因此，投资组合经理节省了卖出股票投资组合的相关交易成本。此外，当投资组合经理想要回到股票市场时，他可以通过购买相同数量的股指期货合约来取消套期保值，而不需要承担购买股票时发生的相关交易成本。

在实践中，执行对冲并不简单，在对冲股指期货的时候，只有被对冲组合的收益率与期货合约的收益率相同，才能做到完全对冲。

对冲股票投资组合的有效性取决于：

(1) 现货组合与期货合约的标的指数之间的关系。

(2) 建立对冲头寸或出清头寸时现货价格和期货价格之间的关系。

即期价格和期货价格之间的差称为基差。基差只有在结算日才能完全确定。在结算日，基差为零。如果对冲的头寸在结算日被出清，则基差是已知的，但是如果在其他任何时间出清对冲头寸，基差是不可预先知道的。基差的不确定性被称为基差风险。因此，执行对冲的过程会涉及基差风险，代替了原来的价格风险。

股指期货合约以股票指数作为标的资产。由于资产管理者寻求对冲的投资组合的特征，通常和股指期货合约的标的股票指数的特征不完全相同，因此被对冲的投资组合的收益率特征与期货合约的标的指数的收益率将存在差异。这种被对冲资产与期货合约标的资产不同的对冲方式称为交叉对冲。在商品期货市场中，交叉对冲经常发生，例如，由于没有以秋葵作为标的资产期货合约，种植秋葵的农民会通过使用玉米期货合约来对冲。在股票市场上，希望对冲股票投资组合的资产管理者，必须找到最适合（但不是完美的）跟踪所要对冲的投资组合价格变化的股指或股指组合，然后选择以该股指或股指组合为标的的期货合约进行对冲。

由于在交叉对冲中投资组合并没有完美追踪股票指数，因此基差风险中也包含交叉对冲所造成的风险。股票指数期货合约的错误定价是基差风险的主要原因，并且错误定价大部分是随机的。

在下面的事例中，上述有关对冲的概念将会更加清晰。

对冲比率（hedge ratio）

为了实施对冲策略，不仅要确定使用哪种股指期货合约，还要确定用多少合约的头寸（即在多头对冲中买入多少头寸，以及在空头对冲中卖出多少头寸）。合约数量取决于被对冲组合收益率的波动性相对于期货合约收益率的波动性的大小。对冲比率是被对冲组合的波动率与期货合约的收益波动率之比。

使用投资组合的贝塔值作为对冲比率较为合理，因为它是能够反映投资组合收益率对股指收益率的敏感度的指标。因此调整被对冲投资组合收益的敏感度似乎是个理想方法。然而使用相对于股票指数的贝塔值作为对股指期货合约的敏感度指标，只有在股票指数和期货合约具有相同的波动性的假设下才可行。如果期货总是以理论价格出售，那么这个假设很合理。但是，价格偏误也是股指期货合约波动的额外因素。由于期货合约比标的指数波动性更强，因此使用投资组合的贝塔值作为敏感度调整指标会导致投资组合被过度对冲。

最准确的敏感度指标是投资组合相对于期货合约的贝塔值。可以证明，资产组合对期货合约回归得到的贝塔值相当于资产组合对标的指数回归得到的贝塔值和指数对期货合约回归得到的贝塔值的乘积。⊖ 各个例子中的贝塔值都是使用回归分析进行估计，其中数据是被对冲组合的历史收益率、股票指数和股指期货合约。

待估计的回归方程如下：

$$r_P = a_P + B_{PI} r_I + e_P$$

式中：r_P——被对冲的投资组合的收益率；

r_I——股票指数的收益率；

B_{PI}——资产组合对股票指数回归得到的贝塔值；

a_P——截距；

e_P——误差项。

⊖ Edgar E. Peters, "Hedged Equity Portfolios: Components of Risk and Return," *Advances in Futures and Options Research* 1, part B(1987): 75-92.

股票指数的收益率计算公式为：

$$r_I = a_I + B_{IF}r_F + e_I$$

式中：r_F——股指期货合约的收益率；

B_{IF}——股票指数对股指期货回归得到的贝塔值；

a_I——截距；

e_I——误差项。

给定 B_{PI} 和 B_{IF}，则最小风险对冲比率可以表示为：

$$对冲比率 = B_{PI} \times B_{IF}$$

回归的 R^2 表明所估计的关系拟合程度的高低，从而帮助资产管理者评估对冲成功的可能性。

在估计出 B_{PI} 和 B_{IF} 之后，所需合约数量可以通过下述三个步骤计算得出。

步骤 1，通过将被对冲投资组合的市场价值除以当前期货合约的当前指数值得到等价市场指数单位(equivalent market index unit)：

$$等价市场指数单位 = \frac{被对冲投资组合的市场价值}{期货合约的当前指数值}$$

步骤 2，将等价市场指数单位乘以对冲比率，得到基于贝塔值调整后的等价市场指数单位：

$$基于贝塔值调整后的等价市场指数单位 = 对冲比率 \times 等价市场指数单位$$

或者：

$$基于贝塔值调整后的等价市场指数单位 = B_{PI} \times B_{IF} \times 等价市场指数单位$$

步骤 3，将基于贝塔值调整后的等价市场指数单位除以股指期货合约设定的合约乘数得到所需合约数量：

$$合约数量 = \frac{基于贝塔值调整后的等价市场指数单位}{合约乘数}$$

我们将用两个例子来展示如何实施对冲以及如何应对与对冲相关的风险。

【例 2-1】 假如在 2009 年 1 月 30 日，一位投资组合经理管理一个与标准普尔 500 指数构成相同的 1 亿美元的投资组合。这位经理想要通过对冲来防范可能的市场价格下滑风险。更具体地说，经理希望对冲 2009 年 2 月 27 日前的市场变化。为了对冲 2009 年 1 月 30 日至 2009 年 2 月 27 日期间可能的不利市场变动，投资组合经理决定通过卖出于 2009 年 3 月结算的标准普尔 500 指数期货合约来实施空头对冲。在 2009 年 1 月 30 日，交割时间为 2009 年 3 月的股指期货合约价格为 822.5 指数点。

由于被对冲的投资组合与标准普尔 500 指数相同，对应于指数（B_{PI}）的投资组合的贝塔值为 1，对应于期货合约（B_{IF}）的标准普尔 500 指数的贝塔值估计为 0.745。计算对冲 1 亿美元的投资组合所需的合约数量有以下三个步骤。

步骤 1，计算等价市场指数单位：

$$等价市场指数单位 = \frac{100\,000\,000\,美元}{822.5} = 121\,581\,美元$$

步骤 2，计算基于贝塔值调整后的等价市场指数单位：

$$基于贝塔值调整后的等价市场指数 = 1 \times 0.745 \times 121\,581\,美元 = 90\,578\,美元$$

步骤 3，标准普尔 500 指数的合约乘数是 250 美元，则：

$$卖出的合约数量 = \frac{90\,578\,美元}{250\,美元} = 362$$

这意味着期货头寸为 74 436 250 美元（$=362 \times 250 \times 822.5$）。2009 年 2 月 27 日，对冲平仓，买入的合约对应的资产组合已经亏损 10 993 122 美元。交割时间为 2009 年 3 月的标准普尔 500 指数期货合约卖出价格为 734.2 指数点。合约于 2009 年 2 月 27 日以 734.2 指数点回购，每份合约获利 88.3 指数点。362 份合约的收益为 7 991 150 美元（$88.3 \times 250 \times 362$）。因此总共损失了 3 001 972 美元（期货头寸获利 7 991 150 美元和资产组合损失 10 993 122 美元）。期货头寸的总交易成本低于 8 000 美元。需要注意的是，如果资产管理者没有对冲该头寸，那么损失将是 10 993 122 美元。

让我们对这次对冲进行分析，来看看它为什么成功以及它为什么不是一个完全对冲。如前所述，在对冲中基差风险代替了价格风险。现在考虑本次对冲的基差风险。在实施对冲时，现货价格为 825.88 指数点，期货合约价格为 822.5 指数点，基差等于 3.38 指数点（现货价格 825.88 指数点减去期货合约价格 822.5 指数点）。同时，考虑到持有成本，理论基差总共为 1.45 指数点。也就是说，实施对冲时期货的理论价格应该是 824.43 指数点。因此，根据定价模型，期货合约被错误地定高了 1.93 指数点。

当 2009 年 2 月 27 日对冲到期时，现货价格为 735.09 指数点，期货合约价格为 734.2 指数点。因此，基差从对冲开始时的 3.38 指数点变为 0.89 指数点 (735.09－734.2)。基差已经改变了 2.49 指数点(3.38－0.89)，每份合约价值变化为 622.5 美元(2.49 指数点×合约乘数 250 美元)，这就意味着 362 份合同的基差成本为美元 225 345(＝622.5×362)。而该指数下跌了 90.79 指数点(825.88－735.09)，每份合约收益为 22 697.5 美元(＝90.79×250)，即合约的总收益为 8 216 495 万美元。因此，由基差风险造成的成本为 225 345 美元，由于指数变化获得的收益为 8 216 495 万美元。综合起来，即为期货头寸 7 991 150 美元的收益。

【例 2-2】 我们在例 2-1 中说明了基差风险。由于我们使用标准普尔 500 指数期货合约来复制标准普尔 500 指数，所以不存在交叉对冲的风险。然而，大多数投资组合与标准普尔 500 指数并不完全匹配，投资组合价格变化相对于指数变化的估计值 B_{PI} 可能不如预测的那样，因此便产生了交叉对冲风险。我们通过举例说明这种情况，假设一家资产管理公司于 2009 年 1 月 30 日拥有道琼斯工业平均指数(DJIA)的所有股票，所持投资组合的市场价值为 1 亿美元。另外假设投资组合经理希望使用交割时间为 2009 年 3 月的标准普尔 500 指数期货合约执行空头对冲，以防止 2009 年 1 月 30 日到 2009 年 2 月 27 日的股票价格下跌。这里使用 9 月到期的标准普尔 500 指数期货合约来对冲 DJIA 的投资组合，这就是一个交叉对冲。

例 2-1 中已经给出了 2009 年 1 月 30 日以及 2009 年 2 月 27 日的标准普尔 500 现货指数和标准普尔 500 期货合约的相关信息。该指数相对于期货合约(B_{IF})的贝塔值为 0.745。在回归分析中，道琼斯工业指数的对标准普尔 500 指数回归得到的系数为 1.05(R^2 为 93%)。我们按照上面列举的三个步骤来计算出合约的数量。

步骤 1，计算等价市场指数单位：

$$等价市场指数单位 = \frac{100\ 000\ 000\ 美元}{822.5} = 121\ 581\ 美元$$

步骤 2，计算基于贝塔值调整后的等价市场指数单位：

基于贝塔值调整后的等价市场指数单位 = 1.05×0.745×121 581 美元 = 95 107 美元

步骤 3，标准普尔 500 指数的合约乘数是 250 美元，则：

$$卖出的合约数量 = \frac{95\ 107\ 美元}{250\ 美元} = 380$$

在对冲期间，道琼斯工业指数实际上损失了 1 172 万美元，这意味着包含道琼斯指数成分股的投资组合损失了11.72%。由于卖空了380份标准普尔500指数期货合约，每份合约的收益为88.3指数点，期货头寸的收益为8 388 500（=88.3×380×250）美元。这意味着对冲头寸造成总计3 331 500美元的损失，或者相当于-3.31%的收益率。

我们已经分析了这不是一个完全对冲的原因。在前面的例子中，我们解释了基差的变化如何影响结果。现在，我们来分析道琼斯工业平均指数和标准普尔500指数之间的关系是如何影响结果的。如之前的例子所述，同期标准普尔500指数下跌了10.99%。在投资组合对标准普尔500指数做回归得到的贝塔值为1.05的情况下，基于标准普尔500指数走势的投资组合的预期收益率应该下降11.54%（=1.05×10.99%）。如果这种情况真的发生，道琼斯工业平均指数的投资组合只会损失1 099万美元，而不是1 172万美元，对冲的净损失将是2 601 500美元，即相当于-2.6%的收益率。道琼斯工业平均指数的实际表现与根据贝塔值预测的表现之间相差730 000美元。

2.7 非线性关系的线性回归

有些时候原始变量不符合线性关系的相关假设，然而因变量y的变换形式$h(y)$可能与x存在线性关系。图2-5中的假想数据证明了这一点，其中y值是以x为自变量的指数函数的结果。表2-3中的原始数据由图2-5中的"○"符号表示。

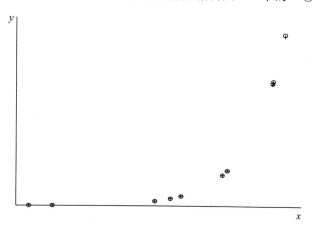

图2-5 指数函数关系数据的最小二乘回归拟合值

表 2-3 具有指数函数关系的变量 x、y 以及最小二乘回归拟合值 $\hat{y}$

x	y	$\hat{y}$
0.357 7	1.525 6	1.490 0
1.021 1	2.858 5	2.879 2
3.893 5	49.151 1	49.875 5
4.336 9	76.531 4	77.457 4
4.625 1	102.069 4	103.121 1
5.797 6	329.551 6	330.314 9
5.930 6	376.390 8	376.973 1
7.174 5	1 305.700 5	1 296.234 6
7.191 7	1 328.320 0	1 318.515 2
7.508 9	1 824.267 5	1 806.728 5

我们假设函数关系是如下形式的：

$$y = \alpha e^{\beta x} \tag{2-14}$$

为了线性化式(2-14)，我们使用自然对数形式对变量 y 进行变换：

$$\ln y = \ln \alpha + \beta x \tag{2-15}$$

指数数据的线性回归

我们使用最小二乘估计法估计 $\ln y$ 与 x 的关系，并得到 $\ln a = 0.044$、$b = 0.993$，通过再次转换得到下述等式：

$$\hat{y} = a \cdot e^{bx} = 1.045 \cdot e^{0.993x} \tag{2-16}$$

式(2-16)中估计的 $\hat{y}$ 值由图 2-5 中的"+"符号表示，并且在大多数情况下恰好与原始数据点重合。线性化回归的可决系数 R^2 大致为 1，表示完全拟合。需要注意的是，这是线性化方程(2-15)的最小二乘解，而不是最初假定的函数关系方程的。对于原始方程，若通过线性化之外的其他方式获得回归参数，拟合程度可能更高，可能会使 R^2 更接近 1。㊀

要点回顾

- 相关系数或协方差用于衡量两个变量之间的关联程度。
- 采用回归模型来估计一个变量(称为被解释变量)对其他一个(或多个)解

㊀ 如前所述，非线性的函数关系通常不存在解析解，其最优值必须通过数值方法确定或通过试错算法来确定。

- 释变量的依存关系。
- 在基本回归中，因变量和解释变量之间的函数关系可表示为线性方程，因此称为线性回归模型。
- 当线性回归模型只包含一个解释变量时，该模型被称为简单线性回归模型。
- 简单线性回归模型中的误差项（或残差项）表示因变量的变化中不是由解释变量的变化而引起的部分。
- 通常假设误差项服从正态分布，并且具有零均值和常数方差。
- 简单线性回归模型的参数通过普通最小二乘法估计，并能得到最佳线性无偏估计。
- 可决系数用 R^2 表示，是对回归线拟合程度的度量。可决系数的范围从 0 到 1，表示在一个简单线性回归模型中可由解释变量解释的总平方和的百分比。

第 3 章

多元线性回归模型

学习目标

在阅读完本章后,你将了解以下内容:
- 多元线性回归的概念。
- 关于多元线性回归模型中误差项的假设。
- 估计模型的回归系数。
- 设计回归模型的三个必要步骤:模型的设定,拟合/估计,诊断。
- 模型和自变量的显著性检验。

在金融领域,我们经常需要同时分析多个变量。在第 2 章中,我们解释了如何使用线性回归方法估计两个变量间的线性相关关系。当只有一个自变量时,回归模型被称为简单线性回归或一元回归模型。

在很多情况下,一元回归模型不足以处理金融领域的现实问题。有的时候,某一目标变量需要通过两个及以上的变量来解释。比如,我们想要确定影响标准普尔 500 指数月收益的金融或宏观变量,假设经济和金融理论认为应该有 10 个解释变量。由此,我们得到了一组 11 维变量:标准普尔 500 指数的收益及其他 10 个解释变量。

在接下来的两章中,我们将通过多元回归模型,分析我们所观察到的多个自变量和某个因变量间的线性关系。正如第 2 章一元回归中所讨论的,目标变量间可能并不是线性关系,但这可以通过对变量进行合理的转换来解决。

3.1 多元线性回归模型概述

多元线性回归模型的形式为:

$$y = \beta_0 + \beta_1 x_1 + \beta_2 x_2 + \cdots + \beta_k x_k + \varepsilon \tag{3-1}$$

式中：β_0 为常数截距项；$\beta_1, \cdots, \beta_k$ 为 k 个解释变量或自变量的回归系数；ε 为模型的残差项。

给定因变量和自变量的样本观测值，我们可用向量形式将式(3-1)表示为：

$$\boldsymbol{y} = \boldsymbol{X\beta} + \boldsymbol{\varepsilon} \tag{3-2}$$

其中，$\boldsymbol{y}$ 是一个 $n \times 1$ 的列向量，该向量有因变量的 n 个观测值，即：

$$\boldsymbol{y} = \begin{bmatrix} y_1 \\ \vdots \\ y_n \end{bmatrix} \tag{3-3}$$

$\boldsymbol{X}$ 是一个 $n \times (k+1)$ 的矩阵，包含 k 个自变量，每个自变量有 n 个观测值，用取值为 1 的列向量来得到垂直截距项 β_0，即：

$$\boldsymbol{X} = \begin{bmatrix} 1 & X_{11} & \cdots & X_{1k} \\ 1 & X_{21} & & X_{2k} \\ \vdots & \vdots & & \vdots \\ 1 & X_{n1} & \cdots & X_{nk} \end{bmatrix} \tag{3-4}$$

包括截距项在内的 $k+1$ 个回归系数，用 $k+1$ 的列向量表示为：

$$\boldsymbol{\beta} = \begin{bmatrix} \beta_1 \\ \vdots \\ \beta_k \end{bmatrix} \tag{3-5}$$

每次观测中的残差用列向量 $\boldsymbol{\varepsilon}$ 表示为：

$$\boldsymbol{\varepsilon} = \begin{bmatrix} \varepsilon_1 \\ \vdots \\ \varepsilon_n \end{bmatrix} \tag{3-6}$$

式(3-5)中每一自变量的回归系数表示：在其他自变量保持不变的情况下，该自变量变化一单位所导致的因变量的平均变化量。

3.2 多元线性回归模型的假设

对于多元线性回归模型，我们对残差项提出以下三个假设：

假设 1：回归残差服从均值为零的正态分布。

假设 2：回归残差的方差(σ_ε^2)是常数。

假设 3：不同时点的残差项是相互独立的，对于任意 $d \neq 0$，$\varepsilon_t \neq \varepsilon_{t+d}$ 对所有 t 都是相互独立的。

我们可将上述假设用更简洁的方式重新表达，即：

$$\varepsilon_i \overset{i.i.d.}{\sim} N(0, \sigma^2)$$

此外，假定残差与自变量不相关，在下一章，我们会解释如何处理以上假设不成立的情况。

3.3 模型参数的估计

因为通常无法获取总体数据，我们需要通过样本对模型进行估计。待估的回归模型为：

$$\hat{y} = b_0 + b_1 x_1 + b_2 x_2 + \cdots + b_k x_k \tag{3-7}$$

式(3-7)的向量形式为：

$$y = \hat{y} + e = Xb + e \tag{3-8}$$

式(3-8)与式(3-2)类似，不同之处在于，模型的参数及残差项用估计量 b 和 e 表示。

自变量 $x_1, \cdots, x_k$ 构成了一个 k 维空间，加上 y 后，多了一个维度，从而总维度为 $k+1$。待估的回归模型在一个 k 维的超平面(hyperplane)上生成数值，以表示因变量和自变量间的线性函数关系，该超平面被称为回归超平面(regression hyperplane)。在一元回归中，回归超平面仅仅是由单一自变量 x 得到的 $\hat{y}$ 的回归线。⊖

k 个系数中的任意一个系数，决定了其相应自变量方向上的斜率。在第 $k+1$ 个维度，y 值的方向上，我们加入了估计的残差，$e = y - \hat{y}$。对于每个 y 值，残差代表了超平面和对应的 y 值之间的距离。

为了解释这一理论，假设我们有变量 y，以及包含两个自变量 x_1 和 x_2 的二维

⊖ 总体而言，由 x 值的线性组合构成的超平面，其维度通常是总维度减 1。

变量 x，我们得到一个三维空间，如图 3-1 所示。我们有 y 的三个观测值 y_1，y_2 和 y_3。回归方程(3-7)对应的超平面，由灰色平面表示。截距项 b_0 由虚线箭头表示，x_1 和 x_2 的斜率由箭头 b_1 和 b_2 表示。㊀ 现在，我们在超平面和观测值之间加入垂直线 e_1，e_2 和 e_3，用来表示我们在用超平面逼近观测值时误差有多少。

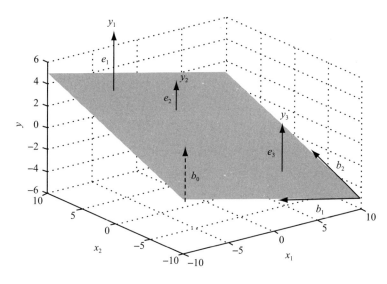

图 3-1　向量超平面与残差

一般地，使用第 2 章提到的普通最小二乘回归方法，得到满足 $\sum(y-\hat{y})^2$ 最小化的回归方程的系数。对于回归估计量的计算，我们应用矩阵的形式来表示。如果我们用矩阵形式表示最小化问题，找出满足均方误差最小化的向量 $\boldsymbol{\beta}$ 则可以表示为㊀：

$$\sum_{i=1}^{n}(y_i-\hat{y})^2 = (\boldsymbol{y}-\boldsymbol{X\beta})^{\mathrm{T}}(\boldsymbol{y}-\boldsymbol{X\beta}) \tag{3-9}$$

通过取微分和矩阵运算，可得出回归系数的最优估计值和残差的估计为：

$$\boldsymbol{b} = (\boldsymbol{X}^{\mathrm{T}}\boldsymbol{X})^{-1}\boldsymbol{X}^{\mathrm{T}}\boldsymbol{y} \tag{3-10}$$

$$\boldsymbol{e} = \boldsymbol{y} - \boldsymbol{X}^{\mathrm{T}}\boldsymbol{b} = \boldsymbol{y} - \hat{\boldsymbol{y}} \tag{3-11}$$

其中，式(3-10)中的 $\boldsymbol{b}$ 和式(3-11)中的 $\boldsymbol{e}$ 分别是 $(k+1) \times 1$ 和 $n \times 1$ 的列向量。不必担心这一计算会过于复杂和理论化，大多数统计软件都能实现这类计算，你

㊀ 箭头 b_0 用虚线表示，从我们的视角来看，它在超平面后自点 $(0, 0, 0)$ 垂直引出。
㊀ 附录 D 中给出了转置矩阵和逆矩阵的解释。当使用逆矩阵时，我们默认目标矩阵是满秩的，这是矩阵可逆的必要条件。

只需输入变量的数据，并选择最小二乘回归程序，就可得到式(3-10)中的估计量。

3.4 模型设计

尽管在之前的章节中介绍了简单线性回归模型，但我们并没有详细说明设计回归模型和模型的估计通常所需的步骤。构建回归模型的过程由三个阶段组成：

模型设定；

拟合/估计；

回归诊断。

在模型设定阶段，我们需确定因变量及自变量，并排除与因变量并不相关的自变量。当因变量是金融变量时，金融及经济理论能够为寻找相关自变量提供指导。紧接着，在确定变量之后，我们需收集所有变量的数据，从而得到向量 y 和矩阵 X。尽管在这里不做理论说明，但确实样本量越大，回归效果就越好。理论上，样本量 n 应至少为 $k+1$，其中 k 是自变量数量。从实际经验来看，n 应至少为 k 的 4 倍。

拟合/估计阶段就是构建用模型表示的线性函数关系。也就是说，我们需要计算回归系数间的相关系数，同时也需要检验自变量之间的相关系数，以检验自变量间的相关关系，我们会在下一章进行解释。接着，给定自变量的值，估计阶段我们也得到因变量的点估计。[ơ]

一旦得到式(3-10)的估计量，我们就可以接着根据给定的数据去评估回归的质量。这就是回归诊断阶段。

3.5 诊断检验及模型显著性

如前所述，诊断模型的质量在模型的构建过程中是必要的。我们需要建立第四个标准来确定模型质量。若根据某些标准，模型被认定为拟合程度不够，我们

ơ 这与置信区间给出的置信水平相反。附录 C 解释了什么是置信区间。

需通过加入不同的自变量来重新设计模型。

从之前的章节我们了解到拟合优度用可决系数（以 R^2 表示）来衡量，在这里我们也沿用这一方法。和单变量回归相同，可决系数度量的是因变量的变化中可由自变量解释的部分所占的比例。多元线性回归的 R^2 则是指多重可决系数。我们在这里重新介绍其在第 2 章中的定义：

$$R^2 = \frac{SSR}{SST} \tag{3-12}$$

式中：SSR 为回归平方和；SST 为总平方和。

初步评估之后，我们需通过确定统计显著性来验证模型。这样，我们需计算整个模型的显著性以及单个回归系数的显著性。回归的残差起着重要的作用。若回归残差的标准差过大，可通过其他方式提高拟合优度。原因是，过多因变量 y 的方差被纳入残差方差 s^2 中。事实上部分残差方差的存在是因为模型未考虑到某些自变量的变化。最后，我们将在下一章中讨论自变量间的相互关系的检验。

3.5.1 模型的显著性检验

为检验整个模型是否显著，我们考虑两个假设。首先，原假设 H_0：所有回归系数都等于零，即没有自变量起到任何作用。备择假设 H_1：至少有一个系数不等于零。更正式的表达为：

$$H_0: \beta_0 = \beta_1 = \cdots = \beta_k = 0$$

$$H_1: 至少存在一个 j \in \{1, 2, \cdots, k\}, 使 \beta_j \neq 0$$

若原假设为真，则所选自变量构成的线性模型并不能解释因变量的表现。为执行该检验，我们采用方差分析（ANOVA）检验。在这个方法下，我们计算 F 统计量，其定义为：

$$F = \frac{\dfrac{SSR}{k}}{\dfrac{SSE}{n-k-1}} = \frac{MSR}{MSE} \tag{3-13}$$

式中：SSE 为残差平方和；MSR 为回归均方差；MSE 为均方误差。

前面的章节中已给出 SSE 的定义，但在多元线性回归的情况下，$\hat{y}$ 和残差项分别由式（3-7）和式（3-11）给出。

SSR 的自由度 d_n 与自变量的数量相等，即 $d_n=k$，而 SSE 的自由度为 $d_d=n-k-1$。[1] MSR 和 MSE 分别指回归均方差(mean squares of regression)和均方误差(mean squared errors)，由各自离差的平方和除以它们的自由度得到。所有方差分析所需的结果均列于表 3-1 中。

表 3-1　方差分析组成模式

	自由度	平方和	均方差	F 统计量	F 统计量的 p 值
回归	k	SSR	$MSR=\dfrac{SSR}{k}$		
残差	$n-k-1$	SSE	$MSE=\dfrac{SSE}{n-k-1}$	$\dfrac{MSR}{MSE}$	
总和	$n-1$	SST			

若统计量在某个预定水平上显著(例如，$p_F<\alpha$)，则该模型确实在某种程度上解释了因变量 y 的变化。[2]

我们应注意不可做得过度，即我们不应构建一个过于复杂的模型。遵循的原则是，采用合适的最简单的模型。复杂、高级的模型会不够灵活，且难以适用不同的样本数据。在大多数情况下，这些模型的预测效果都不好。因此，R^2 最高并不意味着该模型最有用。原因在于，在回归中增加多余的自变量会显著提高 R^2。但是，这个看起来拟合效果更好的模型，有可能是具有误导性的。如果用拟合的数据集测试模型的好坏，就难以得到模型的真实质量。然而，如果把拟合出来的模型应用在不同的数据集上，那么过度拟合的缺点就容易被发现。

正因为如此，一个重新定义的可决系数显然很有必要，我们称此可决系数为调整后的 R^2(adjusted R^2)，表示为：

$$R^2_{\text{adj}} = 1-(1-R^2)\left(\dfrac{n-1}{n-k-1}\right) \tag{3-14}$$

该调整后的拟合优度的衡量方法包含了观测值的数量 n 和自变量的数量 k，以及分母中的常数项($n-k-1$)。只要相对于 k 而言观测值的数量非常大，R^2 和 R^2_{adj} 就近似于相等。[3] 但是，如果所包含的自变量数量 k 增加，则 R^2_{adj} 相对于原始的 R^2

---

[1] 总的来说，SST 服从自由度为 $n-1$ 的卡方分布。可查阅附录 B，以了解卡方检验的解释。
[2] 或者，可以考察检验统计量是否大于临界值，即 $F>F_\alpha$。
[3] 比如，将 $k=1$ 代入式(3-14)我们得到 $R^2_{\text{adj}}=\dfrac{(n-2)R^2+R^2-1}{n-2}=R^2-\dfrac{1-R^2}{n-2}$，$n$ 较大时该值仅略小于 R^2。

将有较大幅度的下降。该衡量拟合优度的新方法，可理解为对自变量过度使用的惩罚。因此，模型建立需从简。为最充分地利用潜在的自变量，我们应考虑那些在回归中能对解释因变量的变化起最大作用的自变量。也就是说，我们需在自变量的增加和调整后 R^2 的降低之间进行权衡。

3.5.2 自变量显著性的检验

假设模型是显著的，现在我们转向检验单一自变量的显著性。对于 k 个自变量中的每一个，我们需要检验在其他自变量已包含于回归模型的条件下：

$$H_0: \beta_j = 0 \quad H_1: \beta_j \neq 0$$

用 t 检验较为合适，其表示为：

$$t_j = \frac{b_j - 0}{s_{b_j}} \tag{3-15}$$

其自由度为 $n-k-1$。b_j 是第 j 个回归系数的样本估计值，s_{b_j} 是回归系数的标准误差（standard error of the coefficient estimate）。

每一个回归系数的标准误差由整个向量 $\boldsymbol{\beta}$ 的方差矩阵的估计值确定，表示为：

$$s^2 (\boldsymbol{X}^T \boldsymbol{X})^{-1} \tag{3-16}$$

即一个矩阵乘以单变量的回归系数标准误差，s^2 表示为：

$$s^2 = \frac{\boldsymbol{e}^T \boldsymbol{e}}{n-k-1} = \frac{\mathrm{SSE}}{n-k-1} \tag{3-17}$$

SSE 之前已经定义过了，其自由度为观测值的数量 n 减去自变量的数量 k，再减去常数项损失的一个自由度。因此，我们得出其自由度为 $n-k-1$。式(3-16)的第 j 个对角元素，是式(3-15)中第 j 个回归系数的标准误差。⊖式(3-15)中的检验统计量，应与自由度为 $n-k-1$ 的 t 分布在某一特定显著性水平 α 上（比如 0.05）的临界值做比较。如果检验统计量大于临界值，我们就说自变量在统计上显著。相应地，式(3-15)的 p 值会小于 α。

3.5.3 新增变量的 F 检验

假设回归模型中有 $k-1$ 个自变量，拟合优度为 R_1^2。如果我们想考察在回归模

⊖ 通常不必担心这些数学步骤，因为由统计软件执行这些计算。但输出结果的解释需要理解清楚。

型中加入一个自变量是否合适，那么我们需要一个统计量来度量新增的自变量对拟合优度的提高程度。用 R^2 表示加入额外的自变量后回归的拟合优度，则其解释能力的提高程度由 $R^2 - R_1^2$ 表示，这一项服从自由度为 1 的卡方分布。因为 $1-R^2$ 服从自由度为 $n-k-1$ 的卡方分布，所以统计量

$$F_1 = \frac{R^2 - R_1^2}{\dfrac{1-R^2}{n-k-1}} \tag{3-18}$$

服从自由度为 1 和 $n-k-1$ 的 F 分布，该检验的原假设为：模型应该仅包含 $k-1$ 个自变量。[注]

3.6 多元线性回归在金融领域的应用

这一节总结了多元线性回归分析在不同金融领域的一些应用。

3.6.1 久期的估计

金融资产利率敏感度的一个常用的度量方法就是久期。例如，若一个金融资产的久期为 5，这表示利率每变化 100 个基点，金融资产价值或价格就会相应变化约 5%。变化的方向由久期的符号决定。具体来讲，若久期为正，则价格随相关利率的增加而下降，随相关利率的减少而上升；若久期为负，则价格随相关利率的增加而上升，随相关利率的减少而下降。

假设一只普通股卖出价格为 80 美元，其久期为 +5，影响普通股价值的相关利率现为 6%。这表示若利率增加 100 个基点（从 6% 至 7%），则金融资产的价格将下降 5%。由于股票现价为 80 美元，因此价格将下降约 4 美元。相反地，若利率从 6% 下降至 5%（下降 100 个基点），价格将上升约 5%，至 84 美元。

久期的估计方法有两种：一是运用估值模型，二是通过历史收益率估计资产价值对利率变动的敏感度。通过后者计算出的久期称为经验久期（empirical duration），因为是使用回归分析的方法得到的，有时也被叫作基于回归的久期（regression-based duration）。

[注] 卡方分布和 F 分布详见附录 A 和附录 B。

回归模型的因变量是资产价值的变动百分比。在我们的例子中将不会使用单个资产,而是将金融市场各行业板块的整体作为资产,并将这些行业板块看作是代表该行业板块的指数的成分资产的组合。我们将为以下资产估计久期:①标准普尔500指数的电力行业;②标准普尔500指数的商业银行业;③雷曼美国综合债券指数(Lehman U. S. Aggregate Bond Index)。⊖对于每一个指数,我们将指数的月收益率作为因变量。涉及的时间段为1989年10月至2003年11月(共170个观测值),月收益率的观测值在表3-2的最后3列给出。⊖

表3-2 经验久期估计的数据

月份	雷曼国债指数收益率变化	标准普尔500指数收益率	月收益率		
			电力行业	商业银行业	雷曼美国综合债券指数
1989年10月	−0.46	−2.33	2.350	−11.043	2.460 0
1989年11月	−0.10	2.08	2.236	−3.187	0.950 0
1989年12月	0.12	2.36	3.794	−1.887	0.270 0
1990年1月	0.43	−6.71	−4.641	−10.795	−1.190 0
1990年2月	0.09	1.29	0.193	4.782	0.320 0
1990年3月	0.20	2.63	−1.406	−4.419	0.070 0
1990年4月	0.34	−2.47	−5.175	−4.265	−0.920 0
1990年5月	−0.46	9.75	5.455	12.209	2.960 0
1990年6月	−0.20	−0.70	0.966	−5.399	1.610 0
1990年7月	−0.21	−0.32	1.351	−8.328	1.380 0
1990年8月	0.37	−9.03	−7.644	−10.943	−1.340 0
1990年9月	−0.06	−4.92	0.435	−15.039	0.830 0
1990年10月	−0.23	−0.37	10.704	−10.666	1.270 0
1990年11月	−0.28	6.44	2.006	18.892	2.150 0
1990年12月	−0.23	2.74	1.643	6.620	1.560 0
1991年1月	−0.13	4.42	−1.401	8.018	1.240 0
1991年2月	0.01	7.16	4.468	12.568	0.850 0
1991年3月	0.03	2.38	2.445	5.004	0.690 0
1991年4月	−0.15	0.28	−0.140	7.226	1.080 0
1991年5月	0.06	4.28	−0.609	7.501	0.580 0
1991年6月	0.15	−4.57	−0.615	−7.865	−0.050 0
1991年7月	−0.13	4.68	4.743	7.983	1.390 0
1991年8月	−0.37	2.35	3.226	9.058	2.160 0

⊖ 雷曼美国综合债券指数现为巴克莱资本美国综合债券指数。
⊖ 本表的数据由北伊利诺伊大学的大卫·莱特提供。

(续)

月份	雷曼国债指数收益率变化	标准普尔500指数收益率	月收益率 电力行业	月收益率 商业银行业	雷曼美国综合债券指数
1991年9月	−0.33	−1.64	4.736	−2.033	2.0300
1991年10月	−0.17	1.34	1.455	0.638	1.1100
1991年11月	−0.15	−4.04	2.960	−9.814	0.9200
1991年12月	−0.59	11.43	5.821	14.773	2.9700
1992年1月	0.42	−1.86	−5.515	2.843	−1.3600
1992年2月	0.10	1.28	−1.684	8.834	0.6506
1992年3月	0.27	−1.96	−0.296	−3.244	−0.5634
1992年4月	−0.10	2.91	3.058	4.273	0.7215
1992年5月	−0.23	0.54	2.405	2.483	1.8871
1992年6月	−0.26	−1.45	0.492	1.221	1.3760
1992年7月	−0.41	4.03	6.394	−0.540	2.0411
1992年8月	−0.13	−2.02	−1.746	−5.407	1.0122
1992年9月	−0.26	1.15	0.718	1.960	1.1864
1992年10月	0.49	0.36	−0.778	2.631	−1.3266
1992年11月	0.26	3.37	−0.025	7.539	0.0228
1992年12月	−0.24	1.31	3.247	5.010	1.5900
1993年1月	−0.36	0.73	3.096	4.203	1.9177
1993年2月	−0.29	1.35	6.000	3.406	1.7492
1993年3月	0.02	2.15	0.622	3.586	0.4183
1993年4月	−0.10	−2.45	−0.026	−5.441	0.6955
1993年5月	0.25	2.70	−0.607	−0.647	0.1268
1993年6月	−0.30	0.33	2.708	4.991	1.8121
1993年7月	0.05	−0.47	2.921	0.741	0.5655
1993年8月	−0.31	3.81	3.354	0.851	1.7539
1993年9月	0.00	−0.74	−1.099	3.790	0.2746
1993年10月	0.05	2.03	−1.499	−7.411	0.3732
1993年11月	0.26	−0.94	−5.091	−1.396	−0.8502
1993年12月	0.01	1.23	2.073	3.828	0.5420
1994年1月	−0.17	3.35	−2.577	4.376	1.3502
1994年2月	0.55	−2.70	−5.683	−4.369	−1.7374
1994年3月	0.55	−4.35	−4.656	−3.031	−2.4657
1994年4月	0.37	1.30	0.890	3.970	−0.7985
1994年5月	0.18	1.63	−5.675	6.419	−0.0138
1994年6月	0.16	−2.47	−3.989	−2.662	−0.2213
1994年7月	−0.23	3.31	5.555	2.010	1.9868
1994年8月	0.12	4.07	0.851	3.783	0.1234

（续）

月份	雷曼国债指数收益率变化	标准普尔500指数收益率	月收益率		
			电力行业	商业银行业	雷曼美国综合债券指数
1994年9月	0.43	−2.41	−2.388	−7.625	−1.4717
1994年10月	0.18	2.29	1.753	1.235	−0.0896
1994年11月	0.37	−3.67	2.454	−7.595	−0.2217
1994年12月	0.11	1.46	0.209	−0.866	0.6915
1995年1月	−0.33	2.60	7.749	6.861	1.9791
1995年2月	−0.41	3.88	−0.750	6.814	2.3773
1995年3月	0.01	2.96	−2.556	−1.434	0.6131
1995年4月	−0.18	2.91	3.038	4.485	1.3974
1995年5月	−0.72	3.95	7.590	9.981	3.8697
1995年6月	−0.05	2.35	−0.707	0.258	0.7329
1995年7月	0.14	3.33	−0.395	4.129	−0.2231
1995年8月	−0.10	0.27	−0.632	5.731	1.2056
1995年9月	−0.05	4.19	6.987	5.491	0.9735
1995年10月	−0.21	−0.35	2.215	−1.906	1.3002
1995年11月	−0.23	4.40	−0.627	7.664	1.4982
1995年12月	−0.18	1.85	6.333	0.387	1.4040
1996年1月	−0.13	3.44	2.420	3.361	0.6633
1996年2月	0.49	0.96	−3.590	4.673	−1.7378
1996年3月	0.31	0.96	−1.697	2.346	−0.6954
1996年4月	0.25	1.47	−4.304	−1.292	−0.5621
1996年5月	0.18	2.58	1.864	2.529	−0.2025
1996年6月	−0.14	0.41	5.991	−0.859	1.3433
1996年7月	0.08	−4.45	−7.150	0.466	0.2736
1996年8月	0.15	2.12	1.154	4.880	−0.1675
1996年9月	−0.23	5.62	0.682	6.415	1.7414
1996年10月	−0.35	2.74	4.356	8.004	2.2162
1996年11月	−0.21	7.59	1.196	10.097	1.7129
1996年12月	0.30	−1.96	−0.323	−4.887	−0.9299
1997年1月	0.06	6.21	0.443	8.392	0.3058
1997年2月	0.11	0.81	0.235	5.151	0.2485
1997年3月	0.36	−4.16	−4.216	−7.291	−1.1083
1997年4月	−0.18	5.97	−2.698	5.477	1.4980
1997年5月	−0.07	6.14	4.240	3.067	0.9451
1997年6月	−0.11	4.46	3.795	4.834	1.1873
1997年7月	−0.43	7.94	2.627	12.946	2.6954
1997年8月	0.30	−5.56	−2.423	−6.205	−0.8521

(续)

月份	雷曼国债指数收益率变化	标准普尔500指数收益率	月收益率		
			电力行业	商业银行业	雷曼美国综合债券指数
1997年9月	−0.19	5.48	5.010	7.956	1.475 2
1997年10月	−0.21	−3.34	1.244	−2.105	1.450 6
1997年11月	0.06	4.63	8.323	3.580	0.460 3
1997年12月	−0.11	1.72	7.902	3.991	1.006 3
1998年1月	−0.25	1.11	−4.273	−4.404	1.283 7
1998年2月	0.17	7.21	2.338	9.763	−0.075 3
1998年3月	0.05	5.12	7.850	7.205	0.344 1
1998年4月	0.00	1.01	−3.234	2.135	0.522 3
1998年5月	−0.08	−1.72	−0.442	−3.200	0.948 1
1998年6月	−0.09	4.06	3.717	2.444	0.848 3
1998年7月	0.03	−1.06	−4.566	0.918	0.212 2
1998年8月	−0.46	−14.46	7.149	−24.907	1.627 7
1998年9月	−0.53	6.41	5.613	2.718	2.341 2
1998年10月	0.05	8.13	−2.061	9.999	−0.527 6
1998年11月	0.17	6.06	1.631	5.981	0.566 4
1998年12月	0.02	5.76	2.608	2.567	0.300 7
1999年1月	−0.01	4.18	−6.072	−0.798	0.714 3
1999年2月	0.55	−3.11	−5.263	0.524	−1.746 0
1999年3月	−0.05	4.00	−2.183	1.370	0.554 8
1999年4月	0.05	3.87	6.668	7.407	0.317 0
1999年5月	0.31	−2.36	7.613	−6.782	−0.876 3
1999年6月	0.11	5.55	−4.911	5.544	−0.319 4
1999年7月	0.11	−3.12	−2.061	−7.351	−0.424 8
1999年8月	0.10	−0.50	1.508	−4.507	−0.050 8
1999年9月	−0.08	−2.74	−5.267	−6.093	1.160 4
1999年10月	0.11	6.33	1.800	15.752	0.368 9
1999年11月	0.16	2.03	−8.050	−7.634	−0.006 9
1999年12月	0.24	5.89	−0.187	−9.158	−0.482 2
2000年1月	0.19	−5.02	5.112	−2.293	−0.327 2
2000年2月	−0.13	−1.89	−10.030	−12.114	1.209 2
2000年3月	−0.20	9.78	1.671	18.770	1.316 6
2000年4月	0.17	−3.01	14.456	−5.885	−0.285 4
2000年5月	0.07	−2.05	2.985	11.064	−0.045 9
2000年6月	−0.26	2.47	−5.594	−14.389	2.080 3
2000年7月	−0.08	−1.56	6.937	6.953	0.907 7
2000年8月	−0.17	6.21	13.842	12.309	1.449 7
2000年9月	−0.03	−5.28	12.413	1.812	0.628 6
2000年10月	−0.06	−0.42	−3.386	−1.380	0.660 8

（续）

月份	雷曼国债指数收益率变化	标准普尔500指数收益率	月收益率		
			电力行业	商业银行业	雷曼美国综合债券指数
2000年11月	−0.31	−7.88	3.957	−3.582	1.6355
2000年12月	−0.33	0.49	4.607	12.182	1.8554
2001年1月	−0.22	3.55	−11.234	3.169	1.6346
2001年2月	−0.16	−9.12	6.747	−3.740	0.8713
2001年3月	−0.08	−6.33	1.769	0.017	0.5018
2001年4月	0.22	7.77	5.025	−1.538	−0.4151
2001年5月	0.00	0.67	0.205	5.934	0.6041
2001年6月	0.01	−2.43	−7.248	0.004	0.3773
2001年7月	−0.40	−0.98	−5.092	2.065	2.2357
2001年8月	−0.14	−6.26	−0.149	−3.940	1.1458
2001年9月	−0.41	−8.08	−10.275	−4.425	1.1647
2001年10月	−0.39	1.91	1.479	−7.773	2.0930
2001年11月	0.41	7.67	−0.833	7.946	−1.3789
2001年12月	0.21	0.88	3.328	3.483	−0.6357
2002年1月	0.00	−1.46	−3.673	1.407	0.8096
2002年2月	−0.08	−1.93	−2.214	−0.096	0.9690
2002年3月	0.56	3.76	10.623	7.374	−1.6632
2002年4月	−0.44	−6.06	1.652	2.035	1.9393
2002年5月	−0.06	−0.74	−3.988	1.247	0.8495
2002年6月	−0.23	−7.12	−4.194	−3.767	0.8651
2002年7月	−0.50	−7.80	−10.827	−4.957	1.2062
2002年8月	−0.17	0.66	2.792	3.628	1.6882
2002年9月	−0.45	−10.87	−8.677	−10.142	1.6199
2002年10月	0.11	8.80	−2.802	5.143	−0.4559
2002年11月	0.34	5.89	1.620	0.827	−0.0264
2002年12月	−0.45	−5.88	5.434	−2.454	2.0654
2003年1月	0.11	−2.62	−3.395	−0.111	0.0855
2003年2月	−0.21	−1.50	−2.712	−1.514	1.3843
2003年3月	0.05	0.97	4.150	−3.296	−0.0773
2003年4月	−0.03	8.24	5.438	9.806	0.8254
2003年5月	−0.33	5.27	10.519	5.271	1.8645
2003年6月	0.08	1.28	1.470	1.988	−0.1986
2003年7月	0.66	1.76	−5.649	3.331	−3.3620
2003年8月	0.05	1.95	1.342	−1.218	0.6637
2003年9月	−0.46	−1.06	4.993	−0.567	2.6469
2003年10月	0.33	5.66	0.620	8.717	−0.9320
2003年11月	0.13	0.88	0.136	1.428	0.2391

让我们从仅一个自变量(即利率指数)开始分析。我们使用美国国债收益率的月度变化作为利率变量,而美国国债收益率是用雷曼美国综合债券指数计算。该利率的月度数据在表3-2的第2列给出。注意:该数据汇报的是两个月间百分数的差值。所以,若雷曼指数国债收益率在第一个月的值为7.2%,在下个月为7.7%,则观测值的数值为0.50%。在金融中,1个基点等于0.0001或0.01%,因此0.50%等于50个基点。100个基点代表利率变化1%或0.01。我们需要理解这些以解释回归结果。

简单线性回归模型(单变量回归)为:

$$y = b_0 + b_1 x_1 + e$$

式中:y为指数的月收益率;x_1为国债收益率的月度变化;回归系数b_1就是经验久期。若上述等式中,国债收益率的月改变为100个基点,则回归系数b_1表示指数月收益率将改变b_1。这恰恰是经验久期的定义:利率变动100个基点所引起的资产价值的变化。

回归系数和其他诊断数值在表3-3中给出。注意:经验久期估计值有负值出现。但在实践中,久期都是正值。我们来分析一下三种资产的结果。

表3-3 经验久期的回归参数估计——简单线性回归

	电力行业	商业银行业	雷曼美国综合债券指数
截距			
b_0	0.637 6	1.192 5	0.530 8
t统计量	1.825 1	2.334 7	21.159 2
p值	0.069 8	0.020 7	0.000 0
国债收益率的变化			
b_1	−4.532 9	−2.526 9	−4.106 2
t统计量	−3.431 0	−1.308 3	−43.287 3
p值	0.000 8	0.192 6	0.000 0
拟合优度			
R^2	0.065 5	0.010 1	0.917 7
F统计量	11.771 7	1.711 6	1 873.800 0
p值	0.000 7	0.192 6	0.000 0

对于电力行业,b_1的回归系数估计值为−4.532 9,表示国债收益率每变化100个基点,该行业内的股票价值将变动约4.53%。而且和预期的结果一致,两者变化将是反向的:当利率上升(下降)时,该行业的股票价值增加(减少)。由t值和p值可知,回归系数在1%的水平上统计显著,回归的R^2为6.55%。尽管在统计上显著,

但是该回归仅能解释电力行业变化的 6.55%，说明还存在其他未被考虑的变量。

接着看商业银行业，回归系数在任何显著性水平上都不显著。该回归仅解释了商业银行业股票变动的 1%。

出乎预料地，雷曼美国综合债券指数在统计上高度显著，该回归解释了将近 92% 的指数的变化。原因是显然的，这只债券的指数解释了包括国债在内的所有债券指数的变化。

现在，我们增加一个自变量，从单变量回归变为多元线性回归。我们将要加入的新自变量为标准普尔 500 指数的收益率。观测值由表 3-2 给出。所以，在这一例子中我们有 $k=2$。多元线性回归预测模型为：

$$y = b_0 + b_1 x_1 + b_2 x_2 + e$$

式中：y——指数的月收益率；

x_1——国债收益率的月变化率；

x_2——标准普尔 500 指数的月收益率。

在仅包含 x_2 和 y 的单变量线性回归中，回归系数估计值 b_2 是资产的贝塔值。在上述多元线性回归中，b_2 是考虑了国债收益率变化后的资产的贝塔值。

回归结果及诊断统计量如表 3-4 所示。首先看自变量 x_1，对三种资产，在显著性上我们都得到与单变量线性回归相同的结论。注意：回归系数与单变量线性回归时的情况相差无几。对三种资产指数，新加入的自变量 x_2 都在 1% 水平上显著。我们对新加入自变量的贡献进行统计检验，在解释两个行业的行业指数收益率变动的贡献上都是显著的。电力行业的 R^2 从单变量线性回归的 7% 增加至多元线性回归的 13%。商业银行业的 R^2 从 1% 增加至 49%。显然，商业银行业 R^2 的增加幅度更大。

表 3-4　经验久期的回归参数估计——多元线性回归

	电力行业	商业银行业	雷曼美国综合债券指数
截距			
b_0	0.393 7	0.219 9	0.502 9
t 统计量	1.136 5	0.583 5	21.388 5
p 值	0.257 4	0.560 4	0.000 0
国债收益率的变化			
b_1	-4.378 0	-1.909 6	-4.088 5
t 统计量	-3.414 3	-1.368 6	-46.971 1
p 值	0.000 8	0.173 0	0.000 0

(续)

	电力行业	商业银行业	雷曼美国综合债券指数
标准普尔 500 指数的收益率			
b_2	0.266 4	1.062 0	0.030 4
t 统计量	3.402 0	12.463 1	5.725 2
p 值	0.000 8	0.000 0	0.000 0
拟合优度			
R^2	0.126 0	0.487 1	0.931 2
F 统计量	12.043 0	79.306 0	1 130.500 0
p 值	0.000 01	0.000 00	0.000 00

接着，我们分析对雷曼美国综合债券指数的回归。当使用单一自变量时，$R_1^2 = 91.77\%$。如果我们新增一个自变量，就有更高的 $R^2 = 93.12\%$。对扩展后的回归，我们用 $n=170$ 和 $k=2$ 计算调整的 R^2，即：

$$R_{adj}^2 = 1 - (1 - R^2)\left(\frac{n-1}{n-k-1}\right)$$

$$= 1 - (1 - 0.931\ 2)\left(\frac{170-1}{170-2-1}\right)$$

$$= 0.930\ 4$$

对雷曼美国综合债券指数进行 F 检验，考察由新增变量引起的 R^2 从 91.77% 增加至 93.12% 是否在统计上显著。

由式(3-18)，我们得到：

$$F_1 = \frac{R^2 - R_1^2}{\frac{1-R^2}{n-k-1}} = \frac{0.931\ 2 - 0.917\ 7}{\frac{1 - 0.931\ 2}{170-2-1}} = 32.768\ 9$$

这一数值高度显著，其 p 值也几乎为零。因此，加入新的变量在统计上是合理的。

3.6.2 预测 10 年期国债收益率[⊖]

美国国债市场是世界上流动性最强的债券市场。美国财政部发行两种债券：零息债券（zero-coupon security）和附息债券（coupon security）。1 年内到期的政府债券称

⊖ 我们对国际清算银行的罗伯特·斯科特建议这个例子并提供数据表示感激。

为短期国库券(treasury bill)，它们作为零息债券发行。1 年以上到期的国库券作为附息债券发行。期限在 1 年以上 10 年以内的国库券称为中期国库券(treasury notes)。期限在 10 年以上的称为长期国债(treasury bonds)。美国财政部定期拍卖具有特定到期日的债券。财政部还会发行 30 年期的国库债，但曾在 2001 年 10 月至 2006 年 1 月停止过发行。

10 年期国债是国库券的一个重要种类。我们基于经济学理论找到两个自变量，并尝试用这两个自变量预测 10 年期国债收益率。一个著名的利率理论，即费雪方程式，认为任何经济体中的利率都由两部分构成：预期的通货膨胀率和实际利率。我们使用回归分析来构建一个预测 10 年期国库券利率(即 10 年期国债收益率)的模型，因变量是 10 年期国债收益率，自变量是预期通货膨胀率和实际利率。

10 年期国债收益率是可观测到的，但我们需要找到两个自变量(即预期通货膨胀率和实际利率)的代理变量，因为它们在预测时是观测不到的。注意：因为我们是在预测，我们在预测的时间点，不能使用该时点尚未得到的自变量信息。所以我们需要在预测时点能够获得的代理变量。

通货膨胀率在美国商务部网站上可以获得。但是，我们需要预期通货膨胀率的代理变量。我们可以使用历史通货膨胀率的某种形式的平均值作为代理变量。在我们的模型中，我们采用 5 年的移动平均值。还有其他更复杂的计算预期通货膨胀率的方法，但在这里 5 年的移动平均值已经足够。⊖ 对于实际利率，我们使用 3 个月定期存单(certificates of deposit，CDs)的利率。同样采用 5 年的移动平均值作为预期利率的代理变量。

三个变量在 1965 年 11 月至 2005 年 12 月的月数据(482 个观测值)如表 3-5 所示。回归结果如表 3-6 所示。我们可以看到，两个自变量的回归系数都是正的(正如经济理论中所预测的)，并且十分显著。R^2 和调整后 R^2 分别为 0.825 0 和 0.824 3。表 3-6 中也包含了方差分析表。结果显示对 10 年期国债收益率的预测效果很好。

⊖ 比如，可以使用实际通货膨胀率的指数平滑值，这一方法被经济合作与发展组织(Organization for Economic Co-operation and Development，OECD)采纳。

表 3-5　1965 年 11 月到 2005 年 12 月 10 年期国债收益率的月度数据，预期通货膨胀率（%）和实际利率（%）

日期	10年期国债收益率	预期通货膨胀率	实际利率	日期	10年期国债收益率	预期通货膨胀率	实际利率	日期	10年期国债收益率	预期通货膨胀率	实际利率
1965											
11月	4.45	1.326	2.739								
12月	4.62	1.330	2.757								
1966				1969				1972			
1月	4.61	1.334	2.780	1月	6.04	2.745	2.811	1月	5.95	4.959	2.401
2月	4.83	1.348	2.794	2月	6.19	2.802	2.826	2月	6.08	4.959	2.389
3月	4.87	1.358	2.820	3月	6.3	2.869	2.830	3月	6.07	4.953	2.397
4月	4.75	1.372	2.842	4月	6.17	2.945	2.827	4月	6.19	4.953	2.403
5月	4.78	1.391	2.861	5月	6.32	3.016	2.862	5月	6.13	4.949	2.398
6月	4.81	1.416	2.883	6月	6.57	3.086	2.895	6月	6.11	4.941	2.405
7月	5.02	1.440	2.910	7月	6.72	3.156	2.929	7月	6.11	4.933	2.422
8月	5.22	1.464	2.945	8月	6.69	3.236	2.967	8月	6.21	4.924	2.439
9月	5.18	1.487	2.982	9月	7.16	3.315	3.001	9月	6.55	4.916	2.450
10月	5.01	1.532	2.997	10月	7.1	3.393	3.014	10月	6.48	4.912	2.458
11月	5.16	1.566	3.022	11月	7.14	3.461	3.045	11月	6.28	4.899	2.461
12月	4.84	1.594	3.050	12月	7.65	3.539	3.059	12月	6.36	4.886	2.468
1967				1970				1973			
1月	4.58	1.633	3.047	1月	7.80	3.621	3.061	1月	6.46	4.865	2.509
2月	4.63	1.667	3.050	2月	7.24	3.698	3.064	2月	6.64	4.838	2.583
3月	4.54	1.706	3.039	3月	7.07	3.779	3.046	3月	6.71	4.818	2.641
4月	4.59	1.739	3.027	4月	7.39	3.854	3.035	4月	6.67	4.795	2.690
5月	4.85	1.767	3.021	5月	7.91	3.933	3.021	5月	6.85	4.776	2.734
6月	5.02	1.801	3.015	6月	7.84	4.021	3.001	6月	6.90	4.752	2.795
7月	5.16	1.834	3.004	7月	7.46	4.104	2.981	7月	7.13	4.723	2.909
8月	5.28	1.871	2.987	8月	7.53	4.187	2.956	8月	7.40	4.699	3.023
9月	5.3	1.909	2.980	9月	7.39	4.264	2.938	9月	7.09	4.682	3.110
10月	5.48	1.942	2.975	10月	7.33	4.345	2.901	10月	6.79	4.668	3.185
11月	5.75	1.985	2.974	11月	6.84	4.436	2.843	11月	6.73	4.657	3.254
12月	5.7	2.027	2.972	12月	6.39	4.520	2.780	12月	6.74	4.651	3.312
1968				1971				1974			
1月	5.53	2.074	2.959	1月	6.24	4.605	2.703	1月	6.99	4.652	3.330
2月	5.56	2.126	2.943	2月	6.11	4.680	2.627	2月	6.96	4.653	3.332
3月	5.74	2.177	2.937	3月	5.70	4.741	2.565	3月	7.21	4.656	3.353
4月	5.64	2.229	2.935	4月	5.83	4.793	2.522	4月	7.51	4.657	3.404
5月	5.87	2.285	2.934	5月	6.39	4.844	2.501	5月	7.58	4.678	3.405
6月	5.72	2.341	2.928	6月	6.52	4.885	2.467	6月	7.54	4.713	3.419
7月	5.5	2.402	2.906	7月	6.73	4.921	2.436	7月	7.81	4.763	3.421
8月	5.42	2.457	2.887	8月	6.58	4.947	2.450	8月	8.04	4.827	3.401
9月	5.46	2.517	2.862	9月	6.14	4.964	2.442	9月	8.04	4.898	3.346
10月	5.58	2.576	2.827	10月	5.93	4.968	2.422	10月	7.9	4.975	3.271
11月	5.7	2.639	2.808	11月	5.81	4.968	2.411	11月	7.68	5.063	3.176
12月	6.03	2.697	2.798	12月	5.93	4.964	2.404	12月	7.43	5.154	3.086

(续)

日期	10年期国债收益率	预期通货膨胀率	实际利率	日期	10年期国债收益率	预期通货膨胀率	实际利率	日期	10年期国债收益率	预期通货膨胀率	实际利率
1975				1978				1981			
1月	7.5	5.243	2.962	1月	7.96	6.832	1.068	1月	12.57	8.520	1.132
2月	7.39	5.343	2.827	2月	8.03	6.890	0.995	2月	13.19	8.594	1.242
3月	7.73	5.431	2.710	3月	8.04	6.942	0.923	3月	13.12	8.649	1.336
4月	8.23	5.518	2.595	4月	8.15	7.003	0.854	4月	13.68	8.700	1.477
5月	8.06	5.585	2.477	5月	8.35	7.063	0.784	5月	14.1	8.751	1.619
6月	7.86	5.639	2.384	6月	8.46	7.124	0.716	6月	13.47	8.802	1.755
7月	8.06	5.687	2.311	7月	8.64	7.191	0.598	7月	14.28	8.877	1.897
8月	8.4	5.716	2.271	8月	8.41	7.263	0.482	8月	14.94	8.956	2.037
9月	8.43	5.738	2.241	9月	8.42	7.331	0.397	9月	15.32	9.039	2.155
10月	8.15	5.753	2.210	10月	8.64	7.400	0.365	10月	15.15	9.110	2.256
11月	8.05	5.759	2.200	11月	8.81	7.463	0.322	11月	13.39	9.175	2.305
12月	8	5.761	2.186	12月	9.01	7.525	0.284	12月	13.72	9.232	2.392
1976				1979				1982			
1月	7.74	5.771	2.166	1月	9.1	7.582	0.254	1月	14.59	9.285	2.497
2月	7.79	5.777	2.164	2月	9.1	7.645	0.224	2月	14.43	9.334	2.612
3月	7.73	5.800	2.138	3月	9.12	7.706	0.174	3月	13.86	9.375	2.741
4月	7.56	5.824	2.101	4月	9.18	7.758	0.108	4月	13.87	9.417	2.860
5月	7.9	5.847	2.060	5月	9.25	7.797	0.047	5月	13.62	9.456	2.958
6月	7.86	5.870	2.034	6月	8.91	7.821	−0.025	6月	14.3	9.487	3.095
7月	7.83	5.900	1.988	7月	8.95	7.834	−0.075	7月	13.95	9.510	3.183
8月	7.77	5.937	1.889	8月	9.03	7.837	−0.101	8月	13.06	9.524	3.259
9月	7.59	5.981	1.813	9月	9.33	7.831	−0.085	9月	12.34	9.519	3.321
10月	7.41	6.029	1.753	10月	10.3	7.823	0.011	10月	10.91	9.517	3.363
11月	7.29	6.079	1.681	11月	10.65	7.818	0.079	11月	10.55	9.502	3.427
12月	6.87	6.130	1.615	12月	10.39	7.818	0.154	12月	10.54	9.469	3.492
1977				1980				1983			
1月	7.21	6.176	1.573	1月	10.8	7.825	0.261	1月	10.46	9.439	3.553
2月	7.39	6.224	1.527	2月	12.41	7.828	0.418	2月	10.72	9.411	3.604
3月	7.46	6.272	1.474	3月	12.75	7.849	0.615	3月	10.51	9.381	3.670
4月	7.37	6.323	1.427	4月	11.47	7.879	0.701	4月	10.4	9.340	3.730
5月	7.46	6.377	1.397	5月	10.18	7.926	0.716	5月	10.38	9.288	3.806
6月	7.28	6.441	1.340	6月	9.78	7.989	0.702	6月	10.85	9.227	3.883
7月	7.33	6.499	1.293	7月	10.25	8.044	0.695	7月	11.38	9.161	3.981
8月	7.4	6.552	1.252	8月	11.1	8.109	0.716	8月	11.85	9.087	4.076
9月	7.34	6.605	1.217	9月	11.51	8.184	0.740	9月	11.65	9.012	4.152
10月	7.52	6.654	1.193	10月	11.75	8.269	0.795	10月	11.54	8.932	4.204
11月	7.58	6.710	1.154	11月	12.68	8.356	0.895	11月	11.69	8.862	4.243
12月	7.69	6.768	1.119	12月	12.84	8.446	1.004	12月	11.83	8.800	4.276

(续)

日期	10年期国债收益率	预期通货膨胀率	实际利率	日期	10年期国债收益率	预期通货膨胀率	实际利率	日期	10年期国债收益率	预期通货膨胀率	实际利率
1984				1987				1990			
1月	11.67	8.741	4.324	1月	7.08	4.887	4.607	1月	8.418	4.257	3.610
2月	11.84	8.670	4.386	2月	7.25	4.793	4.558	2月	8.515	4.254	3.595
3月	12.32	8.598	4.459	3月	7.25	4.710	4.493	3月	8.628	4.254	3.585
4月	12.63	8.529	4.530	4月	8.02	4.627	4.445	4月	9.022	4.260	3.580
5月	13.41	8.460	4.620	5月	8.61	4.551	4.404	5月	8.599	4.264	3.586
6月	13.56	8.393	4.713	6月	8.4	4.476	4.335	6月	8.412	4.272	3.589
7月	13.36	8.319	4.793	7月	8.45	4.413	4.296	7月	8.341	4.287	3.568
8月	12.72	8.241	4.862	8月	8.76	4.361	4.273	8月	8.846	4.309	3.546
9月	12.52	8.164	4.915	9月	9.42	4.330	4.269	9月	8.795	4.335	3.523
10月	12.16	8.081	4.908	10月	9.52	4.302	4.259	10月	8.617	4.357	3.503
11月	11.57	7.984	4.919	11月	8.86	4.285	4.243	11月	8.252	4.371	3.493
12月	12.5	7.877	4.928	12月	8.99	4.279	4.218	12月	8.067	4.388	3.471
1985				1988				1991			
1月	11.38	7.753	4.955	1月	8.67	4.274	4.180	1月	8.007	4.407	3.436
2月	11.51	7.632	4.950	2月	8.21	4.271	4.149	2月	8.033	4.431	3.396
3月	11.86	7.501	4.900	3月	8.37	4.268	4.104	3月	8.061	4.451	3.360
4月	11.43	7.359	4.954	4月	8.72	4.270	4.075	4月	8.013	4.467	3.331
5月	10.85	7.215	5.063	5月	9.09	4.280	4.036	5月	8.059	4.487	3.294
6月	10.16	7.062	5.183	6月	8.92	4.301	3.985	6月	8.227	4.504	3.267
7月	10.31	6.925	5.293	7月	9.06	4.322	3.931	7月	8.147	4.517	3.247
8月	10.33	6.798	5.346	8月	9.26	4.345	3.879	8月	7.816	4.527	3.237
9月	10.37	6.664	5.383	9月	8.98	4.365	3.844	9月	7.445	4.534	3.223
10月	10.24	6.528	5.399	10月	8.8	4.381	3.810	10月	7.46	4.540	3.207
11月	9.78	6.399	5.360	11月	8.96	4.385	3.797	11月	7.376	4.552	3.177
12月	9.26	6.269	5.326	12月	9.11	4.384	3.787	12月	6.699	4.562	3.133
1986				1989				1992			
1月	9.19	6.154	5.284	1月	9.09	4.377	3.786	1月	7.274	4.569	3.092
2月	8.7	6.043	5.249	2月	9.17	4.374	3.792	2月	7.25	4.572	3.054
3月	7.78	5.946	5.225	3月	9.36	4.367	3.791	3月	7.528	4.575	3.014
4月	7.3	5.858	5.143	4月	9.18	4.356	3.784	4月	7.583	4.574	2.965
5月	7.71	5.763	5.055	5月	8.86	4.344	3.758	5月	7.318	4.571	2.913
6月	7.8	5.673	4.965	6月	8.28	4.331	3.723	6月	7.121	4.567	2.864
7月	7.3	5.554	4.878	7月	8.02	4.320	3.679	7月	6.709	4.563	2.810
8月	7.17	5.428	4.789	8月	8.11	4.306	3.644	8月	6.604	4.556	2.757
9月	7.45	5.301	4.719	9月	8.19	4.287	3.623	9月	6.354	4.544	2.682
10月	7.43	5.186	4.671	10月	8.01	4.273	3.614	10月	6.789	4.533	2.624
11月	7.25	5.078	4.680	11月	7.87	4.266	3.609	11月	6.937	4.522	2.571
12月	7.11	4.982	4.655	12月	7.84	4.258	3.611	12月	6.686	4.509	2.518

(续)

日期	10年期国债收益率	预期通货膨胀率	实际利率	日期	10年期国债收益率	预期通货膨胀率	实际利率	日期	10年期国债收益率	预期通货膨胀率	实际利率
1993				1996				1999			
1月	6.359	4.495	2.474	1月	5.58	3.505	1.250	1月	4.651	2.631	2.933
2月	6.02	4.482	2.427	2月	6.098	3.458	1.270	2月	5.287	2.621	2.964
3月	6.024	4.466	2.385	3月	6.327	3.418	1.295	3月	5.242	2.605	2.998
4月	6.009	4.453	2.330	4月	6.67	3.376	1.328	4月	5.348	2.596	3.018
5月	6.149	4.439	2.272	5月	6.852	3.335	1.359	5月	5.622	2.586	3.035
6月	5.776	4.420	2.214	6月	6.711	3.297	1.387	6月	5.78	2.572	3.058
7月	5.807	4.399	2.152	7月	6.794	3.261	1.417	7月	5.903	2.558	3.079
8月	5.448	4.380	2.084	8月	6.943	3.228	1.449	8月	5.97	2.543	3.103
9月	5.382	4.357	2.020	9月	6.703	3.195	1.481	9月	5.877	2.527	3.129
10月	5.427	4.333	1.958	10月	6.339	3.163	1.516	10月	6.024	2.515	3.150
11月	5.819	4.309	1.885	11月	6.044	3.131	1.558	11月	6.191	2.502	3.161
12月	5.794	4.284	1.812	12月	6.418	3.102	1.608	12月	6.442	2.490	3.165
1994				1997				2000			
1月	5.642	4.256	1.739	1月	6.494	3.077	1.656	1月	6.665	2.477	3.175
2月	6.129	4.224	1.663	2月	6.552	3.057	1.698	2月	6.409	2.464	3.186
3月	6.738	4.195	1.586	3月	6.903	3.033	1.746	3月	6.004	2.455	3.195
4月	7.042	4.166	1.523	4月	6.718	3.013	1.795	4月	6.212	2.440	3.215
5月	7.147	4.135	1.473	5月	6.659	2.990	1.847	5月	6.272	2.429	3.240
6月	7.32	4.106	1.427	6月	6.5	2.968	1.899	6月	6.031	2.421	3.259
7月	7.111	4.079	1.394	7月	6.011	2.947	1.959	7月	6.031	2.412	3.282
8月	7.173	4.052	1.356	8月	6.339	2.926	2.016	8月	5.725	2.406	3.302
9月	7.603	4.032	1.315	9月	6.103	2.909	2.078	9月	5.802	2.398	3.324
10月	7.807	4.008	1.289	10月	5.831	2.888	2.136	10月	5.751	2.389	3.347
11月	7.906	3.982	1.278	11月	5.874	2.866	2.189	11月	5.468	2.382	3.368
12月	7.822	3.951	1.278	12月	5.742	2.847	2.247	12月	5.112	2.374	3.388
1995				1998				2001			
1月	7.581	3.926	1.269	1月	5.505	2.828	2.306	1月	5.114	2.368	3.396
2月	7.201	3.899	1.261	2月	5.622	2.806	2.369	2月	4.896	2.366	3.393
3月	7.196	3.869	1.253	3月	5.654	2.787	2.428	3月	4.917	2.364	3.386
4月	7.055	3.840	1.240	4月	5.671	2.765	2.493	4月	5.338	2.364	3.366
5月	6.284	3.812	1.230	5月	5.552	2.744	2.552	5月	5.381	2.362	3.343
6月	6.203	3.781	1.222	6月	5.446	2.725	2.611	6月	5.412	2.363	3.313
7月	6.426	3.746	1.223	7月	5.494	2.709	2.666	7月	5.054	2.363	3.279
8月	6.284	3.704	1.228	8月	4.976	2.695	2.720	8月	4.832	2.365	3.242
9月	6.182	3.662	1.232	9月	4.42	2.680	2.767	9月	4.588	2.365	3.192
10月	6.02	3.624	1.234	10月	4.605	2.666	2.811	10月	4.232	2.366	3.136
11月	5.741	3.587	1.229	11月	4.714	2.653	2.854	11月	4.752	2.368	3.076
12月	5.572	3.549	1.234	12月	4.648	2.641	2.894	12月	5.051	2.370	3.013

(续)

日期	10年期国债收益率	预期通货膨胀率	实际利率	日期	10年期国债收益率	预期通货膨胀率	实际利率	日期	10年期国债收益率	预期通货膨胀率	实际利率
2002				2004							
1月	5.033	2.372	2.950	1月	4.134	2.172	1.492				
2月	4.877	2.372	2.888	2月	3.973	2.157	1.442				
3月	5.396	2.371	2.827	3月	3.837	2.149	1.385				
4月	5.087	2.369	2.764	4月	4.507	2.142	1.329				
5月	5.045	2.369	2.699	5月	4.649	2.136	1.273				
6月	4.799	2.367	2.636	6月	4.583	2.134	1.212				
7月	4.461	2.363	2.575	7月	4.477	2.129	1.156				
8月	4.143	2.364	2.509	8月	4.119	2.126	1.097				
9月	3.596	2.365	2.441	9月	4.121	2.124	1.031				
10月	3.894	2.365	2.374	10月	4.025	2.122	0.966				
11月	4.207	2.362	2.302	11月	4.351	2.124	0.903				
12月	3.816	2.357	2.234	12月	4.22	2.129	0.840				
2003				2005							
1月	3.964	2.351	2.168	1月	4.13	2.131	0.783				
2月	3.692	2.343	2.104	2月	4.379	2.133	0.727				
3月	3.798	2.334	2.038	3月	4.483	2.132	0.676				
4月	3.838	2.323	1.976	4月	4.2	2.131	0.622				
5月	3.372	2.312	1.913	5月	3.983	2.127	0.567				
6月	3.515	2.300	1.850	6月	3.915	2.120	0.520				
7月	4.408	2.288	1.786	7月	4.278	2.114	0.476				
8月	4.466	2.267	1.731	8月	4.016	2.107	0.436				
9月	3.939	2.248	1.681	9月	4.326	2.098	0.399				
10月	4.295	2.233	1.629	10月	4.553	2.089	0.366				
11月	4.334	2.213	1.581	11月	4.486	2.081	0.336				
12月	4.248	2.191	1.537	12月	4.393	2.075	0.311				

注：预期通货膨胀率(%)＝用实际通货膨胀率的5年移动平均数作为代理变量表示的预期通货膨胀率。
实际利率(%)＝用3个月定期存单利率的5年移动平均利率作为代理变量表示的实际利率。

表3-6 10年期国债收益率预测的回归结果

回归统计	
线性回归可决系数 R^2	0.908 3
R^2	0.825 0
调整后 R^2	0.824 3
标准误差	1.033 764
观测值	482

(续)

方差分析					
	自由度	平方和	均方差	F 统计量	F 显著性
回归	2	2413.914	1206.957	1129.404	4.8E-182
残差	479	511.8918	1.068 668		
总和	481	2925.806			
	相关系数	标准误差	t 统计量	标准 p 值	
截距	1.896 74	0.147 593	12.85	1.1E-32	
预期通货膨胀率	0.996 937	0.021 558	46.24	9.1E-179	
实际利率	0.352 416	0.039 058	9.02	4.45E-18	

3.6.3 基准的选择：夏普基准

因为很难按照投资行业的标准对资产管理者的投资风格进行分类，也很难评判资产管理者的投资绩效，所以威廉·夏普提出了一个对不同市场指数使用多元回归分析方法建立基准㊀的原理。该原理认为潜在客户可能会购买某种指数基金组合来复制特定风格的投资。夏普通过对资产管理者指数选择倾向进行调整的多元回归分析方法建立一个基准，该基准被称为夏普基准（Sharpe benchmark）。

夏普提供了 10 个互不相关的指数，来代表资产类别的多样化：①罗素价格驱动指数（一种大盘股指数）；②罗素成长股指数（一种大型成长股指数）；③罗素 2000 指数；④90 天票据指数；⑤雷曼中期政府债券指数；⑥雷曼长期政府债券指数；⑦雷曼企业债务指数；⑧雷曼抵押贷款支持证券指数；⑨所罗门美邦非美国政府债券指数；⑩金融时报精算师欧洲太平洋指数㊁。

夏普基准是通过周期性收益率（例如月收益率）对各种市场指数回归决定的。某资产组合管理公司基于 1981 年 1 月到 1988 年 7 月的月收益率，报告了一个夏普基准㊂，结果为：

$$\text{夏普基准} = 0.43 \times \text{FRC 价格驱动指数} + 0.13 \times \text{FRC 成长股指数}$$
$$+ 0.44 \times \text{FRC 2000 指数}$$

㊀ William F. Sharpe, "Determining a Fund's Effective Asset Mix," *Investment Management Review* 9（September-October 1988）：16-29.
㊁ 此处夏普引入了他自己的模型，该债券指数由雷曼投资银行和所罗门共同发行。
㊂ H. Russel Fogler, "Normal Style Indexes—An Alternative to Manager Universe?" in *Performance Measurement：Setting the Standards, Interpreting the Numbers*（ICFA, 1989），102.

式中：FRC 是由法兰克罗素公司研发的指数。

选择这三个指数是因为 10 个指数中只有这三个指数在统计上显著。需要注意的是，这三个指数的和等于 1。这是在有约束条件下回归估计得到的结果，本书不对此展开详述。回归的 R^2 为 97.6%，截距为 0.365%，截距项代表了平均超额月收益率。

资产管理者的绩效可以从资产管理者的资产组合月收益率中，减去投资风格的基准月收益率。两者之差通常被称作"增值的残差(added value residual)"，这是由于资产管理者的有效配置，带来的超过三个"指数基金"收益率的那部分收益。例如，假定在某个月份中资产管理者实现的收益率为 1.75%。同一月份中，三个指数的收益率如下：FRC 价格驱动指数为 0.7%，FRC 成长股指数为 1.4%，FRC 2000 指数为 2.2%。这个月的增值的残差将按以下方式计算。

首先，计算夏普基准：

$$夏普基准 = 0.43 \times 0.7\% + 0.13 \times 1.4\% + 0.44 \times 2.2\% = 1.45\%$$

其次，计算增值的残差。

$$增值的残差 = 实际收益率 - 夏普基准收益率$$

因为该月实际收益率为 1.75%，则：

$$增值的残差 = 1.75\% - 1.45\% = 0.3\%$$

注意：如果将单一指数，例如 FRC 价格驱动指数，作为衡量资产管理者绩效的基准，则资产管理者的绩效将会超过基准 1.05%；相反，若将 FRC 2000 指数用作基准，则该资产管理者的收益率将低于基准 0.45%。

在实践中，对夏普基准越来越被认可的解释是：R^2 小，意味着资产组合是被积极管理的，因为它不与任何一种特定的投资风格相关。然而，这并不像 Dor 和 Jagannathan[⊖] 所指出的那样。其中一个原因可能是使用的资产类别指数的数量不足。Dor 和 Jagannathan 利用普特南公共事业投资增长和收入基金（Putnam Utilities Growth and Income，一个共同基金）来说明包含足够多的资产类别指数的重要性。表 3-7 所示夏普标准是对 1992 年 1 月至 2001 年 8 月期间的收益率进行回

⊖ Arik Ben Dor and Ravi Jagannathan, "Style Analysis: Asset Allocation and Performance Evaluation," in *The Handbook of Equity Style Management*, 3rd., ed. T. Daniel Coggin and Frank J. Fabozzi(Hoboken, NJ: John Wiley&Sons, 2003)

归分析得到的。

表 3-7 1992 年 1 月至 2001 年 8 月普特南公共事业投资增长和收入基金的夏普基准

资产类别	基础模型	扩展模型
短期国债	0	3.4%
1～10 年期国库券	11.9%	0
10 年期以上国库券	20.5%	0
公司债券	0	0
大盘价值股	56.8%	14.7%
大盘增长股	0	0
小盘价值股	0	4.4%
小盘增长股	0	0
发达国家	0	0
日本	0	0
新兴市场	0	0
外国债券	10.8%	10.6%
道琼斯公共设施	—	44.6%
道琼斯通信	—	16.5%
道琼斯能源	—	5.9%
R^2	66.9%	92.9%

数据来源：Arik Ben Dor and Ravi Jagannathan, "Style Analysis: Asset Allocation and Performance Evaluation," in *The Handbook of Equity Style Management*, 3rd., ed. T. Daniel Coggin and Frank J. Fabozzi (Hoboken, NJ: John Wiley & Sons, 2003) 中的例 1.10。

这里汇报了两个模型。首先是"基础模型"，使用的是 Dor 和 Jagannathan 选择的 12 种资产类别指数构成。可以看出其 $R^2 = 66.9\%$。然而普特南公共事业投资增长和收入基金是一种行业导向型的基金。在构建行业导向型基金建立的夏普基准过程中，选择相关的行业指数是十分重要的。表 3-7 中显示的"扩展模型"包含三个行业指数：道琼斯公共设施、道琼斯通信、道琼斯能源。不仅仅 R^2 从 66.9% 开始增长，权重（回归系数）也大幅变化。例如，基础模型中有 56.8% 的权重分配给大盘股，但扩展模型中占比只有 14.7%。我们也可以发现，10 年期以上的国库券资产指数在基础模型中的权重排第二位，然而在扩展模型中没有给它分配权重。

3.6.4 基于收益率的对冲基金投资风格分析

夏普基准主要用来评估非对冲基金经理的投资绩效。很难将夏普基准应用于对冲基金，原因在于对冲基金可以自由地投资于较多种类的资产，和对冲基金的交易策略（例如，投资的资产类别可以灵活转换，允许使用更高杠杆和卖空）比较灵活。

Dor 和 Jagannathan 以 4 个对冲基金为例来说明这种困难性[一]。其中两个是方向型对冲基金(directional fund)，另两个是非方向型对冲基金(nondirectional fund)。前者运用策略从广泛的市场波动中寻求收益，后者运用策略寻求相关证券的短期价差，同时将市场风险敞口维持在最小值。非方向型对冲基金被称为市场中性基金(market-neutral fund)。两个方向型对冲基金分别是 Hillsdale U. S. Market Neutral Fund（Hillsdale fund）和 The Nippon Performance Fund（Nippon fund）；两个非方向型对冲基金是 Axiom Balanced Growth Fund(Axiom fund)和 John W. Henry & Company—Financial and Metals Portfolio(CTA fund)。

表 3-8 列示了 4 个对冲基金的两组回归结果。

表 3-8 对冲基金分析

	基础模型				基础模型＋期权策略			
	Hillsdale	Nippon	Axiom	CTA	Hillsdale	Nippon	Axiom	CTA
短期国债	161.9	219.0	257.5	9.2	137.7	295.7	393.7	−432.0
1~10 年期国库券	−161.4	−281.6	−324.8	676.0	−223.1	−404.0	−450.0	698.5
10 年期以上国库券	44.0	−6.6	−21.9	85.3	32.4	8.8	−35.5	−4.5
公司债券	22.9	177.6	216.8	−297.0	79.8	215.1	240.1	−166.1
大盘价值股	27.4	−22.3	−24.8	14.0	40.6	−33.5	−44.4	7.6
大盘增长股	21.1	10.0	−5.0	−32.6	48.9	−12.3	−23.0	−7.0
小盘价值股	−3.4	28.3	50.1	24.4	2.2	20.8	89.0	19.5
小盘增长股	7.7	−11.3	−23.9	−9.8	0.3	−4.8	−38.2	−12.5
发达国家	−14.8	2.4	14.3	0.2	−8.9	4.3	19.5	8.8
日本	6.7	25.8	25.5	−30.4	10.2	19.7	38.9	−53.3
新兴市场	−36.7	−16.7	37.9	30.8	−38.4	−15.5	21.8	28.7
外国债券	27.4	−24.7	−94.4	−15.0	16.7	4.4	−107.2	8.5
实值认购	—	—	—	—	0.1	3.3	−0.1	5.9
实值认沽	—	—	—	—	−2.0	2.9	−12.7	11.2
虚值认购	—	—	—	—	−0.8	−1.7	−0.8	−4.3
虚值认沽	—	—	—	—	4.1	−3.3	9.0	−9.1
R^2	28.3	29.6	55.4	37.5	32.2	39.8	77.3	55.4

注：本表列示了三个对冲基金和 CTA 在 1997 年 3 月至 2001 年 11 月的分析结果。由于使用杠杆和卖空，相关系数没有被限制为非负值，但相关系数的总和被限制为 1。表格里的所有数字都是百分数。标题为"基础模型"的列报告了 12 种资产类别的结果。接下来的 4 列显示了使用 12 种资产类别对每个基金进行重新估计的结果，并给出了 4 个标准普尔 500 期权策略的收益率。实值认购（认沽）期权称为 Cat(Pat)，虚值认购（认沽）期权称为 Cout(Pout)。

数据来源：Arik Ben Dor and Ravi Jagannathan, "Style Analysis: Asset Allocation and Performance Evaluation," in The Handbook of Equity Style Management, 3rd, ed. T. Daniel Coggin and Frank J. Fabozzi (Hoboken, NJ: John Wiley & Sons, 2003)中的例 1.11。

[一] Dor and Jagannathan, "Style Analysis: Asset Allocation and Performance Evaluation."

第一组回归(即表中的"基础模型")使用了12种资产类别。这些对冲基金的R^2比共同基金的R^2小,原因就是之前所提到的对冲基金采用的交易策略种类较多。然而,非方向型对冲基金(也就是市场中性基金)的R^2比方向型对冲基金的R^2要大。

理论和实证证据能够帮助我们找到改进对冲基金收益率解释力度的因素。一些学者认为,对冲基金追求能够获得与期权(非线性)收益率类似的策略,即使不实施期权策略也会发生这种情况[⊖]。因此,Dor和Jagannathan在12种资产类别的基础上,增加了4个标准普尔500期权策略。

第二组回归"基础模型+期权策略",通过增加4个选择指数使每个对冲基金的R^2都显著增大。

3.6.5 抵押市场的溢价/折价分析

长期以来,回归分析被应用于判定债券市场的溢价和折价。在这里我们将使用瑞银集团抵押贷款策略部门(the Mortgage Strategy Group of UBS)开发的相对价值回归模型。该模型的因变量为抵押利差,即当前抵押贷款票面利率[⊖]和平均互换利率的差值,平均互换利率由5年和10年互换利率的均值来测度。

能够影响抵押贷款定价的三个解释变量是:

利率水平;

收益率曲线的形状;

利率的波动率。

利率水平由5年和10年互换利率的均值来计算。收益率曲线的形状由10年互

⊖ Lawrence A. Glosten and Ravi Jagannathan, "A Contingent Claim Approach to Performance Evaluation," *Journal of Empirical Finance* 1(1994): 133-160; Mark Mitchell and Todd Pulvino, "Characteristics of Risk in Risk Arbitrage," *Journal of Finance* 56 (December 2001): 2135-2175; and William Fung and David A. Hsieh, "The Risks in Hedge Fund Strategies: Theory and Evidence from Trend Followers," *Review of Financial Studies* 14(2001): 313-341; Philip H. Dybvig and Stephen A. Ross, "Differential Information and Performance Measurement using a Security Market Line," *Journal of Finance* 40 (1985): 383-399; and Robert C. Merton, "On Market Timing and Investment Performance I: An Equilibrium Theory of Values for Markets Forecasts," *Journal of Business* 54(1981): 363-406.

⊖ 更具体地说,这是瑞银集团所谓的"完美的当前息票抵押贷款",是目前息票抵押贷款的一个指标。

换利率与 2 年互换利率的利差来决定。利率的波动率由互换期权价格来衡量。

该多元回归模型为[一]：

$$抵押利差 = \alpha + \beta_1 \times 平均互换利率 + \beta_2 \times (10\,年互换利差/2\,年互换利差)$$
$$+ \beta_3 \times \left(\frac{10\,年互换利差}{2\,年互换利差}\right)^2 + \beta_4 \times 互换波动率 + e$$

使用 2 年数据来估计该模型。虽然估计模型的 R^2 没有被报告，但图 3-2 对实际抵押贷款利差，与使用回归模型对房利美（Fannie Mae）30 年期抵押贷款债券预测的利差进行了对比。房利美（Fannie Mae）30 年期抵押贷款债券是一种抵押贷款担保证券（mortgage-backed security，MBS）。

图 3-2 实际抵押贷款利差：实际利差与模型预测利差对比

资料来源："Mortgages—Hold Your Nose and Buy," UBS Mortgage Strategist, 9(March 2004): 19 中的图 4，允许转载。

以下是该模型应用的情景，该分析评估了 2004 年 3 月抵押贷款担保证券市场的相对价值。

如果模型预测利差超过了实际利差，则该市场溢价（rich）。若预测利差小于实际价差，则该市场折价（cheap）。若二者相等则为平价市场，图 3-2 中显示的最后一组为 2004 年 3 月的预测利差和实际利差。此时，该模型显示市场溢价，但是相

[一] 详阅 "Mortgages—Hold Your Nose and Buy," UBS *Mortgage Strategist*, 9(March 2004): 15-26. 瑞银集团（UBS）在其出版物的其他问题上辩称，在这种特定的回归模型中，抵押贷款的丰富性可能被夸大了，因为模型不承认抵押贷款市场的重塑。瑞银集团分析了将这些因素考虑在内的替代回归模型，但这里没有报告结果。

比之前的月份而言本月的溢价减少。事实上，在 2004 年 3 月 9 日，只有 5 个基准点的利差。

3.6.6 强式定价效率检验

对于投资者应该寻求主动还是被动的股票策略争论的核心是市场的定价效率。市场定价效率可以分为 3 种形式：①弱式；②半强式；③强式。这 3 种形式的区别在于与证券价格所能反映的相关信息假定。弱式有效市场表示证券价格能够反映证券的交易信息和历史价格。半强式有效市场表示证券价格能完全反映所有的公开信息（包括但不限于历史价格和交易模式）。强式有效市场中的证券价格能够反映一切信息，不论是公开信息还是非公开信息。

绝大多数市场定价效率检验的方法都是多元线性回归分析。这些检验方法用于检验一种投资策略能否产生超额收益率。超额收益率被定义为一种投资策略的实际收益率和期望收益率的差值。应用于实证检验的期望收益率来源于定价模型，该定价模型自身可以根据风险来调节。因为该检验依赖于所使用的定价模型，所以市场定价效率检验是关于市场效率和研究中使用的定价模型的有效性的联合检验。

让我们用多元线性回归分析来对强式定价效率检验举例进行说明。一般来说，通过共同基金经理管理的资产组合收益率表现与合适的股票市场指数进行对比，来评估基金经理的绩效。例如，通常我们对比的是大型共同基金的平均业绩表现和标准普尔 500 指数的业绩表现。但这个比较是不公平的，因为它忽略了风险因素，尤其是共同基金的风险系数的平均值可能与对比基准的风险系数不同，因此将共同基金的表现与基准的表现进行对比是不合适的。

罗伯斯·琼斯（Robert Jones）着重根据风险因素对大盘股共同基金的表现进行了分析㊀。像之前提到的那样，市场定价效率检验是对给定资产定价模型的联合检验。琼斯使用了与尤金·法玛（Eugene Fama）和肯尼斯·弗伦奇（Kenneth French）（将在以后的章节介绍）提出的三因子模型相类似的模型。在此回归模型里，变量

㊀ Robert C. Jones, "The Active versus Passive Debate: Perspectives of an Active Quant," in *Active Equity Portfolio Management*, ed. Frank J. Fabozzi(New York: John Wiley & Sons, 1998).

分别是：

Y_t＝第 t 个月综合共同基金指数和标准普尔 500 指数之差；

$X_{1,t}$＝第 t 个月标准普尔 500 指数收益率和 90 天短期国债收益率之差；

$X_{2,t}$＝第 t 个月罗素 3000 价值指数收益率与罗素 3000 增长指数收益率之差；

$X_{3,t}$＝第 t 个月罗素 1000 指数（大盘股）收益率与罗素 2000 指数（小盘股）收益率之差。

理柏公司（Lipper）按照投资类别将共同基金进行分类并建立业绩指标，因变量 Y_t 的数据从 Lipper 发行的指数获得。该研究的因变量是 Lipper 增长股指数和 Lipper 成长股指数每月收益率的平均值，减去标准普尔 500 指数的收益率。Y_t 为主动管理收益率（active return）。

第一个自变量（$X_{1,t}$）衡量了市场收益率与无风险利率的差值，因此也是市场的超额收益率。第二个自变量（$X_{2,t}$）代表两种"类型"的股票业绩表现的差异，而"类型"的差异对解释股票收益率十分重要，这两种"类型"为：价值型和增长型（接下来我们会更深入地讲到）。在回归模型中，自变量 $X_{2,t}$ 是价值型股票对成长型股票的超额收益率。市值是成长型股票收益率的影响因素。最后一个变量（$X_{3,t}$）是大盘股和小盘股在市值上的差异。

本次回归分析基于 1979 年 1 月到 1997 年 3 月共 219 个月的数据。下面是回归结果，括号内为各参数的 t 统计量：

$$\hat{Y}_t = -0.007 - 0.083 X_{1,t} - 0.071 X_{2,t} - 0.244 X_{3,t}$$
$$(-0.192)\ (-8.771)\quad (-3.628)\quad (-17.380)$$

让我们来解释一下结果。回归模型的 β 的 t 统计量在所有显著性水平上均统计显著。回归结果表明相对于标准普尔 500 指数，大盘股共同基金的平均收益率与市场、价值、规模在统计上存在显著负相关。调整后的 R^2 为 0.63。这说明大盘股共同基金的平均收益率中有 63% 的变动都能由回归模型来解释。截距项 α 为 -0.07（即基准点为 -7），它可以解释为在风险调整下的平均主动管理收益率（也就是减去市场、价值和规模的风险因子收益率之后的结果）。从统计学上看，截距项不显著，所以平均主动管理收益率无法拒绝为零。Lipper 构建的收益率指数是去除了各种交易费用和支出的。简单回归模型的结论为：平均来说，大盘股共同基金收益率可以涵盖风险调整的成本。

3.6.7 资本资产定价模型的检验

资本资产定价模型(CAPM)是资产定价的一个均衡模型。然而资产组合管理者不会花时间检验模型的有效性，因为极少有人会认识到它的缺陷，40多年来的实证证明检验该模型的有效工具主要是回归分析。虽然夏普在1964年扩展了CAPM的形式，但我们只讨论原始模型的检验。

基于上面的假定，CAPM的计算公式为：

$$E(R_i) - R_f = \beta_i [E(R_M) - R_f] \tag{3-19}$$

式中：$E(R_i)$——资产 i 的期望收益率；

R_f——无风险利率；

$E(R_M)$——市场投资组合的期望收益率；

β_i——资产 i 的系统风险指数。

资产 i 的系统风险指数 β_i 通常被称为贝塔值，指的是资产受到市场投资组合影响的程度，因此它被称为资产的系统风险(systematic risk)。更确切地说，系统风险是资产由市场共同因素引起的那部分波动。系统风险是由市场和经济形势所导致的无法通过分散投资消除的风险。可以通过分散投资来消除的风险被称为资产的非系统风险、可分散风险、特殊风险、剩余风险或公司特有风险(company-specific risk)。我们在上一章学习了如何为单个证券计算贝塔值。

在给定假设下，CAPM模型表明，某个资产的期望收益率是由贝塔值衡量的针对资产所在市场指数的系统风险的正线性函数。β_i 值越高，期望收益率越高。除了系统风险指数，应该没有任何其他能够显著影响资产预期收益的因素。如何用一只股票的特征线计算贝塔值，在之前的章节已经介绍了。

可以用下列简单线性回归模型来估计资产的贝塔值：

$$r_{it} - r_{ft} = \alpha_i + \beta_i (r_{Mt} - r_{ft}) + \varepsilon_{it}$$

式中：r_{it}——t 时刻资产 i 的收益率；

r_{ft}——t 时刻无风险资产收益率；

r_{Mt}——t 时刻市场投资组合收益率；

ε_{it}——t 时刻误差项。

上述回归方程叫作特征线(the characteristic line)。因为只有一个自变量(r_{Mt} −

r_{ft}），所以，可以简化为简单线性回归模型。

当满足 $x_t = r_{Mt} - r_{ft}$ 和 $y_t = r_{it} - r_{ft}$，特征线可以写为：

$$y_t = \alpha_i + \beta_i x_t + \varepsilon_{it}$$

待估计的参数有 α_i，β_i 和 ε_{it}。此处，参数 β_i 是研究的重点。在本章节之后，将回归分析用于绩效评估并做出解释时，我们会了解到截距项的经济学含义。

为了使用回归分析估计一项资产的特征线，我们需要三种收益率的时间序列：资产、市场指数、无风险利率。贝塔值的估计值将随着特定市场指数的选择和选用样本的周期及频率的变化而变化。

典型地，我们经常使用两阶段回归（two-pass regression）来检验 CAPM。第一阶段包括对每一证券的特征线的贝塔值进行估计。以第一阶段回归得到的贝塔值来得到对投资组合的贝塔值进行排列后的证券组合。之后将投资组合收益率、无风险资产收益率和投资组合（β_p）用于第二阶段回归估计。类比 CAPM 的实证模型的第二阶段回归如下：

$$R_p - R_F = b_0 + b_1 \beta_p + \varepsilon_p \tag{3-20}$$

参数估计量为 b_0 和 b_1，ε_p 是回归的误差项。与估计特征线时使用时间序列数据不同，第二阶段回归是截面数据的回归。该回归使用了 5 年期的数据。

CAPM 应有以下内容：

（1）b_0 不应当显著不为零。这可以通过对比式(3-19)和式(3-20)得出。

（2）第二阶段回归的系数 b_1 应该等于观测到的风险溢价（$R_M - R_F$）。同样，该结论可以通过对比式(3-19)和式(3-20)得到。

（3）贝塔值和收益率之间应是线性关系。也就是说，比如估计下面的多元回归：

$$R_p - R_F = b_0 + b_1 \beta_p + b_2 (\beta_p^2) + \varepsilon_p$$

参数 b_0 和 b_1 不能显著不为零。

（4）贝塔值应该是市场定价的唯一决定因素。也就是说，像收益率方差、标准差等其他因素，或是价格收益比率、股息收益率、投资规模等变量，都不能提高对方程的解释力度。

CAPM 通常情况下的实证检验结果如下：

（1）估计得到的截距项 b_0 显著不为零，与 b_0 的原假设不同。

(2) 贝塔值的估计值 b_1 小于观测到的风险溢价 $(R_M - R_F)$。这和之前提到的结论相结合表明：低贝塔值的股票收益率比 CAPM 预测的收益率更高，高贝塔值的股票收益率低于 CAPM 预测的收益率。

(3) 贝塔值和收益率之间应该是线性关系，因此该结论支持 CAPM 的函数形式。

(4) 贝塔值不是市场定价的唯一影响因素。大量研究还发现其他能够解释股票收益率的因子，其中包括市盈率、股息、公司规模以及账面市值比因子（book-market factor）。

正是这些发现中的最后一个因子，促使我们通过实证方法来寻找其他因子，实证分析都是使用金融计量经济学模型[一]。

3.6.8 多因子模型的证明

基于回归的检验在试图推翻 CAPM 的同时，帮助我们分辨哪些因子对解释资产收益率变化在统计上是显著的。利用回归分析，高盛资产管理部门的罗伯斯·琼斯发表了他在美国股票市场上发现的因子[二]。在 1979 年至 1997 年间，他用以下因子对股票月收益率进行回归分析：价值因子、动量因子和风险因子。价值因子包括四种比率：账面市值比、市盈率、市销率、股价与现金流比率。动量因子包括三种：修正的盈利、修正率和价格动量。风险因子有三种：第一种是系统风险或 CAPM 中的贝塔值[三]。第二种是 CAPM 中的残差风险，这是未被 CAPM 所解释的那部分风险。第三种是一种不确定性的估计测度。这些因子是在必要时要适当滞后的月初数值[四]。

琼斯计算出该序列每月平均收益率的回归系数和 t 统计量。表 3-9 列示了每个

[一] 应该指出的是，1977 年理查德·罗尔批评了出版了的 CAPM 检验。他认为，虽然 CAPM 在原则上是可检验的，但目前为止还没有为检验提出正确的理论支持。他还指出，在未来也几乎不可能完成一个正确的实证检验。见 Richard R. Roll, "A Critique of the Asset Pricing Theory: Part I. On the Past and Potential Testability of the Theory," *Journal of Financial Economics* 5（March 1977）: 129-176.

[二] Jones, "The Active versus Passive Debate: Perspectives on an Active Quant."

[三] 在计算 CAPM 的过程中，需要一个市场投资组合来代表。琼斯使用了罗素 1000 指数，该指数包括大盘股。

[四] 某些财务信息是滞后的，而且滞后是必要的。例如某一年的年终收入和资产负债表信息，要到公司年终 3 个月后才会报告。

因子的系数和 t 统计量。所有因子均是高度显著的，CAPM 中的贝塔值的 t 统计量是最小的。通过表 3-9 所示的回归结果得出的结论是：存在除了贝塔值以外的可以对收益率做出解释的因子。

表 3-9 美国股市的因素：回归结果

	结果(1979~1996)	
	相关系数	t 统计量
价格因素		
账面资产/市值	0.24	2.96
收益/价格	0.40	5.46
销售/价格	0.28	4.25
现金流/价格	0.38	5.28
动量因素		
估计修正	0.56	13.22
修正率	0.55	14.72
价格动量	0.61	7.17
风险因素		
CAPM β 系数	−0.17	−1.83
残差风险	−0.42	−4.05
估计不确定性	−0.33	−6.39

资料来源：Robert C. Jones, "The Active versus Passive Debate: Perspectives on an Active Quant," in *Active Equity Portfolio Management*, ed. Frank J. Fabozzi(Hoboken, NJ: John Wiley & Sons, 1998)第 3 章的例 5.

要点回顾

- 一个多元线性回归是指有多于一个自变量或解释变量的线性回归。
- 多元线性回归中，关于残差项有三个假设：①服从均值为零的正态分布；②方差是常数；③相互独立。
- 使用最小二乘法来估计多元线性回归模型中的参数。
- 构建多元线性回归模型的三个步骤是：①模型设定，即确定模型中所有解释变量和被解释变量；②拟合/估计；③回归诊断，即通过已有数据来评估模型的质量(模型的诊断)。
- 存在评价模型好坏的标准。检验使用了数理统计中涉及的统计推断的工具。在检验中回归的误差项起着重要作用，而检验是基于误差项的三个假设。
- 模型显著性检验是为了确定多元相关系数在统计上的显著性，即回归平方和与总平方和的比值。

- 若给定模型的回归残差项的标准差太大，则可以通过寻找改变模型设定的方式来提高拟合程度。部分残差方差的存在可能是因为某些模型未考虑到自变量的变化。
- 采用方差分析（ANOVA）检验整个模型的显著性。
- 因为人们可以通过在回归中加入额外的解释变量而人为地增加 R^2 的值，所以通过使用相同的指标来评估模型无法获知模型的真实好坏。为了解决这个问题，我们使用调整后的拟合优度指标即调整后的 R^2。该指标考虑了观测值的数量和自变量的个数。
- t 检验用于检验单个解释变量在统计上的显著性。
- F 检验用于检验一组解释变量在统计上的显著性。

第 4 章

建立和检验多重线性回归模型

学习目标

在阅读本章后,你将了解以下内容:
- 多重线性回归模型中的多重共线性的概念。
- 检验多重共线性并缓解由此造成的问题。
- 在模型建立过程中确定对因变量解释力度最好的自变量。
- 逐步回归分析在模型建立中的应用,以及不同的逐步回归方法。
- 检验多元线性回归模型的各种假设,以及在违背假设时校正模型。

在本章中,我们将继续介绍多元线性回归分析。本章涵盖的主题是多重共线性、使用逐步回归分析的模型构建技术以及检验第 3 章描述的模型假设。

4.1 多重线性问题

在讨论模型的适用性时,一个重要的问题是自变量的结构或相互作用。多元回归模型中自变量高度相关性会产生问题,这一问题的统计术语是多重共线性,或者简单地说是共线性。在确定了模型的显著性,并确定最终回归模型中使用了所有显著自变量后,必须进行多重共线性检验。

很多好的直觉有助于评估回归系数是否有意义。例如,逐个选择每个自变量,让其他所有自变量等于零。现在只留下某个特定的自变量来进行回归,来看这个变量的回归系数是否合理。如果它的符号是违反直觉的,或者它的系数显得太小或太大,我们可能就需要考虑从回归中去除这个自变量,其原因很可能来自多重共线性。从技术上讲,多重共线性是由回归模型中的自变量包含共同的信息引起的。自变量高度相关，也就是说，它们存在太多的线性相关。多重共线性自变量的存在使我们无法得到每个自变量对回归的真实贡献。

完全共线性的概念，意味着一个或更多自变量是其他自变量的线性组合，形式上可以用下面的关系来表示：

$$\text{rank of}(\boldsymbol{X}^{\text{T}}\boldsymbol{X}) < k+1 \tag{4-1}$$

其中，矩阵 $\boldsymbol{X}$ 同第 3 章的式(3-4)中的定义。式(4-1)可以解释为：$\boldsymbol{X}$ 由向量 $\boldsymbol{X}_i$, $i=1, 2, \cdots, k+1$ 生成。

在一种非常极端的情况下，两个或更多的变量可能是完全相关的(即它们的相关性等于1)，这意味着这些变量的一些观测向量只是其他观测向量的线性组合。这种行为的结果是导致这些变量完全由其他变量解释，因此此自变量没有提供任何额外的信息。这是一个非常极端的例子，在金融的大多数问题中，数据解释向量并不完全相关，而可能是高度相关。大致来说，其结果是回归估计过程被数据信息的这种模糊性所影响，从而导致所涉及的变量的回归系数不可靠。这种问题导致 $\beta_i(i=1, \cdots, k)$ 不能被识别，因此，回归系数可能有无限个可能的解。当希望构建可靠的回归模型时这种情形可能会令人非常沮丧。

我们可以用一个例子来说明这个问题。考虑一个具有三个自变量 X_1，X_2 和 X_3 的回归模型。假设这三个自变量符合如下关系：

$$X_1 = 2X_2 = 4X_3$$

在 X_1，X_2 或 X_3 三个自变量中，本质上只有一个自变量。现在假设所有三个自变量都被错误地使用在回归模型中，如下式所示：

$$y = \beta_1 X_1 + \beta_2 X_2 + \beta_3 X_3$$
$$= 4\beta_1 X_3 + 2\beta_2 X_3 + \beta_3 X_3$$

只是选择一种模糊的可能性，同样的效果是通过例如将 β_1 增加 0.25 或者将 β_3 增加 1 等方式得到。在这个例子中，秩只会是 1。这也是直观的。一般来说 $(\boldsymbol{X}^{\text{T}}\boldsymbol{X})^{-1}$ 的秩表示真正独立的数据源。⊖

缓解多重共线性问题的步骤

在一般情况下，虽然找到完全消除多重共线性问题的方法是不可能的，但是

⊖ 当 $\boldsymbol{X}^{\text{T}}\boldsymbol{X}$ 的行列式值非常小时，就会说"近似共线性"矩阵求逆不稳定，回归参数估计为不稳定。

也可以采用一些技术缓解这个问题。

如果自变量和因变量之间相关系数的符号与该自变量的回归系数之间不匹配，则多重共线性可能会出现。所以首先要检查的是每个自变量和因变量之间的相关系数。

其他三个多重共线性指标是：

回归系数对加入额外自变量的敏感性。

增加了新变量后，自变量由显著变为不显著。

模型的回归标准误差的增加。

上述问题造成的结果是自变量 X 数据的一个微小变化就会导致回归系数估计值的显著变化。

最常见的补救措施是找出可能导致问题的自变量，然后从回归模型中排除这些自变量。这时也可以加入提供新信息的其他自变量。

一般来说，即使回归模型本身有高度的显著性，多重共线性导致回归的标准误差增加，也会使许多独立变量的 t 值太小。

为了找出回归误差方差是否过大，我们这里提出一个常用的工具。我们通过计算一些自变量与第 j 个自变量之间的相关性来衡量多重共线性。因此，我们需要用第 j 个变量回归剩下的 $k-1$ 个变量，由此产生的回归看起来像：

$$x_j = c + b_1^{(j)} x_1 + \cdots + b_{j-1}^{(j)} x_{j-1} + b_{j+1}^{(j)} x_{j+1} + \cdots + b_k^{(j)} x_k, j = 1, 2, \cdots, k$$

然后我们得到这个回归的可决系数 R_j^2，它可以被用来作为第 j 个回归系数估计值的原始方差的修正项。这个修正项被称为方差膨胀因子(variance inflation factor，VIF)，表示为：

$$VIF = \frac{1}{1 - R_j^2} \tag{4-2}$$

如果自变量 j 和其他自变量之间不存在相关性，b_i 的方差将保持不变，t 检验结果也将保持不变。相反，在强相关的情况下，方差会增加，很可能拒绝变量 x_j 在整体回归模型中的显著性。

由于式(4-2)⊖所致，对第 j 个回归系数的预测的置信区间可能扩大，进而对

⊖ 置信度通常选为 $1-\alpha=0.99$ 或 $1-\alpha=0.95$，这样参数分别在 0.95 或 0.99 概率的区间内。

第 j 个回归系数的预测变得没有那么精确。α 水平的回归系数的置信区间由下式给出：

$$[b_j - t_{\alpha/2} \cdot s_{b_j}, b_j + t_{\alpha/2} \cdot s_{b_j}] \tag{4-3}$$

其中 $t_{\alpha/2}$ 是自由度为 $n-k$ 的 t 分布在显著性水平为 α 下的临界值。这意味着真正的系数有 $1-\alpha$ 的可能性在这个区间内。⊖当然，一些 $VIF>1$ 的结果导致式(4-3)给出的置信区间的扩大。

作为一个经验法则，VIF 的基准数值通常是 10。超过 10 表示该回归由于多重共线性受到了严重影响，相应的自变量最好从回归中删除。

4.2 建模技术

我们现在把注意力转向模型构建过程，我们试图找到最能解释因变量 y 变化的自变量。首先，我们不知道要纳入的自变量数量以及应纳入哪些自变量。增加自变量的数量并不总是能够提高回归效果。有一条计量经济学定理称为 Pyrrho 引理，提到了回归中自变量数量的问题。⊖Pyrrho 引理指出，通过在线性回归中增加一个特殊的自变量，可以任意改变回归系数的大小和符号，也可以获得任意的拟合优度。这告诉我们，如果我们在没有适当的设计和检验方法下添加自变量，我们有可能获得虚假结果。

对那些试图利用经济变量或基本面变量的回归来预测价格、收益率或利率的金融模型而言，这种影响尤其显著。利用现代计算机并通过反复试错，人们可能会发现一个在样本内给出了很好的结果但是没有真正的预测能力的复杂回归模型。

这里有三种方法可以用于确定最终回归模型中应该包含哪些合适的自变量，它们是：

逐步包含回归方法(stepwise inclusion regression method)。

逐步排除回归方法(stepwise exclusion regression method)。

标准的逐步回归方法(standard stepwise regression method)。

⊖ 这是基于估计部分的假设。
⊖ T. K. K. Dijkstra, "Pyrrho 的引理，或者 Have it Your Way", *Metrica* 42(1995): 119-225。

接下来我们逐一解释。

4.2.1 逐步包含回归方法

在逐步包含回归法中,我们首先选择一个自变量。它应该与因变量高度相关(正向或负向)。[一]在包含这个自变量后,我们进行一个 F 检验来确定这个自变量对于回归是否显著。如果不是,那么在这组自变量中将不会有可选的自变量能够显著地解释因变量 y 的变化。因此,我们将必须寻找一组不同的变量。

此外,如果这个自变量 x_1 是显著的,那么我们保留 x_1,并寻找下一个能最好地解释 y 中剩余变化的自变量。我们要求这个额外的自变量,比如 x_2,是偏判定系数(coefficient of partial determination)最高的那个。这是给定回归中的 x_1 后,衡量拟合优度的方法。它被定义为在包含 x_2 之后第二个自变量能够解释的剩余变化,与 x_2 加入之前未被解释变化的总数之比。正式来说,我们有:

$$F = \frac{SSE_1 - SSE_2}{SSE_1} \tag{4-4}$$

其中,SSE_1 为未被 x_1 解释的变化;SSE_2 为包含 x_1 和 x_2 后未被解释的变化。

这相当于要求附加的变量一旦包含在回归中就是提供最大可决系数的变量。包含之后,附加变量的显著性由以下 F 检验决定:

$$F = \frac{SSE_1 - SSE_2}{\dfrac{SSE_1}{n-2}} \tag{4-5}$$

逐步加入这些候选自变量集合中包含的自变量,直到所有自变量或者处于回归中,或者由于解释 y 中剩余变量的额外贡献不再显著而被排除在外。因此,作为式(4-5)的推广,包含第 $i+1$ 个变量后我们对

$$F = \frac{SSE_i - SSE_{i+1}}{SSE_i} \times (n - i - 1)$$

进行计算,如果 F 显著则保留该变量。相应地,SSE_i 表示包含 i 个变量后的残差平方和,SSE_{i+1} 则表示包含 $i+1$ 个变量后的残差平方和。

[一] 应该使用相关系数的绝对值,因为我们只关心线性相关的程度,而不是方向。

4.2.2 逐步排除回归方法

逐步排除回归法基本上与逐步包含法相反。也就是说，回归中一开始就包括所有的自变量。一个又一个不显著的自变量被移除，直到所有不显著的自变量被移除，结果就构成了最终的回归模型。换句话说，我们首先将所有 k 个自变量纳入回归模型中。然后我们在逐步排除的基础上考虑所有的变量。

对于每一个自变量，计算

$$F = \frac{SSE_{k-1} - SSE_k}{SSE_{k-1}} \times (n-k) \tag{4-6}$$

来寻找导致 F 不显著的变量，产生不显著 F 值的那个自变量被丢弃。我们通过交替地考虑排除所有剩余的变量来逐步进行，并且同样地随着偏判定系数的新变化，利用式(4-7)计算 F 检验统计量。

一般而言，对于每个 i 计算

$$F = \frac{SSE_{k-i} - SSE_{k-i+1}}{SSE_{k-i}} \times (n-k+i-1) \tag{4-7}$$

评估因丢弃第 i 个自变量而导致的偏判定系数的降低。⊖ 如果没有发现具有不显著的 F 检验统计量的变量，则终止淘汰过程。

4.2.3 标准的逐步回归方法

标准的逐步回归方法包括基于显著性和解释力引入自变量，并可能删除之前步骤中纳入模型的一些变量。删除任何这样的自变量的原因是，在新的自变量进入模型之后它们变得不显著了。我们根据第 3 章中的式(3-16)检查所有系数的统计显著性。标准的逐步回归方法提供了一个很好的方法来消除前面讨论的多重共线性的影响。

4.2.4 逐步回归方法的应用

在前一章中，我们用一个例子说明了多元线性回归如何用于对冲基金风格分

⊖ SSE_{k-i+1} 是在自变量 i 被移除之前的残差平方和。第 i 个变量被移除后，剩余 $k-i$ 个自变量的回归残差平方和为 SSE_{k-i}。

析。我们首先解释了夏普基准的用途，然后用 Dor 和 Jagannathan 的示例说明了使用夏普基准进行对冲基金风格分析的问题。⊖我们将在这里继续说明这个问题，因为 Dor 和 Jagannathan 使用逐步回归方法来进一步说明他们的观点。

Dor 和 Jagannathan 展示了如何通过加入由几个机构创建的度量同类基金业绩的对冲基金指数来改进风格分析。这样的组织有三个例子，分别是对冲基金研究公司(HFR)，CSFB/特里蒙特(TRE)和 MAR 期货(MAR)。Dor 和 Jagannathan 的示例使用 5 个对冲基金指数：①市场中性；②新兴市场；③管理期货；④固定收益；⑤事件驱动。然后在风格分析中使用总共 21 个解释变量：12 个资产类别、5 个对冲基金指数和 4 个标准普尔 500 期权策略。由于存在大量高度相关的变量，Dor 和 Jagannathan 采用逐步回归分析。结果如表 4-1 所示。在实施逐步回归时，Dor 和 Jagannathan 在逐步回归过程中指定了一个 10% 的显著性水平来移除或添加一个解释变量。相对于跟踪两个非方向型基金的收益率，逐步回归结果显示通过纳入 5 个对冲基金指数(即同类组)可以更好地跟踪两个方向型基金的收益率。

4.3 多元线性回归模型的假设检验

我们在提出一些回归模型之后，必须进行诊断检查，必须提出的问题是：模型是否适合数据？这是通过使用诊断检查来解决的，通常要检查诊断的包括可决系数 R^2 和 R^2_{adj} 以及回归均方误差(MSE)的标准误差或平方根。特别是，从统计的角度进行诊断检查，分析因变量和自变量之间的线性关系是否合理。

正如我们在前一章中所解释的，在使用一般多元线性回归模型时有几个假设。第一个假设是回归模型中使用的自变量的独立性。这是前面讨论过的多重共线性问题，我们简要描述了如何检验和解决这个问题。第二个假设是模型实际上是线性的。第三个假设是关于一般多元线性回归模型的误差项的统计特性的假设。此外，我们假设残差与自变量不相关。下面我们看看关于模型线性的假设和关于误差项的假设，这里我们讨论违反这些假设的影响，如何检验是否违反这些假设，并

⊖ Arik Ben Dor and Ravi Jagannathan, "Style Analysis: Asset Allocation and Performance Evaluation," in The Handbook of Equity Style Management, 3rd., ed. T. Daniel Coggin and Frank J. Fabozzi(Hoboken, NJ: John Wiley&Sons, 2003).

表 4-1 运用逐步回归法分析对冲基金风格

这个表格会给出每个使用 12 个资产类别、5 个对冲基金指数和 4 个标准普尔 500 期权策略的基金报告的逐步估算结果。对每个对冲基金数据库分别重复分析。逐步回归根据 F 值包括有序地添加和/或删除变量。我们在逐步回归过程中指定一个 10% 的显著性水平来删除一个变量。单(*)和双(**)星号表示在 5% 和 1% 水平上分别显著不等于零。

	希尔斯代尔中性市场			日本中性市场			公理新兴市场			商品交易顾问基金		
	HFR	TRE	MAR	HFR	TRE	MAR	HFR	TRE	MAR	HFR	TRE	MAR
短期国债	−23.36*						31.9**		23.36**			
1~10年期国库券							−7.32**	−4.58**	−6.07**			
10年期以上国库券												−0.37
公司债券		0.38**	0.35**				3.11**	1.75*	2.62*	2.86**		
大盘价值股				−0.21	−0.24*	−0.37**						
大盘增长股						−0.29					0.47**	0.52**
小盘价值股		−0.33**	−0.33**				−0.39**	−0.18	−0.26*		−0.17	−0.23
小盘增长股												−0.29
发达国家							0.23*		0.15			
日本							0.36**			−0.23*	−0.33**	−0.19**
新兴市场							−0.58**	1.44**	3.01**	0.60	0.49**	0.72**
外国债券					0.98*	2.49**	1.89**					
市场中性	1.86**			0.81*	0.85**			0.32	0.81**			−0.17
新兴市场	−0.51**											
管理期货		0.32									1.28**	1.51**
固定收益												
事件驱动				0.014*	0.012*	0.02*	1.47**	1.82**				
平值看涨	−0.10*								−0.12		0.02**	
平值看跌	0.08*					−0.02				0.2**	0.08	−0.10**
价外看跌											−0.08	0.09**
R^2	0.46	0.27	0.22	0.21	0.33	0.29	0.82	0.82	0.80	0.19	0.68	0.77

资料来源:Arik Ben Dor and Ravi Jagannathan, "Style Analysis," Asset Allocation and Performance Evaluation," in The Handbook of Equity Style Management, 3rd., ed. T. Daniel Coggin and Frank J. Fabozzi (Hoboken, NJ: John Wiley & Sons, 2003).

简要说明如何处理假设被违反时的问题。我们会在后面的章节中更详细地讨论这些假设被违反时的问题。

4.3.1 线性检验

为了检验是否为线性，常用的方法是将回归残差绘制在纵轴上，将自变量的值绘制在横轴上。这个图形分析是针对每个自变量来绘制。我们希望看残差是否在零附近呈现随机分布。如果符合这种情况，那么关于残差的模型假设是正确的。但是，如果不符合这种情况，那么残差中就会有一些依赖于自变量值的系统性变化。出现这种现象的原因是自变量和因变量之间的关系可能不是线性的。

非线性函数形式的问题可以通过变换自变量，或者对变量进行其他调整来处理。例如，我们试图估计股票收益率与基于大量成分股价格计算得到的市场指数（例如标准普尔 500 指数）的收益率之间的关系，假设 y 表示股票的收益率和 x 表示标准普尔 500 指数的收益率，我们可以得到下面的二元回归模型：

$$y = b_0 + b_1 x + \varepsilon \tag{4-8}$$

其中 ε 是误差项。

我们已经假设这种关系的函数形式是线性的。假设我们发现股票的收益率与市场指数收益率之间的关系存在更好的拟合方式：

$$y = b_0 + b_1 x + b_2 x^2 + \varepsilon \tag{4-9}$$

如果令 $x = x_1$，$x^2 = x_2$，我们相应地调整观察值，然后我们可以将式(4-9)改写为：

$$y = b_0 + b_1 x_1 + b_2 x_2 + \varepsilon \tag{4-10}$$

现在式(4-10)给出的模型是线性回归模型，即便 y 和 x 之间关系的函数形式是非线性的。也就是说，我们可以通过修改函数形式来创建一个线性回归模型。

如第 2 章所解释的那样，让我们看看如何进行一个简单的转换就能起作用。假设真正的利率函数是指数形式的，即：

$$y = \beta \varepsilon^{\alpha x} \tag{4-11}$$[⊖]

对式(4-11)两边取自然对数得：

$$\ln y = \ln \beta + \alpha x \tag{4-12}$$

⊖ 原文为 ε，但根据上下文，应为"e"。——译者注

这也是线性的。

现在考虑到式(4-12)的拟合并非完全准确的,也就是说有一些残差的随机偏差。然后我们可以得到:

$$\ln y = \ln \beta + \alpha x + \varepsilon \tag{4-13}$$

如果我们令 $z = \ln y$ 并且相应地调整观测值表让 $\lambda = \ln \beta$,那么我们可以把式(4-13)改写为:

$$z = \lambda + \alpha x + \varepsilon \tag{4-14}$$

该回归模型是一个包含待估参数 λ 和 α 的线性模型。

现在我们将式(4-14)转换回式(4-11)的形式:

$$y = \beta \varepsilon^{\alpha x} \cdot \varepsilon^{\varepsilon} = \beta \varepsilon^{\alpha x} \cdot \xi \tag{4-15}$$

在式(4-15)中,偏差就像线性模型中的情况一样,是乘法而不是加法。这可能是对残差呈现非线性函数关系的一种解释。

但是,并不是每个感兴趣的函数形式都可以被转换或修改,从而创建线性回归模型。例如,考虑以下关系:

$$y = \frac{b_1 x}{b_2 + x} + \varepsilon \tag{4-16}$$

不可否认的是,这是一个奇怪的函数形式。重要的是这里估计的回归参数(b_1 和 b_2)不能通过转换来创建线性回归模型。像式(4-16)的这种回归被称为非线性回归并且非线性回归的估计远比线性回归复杂,因为它们没有与待估参数相关的解析解。相反,非线性回归估计要求使用优化技术来确定最适合的参数模型。生物学和物理学等学科的研究人员经常需要处理非线性回归。

4.3.2 关于误差项的假定统计特性

关于一般线性回归模型的第三个假设涉及我们在第 3 章中列出的误差项的三个假设,在这里我们进行重述:

假设 1:回归误差服从均值为零的正态分布。

假设 2:回归误差的方差(σ_ε^2)为常数。

假设 3:不同时点的误差相互独立,即对于所有 t 来说 ε_t 是独立的变量。

假设 1 表明误差项的概率分布是正态分布。假设 2 表明误差项概率分布的方差不依赖于任何自变量。即不管自变量是什么，误差项是同方差（homoscedastic）。如果违反这个假设，那么误差项的方差就具有异方差性（heteroscedastic）。假设 3 表明相邻残差之间不应有任何统计显著的相关性。误差项之间的相关性被称为自相关（autocorrelation）。回想一下，我们也假设残差与自变量不相关。

4.3.3 残差的正态分布检验

一般线性回归模型的一个假设是残差服从正态分布。违反这个假设的后果是：

(1) 回归模型的设定是错的。

(2) 回归系数的估计非正态分布。

(3) 回归系数的估计尽管依然是线性无偏的，但不再是有效的。

从上面的第二个后果我们可以看出违反了正态分布假设会使得假设检验有误。进一步来说，如果这个假设被违反了，那么第 3 章中所解释的 t 检验就不适用了。

通常使用以下三种方法来检验误差项的正态性：①卡方统计量；②Jarque-Bera 统计量；③标准化残差分析。

1. 卡方统计量

卡方统计量被定义为：

$$\chi^2 = \sum_{i=1}^{k} \frac{(n_i - n \cdot p_i)^2}{n \cdot p_i} \tag{4-17}$$

其中实数区间被分成 k 段大致相同大小的区间。p_i 是指若分布为正态的，样本中 n 个值应该落入第 i 个区间中的百分比。因此，理论上样本值落在第 i 段里面的值应该是 $n \cdot p_i$。n_i 是实际落入第 i 区间的样本值。式(4-17)给出的检验统计量是近似的自由度为 $k-1$ 的卡方分布。因此，它可以与置信度为 α 的卡方分布的临界值做比较。如果大于等于临界值，或 p 值小于 α，则拒绝残差为正态分布的原假设。

2. Jarque-Bera 统计量

Jarque-Bera 统计检验不容易手工计算，但大多数计算机已经安装了它的软件包。对于大小为 n 的样本，它的表达式是：

$$JB = \frac{n}{6}\left(S^2 + \frac{(K-3)^2}{4}\right) \tag{4-18}$$

其中:
$$S = \frac{\frac{1}{n}\sum_{i=1}^{n}(x-\overline{x})^3}{\left(\frac{1}{n}\sum_{i=1}^{n}(x-\overline{x})^2\right)^{\frac{3}{2}}} \tag{4-19}$$

$$K = \frac{\frac{1}{n}\sum_{i=1}^{n}(x-\overline{x})^4}{\left(\frac{1}{n}\sum_{i=1}^{n}(x-\overline{x})^2\right)^2} \tag{4-20}$$

式(4-19)中的表达式是分布的偏度统计量,式(4-20)测量的是峰度。峰度测量相对于正态分布来说,测量的是围绕在均值周围分布的概率密度函数的峰值。此外,峰度估计与正态分布相比,估计的是分布的极端部分的表现(比如,分布的尾部)。对于正态分布来说,$K=3$。小于 3 的 K 值代表所谓的轻尾分布(light-tailed distribution),因为它表明了尾部更小的权重。相反地,超过 3 的 K 值,被称为重尾分布(heavy-tailed distribution,也称厚尾分布)。由式(4-18)给出的统计检验近似自由度为 2 的卡方分布。

3. 标准化残差分析

除了上述两种方法,另一种检验正态分布的方法是标准化残差,一旦计算出来就可以用直方图进行图形分析。在形式上,每个第 i 次观测的标准化残差是按照如下公式计算得出的:

$$\tilde{e}_i = n \cdot \frac{e_i}{s_e\sqrt{(n+1)+\frac{(x_i-\overline{x})^2}{s_x^2}}} \tag{4-21}$$

式中 s_e 是估计的标准差(如第 3 章所定义),n 是样本大小。这个过程可以用大多数统计软件来完成。

如果直方图是有偏的或根本不像正态分布,则线性假设很可能没有满足。另外,可以通过将它们与正态分布概率图中的理论正常值进行比较,判断这些标准化的残差是否服从正态分布。大多数统计软件都有一个标准的程序来执行这个分析。如果这些数对沿着样本四分位数的线,回归残差则似乎遵循正态分布,从而可能满足了第 3 章所述的回归模型的假设。

4.3.4 验证误差项的常方差(同方差性)

线性回归分析中残差的第二个检验是检验所有误差项的方差是相同的。正如我们前面提到的，这个常数方差的假设被称为同方差性。然而，许多时间序列数据表现出异方差性，也就是对于某些观察值或数据阶段，误差项可能会比其他项更大。

有几个测试已经被用来检验异方差的存在，包括：

（1）White 广义异方差性检验；

（2）Park 检验；

（3）Glejser 检验；

（4）Goldfeld-Quandt 检验；

（5）Breusch-Pagan-Godfrey 检验（拉格朗日乘子检验）。

这里不对这些检验做详细说明。

如果检测到异方差，那么问题就是如何构建适应残差方差特征的模型，从而得到误差项方差的有效回归系数估计和模型。有两种处理异方差的方法：加权最小二乘估计技术和自回归条件异方差（ARCH）模型。我们在这里描述第一种方法。我们将用第 11 章的整个章节讨论第二种方法，因为它不仅对异方差性进行检验，而且对波动性进行预测。

加权最小二乘估计方法

纠正异方差问题的一个可能的解决方案是，减少来自具有较大方差的群体的权重，并且对具有较小方差的观测值赋予更多的权重。这是加权最小二乘（WLS）技术的基本概念。

要看 WLS 技术如何使用，让我们考虑一个二元回归的情况：

$$y_t = \beta_0 + \beta_1 x_t + \varepsilon_t \tag{4-22}$$

现在让我们做一个有点大胆的假设，即每个时间的误差项的方差是已知的。我们用 σ_t^2 表示这个方差（忽略误差项的下标 ε），然后可以用式（4-22）给出的双变量线性回归中的项除以假定的已知的误差项标准差，如：

$$\left(\frac{y_t}{\sigma_t}\right) = \beta_0 \left(\frac{1}{\sigma_t}\right) + \beta_1 \left(\frac{x_t}{\sigma_t}\right) + \left(\frac{\varepsilon_t}{\sigma_t}\right) \tag{4-23}$$

我们已经转换了双变量回归中的所有变量，包括原始误差项。可以证明，式（4-23）所示的变换变量的回归不再具有异方差性。也就是说，式（4-23）中误差项的方差 ε_t/σ_t 为同方差。

式（4-23）可以使用普通最小二乘法，通过简单地调整观察表来估计，使得变量

被已知的 σ_t 缩小。完成后,估计值被称为加权最小二乘估计量(weighted least squares estimators)。

我们通过假设误差项的方差是已知的来简化说明。显然,这是一个极端严格的假设。实际上,误差项的方差的真实值是未知的。即便有其他不这么严格的假设被做出,也仍然是假设。例如,可以假定误差项的方差与某一自变量的值成正比。在任何情况下,WLS 估计都要求我们对误差项的方差做一些假设,然后对变量的值进行相应的变换,以满足 WLS 技术的应用条件。

4.3.5 残差的非自相关

假设 3 是说残差项之间没有相关性。简而言之,这意味着相邻残差之间不应该存在统计学上显著的相关性。在时间序列分析中,这意味着两个连续的时间段之间没有显著的相关性。

从估计的角度来看,残差的相关性是有显著影响的。在有大量时间序列的金融数据中,残差的自相关是相当普遍的。如果每个残差项与前一个残差项相关,这个时间序列就被认为是自相关的,那么每项的方差部分可以通过对其前一项进行回归来被部分解释。

自相关在时间序列分析中也被称为序列相关性(serial correlation)和滞后相关性(lagged correlation),和其他相关性一样,其范围可以从 -1 到 $+1$。其计算简单明了,因为它只是一个把残差对 e_t 和 e_{t-1} 作为观察值得出的相关性。公式是:

$$\rho_{\text{auto}} = \frac{\sum_{t=2}^{n} e_t e_{t-1}}{\sum_{t=1}^{n} e_t^2} \tag{4-24}$$

这里 ρ_{auto} 表示估计的自相关程度,e_t 表示计算得到的第 t 次观测的残差或误差项。

正向的自相关(positive autocorrelation)意味着如果一个残差 t 是正的(负的),则后面的 $t+1$ 期的残差往往是正的(负的)。正向的自相关表现得更为持久。负向的自相关(negative autocorrelation)意味着一个 t 期正(负)的残差倾向于其后 $t+1$ 期跟一个负的(正的)残差。

时间序列中存在显著的自相关意味着,从概率意义上讲,该序列是可预测的,因为未来值与当前值和过去值相关。从估计的角度来看,自相关的存在使得回归系数的假设检验变得复杂化。这是因为虽然回归系数估计是无偏的,但它们不是最好的线性无偏估计。因此,方差可能被显著低估,并且由此产生的假设检验是存疑的。

1. 自相关的检验

我们应该如何检测残差的自相关?假设我们认为两个变量之间存在合理的线性关系,例如股票收益率和某基本面变量,然后我们对两个变量进行线性回归,并使用 OLS 方法估计回归参数。估计回归参数后,我们可以计算残差序列。在这一点上,我们可以应用统计检验。对于残差自相关的检验有几种方法。其中两个测试包括 Durbin-Watson 测试和 Dickey-Fuller 测试。下面我们只讨论第一种。

最流行的测试是 Durbin-Watson 测试,或者更具体地说是,Durbin-Watson d 统计,计算公式为:

$$d = \frac{\sum_{t=2}^{n}(e_t - e_{t-1})^2}{\sum_{t=1}^{n} e_t^2} \tag{4-25}$$

式(4-25)的分母是误差项平方的简单加总,分子是连续残差的平方差。

可以证明,如果样本量较大,则式(4-25)给出的 Durbin-Watson d 统计量与式(4-24)给出的自相关大致呈现如下的关系:

$$d \approx 2(1 - \rho_{\text{auto}}) \tag{4-26}$$

由于 ρ_{auto} 可以在 -1 和 1 之间变化,这意味着 d 可以从 0 到 4 变化,如表 4-2 所示:

表 4-2 ρ_{auto} 的变化与 d 的估计值

ρ_{auto}	ρ_{auto} 的解释	d 的估计值
-1	完全负相关	4
0	不相关	2
1	完全正相关	0

从表 4-2 我们可以看出,如果 d 接近于 2,则不存在自相关。小于 2 的 d 值意味着存在潜在的正向自相关;d 值越接近于 0,正向自相关的可能性就越大。如果计算出的 d 超过 2,则该值有可能是负向自相关,并且该值越接近于 4,负自相关的可能性就越大。

在本书所讨论的以前的假设检验中，我们指出，为了拒绝原假设，检验统计必须超过一个临界值。在 Durbin-Watson 统计量的情况下临界值不止一个，而是两个，用 d_L 和 d_U 表示。此外，存在一定范围的 d 值使得在此区间内，不可以做出任何自相关是否存在的判断。表 4-3 给出原假设的一般决策法则和 d 的计算值总结。

表 4-3 原假设的一般决策法则和 d 的计算值

原假设	d 的范围	决策法则
无正的自相关	$0<d<d_L$	拒绝原假设
无正的自相关	$d_L \leqslant d \leqslant d_U$	无结论
无负的自相关	$4-d_L<d<4$	拒绝原假设
无负的自相关	$4-d_U \leqslant d \leqslant 4-d_L$	无结论
无自相关	$d_U<d<4-d_U$	接受原假设

我们在哪里获得临界值 d_L 和 d_U？有些表格报告了这些值的 5% 和 1% 的显著性水平。临界值还取决于样本量和多元回归中的自变量数量。[⊖]

例如，假设回归中有 12 个自变量，200 个观测值，选择的显著性水平为 5%，然后根据 Durbin-Watson 临界值表，知临界值是

$$d_L = 1.643, \quad d_U = 1.896$$

然后表 4-3 的检验可以写为表 4-4 所示：

表 4-4 改写的决策法则和 d 的范围

原假设	d 的范围	决策法则
无正的自相关	$0<d<1.643$	拒绝原假设
无正的自相关	$1.643 \leqslant d \leqslant 1.896$	无结论
无负的自相关	$2.357<d<4$	拒绝原假设
无负的自相关	$2.104 \leqslant d \leqslant 2.357$	无结论
无自相关	$1.896<d<2.104$	接受原假设

2. 存在自相关的建模

如果残差是自相关的，那么回归系数仍然可以使用第 3 章中的式(3-10)给出的

⊖ 参见 N. Eugene Savin and Kenneth J. White,"Durbin-Watson Test for Serial Correlation with Extreme Sample Sizes or Many Regressors," *Econometrica* 45(1977): 1989-1996。

公式来进行无偏估计。然而，这个估计不是最优的，因为存在抽样分布方差更小的其他估计量。幸运的是，有一种方法可以解决这个问题，即称为 Aitken 广义最小二乘估计量的最优线性无偏估计。关于这个估算的讨论超出了本章的范围，不再详述。

使用这种估计量的基本原理是，在存在残差相关性的情况下，将标准回归模型替换为能够明确捕获自相关并产生不相关残差的模型是常见的做法。这里的关键思想是自相关残差信号表明建模工作尚未完成。也就是说，如果残差是自相关的，则表示在时间 t 处的残差可以根据较早的残差来预测。

3. 自回归移动平均模型

可以处理时间序列数据自相关问题的模型，被称为自回归移动平均模型（autoregressive moving average model，ARMA）。尽管金融时间序列通常表现出的结构比 ARMA 模型所提供的更为复杂，但这些模型是一个起点，常常作为基准来比较更复杂的方法。ARMA 模型有两个组成部分：①自回归过程；②移动平均过程。我们将在第 9 章讨论这些。

要点回顾

- 自变量的结构或相互作用是多元线性回归模型中的一个重要问题，被称为多重共线性问题。调查多重共线性的存在涉及自变量和因变量之间的相关性。
- 在确定了模型的显著性之后，必须进行多重共线性存在的检验，并保证最终回归中包含所有显著的自变量。
- 构建多元线性回归模型的过程涉及识别最能解释因变量变化的自变量。
- 在模型初始建立时，模型中包含多少个自变量以及包含哪些自变量是未知的。增加自变量的数量并不总是能提高回归效果。
- Pyrrho 引理指出，通过在线性回归模型中增加一个特殊的自变量，可以任意改变回归系数的符号和大小，也可以获得任意的拟合优度。
- 没有适当的设计和检验方法，将自变量添加到回归模型中会带来获得虚假结果的风险。
- 逐步回归分析是一个统计工具，用

于确定最终回归模型中包含合适的自变量。三种逐步回归方法是逐步包含回归法、逐步排除回归法和标准的逐步回归法。

- 构建模型的过程也要求检验多元线性回归模型的假设（即执行诊断检查）。

- 诊断检查从统计角度分析因变量和自变量之间的线性关系是否合理。

- 这些检验还包括检验使用一般多元线性回归模型时所做的几个假设：①回归模型中使用的自变量的独立性（例如多重共线性问题）；②模型是线性的；③有关误差项的统计特性的假设是不是有保证的。

- 检验线性是否存在时，常用的方法是做出每个自变量的散点图，并从视觉上进行判断。如果误差项存在跟自变量有关的系统性的特征，那么这个自变量和因变量之间的关系可能是非线性的。

- 通过变换自变量或其他调整可以解决非线性函数的问题。

- 可对误差项进行以下检验：①是不是以零为均值的正态分布；②方差不变；③相互独立。

- 如果误差并非正态分布，那么：①回归方程的设定有误；②回归系数的估计不遵循正态分布；③即使是最佳线性无偏估计，回归系数的估计不再有效。

- 用于检测残余误差是否遵循正态分布的三种方法分别是卡方统计量、Jarque-Bera 统计量、标准化残差分析。

- 在线性回归中，误差的方差应不变，此假设被称为同方差性。

- 当不满足同方差性时，称异方差性。很多时间序列呈异方差性，即不同时间段的方差有差异。

- 最常见的用于解决异方差性的方法是加权最小二乘估计算法和自回归条件异方差（ARCH）模型。

- 相邻的残差之间没有显著的相关性，即没有显著的自相关性，也是线性回归的前提之一。

- 在时间序列中，如果一个观察值和前面的观察值有相关性，每一项的方差可以通过前面一项的回归被部分解释，那么这个时间序列具有自相关性。

- 在金融相关的时间序列中，自相关很常见。自相关性在时间序列中又称序列相关性或滞后相关性。

- 如果 t 时刻的残差为正（负），$t+1$ 时刻也为正（负），则为正自相关。反之，若 $t+1$ 时刻的残差跟 t 时刻的残差符号相反，则为负自相关。

- 从概率角度而言，时间序列中的显

著自相关性意味着这个序列是可以预测的。因为未来走势跟过去和现在的值相关。

- 自相关的存在使得回归系数的检验变得复杂。因为，即使回归系数是无偏估计量，也不是最佳线性无偏估计，方差可能被严重低估，检验结果有待商榷。若自相关性显著存在，则可使用 Aitken 广义最小二乘法。
- 用于检验自相关性是否存在的最常用的是 Durbin-Watson 检验，更准确地说，是 Durbin-Watson d-统计量。
- 自回归移动平均模型可在时间序列数据中用于处理自回归性。

第 5 章

时间序列分析简介

学习目标

在阅读本章后,你将了解以下内容:
- 时间序列数据。
- 时间序列中的趋势项和季节项。
- 一阶自回归和自相关。
- 用移动平均法来估计时间序列模型。
- 用差分方程来表示时间序列。
- 随机游走和误差修正过程。

在本章中,我们将引入时间作为一系列单变量观测值的序数指标。观测值不再是同时存在的,而是有先后顺序的。我们将介绍简单的时间序列模型和它的组成部分,尤其关注模型的趋势项、周期项、季节项和误差项(或干扰项)。另外,本章还将介绍随机游走模型和误差修正模型,用于证券价格建模。本章中会涉及一些新的概念。时间序列在价格波动过程和动态经济数量建模中有重要作用。在本章中,我们假设趋势是确定的。在第 10 章中,我们会进一步学习趋势中的随机成分。

5.1 时间序列

到目前为止,我们遇到的情况分两种:一种是地位相同的两个变量的横截面数据,这是在相关性分析中出现的情形;另一种是一个变量是其他变量的函数结果。这一节意在介绍随时间变化的变量,即时间序列。所有的观测数据都是由时间、外生变量、内生变量,也就是序列及其他变量自身和滞后项组成的函数。那些其他变量可能是外生给定的，也有可能跟时间有关系。

为使时间序列可视化，我们将 20 天的德国股票市场指数（DAX）收盘价作于图 5-1 中。具体数据列于表 5-1 中。每个时间 t 在横轴上是等距按顺序分布的，而 DAX 指数在纵轴中予以体现。

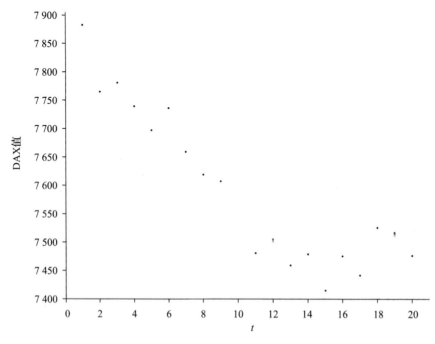

图 5-1　2007 年 5 月 3 日至 5 月 31 日 DAX 收盘价

表 5-1　2007 年 5 月 3 日至 5 月 31 日 DAX 收盘价

日期	时间顺序	收盘价
5/3/2007	1	7 883.04
5/4/2007	2	7 764.97
5/7/2007	3	7 781.04
5/8/2007	4	7 739.20
5/9/2007	5	7 697.38
5/10/2007	6	7 735.88
5/11/2007	7	7 659.39
5/14/2007	8	7 619.31
5/15/2007	9	7 607.54
5/16/2007	10	7 499.50
5/17/2007	11	7 481.25
5/18/2007	12	7 505.35
5/21/2007	13	7 459.61

(续)

日期	时间顺序	收盘价
5/22/2007	14	7 479.34
5/23/2007	15	7 415.33
5/24/2007	16	7 475.99
5/25/2007	17	7 442.20
5/29/2007	18	7 525.69
5/30/2007	19	7 516.76
5/31/2007	20	7 476.69

数据来源：德意志交易所。

5.2 时间序列的分解

图 5-1 中的每一个点都代表两个组成要素：时间和数值。这一节中主要关注这些点的动态变化，需要知道每个时点取值可以分解成哪些部分。时间序列中每一个数据 $x_t(t=1, 2, \cdots, n)$ 通常被表示为 $\{x\}_t$ [1]，对于每一个 x_t，序列取值都是几个部分的合成。最传统的分解方法是：

$$x_t = T_t + Z_t + S_t + U_t \tag{5-1}$$

式中：T_t 为趋势项，Z_t 为循环项，S_t 为季节项，U_t 为干扰项（或叫误差项）。

假设长期趋势和季节变动是时间的确定性函数（即它们在时间 t 的值早在 $t-d$ 时刻就是已知的，也就是比 t 早 d 个单位时间的时候就已知晓），循环变动和误差项是随机的[2]。有时我们把后面这两项合并为不规则项 $I_t = \phi I_{t-1} + U_t$，其中 $0 < \phi < 1$，那么式(5-1)可被写成：

$$x_t = T_t + S_t + I_t \tag{5-2}$$

有了系数 ϕ 就可以控制前一个时间点的干扰项对本期的影响。如果 ϕ 接近于 0，那么影响就不那么显著；如果 ϕ 接近于 1，则影响比较显著。

需要注意的是，U_t 和 I_{t-1} 相互独立。由于 I_t 是由上一个时间点的 I_{t-1} 乘以 ϕ 得来的，且只受 U_t 影响，所以 I_t 可被视为一阶自回归过程（autoregressive of order one）[3]。此时的 I 和前一个时间点的 I 是有某种关系的，即这两者是相关的，其相关性与 ϕ

---

[1] 日期数目 n 理论上可以是无穷多个。此处我们规定 n 是有限个日期。
[2] 此处我们不考虑四个组成部分都是随机变量的情况。
[3] 一阶意味着此时的值只考虑了前一期的影响。

有关。一个变量在 t 时的取值和这个变量在其他时刻的值相关的情况被称为自相关（autocorrelation）。

在图 5-2 中，我们展示了如何分解一个假定的时间序列。直的实线 T 代表线性趋势项；虚线代表不规则项 I；最底部的点横虚线代表季节项；加粗的虚线代表以上所有项的和，也就是时间序列 $\{x\}_t$ 的取值。

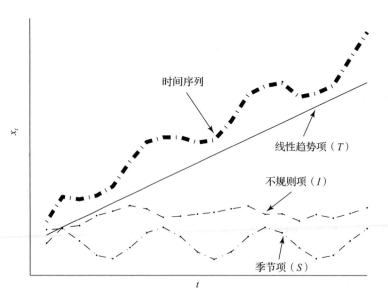

图 5-2　将时间序列分解为线性趋势项 T、季节项 S、不规则项 I

☞ 时间序列在标准普尔 500 指数收益率方面的应用

此处采用 1996 年 1 月 2 日到 2003 年 12 月 31 日标准普尔 500 指数的日收益率数据。为了对数据有一个大致的认识，我们将在图 5-3 中作出散点图。散点图给人的直观印象是这些数据里似乎没有什么规律。现在我们按照式(5-2)来分解看一看。人们也许会问，星期日历会不会对价格变化有影响？我们按照交易日来看，也就是周一到周五，季节变动 S_t 如下所示：

星期一	$-0.455\,5$
星期二	$0.381\,4$
星期三	$0.335\,6$
星期四	$-0.472\,3$
星期五	$0.175\,9$

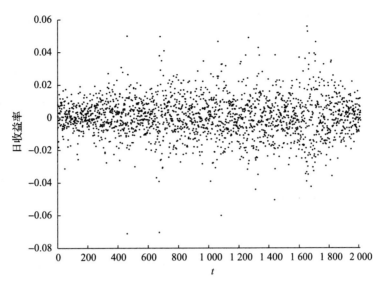

图 5-3　1996 年 1 月 2 日至 2003 年 12 月 31 日标准普尔 500 的日收益率

不规则项的系数是 $\phi=0.285\,0$，也就是说某一时刻变量的取值是由上一时刻加权约三分之一得来的。整个模型如下：

$$y_t = T_t + S_t + I_t = T_t + S_t(\text{weekday}) -^{\ominus} 0.285\,0\, I_{t-1} + U_t$$

此处用移动平均的方法(moving average method)来构建时间序列模型。这个方法超出了本章范围，在此不做介绍。

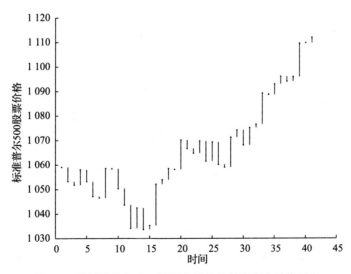

图 5-4　日标准普尔 500 股票价格指数每日变化垂直展开

㊀　此处应为"+"，而不是"−"。——译者注

从图 5-4 中很难看出线性趋势，尤其是在不排除前 15 个观测值的情况下。如果此处确实不存在趋势，那么价格中的大部分都包含在其他部分中，而非包含在确定性项目中。根据在金融理论中占有核心地位的有效市场假说，价格不应该有趋势，否则价格中便没有包含所有可获得的信息。如果市场得知价格具有确定的趋势，那么这一信息应该已经反映在了今日价格中。

5.3 用差分方程表示时间序列

时间序列的每个组成部分通常以动态变化的形式给出，而不是像式(5-1)和式(5-2)表示$\{x\}_t$的形式那样。至此，时间序列的每一个组成部分还是一个时间点对应一个量。其实用差分方程(difference equations)来表示$\{x\}_t$中每一个组成部分的演变规律更为方便。具体来表示四个组成部分可得：

$$\Delta x_t = x_t - x_{t-1} = \Delta T_t + \Delta I_t + \Delta S_t \tag{5-3}$$

其中，线性趋势的变化 $\Delta T_t = c$，这里 c 是一个常量。又有：

$$\Delta I_t = \phi(I_{t-1} - I_{t-2}) + \xi_t$$

这里，ξ 是干扰项，而且：

$$\Delta T_t + \Delta S_t = h(t) \tag{5-4}$$

$h(t)$是时间的某种确定性函数。符号 Δ 表示的是从一个时间点到下一个时间点的变化量。

干扰项都是 i.i.d.，表示所有的 ξ 都彼此独立，但又服从相同的分布。统计上的独立性在附录 A 中有介绍，对于随机变量的解释在附录 B 中给出。

总体上，差分方程是滞后项、时间和其他随机变量的函数。在时间序列分析中，经常会需要估计式(5-4)那样的差分方程。时间序列分析的目的之一是要给预测提供可靠的工具㊀。

为便于预测，我们需要得出某些量的变化量的表达式，比如根据式(5-3)可以得出 x 从 t 到 $t+1$ 的变化量。但是，在时间 t 时还无从得知干扰项在 $t+1$ 时的值，

㊀ 请参见 Walter Enders, *Applied Econometrics Time Series* (New York: John Wiley & Sons, 1995)。

即 ξ_{t+1}，假定它的期望值为零。等式中的其他量都是确定的，在 t 时刻就可以得知下一时刻的大小。因此，预测值就是给定 t 时刻信息下 $t+1$ 时刻的期望值。

5.4 应用：价格波动过程

时间序列在金融建模中的作用越来越重要。价格波动过程在这些模型中扮演着重要的角色。在接下来的两节，我们将介绍两个最常见的价格波动模型：随机游走模型和误差修正模型[1]。这背后的理论是至关重要的。特别需要指出的是，误差修正模型应用了在不同事件发生情况下（或不同信息下）的条件期望[2]。

5.4.1 随机游走模型

考虑由序列 $\{S\}_t$ 表示的价格波动过程[3]，其动态过程表示为：

$$S_t = S_{t-1} + \varepsilon_t \tag{5-5}$$

即 $\Delta S_t = \varepsilon_t$。

换句话说，明天的价格 S_{t+1} 可以被认为是今天的价格加上一个独立于价格的随机冲击（random shock）。在这个随机游走（random walk）模型中，从 $t-1$ 到 t 时刻的增量 $S_t - S_{t-1}$ 是完全不确定的。因为 ε_t 的平均值是 0，所以对增量的假设是"公平"的[4]，即价格上涨的可能性与价格下跌的可能性相同。假设在 t 时刻价格已经反映了所有可以获得的信息，所以在时间轴上的任意时刻，下一刻的价格都是由随机游走决定的。

对下一时刻价格的最佳估计就是此刻的价格。由于信息处理的及时性，这种价格波动过程被称为有效率的。

更普遍的模型可以表示为 AR(p) 的形式：

$$S_t = \alpha_0 + \alpha_1 S_{t-1} + \cdots + \alpha_p S_{t-p} + \varepsilon_t$$

这个模型中考虑了多个滞后价格。这一价格波动过程允许市场较慢地消化之

---

[1] 本书后面会介绍对数收益率下的价格波动过程。
[2] Enders，*Applied Econometrics Time Series*.
[3] 此处 S_t 代表 t 时刻的证券价格，不要与式(5-1)中季节变动混淆。
[4] 请注意：ε 表示在实数轴上的所有数，但股票价格不可能为负。为避免此问题，在式(5-4)中用对数收益率来取代股票价格。

前的价格信息,以得出现在的价格。要想让价格成为一个随机游走过程,这里面的估值就必须满足 $\alpha_0=0$,$\alpha_1=1$,$\alpha_2=$,$\cdots$,$\alpha_p=0$ 条件。

价格波动模型在标准普尔 500 指数收益率方面的应用

为深入理解式(5-4),考虑 2003 年 11 月 3 日到 2003 年 12 月 31 日标准普尔 500 指数的日度数据。指数价格及其日度变化已在表 5-2 中给出,并作于图 5-4 中。从图 5-4 中可以大致看出,对于每一天而言,第二天的信息对于第二天的价格的影响是不可预测的,所以价格走势也就没有什么规律可循了。直观上而言,这个走势图似乎支持了股价是随机游走的。考虑到基本的价格演变过程,我们认为某日的价格是前一天的价格加上一个随机变化看起来是合理的。从图 5-4 中我们可以看出这些随机变量是相互独立的,并且这些变量分布相同(即同分布)。

表 5-2 2003 年 11 月 3 日至 2003 年 12 月 31 日标准普尔 500 指数和日度变化量

日期	价格	价格变化
12/31/2003	1 111.92	2.28
12/30/2003	1 109.64	0.16
12/29/2003	1 109.48	13.59
12/26/2003	1 095.89	1.85
12/24/2003	1 094.04	−1.98
12/23/2003	1 096.02	3.08
12/22/2003	1 092.94	4.28
12/19/2003	1 088.66	−0.52
12/18/2003	1 089.18	12.70
12/17/2003	1 076.48	1.35
12/16/2003	1 075.13	7.09
12/15/2003	1 068.04	−6.10
12/12/2003	1 074.14	2.93
12/11/2003	1 071.21	12.16
12/10/2003	1 059.05	−1.13
12/09/2003	1 060.18	−9.12
12/08/2003	1 069.30	7.80
12/05/2003	1 061.50	−8.22
12/04/2003	1 069.72	4.99
12/03/2003	1 064.73	−1.89
12/02/2003	1 066.62	−3.50

(续)

日期	价格	价格变化
12/01/2003	1 070.12	11.92
11/28/2003	1 058.20	−0.25
11/26/2003	1 058.45	4.56
11/25/2003	1 053.89	1.81
11/24/2003	1 052.08	16.80
11/21/2003	1 035.28	1.63
11/20/2003	1 033.65	−8.79
11/19/2003	1 042.44	8.29
11/18/2003	1 034.15	−9.48
11/17/2003	1 043.63	−6.72
11/14/2003	1 050.35	−8.06
11/13/2003	1 058.41	−0.12
11/12/2003	1 058.53	11.96
11/11/2003	1 046.57	−0.54
11/10/2003	1 047.11	−6.10
11/07/2003	1 053.21	−4.84
11/06/2003	1 058.05	6.24
11/05/2003	1 051.81	−1.44
11/04/2003	1 053.25	−5.77
11/03/2003	1 059.02	

5.4.2 误差修正模型

下面建立一个基于现货、远期市场关系的模型。假设我们在随机游走模型的基础上引入股票的远期价格 S。这个远期合约表示，在时间 t 时刻约定在 $t+1$ 时刻以价格 $F(t)$ 买入股票，这个价格是在 t 时刻决定的。在 $t+1$ 时刻，执行远期合约，以约定价格 $F(t)$ 购入股票。$t+1$ 时刻的股票价值 S_{t+1}，很有可能不等于远期合约约定的价格 $F(t)$。两者的差是随机变量，记为 ε_{t+1}。如果所有的这些扰动项平均值为 0，符合随机游走模型的定义，那么这个远期价格就是公平的。在此假设基础上，合理的远期价格等于[⊖]：

$$F(t) = E[S_{t+1} | t] = E[S_t + \varepsilon_t | t] = S_t$$

⊖ 注意：在 t 情况下的期望表示我们的预测结果是基于 t 时刻已知的所有信息得来的。

S 和 F 差值的平均值应满足以下条件：

$$\Delta \equiv S_{t+1} - F(t) \approx 0$$

若价格波动过程中含有某些常数项，比如趋势项，那么下一期的价格则不再等于当期价格加随机冲击。趋势项将改变合理的远期价格，它将等于当期信息条件下下一期股票价格的期望加上系统误差。这时，模型变为：

$$S_{t+1} = \alpha_0 + \alpha_1 F(t) + \varepsilon_t$$

此处 α_0 反映了一个非零的线性趋势。如果 $\alpha_0 = 0$ 且 $\alpha_1 = 1$，那么远期合约的价格是合理的，市场将大致处于均衡状态。否则，远期价格必须调整，直到没有人能够从可预期的价格中套利为止。

远期价格的调整方法符合误差修正机制。这里的隐含条件是当期价格对均衡价格的偏移量必须反映在下一期的价格中，以确保达到价格的长期均衡。模型由以下方程组表示：

$$S_{t+2} = S_{t+1} - \alpha(S_{t+1} - F(t)) + \varepsilon_{t+2}, \alpha > 0$$

$$F(t+1) = F(t) + \beta(S_{t+1} - F(t)) + \xi_{t+1}, \beta > 0$$

其中：

$$E[\varepsilon_{t+2} | t+1] = 0$$

$$E[\xi_{t+1} | t] = 0$$

在 $t+1$ 时刻，价格偏离了均衡价格 $(S_{t+1} - F(t))$ 的量；那么在 $t+2$ 时刻，这一偏离就会被 $\alpha(S_{t+1} - F(t))$ 这一项修正。另外，对远期价格 $F(t+1)$ 也做了相似的修正，相应系数用 β 表示。这里注意：远期价格也受到了新信息 ξ_{t+1} 的影响，但在 t 时刻 ξ_{t+1} 还未知。新信息 ξ_{t+1} 是一个独立变量，一般代表新信息、冲击等，它与代表确切函数关系偏离的扰动项是不同的。

一般来说，随机游走模型和误差修正模型都可以用最小二乘回归法来估计（见第 2 章）。但是，使用最小二乘法的前提是回归因子（即自变量）和扰动项不相关。

要点回顾

- 时间序列是一系列按照时间顺序排列的观测值。
- 时间序列在对价格、收益率、利率、动态经济变量建模时具有重要

- 作用。
- 时间序列的每一个观测值都是由一对要素组成的——时间和数值。
- 时间序列分析包含了分析时间序列数据的方法。
- 最常用的时间序列分解方法是把序列分解为趋势项、周期项、季节项和干扰项（误差项）。
- 自回归假设后一期变量取值和前面所有时期变量取值有关。
- 一阶自回归假设后一期变量取值仅仅和前一时期变量取值有关。
- 时间序列中一个变量不同时刻的相关性叫作自相关性。
- 随机游走模型和误差修正模型都可以用来为证券价格建模。

第 6 章

回归模型中的分类变量

学习目标

在阅读本章后,你将了解以下内容:
- 分类变量的概念。
- 当一个或多个分类变量是解释变量时的处理情况。
- 检验回归中的每个虚拟变量的显著性,以及使用 Chow 检验。
- 当因变量是分类变量时可以用的模型有线性概率模型、logit 回归模型和 probit 回归模型。
- 当因变量是分类变量时以上每种模型的优缺点。

  分类变量是一类代表组成员组别身份的变量。例如,给定一组债券,信用评级就是一种分类变量,它表明每种债券所属的组别是 AAA,AA,A,BBB,BB 或者其他评级。分类变量本身并没有特定数值或数字解释。虽然像债券收益率利差这样的数量特征可能跟信用评级有关,但债券是 AAA 组别还是 BBB 组别并不能衡量这个债券的数量特征。

  对分类变量本身进行回归并没有意义。例如将一个系数乘以 AAA 或乘以 BBB 是没有意义的。但是,在大多数情况下,通过合适的变形,就可以将标准的回归分析模型应用于带有分类变量的模型。本章先介绍当分类变量是解释变量(自变量)的情况,然后再讨论分类变量是因变量的模型。

6.1 自变量为分类变量

分类变量作为输入值可以用来对数据进行分类。[○] 假设我们有一组数据,要把里面的每个数分到一组子集 A_i 中,使每个数据属于且仅属于一个子集。A_i 代表的就是分类输入变量。在金融计量经济学中,不同的市场制度、经济状态、信用评级、国别、行业、部门都可以作为分类变量出现。

分类变量和表示数量的变量不能混在一起。例如,收益率利差和信用评级不能相加,其实稍作变动即可。假设现在只有一个分类输入变量记作 D,一个定量输入变量 X,定量输出变量 Y。我们现在把原有数据、残差以及各参数用矩阵来表示,如下:

$$Y = \begin{bmatrix} Y_1 \\ \vdots \\ Y_T \end{bmatrix} \quad X = \begin{bmatrix} 1 & X_{11} \\ \vdots & \vdots \\ 1 & X_{T1} \end{bmatrix} \quad E = \begin{bmatrix} \varepsilon_1 \\ \vdots \\ \varepsilon_T \end{bmatrix} \quad B = \begin{bmatrix} \beta_0 \\ \beta_1 \end{bmatrix}$$

假设数据属于两个类别。解释变量只分成两类时叫作二分类变量(dichotomous variable)。我们需要把二分类变量转化成数值变量 D,即虚拟变量(dummy variable),它只有两个值,即 0 和 1。我们现在可以把变量 D 加入输入变量中:

$$X = \begin{bmatrix} D_1 & 1 & X_{11} \\ \vdots & \vdots & \vdots \\ D_T & 1 & X_{T1} \end{bmatrix}$$

如果 $D_i=0$,那么数据 X_{i1} 则属于第一个类别;如果 $D_i=1$,那么数据 X_{i1} 则属于第二个类别。

$Y=XB$ 矩阵形式下的回归方程为:

$$Y = XB + E$$
$$Y_1 = \beta_0 + \beta_1 X_{11} + \varepsilon_1 \tag{6-1}$$
$$\vdots$$

○ 我们也可以称分类变量为定性变量,但这个名称可能会令人误解,因为分类变量指的是定性变量所对应的组别。例如,假设我们想将市场上人们的心态表示出来,即信心级别,我们可以把它分为很多类别——欢欣、乐观、中性、担心、恐慌。关键是如何确定类别,以及这样的分类是否合理。分类变量具有分类能力,即把观察值分到某一组中。在经济学和社会科学中,分类是否有用、分类为何有用都是重要的课题。

$$Y_T = \beta_0 + \beta_1 X_{T1} + \varepsilon_T$$

在金融计量经济学的诸多应用里，编号 i 可以是时间，也可表示资产，如债券发行。此处有三组不同的回归方程，一组是 $D=1$ 的，一组是 $D=0$ 的，一组是所有的。假设现在三组方程斜率相同而截距不同。下面是 $D=0$ 和 $D=1$ 的：

$$y_i = \begin{cases} \beta_{00} + \beta_1 X_{i1} + \varepsilon_1, \text{若 } D_i = 0 \\ \beta_{01} + \beta_1 X_{i1} + \varepsilon_1, \text{若 } D_i = 1 \end{cases} \quad (6\text{-}2)$$

这里 β_{00} 和 β_{01} 是两个截距，i 表示如果 $D=0$ 则观测值属于类别一，如果 $D=1$ 则观测值属于类别二。若这两个类别分别是经济扩张时期和经济衰退时期，第一个等式在经济扩张时期适用，第二个等式在经济衰退时期适用。若这两个类分别是投资级别债券和非投资级别债券，那么这两个等式分别适用于不同债券，本章后面的例子将对此进行说明。

在只有截距项不同的假设下，这两个方程可以被合并为一个，如下所示：

$$Y_i = \beta_{00} + \gamma D(i) + \beta_1 X_i + \varepsilon_i \quad (6\text{-}3)$$

这里，$\gamma = \beta_{01} - \beta_{00}$ 表示两分类截距的差值。这样便构建了一个回归方程，其中有两个独立定量变量 X 和 D，这时就可使用回归分析里的常用工具，包括普通最小二乘（OLS）估计方法和一系列检验。通过估测回归中的系数可以得到共同的斜率和两个截距。注意：即使两个分组对调，结果也不变。

到现在为止我们假设分类变量和定量变量之间无关，即两个类别所对应的回归斜率相同。这意味着变量的效果是可加总的，也就是说，不管一个变量取什么值，另一个变量的效果都不受影响。在许多应用中，这个假设并不现实。

使用虚拟变量的效果和增加截距项是一样的。把式(6-1)改写成两个类别所对应的回归方程，其中 β_{00} 和 β_{01} 是斜率：

$$y_i = \begin{cases} \beta_0 + \beta_{10} X_{i1} + \varepsilon_1, \text{若 } D_i = 0 \\ \beta_0 + \beta_{11} X_{i1} + \varepsilon_1, \text{若 } D_i = 1 \end{cases} \quad (6\text{-}4)$$

我们可以把这两个方程合二为一：

$$Y_i = \beta_0 + \beta_{10} X_i + \delta(D_i X_i) + \varepsilon_i \quad (6\text{-}5)$$

式中 $\delta = \beta_{11} - \beta_{10}$。实际上，如果分别让 $D_i = 0$ 和 $D_i = 1$，则式(6-5)和式(6-4)是一样的。此回归可用普通最小二乘法来估算。

在实际操作中，很少情况下不考虑截距而只考虑交乘项，尽管交乘项才是关键所在。对主要原因而言相互作用是边际的，因此被称为边际化(marginalization)。为合并这两种效应可以建立一个模型，只需要加两个变量，虚拟变量 D 和交乘项 DX：

$$Y_i = \beta_0 + \gamma D_i + \beta_1 X_i + \delta(D_i X_i) + \varepsilon_i \tag{6-6}$$

此回归方程包含了三个回归因子，结合了两种效应。

以上添加虚拟变量的方法可拓展至多个变量。请看以下回归：

$$Y_i = \beta_0 + \sum_{j=1}^{N} \beta_j X_{ij} + \varepsilon_i \qquad i = 1, 2, \cdots, T \tag{6-7}$$

此处，使用虚拟变量后数据可被分为两类：

$$\boldsymbol{X} = \begin{bmatrix} D_1 & 1 & X_{11} & \cdots & X_{1N} \\ \vdots & \vdots & \vdots & \ddots & \vdots \\ D_T & 1 & X_{T1} & \cdots & X_{TN} \end{bmatrix}$$

引入虚拟变量 D 及其与 N 个定量变量的交乘项，如下所示：

$$Y_i = \beta_0 + \gamma_i D_i + \sum_{j=1}^{N} \beta_j X_{ij} + \sum_{j=1}^{N} \delta_{ij}(D_i X_{ij}) + \varepsilon_i \tag{6-8}$$

以上所有讨论内容仅适用于只有两个类别时，并用数字变量 0 和 1 来识别。当类别多于两种时，通过添加虚拟变量来做扩展。假设有 $K>2$ 个类别，则用来区分多于两分类的解释变量称作多分类变量(polytomous variable)。

假设现有三个类别 A、B、C。虚拟变量 D_1 在 A 类取值为 1，其他类为 0；虚拟变量 D_2 在 B 类取值为 1，其他类为零，如此一来三个类别被标记清晰：两个虚拟变量分别是 1 和 0 的是 A 类，0 和 1 对应 B 类，0 和 0 对应 C 类。1 和 1 的组合不代表任何类别。这个方法可以应用到任意多的类别上，如果有 K 类，则需要 $K-1$ 个虚拟变量。

统计检验

如何检验给定分类变量是否有用？显然，很多类别在计量回归中毫无用处。例如如果按债券发行公司标志的颜色给债券分类，那么结果必定是没有意义的。然而，在有些情况下，分类变量具有微妙和重要的作用。例如，不同的市场制度、结构性突变等，这样的分类是否有意义就依赖于适当的统计检验方法来判别。

需要注意的是统计检验顺序。第2章已介绍过，统计检验要在模型成立的前提下使用，如果模型本身不成立，检验结果就具有误导性。例如，硬把线性模型拟合到本质上非线性的过程，那么检验结果可能会产生误导。学习初始，可以尝试用多种方法检验，如果检验结果不一致，则需格外谨慎。不一致的结果意味着实施的检验存在潜在的问题，尤其是模型设定错误的问题。

把 t 统计量应用在虚拟变量的回归系数上可以判断哪些回归因子显著。第2章介绍过 t 统计量是系数除以与其相对应的标准差所得，而 p 值则是假设相应系数为零的概率，即相应变量无关的概率。

还可用 F 检验来检查虚拟变量是否显著。具体方法就是带着被检验变量和不带被检验变量分别进行回归并得到 F 检验值。Chow 检验是 F 检验中用来检验虚拟变量是否同时成立的，如下所示：

$$F = \frac{[SSR - (SSR_1 + SSR_2)](n - 2k)}{(SSR_1 + SSR_2)k} \tag{6-9}$$

式中：SSR_1——第一个组别中的数据不使用虚拟变量回归后的回归残差和；

SSR_2——第二个组别中的数据不使用虚拟变量回归后的回归残差和；

SSR——所有混合数据（pooled data）不使用虚拟变量回归后的回归残差和。

F 统计量遵从 F 分布，自由度为 k 和 $n-2k$。注意：$SSR_1 + SSR_2$ 等于混合数据使用虚拟变量情况下的回归残差和。所以说 Chow 检验⊖是有虚拟变量和没有虚拟变量的无约束回归下的 F 检验。

【**例 6-1**】 预测公司债券收益率利差　为详细说明虚拟变量的用法，我们尝试建模来预测公司债券利差。这个回归中包含了多种债券⊜。回归方程如下：

$$\text{Spread}_i = \beta_0 + \beta_1 \text{Coupon}_i + \beta_2 \text{CoverageRatio}_i + \beta_3 \text{LoggedEBIT}_i + \varepsilon_i$$

式中：　Spread_i——公司 i 发行的债券经期权调整后的利差（用基点表示）；

Coupon_i——公司 i 发行债券的利率，不考虑百分号（如 7.5% 表示为 7.5）；

⊖ Gregory C. Chow, "Tests of Equality between Sets of Coefficients in Two Linear Regressions," *Econometrica* 28 (1960): 591-605.

⊜ 这个例子中的模型由 FridsonVision 在 "Focus Issues Methodology," *Leverage World*（May 30, 2003）中有所阐述。本例中的数据由 FridsonVision 的 Greg Braylovskiy 提供。分析中包含 650 家公司，本例只采用了 100 个观测值。

CoverageRatio$_i$——偿债备付率,即债券发行公司 i 的利息、税收、折价、分期付款扣除前的收入除以利率支出的比率;

LoggedEBIT$_i$——债券发行公司 i 的收入的对数(该收入指利息、税收扣除前的收入,单位是百万美元)。

因变量 Spread$_i$ 并不是名义上的测度,而是经过期权调整的,这类 Spread$_i$ 测度的是嵌有期权的债券[⊖]。

根据理论预测的系数应该具有以下特征。

(1) 债券利率越高,债券发行者的违约风险越高,这就导致利差越大。因此,债券利率变量前的系数应该为正。

(2) 偿债备付率是对公司完成特定责任的能力的测度,如利息、本金的偿还或付款。偿债备付率有很多种,在这里我们用的是债券发行公司 i 的利息、税收、折旧、分期付款扣除前的收入(earnings before interest, taxes, depreciation, and amortization, EBITDA)除以利率支出的比率。由于高的偿债备付率会降低违约风险,我们预测利差和偿债备付率之间是负向关系,所以偿债备付率前的系数应该为负。

(3) 在财报中对收入有许多种不同的测度。收入在这里被定义为 12 月的息税前利润(earnings before interest and taxes, EBIT)。在保持其他因素不变的情况下,息税前利润越高,我们预期的违约率就越低,因此两者之间的关系为负向关系(系数为负)。

我们使用 2006 年 1 月 6 日和 2005 年 11 月 28 日的 100 个观测值,总共得到了 200 个观测值。这使得我们可以用所有观测值对于投资级及非投资级债券利差进行回归,判断两种债券的利差是否有差异。然后我们再检验一下在这两个日期上是否有结构上的突变。我们将数据以矩阵的形式整理出来。在表 6-1 中可以看到这些数据,"CCC+级及以下"那列可以看到数据有两类,这时我们可以用一个虚拟变量来表示。使用另一个虚拟变量来表示两个不同的时间点。对上述的不同类别不做区分,我们先用全样本来估计这个回归,得到的估计系数和相应的 t 统计

⊖ Frank J. Fabozzi, Bond Markets, Analysis, and Strategies, 8th ed. (Upper Saddle River, NJ: Prentice-Hall, 2013). 本书中文版《债券市场分析与策略》已由机械工业出版社出版。

值如下：

参数	估计值	标准差	t 统计值	P 值
β_0	157.01	89.56	1.753	0.081
β_1	61.27	8.03	7.630	9.98E-13
β_2	−13.20	2.27	−5.800	2.61E-08
β_3	−90.88	16.32	−5.568	8.41E-08

表 6-1 债券利差回归数据(2005 年 11 月 28 日，2006 年 1 月 6 日)

序号	Spread 11/28/05	CCC+ 及以下	Coupon	Coverage Ratio	Logged EBIT	Spread 6/6/05	CCC+ 及以下	Coupon	Coverage Ratio	Logged EBIT
1	509	0	7.400	2.085	2.121	473	0	7.400	2.087	2.111
2	584	0	8.500	2.085	2.121	529	0	8.500	2.087	2.111
3	247	0	8.375	9.603	2.507	377	0	8.375	5.424	2.234
4	73	0	6.650	11.507	3.326	130	0	6.650	9.804	3.263
5	156	0	7.125	11.507	3.326	181	0	7.125	9.804	3.263
6	240	0	7.250	2.819	2.149	312	0	7.250	2.757	2.227
7	866	1	9.000	1.530	2.297	852	1	9.000	1.409	1.716
8	275	0	5.950	8.761	2.250	227	0	5.950	11.031	2.166
9	515	0	8.000	2.694	2.210	480	0	8.000	2.651	2.163
10	251	0	7.875	8.289	1.698	339	0	7.875	8.231	1.951
11	507	0	9.375	2.131	2.113	452	0	9.375	2.039	2.042
12	223	0	7.750	4.040	2.618	237	0	7.750	3.715	2.557
13	71	0	7.250	7.064	2.348	90	0	7.250	7.083	2.296
14	507	0	8.000	2.656	1.753	556	0	8.000	2.681	1.797
15	566	1	9.875	1.030	1.685	634	1	9.875	1.316	1.677
16	213	0	7.500	11.219	3.116	216	0	7.500	10.298	2.996
17	226	0	6.875	11.219	3.116	204	0	6.875	10.298	2.996
18	192	0	7.750	11.219	3.116	201	0	7.750	10.298	2.996
19	266	0	6.250	3.276	2.744	298	0	6.250	3.107	2.653
20	308	0	9.250	3.276	2.744	299	0	9.250	3.107	2.653
21	263	0	7.750	2.096	1.756	266	0	7.750	2.006	3.038
22	215	0	7.190	7.096	3.469	259	0	7.190	6.552	3.453
23	291	0	7.690	7.096	3.469	315	0	7.690	6.552	3.453
24	324	0	8.360	7.096	3.469	331	0	8.360	6.552	3.453
25	272	0	6.875	8.612	1.865	318	0	6.875	9.093	2.074
26	189	0	8.000	4.444	2.790	209	0	8.000	5.002	2.756
27	383	0	7.375	2.366	2.733	417	0	7.375	2.375	2.727
28	207	0	7.000	2.366	2.733	200	0	7.000	2.375	2.727

(续)

序号	Spread 11/28/05	CCC+ 及以下	Coupon	Coverage Ratio	Logged EBIT	Spread 6/6/05	CCC+ 及以下	Coupon	Coverage Ratio	Logged EBIT
29	212	0	6.900	4.751	2.847	235	0	6.900	4.528	2.822
30	246	0	7.500	19.454	2.332	307	0	7.500	16.656	2.181
31	327	0	6.625	3.266	2.475	365	0	6.625	2.595	2.510
32	160	0	7.150	3.266	2.475	237	0	7.150	2.595	2.510
33	148	0	6.300	3.266	2.475	253	0	6.300	2.595	2.510
34	231	0	6.625	3.266	2.475	281	0	6.625	2.595	2.510
35	213	0	6.690	3.266	2.475	185	0	6.690	2.595	2.510
36	350	0	7.130	3.266	2.475	379	0	7.130	2.595	2.510
37	334	0	6.875	4.310	2.203	254	0	6.875	5.036	2.155
38	817	1	8.625	1.780	1.965	635	0	8.625	1.851	1.935
39	359	0	7.550	2.951	3.078	410	0	7.550	2.035	3.008
40	189	0	6.500	8.518	2.582	213	0	6.500	13.077	2.479
41	138	0	6.950	25.313	2.520	161	0	6.950	24.388	2.488
42	351	0	9.500	3.242	1.935	424	0	9.500	2.787	1.876
43	439	0	8.250	2.502	1.670	483	0	8.250	2.494	1.697
44	347	0	7.700	4.327	3.165	214	0	7.700	4.276	3.226
45	390	0	7.750	4.327	3.165	260	0	7.750	4.276	3.226
46	149	0	8.000	4.327	3.165	189	0	8.000	4.276	3.226
47	194	0	6.625	4.430	3.077	257	0	6.625	4.285	2.972
48	244	0	8.500	4.430	3.077	263	0	8.500	4.285	2.972
49	566	1	10.375	2.036	1.081	839	1	10.375	2.032	1.014
50	185	0	6.300	7.096	3.469	236	0	6.300	6.552	3.453
51	196	0	6.375	7.096	3.469	221	0	6.375	6.552	3.453
52	317	0	6.625	3.075	2.587	389	0	6.625	2.785	2.551
53	330	0	8.250	3.075	2.587	331	0	8.250	2.785	2.551
54	159	0	6.875	8.286	3.146	216	0	6.875	7.210	3.098
55	191	0	7.125	8.286	3.146	257	0	7.125	7.210	3.098
56	148	0	7.375	8.286	3.146	117	0	7.375	7.210	3.098
57	112	0	7.600	8.286	3.146	151	0	7.600	7.210	3.098
58	171	0	7.650	8.286	3.146	221	0	7.650	7.210	3.098
59	319	0	7.375	3.847	1.869	273	0	7.375	4.299	1.860
60	250	0	7.375	12.656	2.286	289	0	7.375	8.713	2.364
61	146	0	5.500	5.365	3.175	226	0	5.500	5.147	3.190
62	332	0	6.450	5.365	3.175	345	0	6.450	5.147	3.190
63	354	0	6.500	5.365	3.175	348	0	6.500	5.147	3.190
64	206	0	6.625	7.140	2.266	261	0	6.625	5.596	2.091
65	558	0	7.875	2.050	2.290	455	0	7.875	2.120	2.333
66	190	0	6.000	2.925	3.085	204	0	6.000	3.380	2.986

(续)

序号	Spread 11/28/05	CCC+ 及以下	Coupon	Coverage Ratio	Logged EBIT	Spread 6/6/05	CCC+ 及以下	Coupon	Coverage Ratio	Logged EBIT
67	232	0	6.750	2.925	3.085	244	0	6.750	3.380	2.986
68	913	1	11.250	2.174	1.256	733	0	11.250	2.262	1.313
69	380	0	9.750	4.216	1.465	340	0	9.750	4.388	1.554
70	174	0	6.500	4.281	2.566	208	0	6.500	4.122	2.563
71	190	0	7.450	10.547	2.725	173	0	7.450	8.607	2.775
72	208	0	7.125	2.835	3.109	259	0	7.125	2.813	3.122
73	272	0	6.500	5.885	2.695	282	0	6.500	5.927	2.644
74	249	0	6.125	5.133	2.682	235	0	6.125	6.619	2.645
75	278	0	8.750	6.562	2.802	274	0	8.750	7.433	2.785
76	252	0	7.750	2.822	2.905	197	0	7.750	2.691	2.908
77	321	0	7.500	2.822	2.905	226	0	7.500	2.691	2.908
78	379	0	7.750	4.093	2.068	362	0	7.750	4.296	2.030
79	185	0	6.875	6.074	2.657	181	0	6.875	5.294	2.469
80	307	0	7.250	5.996	2.247	272	0	7.250	3.610	2.119
81	533	0	10.625	1.487	1.950	419	0	10.625	1.717	2.081
82	627	0	8.875	1.487	1.950	446	0	8.875	1.717	2.081
83	239	0	8.875	2.994	2.186	241	0	8.875	3.858	2.161
84	240	0	7.375	8.160	2.225	274	0	7.375	8.187	2.075
85	634	0	8.500	2.663	2.337	371	0	8.500	2.674	2.253
86	631	1	7.700	2.389	2.577	654	1	7.700	2.364	2.632
87	679	1	9.250	2.389	2.577	630	1	9.250	2.364	2.632
88	556	1	9.750	1.339	1.850	883	1	9.750	1.422	1.945
89	564	1	9.750	1.861	2.176	775	1	9.750	1.630	1.979
90	209	0	6.750	8.048	2.220	223	0	6.750	7.505	2.092
91	190	0	6.500	4.932	2.524	232	0	6.500	4.626	2.468
92	390	0	6.875	6.366	1.413	403	0	6.875	5.033	1.790
93	377	0	10.250	2.157	2.292	386	0	10.250	2.057	2.262
94	143	0	5.750	11.306	2.580	110	0	5.750	9.777	2.473
95	207	0	7.250	2.835	3.109	250	0	7.250	2.813	3.122
96	253	0	6.500	4.918	2.142	317	0	6.500	2.884	1.733
97	530	1	8.500	0.527	2.807	654	1	8.500	1.327	2.904
98	481	0	6.750	2.677	1.858	439	0	6.750	3.106	1.991
99	270	0	7.625	2.835	3.109	242	0	7.625	2.813	3.122
100	190	0	7.125	9.244	3.021	178	0	7.125	7.583	3.138

其他回归结果如下：

SSR：$2.3666E+006$

F 值：89.38

P 值：0

R^2：0.57

F 值较大并且 P 值接近于零，因此回归是显著的。三个回归因子的系数也是显著的并且得到的正负值与预期一致，然而截距项并不显著。表 6-2 的第二列给出了残差值。

表 6-2 债券公司利差的残差和杠杆

序号	残差值	虚拟变量 1 的残差值	虚拟变量 2 的残差值
1	118.799 30	148.931 400	162.198 700
2	126.393 50	183.097 400	200.622 000
3	−68.577 70	−39.278 100	−26.716 500
4	−37.260 80	−60.947 500	−71.034 400
5	16.632 14	4.419 645	−3.828 890
6	−128.766 00	−104.569 000	−92.122 000
7	386.423 30	191.377 200	217.840 000
8	73.539 72	48.516 800	56.587 78
9	104.159 90	146.400 600	160.438 900
10	−124.787 00	−98.020 100	−71.374 300
11	−4.288 74	73.473 220	94.555 400
12	−117.582 00	−88.168 700	−82.883 100
13	−223.618 00	−213.055 000	−202.748 000
14	54.130 75	99.735 710	123.153 000
15	−29.421 60	−132.755 000	−179.955 000
16	27.741 92	26.913 670	24.308 960
17	79.040 72	63.114 850	58.091 160
18	−8.577 59	−3.366 800	−5.003 930
19	18.624 62	13.109 110	9.664 499
20	−123.210 00	−56.256 500	−48.090 100
21	−181.648 00	−140.494 000	−118.369 000
22	26.431 57	27.457 990	14.487 850
23	71.792 54	84.897 050	73.862 080
24	63.736 23	93.025 400	84.583 560
25	−23.097 40	−22.603 200	−3.106 990
26	−146.007 00	−112.938 000	−110.018 000
27	53.722 88	78.075 810	78.781 050
28	−99.297 80	−84.003 500	−84.749 600
29	−46.310 30	−41.105 600	−43.489 200
30	98.220 06	79.285 040	96.588 250

(续)

序号	残差值	虚拟变量1的残差值	虚拟变量2的残差值
31	32.050 62	37.541 930	41.075 430
32	−167.120 00	−148.947 000	−143.382 000
33	−127.034 00	−129.393 000	−127.118 000
34	−63.949 40	−58.458 100	−54.924 600
35	−85.932 50	−78.871 000	−75.085 900
36	24.105 20	41.795 380	47.283 410
37	12.867 40	23.326 060	33.884 440
38	333.538 90	101.376 800	173.584 400
39	58.028 81	82.472 150	77.040 360
40	−19.141 00	−32.550 700	−29.298 900
41	118.411 90	67.990 200	81.986 050
42	−169.481 00	−90.625 700	−64.883 800
43	−38.740 30	13.936 980	39.950 520
44	62.910 14	86.397 490	80.392 250
45	102.846 20	127.541 400	121.729 700
46	−153.473 00	−122.739 000	−127.583 000
47	−30.815 10	−32.968 700	−41.285 200
48	−95.711 400	−52.572 300	−53.631 800
49	−101.678 000	−219.347 000	−237.977 000
50	50.969 050	30.496 460	14.081 700
51	57.373 200	38.712 320	22.587 840
52	29.717 770	34.958 870	36.101 100
53	−56.859 100	−12.364 200	−4.932 630
54	−23.959 100	−31.659 900	−38.650 000
55	−7.278 620	−8.940 330	−14.962 800
56	−65.598 100	−61.220 800	−66.275 700
57	−115.386 000	−105.573 000	−109.757 000
58	−59.449 600	−48.429 300	−52.419 900
59	−69.299 000	−43.044 000	−23.885 700
60	15.946 800	13.880 220	28.513 500
61	11.362 190	−21.353 800	−35.607 900
62	139.148 000	129.380 400	118.803 100
63	158.084 100	149.524 300	139.140 600
64	−56.785 300	−60.952 000	−51.339 900
65	153.651 800	194.149 900	205.750 200
66	−15.653 600	−28.630 900	−40.227 500
67	−19.612 200	−14.472 300	−23.166 100
68	209.488 200	144.261 600	67.891 100
69	−185.659 000	−100.217 000	−63.396 000

（续）

序号	残差值	虚拟变量1的残差值	虚拟变量2的残差值
70	−91.541 800	−92.646 100	−91.015 000
71	−36.623 800	−33.937 000	−29.003 400
72	−65.586 300	−51.301 800	−59.080 100
73	39.294 110	32.661 770	32.391 920
74	28.197 460	14.759 650	12.952 710
75	−73.910 000	−28.902 200	−22.353 300
76	−78.608 000	−47.733 800	−48.902 600
77	5.711 553	30.546 620	28.410 290
78	−10.926 100	22.258 560	38.888 810
79	−71.611 400	−69.462 200	−67.416 900
80	−10.848 000	3.505 179	15.383 910
81	−78.195 700	32.775 440	61.748 590
82	123.041 000	191.738 700	213.938 800
83	−223.662 000	−160.978 000	−142.925 000
84	−58.977 600	−47.671 100	−33.850 800
85	203.727 300	257.223 800	270.556 600
86	267.904 600	−65.208 100	89.636 310
87	220.923 600	−4.162 260	42.473 790
88	−12.621 600	−142.213 000	−168.474 000
89	31.862 060	−127.616 000	−134.267 000
90	−53.593 800	−57.028 600	−45.579 800
91	−70.794 900	−73.470 000	−70.669 700
92	24.164 780	34.342 730	62.098 550
93	−171.291 000	−73.744 300	−52.943 000
94	17.439 710	−22.092 800	−20.420 000
95	−74.246 100	−56.942 100	−64.236 600
96	−42.690 600	−42.602 900	−31.958 300
97	114.168 900	−66.109 500	−66.049 500
98	114.578 500	129.177 300	145.600 600
99	−34.225 400	−7.862 790	−13.705 900
100	−6.958 960	−10.488 100	−13.508 000
101	81.920 940	112.117 900	101.420 600
102	70.515 070	127.283 800	120.844 000
103	−18.587 600	24.683 610	20.132 390
104	−8.443 100	−26.784 100	−28.884 400
105	13.449 820	6.582 981	6.321 103
106	−50.430 600	−26.617 000	−36.781 100
107	318.056 000	133.403 000	130.828 300
108	47.876 010	16.919 350	5.068 270

(续)

序号	残差值	虚拟变量1的残差值	虚拟变量2的残差值
109	64.341 610	107.038 200	99.281 600
110	−14.573 200	10.557 760	3.393 970
111	−66.995 600	11.539 420	7.987 728
112	−113.425 000	−82.640 800	−88.147 800
113	−209.054 000	−198.177 000	−205.892 000
114	107.522 000	152.737 700	142.464 600
115	41.638 860	−76.825 800	−145.458 000
116	7.647 833	10.327 540	9.887 700
117	33.946 630	21.528 710	18.669 900
118	−22.671 700	−13.952 900	−13.425 200
119	40.107 630	35.729 610	24.798 540
120	−142.727 000	−74.636 000	−73.956 000
121	−63.286 100	−31.013 100	−33.970 100
122	61.774 140	64.481 450	64.302 480
123	87.135 110	101.920 500	103.676 700
124	62.078 800	93.048 860	97.398 200
125	48.320 900	45.935 300	36.150 130
126	−121.736 000	−90.029 000	−92.609 500
127	87.253 680	111.626 800	105.229 900
128	−106.767 000	−91.452 500	−99.300 700
129	−28.566 900	−22.540 100	−29.135 400
130	108.560 100	98.752 280	95.570 570
131	64.418 690	71.586 810	60.886 980
132	−95.752 300	−75.902 200	−84.570 100
133	−27.665 900	−28.348 600	−40.306 300
134	−19.581 300	−12.413 200	−23.113 000
135	−119.564 000	−110.826 000	−121.274 000
136	47.473 260	66.840 260	58.094 960
137	−61.953 700	−53.237 800	−64.316 600
138	149.786 400	211.505 100	204.226 300
139	90.609 530	118.184 700	114.258 300
140	55.650 810	29.860 840	23.239 180
141	126.240 500	78.712 630	79.050 720
142	−107.826 000	−27.243 600	−31.116 800
143	7.614 932	60.121 850	50.036 220
144	−65.174 500	−41.979 400	−42.794 500
145	−22.238 400	2.164 489	1.542 950
146	−108.558 000	−78.116 000	−77.769 900
147	20.679 750	19.696 850	12.963 030

(续)

序号	残差值	虚拟变量1的残差值	虚拟变量2的残差值
148	−88.216 600	−43.906 700	−43.383 600
149	165.253 100	48.262 590	−23.500 200
150	93.311 620	74.519 920	70.896 340
151	73.715 770	56.735 780	53.402 470
152	94.629 570	100.961 000	90.629 950
153	−62.947 300	−17.362 000	−21.403 800
154	14.480 140	10.216 950	6.659 433
155	40.160 620	41.936 480	39.346 550
156	−115.159 000	−107.344 000	−108.966 000
157	−94.946 500	−81.696 400	−82.447 900
158	−28.010 400	−13.552 500	−14.110 500
159	−110.127 000	−85.111 400	−96.632 900
160	9.959 282	18.682 370	12.662 020
161	89.889 700	57.689 740	48.509 480
162	150.675 500	141.424 000	135.920 500
163	150.611 600	142.567 900	137.258 000
164	−38.040 900	−36.521 000	−48.754 100
165	55.443 990	95.437 610	88.132 530
166	−4.652 580	−18.233 400	−27.698 600
167	−10.611 100	−6.074 840	−12.637 200
168	35.778 970	164.163 000	162.921 500
169	−215.328 000	−131.013 000	−135.422 000
170	−59.986 400	−60.605 400	−70.729 300
171	−74.693 600	−66.782 400	−69.716 200
172	−13.734 800	0.523 639	−3.905 600
173	45.295 840	38.898 770	30.164 940
174	30.476 800	13.024 800	3.159 872
175	−67.888 500	−25.271 900	−23.635 500
176	−135.061 000	−103.830 000	−107.375 000
177	−90.741 200	−65.550 000	−70.062 300
178	−28.683 300	4.187 387	−4.706 060
179	−103.027 000	−97.290 000	−106.078 000
180	−88.975 000	−66.845 700	−77.367 900
181	−177.281 000	−67.904 100	−66.493 200
182	−43.044 700	24.059 160	18.696 920
183	−212.505 000	−152.131 000	−155.963 000
184	−38.210 800	−25.916 400	−34.173 800
185	−66.764 700	−12.702 000	−17.886 300
186	295.611 300	−36.578 800	106.036 400

(续)

序号	残差值	虚拟变量1的残差值	虚拟变量2的残差值
187	176.630 300	−47.533 000	−13.126 100
188	324.060 100	189.413 000	136.666 400
189	221.951 100	76.029 960	34.046 210
190	−58.422 000	−59.380 500	−70.254 000
191	−37.907 200	−39.303 500	−49.850 800
192	53.841 660	65.166 450	51.559 780
193	−166.323 000	−68.275 700	−66.904 900
194	−45.521 100	−79.888 400	−90.959 200
195	−30.394 500	−13.116 600	−17.062 000
196	−42.709 500	−33.855 500	−50.285 700
197	257.550 200	34.224 540	70.337 910
198	90.307 160	102.727 000	89.148 700
199	−61.373 800	−35.037 300	−37.531 400
200	−30.310 400	29.889 500	−32.034 600

注：残差值是在没有投资等级这一虚拟变量下对全样本回归得到的。
虚拟变量1的残差值，引入投资等级这一虚拟变量下对全样本回归得到的。
虚拟变量2的残差值，引入检验制度改变的虚拟变量。

现在我们来检验在考虑投资等级和投资等级以下债券不同的情况下模型的回归是否更合适。我们这里只是对回归分析的应用做一个练习，从经济学角度来讲，基于这个小数据库，我们得到的结论并不具有意义。新的方程如下：

$$\text{Spread}_i = \beta_0 + \beta_1 D_{1i} + \beta_2 \text{Coupon}_i + \beta_3 D_{1i}\text{Coupon}_i + \beta_4 \text{CoverageRatio}_i + \beta_5 D_{1i}\text{CoverageRatio}_i + \beta_6 \text{LoggedEBIT}_i + \beta_7 D_{1i}\text{LoggedEBIT}_i + \varepsilon_i$$

现在有7个变量和8个参数要估算，模型回归系数和t统计值如下：

参数	估计值	标准差	t统计值	P值
β_0	284.52	73.63	3.86	0.00
β_1	597.88	478.74	1.25	0.21
β_2	37.12	7.07	5.25	0.24
β_3	−45.54	38.77	−1.17	8.41E-08
β_4	−10.33	1.84	−5.60	7.24E-08
β_5	50.13	40.42	1.24	0.22
β_6	−83.76	13.63	−6.15	4.52E-09
β_7	−0.24	62.50	−0.00	1.00

其他回归结果如下：

SSR：1.474 4E+006

F 值：76.83

P 值：0

R^2：0.73

Chow 检验值为 16.60。F 值和 Chow 检验值表明虚拟变量显著提高了模型的拟合优度，即使在考虑模型参数增加的情况下依然如此。表 6-2 的第二和第三列分别为包含和不包含虚拟变量 D_1 的情况下的回归残差。

接下来，我们通过虚拟变量来检验数据中两个不同日期下是否存在制度变革。这是虚拟变量的通常用法。我们生成一个新的虚拟变量，当数据的日期为 2005 年 11 月 28 日时虚拟变量值为零，当数据的日期为 2006 年 1 月 6 日时虚拟变量的值为 1。新的方程将上一方程的虚拟变量换掉了：

$$\text{Spread}_i = \beta_0 + \beta_1 D_{2i} + \beta_2 \text{Coupon}_i + \beta_3 D_{2i} \text{Coupon}_i + \beta_4 \text{CoverageRatio}_i + \beta_4 D_{2i} \text{CoverageRatio}_i + \beta_5 \text{LoggedEBIT}_i + \beta_6 D_{1i} \text{LoggedEBIT}_i + \varepsilon_i$$

现在有 7 个变量和 8 个参数要估算，模型回归系数和 t 统计值如下：

参数	估计值	标准差	t 统计值	P 值
β_0	257.26	79.71	3.28	0.00
β_1	82.17	61.63	1.33	0.18
β_2	33.25	7.11	4.67	5.53E-06
β_3	28.14	2.78	10.12	1.45E-19
β_4	−10.79	2.50	−4.32	2.49E-05
β_5	0.00	3.58	0.00	1.00
β_6	−63.20	18.04	−3.50	0.00
β_7	−27.48	24.34	−1.13	0.26

其他回归结果如下：

SSR：1.539 9E+006

F 值：72.39

P 值：0

R^2：0.71

Chow 检验值为 14.73，Chow 检验值和 F 值说明了确实有制度上的变化，利差回归在两个日期上确实是不同的。另外，虚拟变量显著提高了模型的拟合优度，即使在考虑模型参数增加的情况下依然如此。表 6-2 最后一列列出了含有虚拟变量 D_2 的模型的残差值。

【例 6-2】 检验共同基金在不同市场环境下的特征 在前面的章节中,我们了解了两个大型共同基金的特征。现在我们用虚拟变量来检验基金的斜率(β)在牛市和熊市中是否不同。我们的多元回归方程如下:

$$y_{it} = \alpha_i + \beta_{1i}x_t + \beta_{2i}(D_t x_t) + e_{it}$$

其中 D_t 是虚拟变量,赋值规则如下:

当 t 时期是牛市时,$D_t = 1$

当 t 时期是熊市时,$D_t = 0$

虚拟变量前的系数是 β_{2i}。如果系数是显著的,那么对于共同基金有:

在牛市时,$\beta_i = \beta_{1i} + \beta_{2i}$

在熊市时,$\beta_i = \beta_{1i}$

如果 β_{2i} 不显著,那么说明在牛市和熊市中 β_i 并没有显著不同。

在我们的举例说明里,我们需要对牛市和熊市给出定义。我们认为当前三个月的平均超额收益率(市场收益率减去无风险利率,即 $r_M - r_{ft}$)大于零时为牛市,虚拟变量值为 1,即:

当前三个月的平均超额收益率($r_M - r_{ft}$)>0 时,$D_t = 1$

其他,$D_t = 0$

对应的回归变量为:

当前三个月的($r_M - r_{ft}$)>0 时,$D_t x_t = x_t$

其他,$D_t x_t = 0$

我们用标准普尔 500 作为市场收益率的代理变量,90 天的国债收益率作为无风险利率的代理变量。表 6-3 展示了 $D_t x_t$ 的每一个观测值。两大共同基金的回归结果如下:

参数	估计值	标准差	t 统计值	P 值
共同基金 A				
α	-0.23	0.10	-2.36	0.019 8
β_1	0.75	0.03	25.83	4E-50
β_2	0.18	0.04	4.29	4E-05

(续)

参数	估计值	标准差	t 统计值	P 值
共同基金 B				
α	0.00	0.14	−0.03	0.976 2
β_1	0.75	0.04	18.02	2E-35
β_2	0.13	0.06	2.14	0.034 4

共同基金 A 和共同基金 B 调整后的 R^2 分别为 0.93 和 0.83。

表 6-3 包含虚拟变量的共同基金回归数据

月末	r_M	r_{ft}	D_t	$r_M - r_{ft} = x_t$	$D_t x_t$	共同基金			
						A r_t	B r_t	A y_t	B y_t
1/31/1995	2.60	0.42	0	2.18	0	0.65	1.28	0.23	0.86
2/28/1995	3.88	0.40	0	3.48	0	3.44	3.16	3.04	2.76
3/31/1995	2.96	0.46	1	2.50	2.5	2.89	2.58	2.43	2.12
4/30/1995	2.91	0.44	1	2.47	2.47	1.65	1.81	1.21	1.37
5/31/1995	3.95	0.54	1	3.41	3.41	2.66	2.96	2.12	2.42
6/30/1995	2.35	0.47	1	1.88	1.88	2.12	2.18	1.65	1.71
7/31/1995	3.33	0.45	1	2.88	2.88	3.64	3.28	3.19	2.83
8/31/1995	0.27	0.47	1	−0.20	−0.2	−0.40	0.98	−0.87	0.51
9/30/1995	4.19	0.43	1	3.76	3.76	3.06	3.47	2.63	3.04
10/31/1995	−0.35	0.47	1	−0.82	−0.82	−1.77	−0.63	−2.24	−1.10
11/30/1995	4.40	0.42	1	3.98	3.98	4.01	3.92	3.59	3.50
12/31/1995	1.85	0.49	1	1.36	1.36	1.29	1.73	0.80	1.24
1/31/1996	3.44	0.43	1	3.01	3.01	3.36	2.14	2.93	1.71
2/29/1996	0.96	0.39	1	0.57	0.57	1.53	1.88	1.14	1.49
3/31/1996	0.96	0.39	1	0.57	0.57	0.59	1.65	0.20	1.26
4/30/1996	1.47	0.46	1	1.01	1.01	1.46	1.83	1.00	1.37
5/31/1996	2.58	0.42	1	2.16	2.16	2.17	2.20	1.75	1.78
6/30/1996	0.41	0.40	1	0.01	0.01	−0.63	0.00	−1.03	−0.40
7/31/1996	−4.45	0.45	1	−4.90	−4.9	−4.30	−3.73	−4.75	−4.18
8/31/1996	2.12	0.41	0	1.71	0	2.73	2.24	2.32	1.83
9/30/1996	5.62	0.44	0	5.18	0	5.31	4.49	4.87	4.05
10/31/1996	2.74	0.42	1	2.32	2.32	1.42	1.34	1.00	0.92
11/30/1996	7.59	0.41	1	7.18	7.18	6.09	5.30	5.68	4.89
12/31/1996	−1.96	0.46	1	−2.42	−2.42	−1.38	−0.90	−1.84	−1.36
1/31/1997	6.21	0.45	1	5.76	5.76	4.15	5.73	3.70	5.28
2/28/1997	0.81	0.39	1	0.42	0.42	1.65	−1.36	1.26	−1.75
3/31/1997	−4.16	0.43	1	−4.59	−4.59	−4.56	−3.75	−4.99	−4.18

(续)

月末	r_M	r_{ft}	D_t	$r_M - r_{ft} = x_t$	$D_t x_t$	共同基金 A r_t	B r_t	A y_t	B y_t
4/30/1997	5.97	0.43	1	5.54	5.54	4.63	3.38	4.20	2.95
5/31/1997	6.14	0.49	1	5.65	5.65	5.25	6.05	4.76	5.56
6/30/1997	4.46	0.37	1	4.09	4.09	2.98	2.90	2.61	2.53
7/31/1997	7.94	0.43	1	7.51	7.51	6.00	7.92	5.57	7.49
8/31/1997	−5.56	0.41	1	−5.97	−5.97	−4.40	−3.29	−4.81	−3.70
9/30/1997	5.48	0.44	1	5.04	5.04	5.70	4.97	5.26	4.53
10/31/1997	−3.34	0.42	1	−3.76	−3.76	−2.76	−2.58	−3.18	−3.00
11/30/1997	4.63	0.39	0	4.24	0	3.20	2.91	2.81	2.52
12/31/1997	1.72	0.48	1	1.24	1.24	1.71	2.41	1.23	1.93
1/31/1998	1.11	0.43	1	0.68	0.68	−0.01	−0.27	−0.44	−0.70
2/28/1998	7.21	0.39	1	6.82	6.82	5.50	6.84	5.11	6.45
3/31/1998	5.12	0.39	1	4.73	4.73	5.45	3.84	5.06	3.45
4/30/1998	1.01	0.43	1	0.58	0.58	−0.52	1.07	−0.95	0.64
5/31/1998	−1.72	0.40	1	−2.12	−2.12	−1.25	−1.30	−1.65	−1.70
6/30/1998	4.06	0.41	1	3.65	3.65	3.37	4.06	2.96	3.65
7/31/1998	−1.06	0.40	1	−1.46	−1.46	0.10	−1.75	−0.30	−2.15
8/31/1998	−14.46	0.43	1	−14.89	−14.89	−15.79	−13.44	−16.22	−13.87
9/30/1998	6.41	0.46	0	5.95	0	5.00	4.86	4.54	4.40
10/31/1998	8.13	0.32	0	7.81	0	5.41	4.56	5.09	4.24
11/30/1998	6.06	0.31	0	5.75	0	5.19	5.56	4.88	5.25
12/31/1998	5.76	0.38	1	5.38	5.38	7.59	7.18	7.21	6.80
1/31/1999	4.18	0.35	1	3.83	3.83	2.60	3.11	2.25	2.76
2/28/1999	−3.11	0.35	1	−3.46	−3.46	−4.13	−3.01	−4.48	−3.36
3/31/1999	4.00	0.43	1	3.57	3.57	3.09	3.27	2.66	2.84
4/30/1999	3.87	0.37	1	3.50	3.5	2.26	2.22	1.89	1.85
5/31/1999	−2.36	0.34	1	−2.70	−2.7	−2.12	−1.32	−2.46	−1.66
6/30/1999	5.55	0.40	1	5.15	5.15	4.43	5.36	4.03	4.96
7/31/1999	−3.12	0.38	1	−3.50	−3.5	−3.15	−1.72	−3.53	−2.10
8/31/1999	−0.50	0.39	0	−0.89	0	−1.05	−2.06	−1.44	−2.45
9/30/1999	−2.74	0.39	1	−3.13	−3.13	−2.86	−1.33	−3.25	−1.72
10/31/1999	6.33	0.39	0	5.94	0	5.55	2.29	5.16	1.90
11/30/1999	2.03	0.36	1	1.67	1.67	3.23	3.63	2.87	3.27
12/31/1999	5.89	0.44	1	5.45	5.45	8.48	7.09	8.04	6.65
1/31/2000	−5.02	0.41	1	−5.43	−5.43	−4.09	−0.83	−4.50	−1.24
2/29/2000	−1.89	0.43	1	−2.32	−2.32	1.43	2.97	1.00	2.54
3/31/2000	9.78	0.47	0	9.31	0	6.84	5.86	6.37	5.39

(续)

月末	r_M	r_{ft}	D_t	$r_M - r_{ft} = x_t$	$D_t x_t$	共同基金 A r_t	共同基金 B r_t	共同基金 A y_t	共同基金 B y_t
4/30/2000	−3.01	0.46	1	−3.47	−3.47	−4.04	−4.55	−4.50	−5.01
5/31/2000	−2.05	0.50	1	−2.55	−2.55	−2.87	−4.47	−3.37	−4.97
6/30/2000	2.46	0.40	1	2.06	2.06	0.54	6.06	0.14	5.66
7/31/2000	−1.56	0.48	0	−2.04	0	−0.93	1.89	−1.41	1.41
8/31/2000	6.21	0.50	0	5.71	0	7.30	6.01	6.80	5.51
9/30/2000	−5.28	0.51	1	−5.79	−5.79	−4.73	−4.81	−5.24	−5.32
10/31/2000	−0.42	0.56	0	−0.98	0	−1.92	−4.84	−2.48	−5.40
11/30/2000	−7.88	0.51	0	−8.39	0	−6.73	−11.00	−7.24	−11.51
12/31/2000	0.49	0.50	0	−0.01	0	2.61	3.69	2.11	3.19
1/31/2001	3.55	0.54	0	3.01	0	0.36	5.01	−0.18	4.47
2/28/2001	−9.12	0.38	0	−9.50	0	−5.41	−8.16	−5.79	−8.54
3/31/2001	−6.33	0.42	0	−6.75	0	−5.14	−5.81	−5.56	−6.23
4/30/2001	7.77	0.39	0	7.38	0	5.25	4.67	4.86	4.28
5/31/2001	0.67	0.32	0	0.35	0	0.47	0.45	0.15	0.13
6/30/2001	−2.43	0.28	1	−2.71	−2.71	−3.48	−1.33	−3.76	−1.61
7/31/2001	−0.98	0.30	1	−1.28	−1.28	−2.24	−1.80	−2.54	−2.10
8/31/2001	−6.26	0.31	0	−6.57	0	−4.78	−5.41	−5.09	−5.72
9/30/2001	−8.08	0.28	0	−8.36	0	−6.46	−7.27	−6.74	−7.55
10/31/2001	1.91	0.22	0	1.69	0	1.01	2.30	0.79	2.08
11/30/2001	7.67	0.17	0	7.50	0	4.49	5.62	4.32	5.45
12/31/2001	0.88	0.15	1	0.73	0.73	1.93	2.14	1.78	1.99
1/31/2002	−1.46	0.14	1	−1.60	−1.6	−0.99	−3.27	−1.13	−3.41
2/28/2002	−1.93	0.13	1	−2.06	−2.06	−0.84	−2.68	−0.97	−2.81
3/31/2002	3.76	0.13	0	3.63	0	3.38	4.70	3.25	4.57
4/30/2002	−6.06	0.15	0	−6.21	0	−4.38	−3.32	−4.53	−3.47
5/31/2002	−0.74	0.14	0	−0.88	0	−1.78	−0.81	−1.92	−0.95
6/30/2002	−7.12	0.13	0	−7.25	0	−5.92	−5.29	−6.05	−5.42
7/31/2002	−7.80	0.15	0	−7.95	0	−6.37	−7.52	−6.52	−7.67
8/31/2002	0.66	0.14	0	0.52	0	−0.06	1.86	−0.20	1.72
9/30/2002	−10.87	0.14	0	−11.01	0	−9.38	−6.04	−9.52	−6.18
10/31/2002	8.80	0.14	0	8.66	0	3.46	5.10	3.32	4.96
11/30/2002	5.89	0.12	0	5.77	0	3.81	1.73	3.69	1.61
12/31/2002	−5.88	0.11	1	−5.99	−5.99	−4.77	−2.96	−4.88	−3.07
1/31/2003	−2.62	0.10	1	−2.72	−2.72	−1.63	−2.34	−1.73	−2.44
2/28/2003	−1.50	0.09	0	−1.59	0	−0.48	−2.28	−0.57	−2.37
3/31/2003	0.97	0.10	0	0.87	0	1.11	1.60	1.01	1.50

(续)

月末	r_M	r_{ft}	D_t	$r_M - r_{ft} = x_t$	$D_t x_t$	共同基金 A r_t	B r_t	A y_t	B y_t
4/30/2003	8.24	0.10	0	8.14	0	6.67	5.44	6.57	5.34
5/31/2003	5.27	0.09	1	5.18	5.18	4.96	6.65	4.87	6.56
6/30/2003	1.28	0.10	1	1.18	1.18	0.69	1.18	0.59	1.08
7/31/2003	1.76	0.07	1	1.69	1.69	1.71	3.61	1.64	3.54
8/31/2003	1.95	0.07	1	1.88	1.88	1.32	1.13	1.25	1.06
9/30/2003	−1.06	0.08	1	−1.14	−1.14	−1.34	−1.12	−1.42	−1.20
10/31/2003	5.66	0.07	1	5.59	5.59	5.30	4.21	5.23	4.14
11/30/2003	0.88	0.07	1	0.81	0.81	0.74	1.18	0.67	1.11
12/31/2003	5.24	0.08	1	5.16	5.16	4.87	4.77	4.79	4.69
1/31/2004	1.84	0.07	1	1.77	1.77	0.87	2.51	0.80	2.44
2/29/2004	1.39	0.06	1	1.33	1.33	0.97	1.18	0.91	1.12
3/31/2004	−1.51	0.09	1	−1.60	−1.6	−0.89	−1.79	−0.98	−1.88
4/30/2004	−1.57	0.08	1	−1.65	−1.65	−2.59	−1.73	−2.67	−1.81
5/31/2004	1.37	0.06	0	1.31	0	0.66	0.83	0.60	0.77
6/30/2004	1.94	0.08	0	1.86	0	1.66	1.56	1.58	1.48
7/31/2004	−3.31	0.10	1	−3.41	−3.41	−2.82	−4.26	−2.92	−4.36
8/31/2004	0.40	0.11	0	0.29	0	−0.33	0.00	−0.44	−0.11
9/30/2004	1.08	0.11	0	0.97	0	1.20	1.99	1.09	1.88
10/31/2004	1.53	0.11	0	1.42	0	0.33	1.21	0.22	1.10
11/30/2004	4.05	0.15	1	3.90	3.9	4.87	5.68	4.72	5.53
12/31/2004	3.40	0.16	1	3.24	3.24	2.62	3.43	2.46	3.27

注:
1. 下面的信息用来判断虚拟变量前三个月的取值:

	r_M	r_{ft}	$r_M - r_{ft}$
1994 年 9 月	−2.41	0.37	−2.78
1994 年 10 月	2.29	0.38	1.91
1994 年 11 月	−3.67	0.37	−4.04
1994 年 12 月	1.46	0.44	1.02

2. 虚拟变量定义如下:
当前三个月的 $(r_M - r_{ft}) > 0$ 时, $D_t x_t = x_t$
其他, $D_t x_t = 0$

两个基金的 β_{2i} 系数都显著不为零,因此两个基金的 β_i 在牛市与熊市有显著不同[一]。通过上面报告的结果我们发现:

[一] 这里我们特意挑选了拥有该特征的基金,因此并不能将结论推广至所有基金都具有该特征。

	共同基金 A	共同基金 B
熊市 $\beta_i(=\beta_{1i})$	0.75	0.75
牛市 $\beta_i(=\beta_{1i}+\beta_{2i})$	0.93(=0.75+0.18)	0.88(=0.75+0.13)

6.2 因变量为分类变量

到目前为止我们讨论的模型中都是连续的或者可分类的解释变量，且因变量都是连续的。现在我们讨论因变量是分类变量的情况。

一类模型可以被看成是条件概率分布的模型。假设因变量 Y 是分类变量，只有 0 和 1 两个取值，那么因变量的概率分布模型可以表示成：

$$\begin{cases} P(Y=1) = p \\ P(Y=0) = q = 1-p \end{cases}$$

因变量为分类变量，回归模型是一个概率模型，也就是说模型中解释变量 X 是以概率 p 进行取值的：

$$P(Y=1|X) = f(X)$$

接下来我们将讨论三种概率模型：线性概率模型、probit 回归模型和 logit 回归模型。

6.2.1 线性概率模型

线性概率模型假设函数 $f(X)$ 的表达式是线性的。例如，线性违约概率模型假设违约概率和决定违约的因素之间存在线性关系：

$$P(Y=1|X) = f(X)$$

模型中的参数可以通过使用普通最小二乘法应用多元回归模型进行估计，这一方法在之前的章节中我们已经有过讨论。一旦模型参数估计好，我们便可以用 $P(Y)$ 值来解释事件概率，即上面提到的违约概率。当然，值得注意的是，当用线性概率模型时，只有当所有的解释变量都是二元变量时 R^2 才和之前章节中介绍的意义一样。

线性概率模型主要的缺陷是预测值可能出现负值。probit 回归模型和 logit 回归模型的预测概率则被限制在 0 到 1 之间。

6.2.2　probit 回归模型

probit 回归模型是非线性回归模型，因变量为二元变量。由于模型是非线性的，因此我们不能用最小二乘法来估计参数。我们用第 13 章中描述的极大似然估计（MLE）的方法来进行计算。由于是标准正态累积概率分布，预测值在 0 到 1 之间。

probit 回归模型的一般表达式如下：

$$P(Y=1|X_1,X_2,\cdots,X_K) = N(a+b_1X_1+b_2X_2+\cdots+b_KX_K)$$

这里 N 表示的是标准正态累积分布函数。

假设相关参数的估计值如下：

$$\beta=-2.1 \quad \beta_1=1.9 \quad \beta_2=0.3 \quad \beta_3=0.8$$

那么：

$$N(a+b_1X_1+b_2X_2+b_3X_3) = N(-2.1+1.9X_1+0.3X_2+0.8X_3)$$

我们假设一个公司在违约概率模型中变量的取值为：

$$X_1=0.2 \quad X_2=0.9 \quad X_3=1.0$$

代入，我们可以得到：

$$N(-2.1+1.9(0.2)+0.3(0.9)+0.8(1.0)) = N(-0.65)$$

标准正态累积概率 $N(-0.65)$ 的值为 25.8%。因此，这个公司在上面取值的情况下违约的概率为 25.8%。

【例 6-3】　对冲基金的存续　马尔基尔（Malkiel）和萨哈（Saha）用 probit 回归模型来计算对冲基金倒闭的概率⊖。回归中，因变量在基金倒闭时取值为 1，基金存活时取值为 0。用对冲基金 1994 年到 2003 年的数据，解释变量参数估计值、标准差如下：

解释变量	系数	标准差
1. 最后一年的第一季度收益情况	-1.47	0.36
2. 最后一年的第二季度收益情况	-4.93	0.32
3. 最后一年的第三季度收益情况	-2.74	0.33

⊖ Burton G. Malkiel and Atanu Saha, "Hedge Funds: Risk and Return," *Financial Analysts Journal* 22(November-December 2005): 80-88.

(续)

解释变量	系数	标准差
4. 最后一年的第四季度收益情况	−3.71	0.35
5. 一年前收益情况的标准差	17.76	0.92
6. 最后三个月基金的月收益低于所有同类基金的中间值的次数	0.00	0.33
7. 最后一阶段基金的资产(单位：10亿美元)	−1.30	−7.76
常数项	−0.37	0.07

只有第六个解释变量的系数不显著异于零，这个变量代表的是对冲基金与相似的对冲基金的对比。回归的结果表明近期收益情况越好的对冲基金倒闭的概率越低(根据前四个系数为负可知)，收益的波动率越大的对冲基金倒闭的概率越大(从第五个系数为正可知)。

6.2.3 logit 回归模型

和 probit 回归模型一样，logit 回归模型也是一个非线性模型，因变量为二元变量，因变量的预测值在 0 到 1 之间，因变量的预测值为累积概率分布。probit 回归模型是标准正态分布下的累积概率，不同的是，logit 回归模型是 logistic 分布下的标准累积概率分布。

logit 回归模型的一般表达式为：

$$P(Y=1|X_1,X_2,\cdots,X_N) = F(a+b_1X_1+b_2X_2+\cdots+b_NX_N)$$
$$= 1/[1+e^{-W}]$$

其中 $W = a+b_1X_1+b_2X_2+\cdots+b_NX_N$。

和 probit 回归模型一样，logit 回归模型也是用极大似然估计(MLE)方法进行估计。用例 6-1 中的数据，$W=-0.65$，那么：

$$1/(1+e^{-W}) = 1/[1+e^{-(-0.65)}] = 34.3\%$$

该公司在这些取值的情况下违约的概率为 34.3%。

要点回顾

- 分类变量是一类代表组成员组别身份的变量，用于将不同的输入数据对应到相应的群组中。
- 解释变量只分成两类时称为二分类变

- 量。关键是将二分类变量转化成数值变量，即虚拟变量，赋值为 0 或 1。
- 解释变量的类别超过两种时称为多分类变量。
- 在有虚拟变量的回归中，t 统计值用来检验每个虚拟变量是否显著。p 值说明的是原假设（系数为 0）成立的情况下对应的概率，也即该虚拟变量与因变量不相关的概率。
- Chow 检验是 F 检验，用来判断所有虚拟变量是否联合显著。Chow 检验是带有和不带虚拟变量的无约束回归的 F 检验。
- 一个回归模型可以被看作是一个条件概率分布。当因变量是分类变量时，那么回归模型就是一个概率模型。
- 最常用的三个概率模型是线性概率模型、probit 回归模型和 logit 回归模型。
- 线性概率模型假设被估计的函数是线性的，因此有可能得到负的概率。
- 与线性概率模型不同，probit 回归模型和 logit 回归模型所预测的概率必然介于 0 和 1 之间。
- probit 回归模型和 logit 回归模型是一种非线性回归模型，其中因变量是二元变量，预测值为累积概率分布。
- logit 回归模型不同于 probit 模型，它所预测的值不是标准正态累积概率分布，而是一个 logistic 分布的标准累积概率分布。

第 7 章

分位数回归

学习目标

在阅读本章后，你将了解以下内容：
- 简单回归和多元回归展示了因变量的平均值随着自变量的变化而变化的趋势。
- 如果数据包含异常值或出现有偏分布，那么刻画平均值的结论并不能完全描述数据。
- 分位数回归的概念。
- 利用分位数回归对时间序列数据进行建模。
- 利用分位数回归对横截面数据进行建模。
- 在统计上检验分位数回归在不同分位点上系数的差异。

很多实证研究表明金融时间序列数据存在非对称性（有偏性）和厚尾现象。当使用经典的回归方法进行分析的时候，观测到的统计性质不一定能完全反映因变量和自变量之间的关系。此外，诸如全球金融危机这样的事件使得理解、建模和管理左尾收益率分布（即不利的收益率）变得更加重要。分位数回归（quantile regression）是一种能使研究人员探索数据整体分布的工具。据 Koenker 和 Bassett[1]介绍，分位数回归涉及变量之间所有位置概率分布的函数关系。例如，如果我们想知道第 5 个百分位点，中位数或第 95 个百分位点的因变量和自变量之间的关系，我们就可以使用分位数回归来检验。因此，可以使用分位数回归来确定某个特定分位点或每个分位点的因变量和自变量之间的关系，从而使风险管理者更好地管理尾部风险。

---

[1] Roger Koenker and Gilbert Bassett, "Regression Quantiles," *Econometrica* 46(1978)：33-50.

7.1 经典回归分析的局限性

在讨论分位数回归之前，我们先来说明第 2 章和第 3 章介绍的回归分析的局限性，我们将其称为经典回归分析。

经典回归分析关注的是根据给定自变量平均值来预测因变量的平均值。例如，在过去 12 个月的每月标准普尔 500 指数收益率和 1926 年 1 月至 2012 年 12 月的股息收益率之间的简单回归(1 030 个观察值)表明股息收益率的回归系数为 16.03，其中 t 统计量为 5.31。这种在统计上和经济上显著的回归系数说明预期股息收益率每增长 1 个百分点将导致未来 12 个月的指数收益率增长 16.03 个百分点。只要回归残差是正态分布的，那么关于回归系数的推论就是有效的。然而，当数据中存在异常值时，正态分布的假设被违背，导致残差分布呈现厚尾特征⊖。在出现异常值和厚尾分布的情况下，关于平均值的结论可能不适用于整个收益率分布。在这些情况下，分位数回归是一个研究整体收益率分布的有力估计方法。

7.2 参数估计

简单经典回归分析的目的是最小化误差平方和：

$$\min_{\alpha,\beta} = \sum_{i=1}^{t}(y_i - \alpha - X_i\beta)^2 \tag{7-1}$$

其中 y_i 表示因变量，X_i 表示自变量，α 和 β 分别表示截距和斜率系数。

经典回归的目标是找到使得误差最小的 β 值。分位数回归的思想是类似的，旨在最小化第 τ 条件分位点的绝对离差：

$$\min_{\beta \in R_p} = \sum_{i=1}^{T}\rho_\tau(y_i - \xi(X_i,\beta)) \tag{7-2}$$

式中：ξ 表示条件分位数，ρ_τ 被称为"打钩函数"(check function)，给予正负值不

⊖ 当观察到的收益率与平均值相差 5 个标准偏差时，分布将出现厚尾。例如，标准普尔 500 指数的月平均收益率和标准差分别为 0.31% 和 4.58%。而在数据集中，标准普尔 500 指数的收益率最大为 51.4%(最大收益率)，最小为 −26.47%(最小收益率)。这两个观察到的收益率距离平均值均超过了 5 个标准差，导致收益率分布呈现厚尾特征。

对称的权重(给予正负残差不同的权重)。

例如，为了获得条件中位数参数估计，τ 应设置为 0.5(因为 τ 的范围在 0 和 1 之间，所以 0.5 表示中位数)，并且使用优化模型来求出最小化因变量和自变量之间绝对离差加权和的 β 值。然而，和简单的线性模型计算 β 的方法不同，增加约束条件的分位数回归需要使用线性规划(一种数学上的优化模型)。

在回归范式中，因变量和自变量之间的关系可以总结如下：

$$\min_{\alpha^\tau \beta^\tau} \sum_{i=1}^{T} | y_i - \alpha^\tau - X_i \beta^\tau | \tag{7-3}$$

式中：α^τ 表示特定分位数的截距，β^τ 则是相应的斜率系数。

β^τ 显示了对于特定的分位点 X_i 与 y_i 之间的关系。将 α 和 β 不同的值代入式(7-3)并使用线性规划方法直到绝对离差的加权和达到最小。

举个例子，过去 12 个月的标准普尔 500 指数收益率和股息收益率之间的中位数回归结果显示 α 和 β 的估计值分别为 −0.64 和 12.24，对应的 t 值为 −0.64 和 4.05。12.24 的斜率系数表示，预期股息收益率每增加 1 个百分点会引起收益率的中位数上升 12.24 个百分点。与本章前面简单回归分析中提供的结果相比，指数收益率变动对于股息收益率变动的中位数响应要比简单回归分析中的平均值响应低 4 个百分点。存在这种差异的原因是，简单回归拟合的均值受异常值影响，高估了回归系数，在平均值上做出的结论不能描述数据的整体分布。因此，使用分位数在估计整个收益率分布方面可以发挥作用。

7.3 分位数回归过程

分位数回归的优点是，我们可以看到预期股息收益率如何影响不同分位数上的指数收益率。估计多个分位点的过程被定义为分位数过程(quantile process)。过去 12 个月的标准普尔 500 指数收益率和预期股息收益率之间的分位数回归结果如表 7-1 所示。

表 7-1 分位数回归，1926 年 1 月到 2012 年 12 月的样本

	分位数	相关系数	标准误	t 统计量
常数项	0.100	−23.04	2.26	−10.1
	0.200	−19.84	2.81	−7.05
	0.300	−12.20	3.34	−3.65

(续)

	分位数	相关系数	标准误	t 统计量
常数项	0.400	−5.22	2.35	−2.21
	0.500	−0.93	1.74	−0.53
	0.600	1.28	1.61	0.79
	0.700	4.31	1.99	2.15
	0.800	6.19	1.84	3.35
	0.900	10.62	2.19	4.84
股息收益率	0.100	3.94	4.83	0.81
	0.200	17.35	6.12	2.83
	0.300	14.47	6.53	2.21
	0.400	12.69	4.73	2.68
	0.500	14.38	3.6	3.99
	0.600	16.98	3.49	4.85
	0.700	22.64	4.8	4.71
	0.800	32.02	4.19	7.63
	0.900	37.14	4.91	7.55

9 个分位数回归的结果如表 7-1 所示。常数项反映没有股息收益率观测值的标准普尔 500 指数收益率情况。显然，在第 70 分位数及以上它是单调的、正的且统计上显著的。但是我们最感兴趣的是预期股息收益率是如何影响收益率的。例如，股息收益率对收益率的影响在第 10 分位数上统计上接近于 0，然后在第 20 分位数上显著上升。预期股息收益率每提高 1 个百分点将使标准普尔 500 指数年收益率增加 17.35 个百分点。然而，在第 30 和第 40 分位数上预期股息收益率对收益率的影响又减弱了。第 50 分位数到第 90 分位数上预期股息收益率对收益率影响的相关系数从 14.38 递增到了 37.14。

表 7-1 展示了股息收益率在不同分位数上对收益率的影响情况。现在的问题是收益率的变化在统计上是否存在显著差异。Koenker 和 Bassett 提出了一个 Wald 检验来验证这个问题[1]。原假设为所有的斜率系数都相同：

$$H_0: \beta_1 \tau_1 = \beta_1 \tau_2 = \cdots = \beta_1 \tau_k$$

式中：β 表示斜率相关系数，τ 表示分位数。原假设对系数施加了 k 个限制，Wald 统计量[2]由自由度等于限制个数的 χ^2 分布计算而来。

---

[1] Roger Koenker and Gilbert Bassett, "Tests of Linear Hypotheses and L₁ Estimation," *Econometrica* 50 (1982): 1 577-1 584.
[2] 数据统计结果由 SAS，R 和 Eviews 给出。为了计算 Wald 统计量，估计一个在不同分位数上有着相同 β 的受限回归模型以得到误差平方和。然后比较它和估计非受限回归模型得到的误差平方和的大小，即在不同分位数上允许 β 变动。如果两者的差异在统计上接近于零，则无法拒绝原假设。

前面例子中有 8 个限制（$\beta_1\tau_1 = \beta_1\tau_2$，$\beta_1\tau_2 = \beta_1\tau_3$，…，$\beta_1\tau_9 = \beta_1\tau_{10}$）。通过计算得出的 Wald 统计量是 42.40，而自由度为 8 的 χ^2 分布的值是 15.51。由于检验统计值大于临界值，所以拒绝原假设。

对于分位数回归的使用，首先要有实证说明数据具有厚尾偏差，其次使用分位数回归考察因变量和自变量之间在每个分位数上的关系，最后，重要的是在统计上检验系数在不同分位数上是否具有显著差异。

7.4 分位数回归在金融领域的应用

分位数回归的应用之一便是风险管理领域，尤其是著名的在险值（value at risk，VaR）。VaR 是一种统计测度，表示在特定的一系列假设前提下，投资组合管理者在合理的范围内允许损失的最大值。例如，如果一个投资组合的月 VaR (0.05) 是 5 500 万美元，那么可以有 95% 的置信度认为投资组合的价值在一个月时将下降 5 500 万美元甚至更多的概率只有 5%。测度 VaR 的方法已经有好几种。分位数回归是一个很适合用来解决 VaR 问题的工具，因为分位数回归可以用来检验投资组合收益率与它的决定因素之间在整个收益率分布上的关系。Engle 和 Manganelli 是使用分位数回归研究 VaR 模型⊖的首批学者。他们利用通用汽车、IBM 和标准普尔 500 指数的股票日收益率数据指出尾部分布与中部分布相比有不同的轨迹。他们得出结论，使用分位数回归的 VaR 计算优于已经提出的其他方法。

很多研究给出了如何使用分位数回归来创建优于传统投资组合构建方法的投资组合。比如，Ma 和 Pohlman 采用分位数回归来预测收益率和构建投资组合⊖。他们利用 1 100 只股票收益率的时间序列数据，研究发现基于分位数回归收益率构建的投资组合优于基于传统方法创建的投资组合。分位数回归也可用于检验高收益率和低收益率分位数之间投资组合的表现。例如，Gowland，Xiao 和 Zeng 使用

⊖ Robert Engle and Simone Manganelli, "CAViaR: Conditional Autoregressive Value at Risk by Regression Quantiles," *Journal of Business and Economic Statistics* 22(2004): 367-387.

⊖ Lingjie Ma and Larry Pohlman, "Return Forecasts and Optimal Portfolio Construction: A Quantile Regression Approach," *European Journal of Finance* 14(2008): 409-425.

小盘股的样本发现基于账面市值比指标构建的投资组合第 90 分位数和第 10 分位数的收益率显著不同[1]。

下面我们将更详细地介绍在金融领域应用的两个例子。首先，我们使用时间序列数据来看一下如何使用分位数回归来确定投资组合管理者的风格。然后，我们使用横截面数据来看一下分位数回归如何用于实证研究公司资本结构的决定因素。

7.4.1 投资组合管理者风格的决定因素

可以应用分位数回归来识别投资组合管理者的投资风格。投资组合管理者的绩效应该和相应的基准进行比较，所选择的基准应和投资组合管理者的投资风格一致。例如，分类为价值股的股票组合和宽基股票指数相比表现不理想，但显著优于价值股指数。这种表现归功于投资组合管理者的股票选择技能。

为了对投资组合管理者的投资风格进行分类，夏普提出了一种基于回归的方法，并在第 3 章中进行了讨论[2]。该方法是将基金收益率对各类股票指数做回归。估计系数的统计意义和大小代表了基金的风格。然而，如前所述，在出现异常值的情况下，对投资组合管理者风格的平均水平推测可能不适用于整体的收益率分布。

举个例子，使用分位数回归分析富达中盘股价值共同基金收益率以识别管理者投资风格。顾名思义，该基金宣布的投资风格是投资中盘股。使用 2001 年 12 月至 2013 年 3 月的基金每月收益率（136 次观察）对大盘价值、大盘增长、小盘价值、小盘增长以及中盘价值指数的收益率做回归。所有这些变量的数据都是从 Morningstar EnCorr 数据库获得的。

上述结果列于表 7-2 中。回归的斜率系数为指数收益率变化对基金收益率的影响。如果共同基金经理坚持基金对外宣布的投资风格，与该投资风格所对应的指数应该是唯一显著影响收益率的因素。回归结果显示，只有中盘价值指数对富达

---

[1] Chris Gowland, Zhijie Xiao, and Qi Zeng, "Beyond the Central Tendency: Quantile Regression as a Tool in Quantitative Investing," *Journal of Portfolio Management* 35, no. 3(2009): 106-119.

[2] William F. Sharpe, "Asset Allocation: Management Style and Performance Measurement," *Journal of Portfolio Management* 16, no. 2(1992): 7-19.

中盘股价值基金的收益率具有统计上显著为正的影响。指数上涨1个百分点引起基金收益率平均上升1.04个百分点。

由于经典多元线性回归仅仅反映了收益率的平均变化，回归结果可能无法在不同收益分布上分析基金经理的投资风格。此外，Jarque-Bera(JB)正态检验[①]显示回归误差不是正态分布。

表 7-2　多变量和分位数回归，2001年12月至2013年3月样本

	多变量回归	Q(0.1)	Q(0.3)	Q(0.5)	Q(0.7)	Q(0.9)
常数项	−0.077	−1.022	−0.393	−0.092	0.261	0.986
	−0.987	−7.094	−4.338	−1.014	2.505	5.501
大盘价值	−0.053	0.058	0.016	−0.039	−0.086	−0.1
	−1.026	2.122	0.369	−0.829	−2.447	−4.128
大盘增长	−0.014	−0.054	−0.055	0.002	−0.042	−0.035
	−0.386	−1.580	−1.074	0.028	−0.847	−1.068
小盘价值	0.037	−0.154	−0.125	−0.091	−0.024	−0.028
	0.974	−4.770	−2.573	−1.696	−0.356	−0.634
小盘增长	−0.084	0.051	0.013	0.017	0.069	0.056
	−2.384	1.758	0.324	0.405	1.456	1.799
中盘价值	1.040	0.928	1.009	1.028	1.078	1.114
	18.395	19.112	15.624	14.925	14.497	22.085

注：富达中盘股价值基金收益率＝大盘价值指数收益率＋大盘增长指数收益率＋小盘价值指数收益率＋小盘增长指数收益率＋中盘价值指数收益率。

数据都来自Morningstar EnCorr数据库。

分位数回归提供了基金投资风格的完整视图。分位数回归模型估计如下：

Q_τ(富达中盘股中盘股价值基金收益)＝大盘价值指数收益率＋大盘增长指数收益率＋
小盘价值指数收益率＋小盘增长指数收益率＋
中盘价值指数收益率

式中：Q表示分位数，τ表示分位数水平，比如选择0.1，0.3，0.5，0.7和0.9作为分位数水平。

分位数过程的结果如表7-2所示。该结果表明中盘价值股指数在表中的分位数统计显著。其他指数的估计系数较小且不显著。如果常数项是对基金经理才能的

[①] Jarque-Bera正态检验具体内容见第4章。

衡量标准，那么常数项在较高分位数处系数较大且在统计上显著。由于罗素的中盘价值股指数(Russell's Mid Cap Value Index)影响整体收益率分布，所以可以放心地认为富达中盘价值股基金并没有偏离既定的风格。

为了确保分位数的推论是有意义的，需要使用 Wald 检验。每个系数有 4 个约束[一]，5 个估计系数总共 20 个限制。估计量的统计值为 23.93，而自由度为 20 的 χ^2 分布在 5% 显著性水平上的临界值为 31.41。因此，不能拒绝系数相同的原假设。以上是富达中盘价值股基金并没有偏离其规定的风格的补充证据。

7.4.2 影响资本结构的决定因素

管理层如何决定公司的资本结构(即债务和股权的比例)是公司金融管理中的一个关键问题。经验证据表明，公司的规模、利润率、资产利用率、流动性和增长前景对资本结构决策具有重大影响。此外，已有研究表明杠杆和债务结构(资产负债率)因行业而异，这说明行业因素起着关键的作用。

为了展示如何使用分位数回归来评估影响资本结构的因素，我们使用彭博金融(Bloomberg Financial)数据库公司层面的年度基本数据，并将重点关注 2010 年的石油行业。例子中的样本是石油行业的 189 家公司。由于我们需要既定年度的公司信息，因此需要使用横截面数据。

由于需要关注公司层面债务和总资产的数据，我们将杠杆率定义为总债务(短期和长期债务)的账面价值除以总资产。2010 年石油行业平均杠杆率为 31.1%，标准差为 31%，中位数为 22%。189 家公司的杠杆率范围为零(即无杠杆)至 99%。数据还显示，杠杆率呈右偏(偏度为 83%)，峰度为 252%。数据的统计特征表明杠杆率不是正态分布。正如第 4 章所描述的，检验数据的正态性的一个正规方法由 Jarque 和 Bera[二]提出 Jarque-Bera(JB)检验。简单来说，该检验验证样本数据是否具有与正态分布匹配的偏度和峰度。如果分布为正态分布，则偏度和超额峰度应共同为零(或峰度为 3)。计算出来的 JB 统计量[三]渐近服从自由度为 2 的 χ^2 分布

[一] 限制为 ($\beta_1 Q_{0.1} - \beta_1 Q_{0.3}$, $\beta_1 Q_{0.3} - \beta_1 Q_{0.5}$, $\beta_1 Q_{0.5} - \beta_1 Q_{0.7}$, $\beta_1 Q_{0.7} - \beta_1 Q_{0.9}$)。

[二] Carlos Jarque and Anil Bera, "Efficient Tests of Normality, Homoscedasticity and Serial Independence of Regression Residuals," *Economics Letters* 3(1980): 255-259.

[三] 标准统计软件包提供了 JB 检验统计量的计算。

（偏度为零，超额峰度为零）。JB 统计量为 23.50，在 5% 显著性水平上自由度为 2 的 χ^2 分布临界值为 5.99。因此，杠杆率为正态分布的原假设被拒绝。

由于杠杆率不是正态分布，所以使用经典回归分析来解释杠杆率可能并不能完全描述资本结构。换句话说，虽然经典回归分析可以确定均值上的杠杆率，但可能无法解释顶部或底部分位数的债务结构。如果投资分析师或首席财务官有兴趣了解整个分布中杠杆率的决定因素，那么分位数回归可能是一个合适的工具。

资本结构研究表明，拥有较高的自由现金流○的公司在其资本结构中往往拥有较高的债务。首先，公司所有者通过使用债务有效地减少了公司经营者对自由现金流的浪费。其次，固定资产比率较高的公司在其资本结构中往往有较高的债务。固定资产的存在使得这些固定资产能够以较低的利息成本进行借款，因为这些固定资产可以用作抵押品。因此，公司的固定资产比率○与杠杆率之间可能存在正向关系。最后，资本结构取决于公司的规模。由于较大的公司倾向于投资多样化且更容易获取资本，这些公司更容易以更优惠的利率借款。因此，大型公司与债务之间存在正向关系。我们用公司市值定义公司的规模，市值单位是百万美元，采用取对数的方法来处理市值。2010 年的自由现金流、固定资产比率和市值的公司层面数据均来源于彭博金融，通过运行多元回归来分析影响债务率的决定因素。经典回归分析的结果是：

杠杆率 = 0.23 + 0.000 06 自由现金流 + 0.57 固定资产比率 − 0.05 对数市值

自由现金流统计上不显著。市值因素的 t 值是 −8.7。公司的规模与杠杆率之间是反向关系而不是正向关系，与假设不一致。这表明石油行业的大公司的资产负债率低于小公司。这种现象仅仅存在于石油行业。固定资产比率的 t 值为 6.92，在统计上显著，这表明固定资产比率较高的公司杠杆率往往较高。

经典多元回归仅仅表示均值变化，上述结果可能不全面，也不能完全解释资本结构如何确定。分位数回归提供了确定资本结构的因素的完整视角。分位数回归分析模型如下所示：

$$Q_\tau(杠杆率) = 自由现金流 + 固定资产比率 + 对数市值$$

○ 自由现金流是在支出维持或扩大公司资产基础后，向股东提供的可用资金，公式为：自由现金流 = 利息和税收前的收益 − 净营运资本变动额 − 资本支出的变化 + 折旧和摊销。
○ 固定资产比率定义为固定资产除以总资产。

Q 表示分位数，τ 表示分位数水平。选择 0.1，0.2，0.3，0.4，0.5，0.6，0.7，0.8 和 0.9 分位数水平。

分位数回归结果如表 7-3 所示，显示了不同分位数上的杠杆率。该结果表明自由现金流在所有分位数水平上对杠杆率几乎没有影响，而固定资产比率在所有分位数上具有显著影响且随着分位数的提高而递增。这个发现意味着有着更高的固定资产比率的公司倾向于更高的杠杆率。市值与杠杆率之间不存在正相关关系，在所有分位数上的关系为负，意味着资本结构中的债务随着市值上涨而下降。

表 7-3 估计石油公司资本结构不同分位数上决定因素的参数估计

	$Q(0.10)$	$Q(0.20)$	$Q(0.30)$	$Q(0.40)$	$Q(0.50)$	$Q(0.60)$	$Q(0.70)$	$Q(0.80)$	$Q(0.90)$
常数项	0.00	0.01	0.03	0.06	0.22	0.32	0.45	0.49	0.50
	0.01	0.22	0.35	0.67	2.21	3.34	4.96	5.39	6.77
自由现金流	0.00	0.00	0.00	0.00	0.00	0.00	0.00	0.00	0.00
	1.82	1.60	1.40	1.18	1.60	1.08	0.69	−0.13	−0.59
固定资产比率	0.14	0.32	0.49	0.58	0.72	0.67	0.59	0.59	0.62
	1.55	3.37	4.24	4.01	6.06	6.16	5.51	5.50	7.06
对数市值	−0.01	−0.03	−0.04	−0.05	−0.08	−0.07	−0.07	−0.07	−0.07
	−1.02	−2.06	−2.71	−2.44	−8.93	−9.73	−10.89	−10.38	−11.66

这种现象仅仅存在于石油行业。通过经典多元回归分析不能观察到这些特征的整个分布。

如前所述，为了对不同分位数进行有意义的推断，必须检验在每个分位数处估计的系数是否在统计上存在显著差异。所有系数相同的原假设条件表示如下：

$$H_0: \begin{matrix} \beta_1\tau_1 = \beta_1\tau_2 = \beta_1\tau_{10} \\ \beta_2\tau_1 = \beta_2\tau_2 = \beta_2\tau_{10} \\ \beta_3\tau_1 = \beta_3\tau_2 = \beta_3\tau_{10} \end{matrix}$$

β_1，β_2 和 β_3 分别表示自由现金流、固定资产比率和市值的系数。每个系数有 8 个约束，所以 3 个系数总共有 24 个约束。经计算，Wald 检验统计量为 60.49，自由度为 24 的 χ^2 分布，χ^2 分布在 5% 置信水平下的临界值为 36.41。因为检验统计量大于临界值，所以拒绝原假设。因此，结论是每个分位数上在统计上存在显著差异。

要点回顾

- 在存在异常值和偏态分布的情况下,用经典回归分析进行的推论可能无法完全描述数据分布。
- 在存在非正态分布的情况下应用的回归工具是分位数回归。
- 分位数回归得到的参数可以最小化每个分位数上的因变量和自变量之间离差绝对值的加权和。
- 分位数回归可以描述在时间序列和横截面数据情形下因变量和自变量之间的关系。
- 为了通过不同分位数得到有意义的推断,应重点关注检验不同分位数的回归系数是否存在显著差异。
- 分位数回归是风险管理者管理尾部风险的有用工具。
- 分位数回归在资产管理方面的应用包括构建投资组合并预测收益率和确定投资组合管理者的投资风格。

第 8 章

稳健回归

学习目标

在阅读本章后，你将了解以下内容：
- 标准回归参数估计对数据的微小变化比较敏感的条件。
- 回归系数稳健估计的概念。
- 构建稳健回归估计。
- 将稳健回归应用到金融问题中。

一般而言，统计学是一门描述和分析数据并通过抽取的样本来推断总体样本的科学。统计学的一个重要方面是将数据压缩为描述分布某些特征的数字。古典统计学识别出几个单一数字描述量，如平均值、方差、偏度、峰度和高阶矩。这些数字给出了总体样本不同性质的定量描述。

经典统计学选择具有良好数学性质的单一数字描述量。例如，如果我们知道概率分布的所有矩条件，我们就可以重建相同的分布。在许多情况下（但不总是），这些识别闭式代表性分布的参数与单一数字描述量对应，例如，识别正态分布的参数与均值和方差对应。然而，在经典统计学中，这些描述性参数中大多数并不"稳健"。直觉上来说，"稳健"意味着样本中的微小变化或者识别分布类型过程中的微小误差应该不会影响描述性参数。

稳健统计量需要重新思考统计的描述性概念，目标是寻找受抽样选择或分布假设错误影响较小的描述性概念。稳健统计不是对经典概念的技术调整，而是对如何描述数据进行深入的再思考。例如，稳健统计可以识别出代表分布的中心或离散程度的参数，对于异常值和分布的微小变化都是稳健的。稳健统计从对数据或假设中的微小误差不敏感的角度寻找最优描述性概念。

稳健统计量的概念比统计建模更广。统计模型，如回归模型，在理论上很完美但不稳健。也就是说，分布假设的微小误差或数据略微被污染都可能对整体模型产生巨大的影响。稳健统计量是一种用于寻找稳健模型的技术（即寻找即使样本更改或假设不正确也能产生大致相同结果的模型）。例如，稳健回归对异常值不是很敏感。

在附录 F 中，我们提供了有关稳健统计更详细的解释，并提供了本章中使用的基本概念。在本章中，我们将讨论稳健回归估计和稳健回归诊断。

8.1 稳健回归估计

我们将附录 F 中描述稳健统计的概念应用于对异常值不敏感的回归系数估计。

识别稳健回归的估计量是一个相当困难的问题。事实上，稳健回归的估计量的选择不同，可能会导致出现完全不同的斜率和截距估计值。考虑如下的线性回归模型：

$$y = \beta_0 + \sum_{i=1}^{N} \beta_i x_i + \varepsilon$$

如果数据是矩阵形式，则：

$$\boldsymbol{Y} = \begin{bmatrix} Y_1 \\ \vdots \\ Y_T \end{bmatrix} \quad \boldsymbol{X} = \begin{bmatrix} 1 & X_{11} & \cdots & X_{1N} \\ \vdots & \vdots & \ddots & \vdots \\ 1 & X_{T1} & \cdots & X_{TN} \end{bmatrix} \quad \boldsymbol{\beta} = \begin{bmatrix} \beta_0 \\ \vdots \\ \beta_N \end{bmatrix} \quad \boldsymbol{\varepsilon} = \begin{bmatrix} \varepsilon_1 \\ \vdots \\ \varepsilon_T \end{bmatrix}$$

那么回归方程采取如下形式：

$$\boldsymbol{Y} = \boldsymbol{X}\boldsymbol{\beta} + \boldsymbol{\varepsilon} \tag{8-1}$$

标准非稳健最小二乘（LS）估计通过使残差平方和最小化得到回归参数：

$$\vartheta(\beta_0, \cdots, \beta_N) = \sum_{t=1}^{T} \varepsilon_t^2 = \sum_{t=1}^{T} \left(Y_t - \sum_{j=1}^{N} \beta_j X_{tj} \right)^2 \tag{8-2}$$

或者等价的，令它们的导数为零，这意味着求解包含 N+1 个方程的系统：

$$\frac{\partial \vartheta}{\partial \beta_k} = \sum_{t=1}^{T} \left(Y_t - \sum_{j=1}^{N} \beta_j X_{tj} \right) X_{tk} = 0 \quad k = 0, 1, \cdots, N \tag{8-3}$$

或者用矩阵形式，$\boldsymbol{X}'\boldsymbol{X}\hat{\boldsymbol{\beta}} = \boldsymbol{X}'\boldsymbol{Y}$。它的解如下：

$$\hat{\boldsymbol{\beta}} = (\boldsymbol{X}'\boldsymbol{X})^{-1}\boldsymbol{X}'\boldsymbol{Y} \tag{8-4}$$

从式(8-1)可知 Y 的估计值(即期望值的 LS 估计)如下：

$$\hat{Y} = X(X'X)^{-1}X'Y = HY \tag{8-5}$$

我们称矩阵 H 为帽子矩阵(hat matrix)，用于计算 Y 的期望值 $\hat{Y}$。帽子矩阵 H 是一个 $T \times T$ 对称投影矩阵；也就是说，下面的关系式成立：$HH = H$。H 有 N 个等于 1 的特征值和 $T-N$ 个等于 0 的特征值。它的对角元素 $h_i \equiv h_{ii}$，满足如下关系式：

$$0 \leqslant h_i \leqslant 1$$

它的迹(即对角元素之和)①等于 N：

$$\text{tr}(H) = N$$

假设误差是独立同分布的且均值为零，方差为 σ^2，$\hat{Y}$ 在样本量接近无限时是一致的，即 $\hat{Y} \to E(Y)$，当且仅当 $h = \max(h_i) \to 0$ 时。h_i 值很大的点称为杠杆点(leverage point)。可以证明杠杆点的存在表明有观测值可能对回归参数的估计具有决定性影响。由 Huber②提出的经验法则认为 $h_i \leqslant 0.2$ 时是安全的，$0.2 \leqslant h_i \leqslant 0.5$ 时需要特别注意，h_i 值更高时应该丰除这些观测值。

到目前为止，已经讨论了确定回归稳健性的方法。接下来讨论使回归估计稳健的方法，即基于 M 估计量和 W 估计量的方法。

基于 M 估计量的稳健回归

首先讨论如何运用 M 估计量进行稳健回归分析。最小二乘估计量属于 M 估计量，因为都是最小化残差平方和。然而它们不是稳健的。通过介绍以下加权函数可以将式(8-3)进行一般化：

$$\rho = \rho\left(Y_t - \sum_{j=1}^{N} \beta_j X_{ij}\right) \tag{8-6}$$

将 M 估计量表示如下：

$$M(\beta_0, \cdots, \beta_N) = \sum_{t=1}^{T} \rho(\varepsilon_t) = \sum_{t=1}^{T} \rho\left(Y_t - \sum_{j=1}^{N} \beta_j X_{ij}\right)$$

通过最小化关于系数 β 的 M 估计量来一般化 LS。为了得到最小值，令 M 估计量的偏微分方程等于 0。如果定义以下函数：

---

① 参考附录 D。
② Peter J. Huber, *Robust Statistics* (New York: John Wiley & Sons, 1981).

$$\Psi(x) = \frac{\mathrm{d}\rho(x)}{\mathrm{d}x}, w(x) = \frac{\Psi(x)}{x}$$

则可以写出以下条件:

$$\frac{\partial \vartheta}{\partial \beta_k} = \sum_{t=1}^{T} \frac{\partial \rho \left(Y_t - \sum_{j=1}^{N} \beta_j X_{tj}\right)}{\partial \beta_k} = \sum_{t=1}^{T} \Psi \left(Y_t - \sum_{j=1}^{N} \beta_j X_{tj}\right) X_{tk} = 0 \quad k = 0, 1, \cdots, N$$

$$\sum_{t=1}^{T} \Psi \left(Y_t - \sum_{j=1}^{N} \beta_j X_{tj}\right) X_{tk} = \sum_{t=1}^{T} w \left(Y_t - \sum_{j=1}^{N} \beta_j X_{tj}\right) \left(Y_t - \sum_{j=1}^{N} \beta_j X_{tj}\right) X_{tk} = 0$$

或者用矩阵形式表示:

$$\boldsymbol{X'WX\beta} = \boldsymbol{X'WY}$$

其中,$\boldsymbol{W}$ 表示对角矩阵。

上述系统是非线性系统,因为加权函数是观测数据的非线性函数。一个典型的方法是通过迭代重复加权最小二乘法(reweighted least squares)对权重进行迭代确定。显然,迭代过程依赖于加权函数的选择。两个常用的选择是 Huber 加权函数 $w_H(e)$,定义如下:

$$w_H(e) = \begin{cases} 1, & |e| \leqslant k \\ \dfrac{k}{|e|}, & |e| > k \end{cases}$$

和 Tukey 加权函数 $w_T(e)$,也被认为是 Biweight 函数,定义如下:

$$w_T(e) = \begin{cases} \left(1 - \left(\dfrac{e}{k}\right)^2\right)^2, & |e| \leqslant k \\ 0, & |e| > k \end{cases}$$

其中 k 是一个调整常数,对于 Huber 加权函数通常设定为 $1.345 \times$(标准差),对于 Tukey 加权函数设定为 $4.685 \times$(标准差)。(注意:$w=1$[常数函数]时包含了普通最小二乘法的情况。)

【**例 8-1**】 **公司债券利差模型的稳健性** 为了解释稳健回归,我们继续阐述第 6 章使用的利差回归以说明如何将虚拟变量纳入回归模型。在样本研究中有 200 个观测值。表 8-1 列示了帽子矩阵的对角元素,即杠杆点。这些元素都非常小,远小于安全阈值 0.2。因此,我们预期稳健回归与最小二乘法回归没有太大差异。

表 8-1 公司债券利差的杠杆点

序号	杠杆点	序号	杠杆点	序号	杠杆点	序号	杠杆点
1	0.013 702	51	0.020 222	101	0.013 887	151	0.019 845
2	0.010 794	52	0.013 348	102	0.010 884	152	0.014 368
3	0.019 632	53	0.008 207	103	0.008 541	153	0.008 312
4	0.025 846	54	0.013 002	104	0.018 612	154	0.010 802
5	0.028 057	55	0.013 384	105	0.019 873	155	0.010 850
6	0.012 836	56	0.014 434	106	0.011 579	156	0.011 566
7	0.014 437	57	0.015 949	107	0.020 055	157	0.012 781
8	0.027 183	58	0.016 360	108	0.036 536	158	0.013 124
9	0.008 394	59	0.017 263	109	0.008 974	159	0.017 243
10	0.026 077	60	0.031 493	110	0.017 905	160	0.011 670
11	0.017 687	61	0.025 113	111	0.017 995	161	0.025 706
12	0.005 725	62	0.014 047	112	0.005 809	162	0.014 594
13	0.008 469	63	0.013 732	113	0.009 238	163	0.014 276
14	0.017 604	64	0.014 753	114	0.016 268	164	0.018 527
15	0.028 824	65	0.009 094	115	0.028 688	165	0.008 675
16	0.024 891	66	0.023 258	116	0.018 651	166	0.020 882
17	0.021 291	67	0.015 577	117	0.016 205	167	0.012 834
18	0.027 499	68	0.063 569	118	0.020 799	168	0.062 460
19	0.017 078	69	0.033 131	119	0.017 949	169	0.031 092
20	0.022 274	70	0.012 423	120	0.202 301	170	0.012 731
21	0.020 021	71	0.016 903	121	0.015 754	171	0.010 213
22	0.021 077	72	0.014 743	122	0.020 207	172	0.015 083
23	0.025 114	73	0.010 000	123	0.023 941	173	0.010 233
24	0.034 711	74	0.015 290	124	0.033 133	174	0.014 593
25	0.027 129	75	0.018 074	125	0.021 344	175	0.019 872
26	0.008 034	76	0.010 866	126	0.007 491	176	0.011 204
27	0.009 757	77	0.010 507	127	0.009 683	177	0.010 866
28	0.011 686	78	0.009 622	128	0.011 631	178	0.010 313
29	0.008 090	79	0.007 122	129	0.008 184	179	0.008 397
30	0.095 189	80	0.008 845	130	0.067 155	180	0.012 101
31	0.013 795	81	0.040 731	131	0.015 243	181	0.041 400
32	0.008 615	82	0.015 223	132	0.009 928	182	0.013 532
33	0.018 478	83	0.011 651	133	0.020 009	183	0.011 638
34	0.013 795	84	0.012 244	134	0.015 243	184	0.015 537
35	0.012 994	85	0.009 014	135	0.014 425	185	0.009 148
36	0.008 759	86	0.008 117	136	0.010 076	186	0.008 451
37	0.013 293	87	0.019 357	137	0.013 824	187	0.020 417
38	0.013 522	88	0.024 764	138	0.013 863	188	0.023 978
39	0.013 767	89	0.023 501	139	0.014 560	189	0.023 629
40	0.012 888	90	0.015 906	140	0.032 351	190	0.018 335
41	0.171 633	91	0.011 934	141	0.157 105	191	0.012 962
42	0.020 050	92	0.044 409	142	0.020 563	192	0.025 442
43	0.029 344	93	0.034 539	143	0.018 518	193	0.034 161
44	0.014 446	94	0.029 392	144	0.016 334	194	0.026 897
45	0.014 750	95	0.014 565	145	0.016 663	195	0.014 917
46	0.016 669	96	0.019 263	146	0.018 707	196	0.037 224
47	0.012 692	97	0.019 100	147	0.011 602	197	0.019 013
48	0.019 541	98	0.027 901	148	0.016 474	198	0.022 461
49	0.051 719	99	0.015 033	149	0.054 354	199	0.015 419
50	0.020 500	100	0.013 543	150	0.020 168	200	0.012 067

杠杆点：在稳健回归中，信号表明对应的观察值可能对回归参数的估计有决定性的影响。

我们用 Huber 和 Tukey 加权函数运行了两个稳健回归。调整参数 k 如前所述设置。两个稳健回归的估计系数与普通最小二乘法的系数相同。实际上，通过 Huber 加权函数，我们得到了表 8-2 第二列所示的参数估计值。调整参数设置为 160，即标准差的 1.345 倍。该算法在第一次迭代后就收敛。

表 8-2　使用 Huber 和 Tukey 加权函数的稳健估计参数

系数	Huber	Tukey
β_0	157.011 6	157.013 8
β_1	61.278 1	61.277 6
β_2	−13.205 4	−13.205 2
β_3	−90.887 1	−90.887 1

使用 Tukey 加权函数，我们获得了表 8-2 第三列中显示的 Beta 参数，调整参数设置为 550，即标准差的 4.685 倍。该算法在第二次迭代后收敛。

下面通过另一个例子来说明回归的稳健性。用 234 个日本公司的日收益率来创建一个等权指数。值得注意的是构建这个指数仅仅是为了有助于说明这个例子，它是没有计量经济学含义的。1986 年至 2005 年期间指数的日均收益如图 8-1 所示。

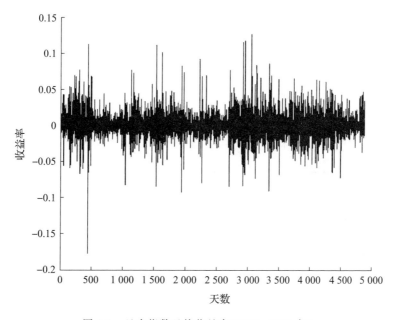

图 8-1　日本指数日均收益率(1986～2005 年)

现在假设要估计日本石油对这个指数的回归,也就是说,要估计以下回归:

$$R_{NO} = \beta_0 + \beta_1 R_{Index} + \text{Errors}$$

用标准最小二乘法进行估计,得到以下回归参数:

R^2:0.134 9

调整R^2:0.134 6

误差项的标准差:0.021 3

	Beta	t 统计量	p 值
β_0	0.000 0	0.125 2	0.900 3
β_1	0.453 3	27.648 7	0.000 0

当检查完拟合矩阵的对角线元素时,发现以下结果:

最大杠杆=0.018 9

平均杠杆=4.078 3e-004

这表明没有危险点。稳健回归可以应用,也就是说,没有必要改变回归设计。

使用具有以下参数的 Huber 和 Tukey 加权函数进行稳健回归:

$$\text{Huber}(k = 1.345 \times \text{标准差})$$

$$\text{Tukey}(k = 4.685 \times \text{标准差})$$

Huber 加权函数的稳健回归估计得到以下结果:

$R^2 = 0.132\ 4$

调整$R^2 = 0.132\ 2$

权重参数=0.028 7

迭代次数=39

	Beta	t 统计量	p 值
β_0	-0.000 706	-0.767 860	0.442 607
β_1	0.405 633	7.128 768	0.000 000

Tukey 加权函数的稳健回归估计得到以下结果:

$R^2 = 0.131\ 5$

调整$R^2 = 0.131\ 3$

加权参数=0.099 8

迭代次数＝88

	Beta	t 统计量	p 值
β_0	−0.000 879	−0.632 619	0.527 012
β_1	0.400 825	4.852 742	0.000 001

可以得出结论，所有回归的斜率的估计值都是非常显著的，而截距的估计在所有情况下都是不显著的。稳健回归系数（0.40）和不稳健（0.45）回归系数之间存在很大的差异。

8.2 协方差和相关矩阵的稳健估计

方差-协方差矩阵是金融建模的核心。事实上，方差-协方差矩阵的估计对于投资组合管理和资产配置至关重要。假设收益率的对数是多元随机向量，写为：

$$r_t = \mu + \varepsilon_t$$

随机扰动项 ε_t 的特征可以由协方差矩阵 $\boldsymbol{\Omega}$ 刻画。

两个变量 X 和 Y 之间的相关系数定义为：

$$\rho_{X,Y} = \text{Corr}(X,Y) = \frac{\text{Cov}(X,Y)}{\sqrt{\text{Var}(X)\text{Var}(Y)}} = \frac{\sigma_{X,Y}}{\sigma_X \sigma_Y}$$

相关系数充分表示多元正态分布的依附结构。更一般地，相关系数是对椭圆分布独立性的有效测量（即在椭圆上是常数的分布）。在其他情况下，需要不同的依附性测度（例如 Copula 函数）[⊖]。

两个变量 X 和 Y 之间的经验协方差定义为：

$$\hat{\sigma}_{X,Y} = \frac{1}{N-1} \sum_{i=1}^{N} (X_i - \overline{X})(Y_i - \overline{Y})$$

其中 X_i 和 Y_i 是变量 X 和 Y 的 N 个样本且：

$$\overline{X} = \frac{1}{N} \sum_{i=1}^{N} X_i \qquad \overline{Y} = \frac{1}{N} \sum_{i=1}^{N} Y_i$$

⊖ Paul Embrechts, Filip Lindskog, and Alexander McNeil, "Modelling Dependence with Copulas and Applications to Risk Management," in *Handbook of HeavyTailed Distributions in Finance*, ed. S. T. Rachev(Amsterdam: Elsevier/North-Holland, 2003).

是变量的经验均值。

经验相关系数是用各自经验标准偏差的乘积进行归一化后的经验协方差：

$$\hat{\rho}_{X,Y} = \frac{\hat{\sigma}_{X,Y}}{\hat{\sigma}_X \hat{\sigma}_Y}$$

经验标准差被定义为：

$$\hat{\sigma}_X = \sqrt{\frac{1}{N-1}\sum_{i=1}^N (X_i - \overline{X})^2}, \quad \hat{\sigma}_Y = \sqrt{\frac{1}{N-1}\sum_{i=1}^N (Y_i - \overline{Y})^2}$$

经验协方差的相关性并不稳健，因为它们对尾部或异常值非常敏感。协方差和/或关系的稳健估计对尾部不敏感。然而，如果这种相关性不是线性的，则对相关性进行稳健化是没有意义的。

存在对协方差稳健估计的不同策略，其中包括：

(1)两两协方差的稳健估计；

(2)椭圆分布的稳健估计。

这里仅讨论成对协方差的稳健估计。如 Huber 所述[一]，以下叙述成立：

$$\text{Cov}(X,Y) = \frac{1}{4ab}[\text{Var}(aX+bY) - \text{Var}(aX-bY)]$$

假设 S 是一个稳健尺度函数：

$$S(aX+b) = |a|S(X)$$

一个稳健的协方差被定义为：

$$C(X,Y) = \frac{1}{4ab}[S(aX+bY)^2 - S(aX-bY)^2]$$

选择

$$a = \frac{1}{S(X)}, \quad b = \frac{1}{S(Y)}$$

一个稳健的相关系数被定义为：

$$c = \frac{1}{4}[S(aX+bY)^2 - S(aX-bY)^2]$$

被定义的稳健相关系数并不局限在区间[-1,1]内，所以通常使用以下替代定义：

㊀ Huber，*Robust Statistics*.

$$r = \frac{S(aX+bY)^2 - S(aX-bY)^2}{S(aX+bY)^2 + S(aX-bY)^2}$$

8.3 应用

如第 3 章所述，回归分析已被用于估计股票的市场风险(beta)并估计因子模型中的因子载荷。稳健回归已经在这两个领域被用于改进估计结果。

Martin 和 Simin 首次提供了关于异常值对 beta 估计值影响的综合分析[1]。此外，他们提出了一个加权最小二乘估计量，用具有数据相关性的权重去估计 beta，将该估计称为"抗性 beta"并报告，这个 beta 是可以更好地预测未来风险和收益率特征的因子，而不是使用第 13 章中描述的最小二乘法计算的 beta。为了说明普通最小二乘法(OLS)beta 和抗性 beta 之间的潜在巨大差异，Martin 和 Simin 将四家公司对 beta 和标准误差的估计结果总结如下[2]：

公司名	普通最小二乘法估计		抗性 beta 估计	
	beta	标准误差	beta	标准误差
AW Computer Systems	2.33	1.13	1.10	0.33
Chief Consolidated Mining Co.	1.12	0.80	0.50	0.26
Oil City Petroleum	3.27	0.90	0.86	0.47
Metallurgical Industries Co.	2.05	1.62	1.14	0.22

Martin 和 Simin 利用 8 314 家公司在 1992 年 1 月至 1996 年 12 月期间的每周收益率，对普通最小二乘法 beta 和抗性 beta 之间的绝对差异大小总结如下：

绝对差异	公司数量	百分比(%)
0.0～0.3	5 043	60.7
0.3～0.5	2 206	26.5
0.5～1.0	800	9.6
>1.0	265	3.2

---

[1] R. Douglas Martin and Timothy T. Simin, "Outlier Resistant Estimates of Beta," *Financial Analysts Journal* 59(September-October 2003): 56-69.

[2] Reported in Table 1 of the Martin-Simin study. Various time periods were used from January 1962 to December 1996.

法玛(Fama)和弗伦奇(French)的研究发现，市值(大小)和账面市值比是解释横截面收益的重要因素[1]。这些结果纯粹是以实证为基础的，因为没有均衡资产定价模型表明这两个因素与预期收益相关。规模可能是获得风险溢价(俗称"小公司效应"或"规模效应")的因素，支持这一论断的经验证据由 Banz 首次报告[2]。Knez 和 Ready 通过稳健回归重新审视了他的经验证据，更具体地说是前面讨论的最小修正二乘回归。他们的结果是双重的[3]。首先，他们发现，当剔除每个月 1% 的极端观测值时，法玛和弗伦奇基于规模因素所发现的风险溢价随之消失。其次，Banz、法玛和弗伦奇认为规模与风险溢价之间的负向关系(即规模越大，风险溢价越小)在样本得到修正后不再成立。例如，使用普通最小二乘法估计的月均风险溢价为 -12 个基点。然而，当 5% 的样本被修正时，月均风险溢价估计为 $+33$ 个基点；当样本的 1% 被修正时，估计的平均风险溢价为 $+14$ 个基点。

要点回顾

- 稳健统计处理的问题是获得对所使用统计模型的基本假设中微小变化更不敏感的估计。它还有助于把尾部观测值对估计结果的贡献分离出来。

- 确定回归的稳健估计是一个相当困难的问题。选择的估计量稳健与否，可能会导致模型参数完全不同的估计。

- 通过将数据和帽子矩阵相乘来获得回归的因变量的预期值。

- 杠杆点是帽子矩阵对角元素中较大的点，数据的小变化会导致预期值的大变化。

- 为了获得一个稳健的回归，最小二乘法可以通过使用修正残差的加权函数来拓展。

---

[1] Eugene F. Fama and Kenneth R. French, "The Cross-Section of Expected Stock Returns," *Journal of Finance* 47(1992): 427-466, and Eugene F. Fama and Kenneth R. French, "Common Risk Factors in the Returns on Stocks and Bonds," *Journal of Financial Economics* 33(1993): 3-56.

[2] Rolf W. Banz, "The Relationship between Return and Market Value of Common Stocks," *Journal of Financial Economics* 9(1981): 3-18.

[3] Peter J. Knez and Mark J. Ready, "On the Robustness of Size and Book-to-Market in Cross-Sectional Regressions," *Journal of Finance* 52(1997): 1 355-1 382.

第 9 章

自回归移动平均模型

学习目标

在阅读本章后,你将了解以下内容:
- 自回归和自回归模型的概念。
- 识别自回归模型。
- 移动平均过程和移动平均模型的概念。
- 识别移动平均模型。
- 构建自回归移动平均模型。
- 使用信息准则选择自回归移动平均模型。
- 应用自回归移动平均模型对股票收益建模。
- 使用自回归模型、移动平均模型和自回归移动平均模型预测股票收益以及评估这些模型预测的效果。
- 向量自回归的概念。

在第 5 章中,我们引入了时间序列分析,其中变量随时间变化。如该章所讨论的,时间序列模型是基于干扰项是白噪声过程(white noise process)的假设。这个假设的含义是,上一期的扰动项不能用于预测当期扰动项,并且扰动项具有不变的方差。换句话说,这个假设的含义是无序列相关性(或可预测性)和同方差性(或条件同方差)。

然而,在实际应用中,白噪声假设经常被违反。也就是说,连续时间序列的观测值显示出序列相关(serial dependence)。在这种情况下的预测工具,如指数平滑(exponential smoothing)[⊖],可能是无效的,有时甚至是不合适的,因为它可能无法以最有效的方式利用序列相关的信息。在本章中,我们将介绍自回归移动平

[⊖] Svetlozar T. Rachev, Stefan Mittnik, Frank J. Fabozzi, Sergio M. Focardi, and Teo Jasic, *Financial Econometrics* (Hoboken, NJ: John Wiley & Sons, 2007).

均(autoregressive moving average，ARMA)模型，该模型可以利用序列相关信息。

9.1 自回归模型

在金融领域，当一些资产收益显示了连续的相关性时，这种相关性可以用自回归(autoregressive)模型来表示。例如，一阶自回归模型可以表示为：

$$y_t = c + \rho y_{t-1} + \varepsilon_t \tag{9-1}$$

式中：y_t 是资产收益，c、ρ 是参数，ε_t 被假设为独立的并且服从相同分布(i.i.d)。i.i.d 过程是一个均值为零、方差为 σ_ε^2 的白噪声过程。

换句话说，方程式(9-1)表示，当期的收益取决于前一期的收益乘以 ρ 的值。

例如，使用 1998 年 1 月至 2012 年 10 月期间市值加权指数 CRSP 每周的收益[⊖]建立方程(9-1)，可以得出：

$$y_t = 0.15 - 0.07 y_{t-1}$$

$$t\text{ 统计量} \quad (1.65) \quad (1.97)$$

y_{t-1} 具有统计显著的系数这一事实表明，收益的滞后项或许可以用来预测当期收益。换句话说，下一期收益的预测值是每周收益序列的平均值和当期收益的加权平均值。

一阶自回归模型可以推广到 n 阶自回归模型，并写为：

$$y_t = c + \rho_1 y_{t-1} + \rho_2 y_{t-2} + \cdots + \rho_n y_{t-n} + \varepsilon_t \tag{9-2}$$

自回归模型的阶数 n 是未知的，必须确定。有两种方法可用于确定 n 的取值：

(1)偏自相关函数；

(2)使用信息准则。

1. 偏自相关

偏自相关(partial autocorrelation，PAC)度量了剔除中间滞后项的影响后 y_t 和 y_{t-n} 之间的相关性。换句话说，y_t 滞后 n 阶的偏自相关函数是 y_t 对 y_{t-1}，$\cdots$，y_{t-n} 做回归时 y_{t-n} 的回归系数。

⊖ 由证券价格研究中心(the Center for Research in Security Prices)创建的 CRSP 加权指数是由纽约证券交易所(NYSE)、美国证券交易所(AMEX)和纳斯达克(NASDAQ)股票组成的加权指数。"市值加权"是指指数中的每只股票以其市值(即普通股股票数量乘以股票价格)加权。

如果要做一个检验，求证每个滞后项的偏自相关函数是否达到统计显著？可以使用 Ljung-Box Q 统计量（简称 Q 统计量）来实现。Q 统计量检验的是，对于任意给定的滞后阶数，其间各阶样本自相关系数是否都显著为零。例如，滞后 3 阶的 Q 统计量为：

$$Q\text{-statistics}(3) = T(T+2)\left(\frac{y_1^2}{T-1} + \frac{y_2^2}{T-2} + \frac{y_3^2}{T-3}\right)$$

其中 T 是样本量。统计量渐进服从自由度等于滞后阶数的卡方分布（χ^2）。

如果计算的 Q 统计量超过 χ^2 分布的临界值，则在特定滞后期序列不存在自相关的原假设被拒绝。因此，Q 统计量的原假设为：序列不存在 n 阶自相关。

在前面使用过的 CRSP 加权指数收益的示例中，滞后 24 阶的偏自相关函数与 Q 统计量的结果一起呈现在表 9-1 中。滞后 1 阶和 2 阶的 Q 统计量分别为 3.67 和 5.85。在自由度分别为 1 和 2，5% 的显著性水平下 χ^2 分布的临界值分别为 3.84 和 5.99。因此，不存在滞后 1 阶和滞后 2 阶自相关的原假设被拒绝。尽管原假设在滞后 3 阶时不被拒绝，但是在滞后 4 阶和滞后 5 阶处再次被拒绝。鉴于这一方法的结果给出了自回归模型多个可能的滞后阶数，更正式的方法可能会为我们提供更好的模型。⊖

表 9-1　1998 年 1 月至 2012 年 10 月期间 CRSP 加权指数的每周样本收益的偏自相关（PAC）

滞后阶数	偏自相关	Q 统计值	P 值
1	−0.069	3.667	0.055
2	0.048	5.851	0.054
3	−0.046	7.971	0.047
4	−0.51	9.324	0.053
5	0.046	11.033	0.051
6	0.076	14.520	0.024
7	−0.086	20.094	0.005
8	0.009	20.566	0.008
9	−0.034	23.042	0.006
10	0.010	23.399	0.009
11	0.022	23.997	0.013
12	−0.046	25.739	0.012
13	−0.002	25.739	0.018
14	0.015	25.818	0.027
15	0.095	31.608	0.007

⊖ 根据 χ^2 临界值和 Q 值之间的关系，应该是滞后 1 阶、2 阶、4 阶、5 阶不存在自相关的原假设不能被拒绝，滞后 3 阶时可以拒绝原假设，与原书的表达是完全相反的，与本书上一段描述也是矛盾的。——译者注

(续)

滞后阶数	偏自相关	Q 统计值	P 值
16	0.008	31.810	0.011
17	0.010	31.931	0.015
18	−0.004	32.319	0.020
19	0.005	32.341	0.029
20	0.018	32.647	0.037
21	0.012	33.218	0.044
22	0.019	33.259	0.058
23	0.003	33.260	0.077
24	−0.033	34.742	0.072

2. 信息准则

选择自回归模型的另一种方法是使用一些信息准则,例如 Akaike 信息准则(Akaike information criterion,AIC)或贝叶斯(或施瓦茨)信息准则(Bayesian(or Schwarz)information criterion,BIC)。我们所说的选择自回归模型就是确定滞后阶数。AIC 和 BIC 在附录 E 中有描述,我们在这里讨论如何利用信息准则来选择模型。这两个信息准则都需要找到取最小值时的滞后阶数。

表 9-2 显示了用 CRSP 加权指数周收益计算 AIC 和 BIC 的结果。第二和第三列分别显示不同滞后阶数的 AIC 和 BIC 值。AIC 显示滞后 7 阶——用 AR(7) 表示时该模型是最优的(即使 AIC 最小时的滞后阶数)。然而,对于 BIC,当 n 为 1 时,模型是最优的(即 AR(1))。

表 9-2 自回归模型:1998 年 1 月至 2012 年 10 月期间 CRSP 加权指数样本(y_t)每周收益的 Akaike 信息准则(AIC)和贝叶斯信息准则(BIC)

滞后阶数	AIC	BIC
1	2.032	2.044*
2	2.030	2.054
3	2.030	2.054
4	2.031	2.061
5	2.033	2.069
6	2.029	2.071
7	2.025*	2.074
8	2.029	2.083
9	2.031	2.092
10	2.035	2.102
11	2.038	2.111
12	2.039	2.118
13	2.043	2.128
14	2.046	2.137

(续)

滞后阶数	AIC	BIC
15	2.041	2.138
16	2.045	2.148
17	2.048	2.158
18	2.052	2.169
19	2.056	2.179
20	2.060	2.189
21	2.064	2.199
22	2.066	2.208
23	2.070	2.218
24	2.073	2.227

基于 AIC 或 BIC 的最小值选择模型。
*表示取到了最小值。

在实践中,重要的是检查所选模型的适当性。如果模型构建是适当的,那么模型的残差项应该表现为白噪声或应该不存在自相关。为此,可以再对残差使用 Q 统计量进行检验。Q 统计量用于检验对于任意给定的滞后阶数,样本自相关系数是否同时显著为零。

我们可以测试 AR(1) 和 AR(7) 模型的残差序列,以便使用 Q 统计量来确定残差中是否存在序列相关。为了举例论证,这里使用滞后 12 阶的检验统计量。AR(1) 和 AR(7) 模型残差的 Q 统计量 $Q\text{-}statistic(12)$ 分别为 19.83 和 3.29。χ^2 分布的 5% 显著性水平的临界值为 18.54。基于此,对于 AR(1) 模型而言,在 5% 显著水平上不存在自相关的原假设被拒绝,而 AR(7) 模型则接受了原假设。虽然自回归模型 AR(7) 用以解释每周收益序列是合适的,但我们不知道这个模型是否能够很好地解释数据的动态结构。

9.2 移动平均模型

自回归模型仅仅能描述 CRSP 加权指数的周收益序列,但可能不是唯一能生成收益序列过程后模型。假设我们把每周的收益 y 写成:

$$y_t = \mu + \varepsilon_t + \delta_1 \varepsilon_{t-1} \tag{9-3}$$

式中:μ 为序列的均值;δ_1 为模型的参数;ε_t、ε_{t-1} 为白噪声误差项。

在由式(9-3)给出的模型中,y 在 t 时刻的取值等于一个常数加上当前和过去的误差项的移动平均值。在本例中，y_t 遵循一阶移动平均。移动平均(moving average，MA)模型被视为白噪声序列的简单扩展。换句话说，MA模型是序列的当前值对无法观测到的白噪声误差项或冲击的线性回归模型。q 阶移动平均模型可以表示为：

$$y_t = \mu + \varepsilon_t + \delta_1 \varepsilon_{t-1} + \cdots + \delta_q \varepsilon_{t-q} \tag{9-4}$$

由于式(9-4)中的误差项是不可观测的，通常用第13章中描述的极大似然估计方法来估计MA模型。似然函数所需冲击的初始值可以通过模型的递归关系得到，从 $\varepsilon_1 = y_1 - \mu$ 和 $\varepsilon_2 = y_2 - \mu - \delta_1 \varepsilon_1$ 开始。

例如，从1998年1月到2012年10月，用MA(1)模型估计CRSP加权指数的周收益得到：

$$y_t = 0.14 + \varepsilon_t - 0.063 \varepsilon_{t-1}$$

t 统计量　　(1.48)　　(−1.76)

结果表明，一阶移动平均项统计不显著。因此，在这种情况下，MA(1)模型是不适当的。对于移动平均项，必须尝试不同的滞后阶数。

与自回归模型一样，可以采用AIC或BIC来选择最优滞后阶数。对于CRSP加权指数的周收益，表9-3显示AIC认为MA(7)为最优模型，而BIC将MA(1)视为最佳模型。由于MA(1)模型对于我们正在研究的收益序列不够合适，我们对MA(7)模型的残差进行了序列相关性测试。计算 $Q\text{-}statistic(12)$ 为5.97并与 χ^2 分布临界值18.54相比较，我们不能拒绝序列不相关的原假设。因此，MA(7)模型在股票指数收益的建模中大体是可行的。

表9-3　移动平均模型：Akaike信息准则(AIC)和贝叶斯信息准则(BIC)，1998年1月到2012年10月CRSP加权指数(y_t)的每周样本收益

滞后阶数	AIC	BIC
1	2.033	2.045*
2	2.033	2.051
3	2.034	2.058
4	2.034	2.064
5	2.034	2.070
6	2.031	2.073
7	2.026*	2.074
8	2.029	2.083
9	2.030	2.092
10	2.033	2.099
11	2.035	2.107
12	2.035	2.113

(续)

滞后阶数	AIC	BIC
13	2.038	2.122
14	2.041	2.130
15	2.034	2.131
16	2.036	2.138
17	2.039	2.147
18	2.041	2.155
19	2.044	2.164
20	2.046	2.172
21	2.049	2.181
22	2.051	2.189
23	2.053	2.198
24	2.055	2.205

模型是根据计算最小的 AIC 或 BIC 来选择的。

* 表示取到最小值。

9.3 自回归移动平均模型概述

在实际应用中，可能需要用高阶模型来描述数据的动态结构，AR 和 MA 模型可能需要估计大量的参数。在 1938 年，Herman Wold 展示了一个 AR 和 MA 的组合过程，称为自回归移动平均过程，可以有效地描述数据的时间序列结构，只要指定 AR 和 MA 项的阶数○。这意味着任何时间序列 y_t 均可以用过去的价格 y_t 和（或）过去的误差项 ε_t 的组合建模。更正式地说，ARMA 模型可以表示为：

$$y_t = c + \rho_1 y_{t-1} + \rho_2 y_{t-2} + \cdots + \rho_n y_{t-n} + \varepsilon_t + \delta_1 \varepsilon_{t-1} + \cdots + \delta_q \varepsilon_{t-q} \tag{9-5}$$

式中：n 和 q 分别是 AR 和 MA 的阶数。

ARMA 模型的优点是一个更高阶的 AR 或 MA 模型可能具有一个简洁的 ARMA 表示，更容易识别和估计。换句话说，用 ARMA 模型刻画数据将比 AR 或 MA 模型使用更少的参数。在 20 世纪 70 年代，乔治·博克斯(George Box)和格威利姆·詹金斯(Gwilym Jenkins)推广了对式(9-5)中 ARMA 过程的估计○。他们估计 ARMA 模型的方法，称为 Box-Jenkins 估计模型，需要以下三个步骤：

○ Herman Wold, A Study in the Analysis of Stationary Time Series (Stockholm, Sweden: Almgrist & Wiksell, 1938).
○ George Box and Gwilym Jenkins, Time Series Analysis: Forecasting and Control (San Francisco: Holden-Day, 1970).

步骤 1：测试这个序列的平稳性。

步骤 2：确定适当的 AR 和 MA 的阶数。

步骤 3：一旦确定了适当的滞后期，就确定模型构建是否合适。如果模型是合适的，残差项(ε_t)将是白噪声。

让我们看看这三个步骤在具体应用中如何实现，并使用我们在本章前面研究过的时间序列来进行说明。

第一步是检验平稳性。有很多方法可以检验序列的平稳性，这些方法将会在第 10 章即协整章节中详细探讨。对于我们这里的讨论，如果变量没有随着时间的变化而大幅波动，那么我们暂且认为变量是平稳的。例如，图 9-1 显示了每周 CRSP 市值加权指数收益。尽管图中所示的收益序列随着时间的推移会有相当大的波动，但收益的均值却在一个恒定的接近于零的水平附近。因此，收益并未展现出随时间变化的趋势。在本章中，我们将其视为平稳的，并进行步骤 2 对 ARMA 进行估计。

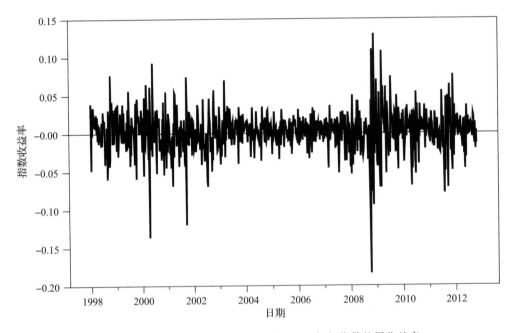

图 9-1　1998 年 1 月至 2012 年 10 月 CRSP 加权指数的周收益率

第二步是确定 AR 和 MA 的阶数。我们以 AR(1) 和 MA(1) 模型为例，它被称为一阶 ARMA(1, 1) 模型，并表示为：

$$y_t = c + \rho_1 y_{t-1} + \varepsilon_t + \delta_1 \varepsilon_{t-1} \tag{9-6}$$

我们利用 1998 年 1 月至 2012 年 10 月每周的指数收益对上述模型估计的结果如下：

$$y_t = 0.13 - 0.79 y_{t-1} + \varepsilon_t + 0.65 \varepsilon_{t-1}$$

t 统计量 （1.40） （－4.17） （3.54）

这些结果清楚地表明，周度指数收益的一阶自回归项具有统计显著性，与当期收益呈负相关。移动平均项与当期收益呈正相关，并且系数是显著的。因此，AR(1) 和 MA(1) 都是统计意义上显著的。

现在的问题是确定最优滞后阶数。为了确定最优滞后阶数，我们计算了包含一定滞后阶数的 ARMA 混合模型，然后计算了每个模型的信息准则。对于 CRSP 收益序列，我们尝试了 12 阶滞后期，然后使用了 AIC。结果见表 9-4。对于案例收益序列，当模型有 5 阶自回归 AR 项和 4 阶移动平均 MA 项时，AIC 处在最小值。

表 9-4　ARMA 模型：从 1998 年 1 月到 2012 年 10 月的 CRSP 市值加权指数的每周收益的 Akaike 信息准则

AR (n)	MA(q)											
	0	1	2	3	4	5	6	7	8	9	10	11	12
0	3 772	3 771	3 771	3 770	3 770	3 769	3 769	3 768	3 769	3 767	3 769	3 770	3 771
1	3 770	3 770	3 772	3 771	3 775	3 773	3 766	3 768	3 770	3 769	3 769	3 771	3 773
2	3 770	3 772	3 768	3 770	3 775	3 771	3 767	3 770	3 767	3 770	3 771	3 773	3 770
3	3 771	3 772	3 769	3 770	3 770	3 774	3 768	3 771	3 769	3 771	3 777	3 774	3 771
4	3 771	3 774	3 776	3 780	3 774	3 773	3 765	3 771	3 769	3 781	3 770	3 771	3 775
5	3 771	3 772	3 768	3 771	3 763*	3 768	3 769	3 775	3 770	3 775	3 777	3 779	3 774
6	3 768	3 766	3 767	3 769	3 767	3 769	3 766	3 768	3 773	3 771	3 786	3 774	3 775
7	3 765	3 767	3 768	3 770	3 767	3 773	3 768	3 767	3 783	3 773	3 772	3 778	3 776
8	3 767	3 769	3 767	3 770	3 767	3 768	3 769	3 791	3 770	3 775	3 775	3 776	3 786
9	3 768	3 770	3 770	3 771	3 771	3 782	3 776	3 786	3 773	3 778	3 774	3 776	3 796
10	3 770	3 772	3 769	3 773	3 771	3 771	3 770	3 775	3 770	3 769	3 774	3 780	3 772
11	3 771	3 772	3 773	3 775	3 778	3 773	3 779	3 778	3 779	3 779	3 776	3 781	3 778
12	3 772	3 774	3 771	3 772	3 777	3 779	3 778	3 778	3 780	3 798	3 788	3 784	3 776

模型是基于计算出最小的 AIC 所选择的。
* 表示取到最小值。

构建 ARMA 模型的最后一步涉及使用第二步中确定的 AR 和 MA 阶数以及检验残差序列。如果模型是合适的，残差就不应显示序列相关。这可以通过检验残差是否可以被认为白噪声来实现。在步骤 2，我们已经确定了 5 阶 AR 项和 4 阶

MA 项作为最优滞后项。表 9-5 显示了当我们用 ARMA(5，4)来拟合每周的收益序列时的回归结果。可以看出，第 1 个和第 2 个 AR 项在统计上具有显著性，前 3 个 MA 项有显著性。

表 9-5　ARMA 模型拟合结果：从 1998 年 1 月到 2012 年 10 月 CRSP 市值加权指数的每周收益

变量	系数	t 统计量	p 值
c	0.12	1.23	0.22
ρ_1	0.94	3.60	0.00
ρ_2	−0.72	−2.30	0.02
ρ_3	0.34	1.51	0.13
ρ_4	0.19	1.03	0.30
ρ_5	0.02	0.34	0.73
δ_1	−1.00	−3.81	0.00
δ_2	0.84	2.52	0.01
δ_3	−0.51	−1.97	0.05
δ_4	−0.10	−0.48	0.63

为了确保模型能够充分地描述数据，我们检查了模型的残差是否为白噪声。由于 $Q\text{-}statistic(12)$ 为 8.93，我们无法拒绝不存在自相关的原假设。因此，构建每周股指收益序列的 ARMA(5，4)模型似乎是恰当的。

9.4　使用 ARMA 模型预测标准普尔 500 指数的周收益

只要资产的收益表现出一定的趋势[⊖]，就可以通过构建 ARMA 模型来预测这些趋势。有一些投资者认为，股票收益、商品收益和货币收益呈现出一定的趋势，且这些趋势可以预测，那么便可以用来设计能获取高收益的交易策略。那些试图利用趋势的投资者被称为技术交易者，并遵循一种被称为技术分析的投资方法。为了便于说明，我们将使用 ARMA[⊜] 模型来预测标准普尔 500 指数的周度收益。案例中使用的 1998 年 1 月到 2012 年 12 月（共 783 个观测值）的标准普尔 500 指数收益数据，来源于 DataStream [⊜]。

第一步是检查标准普尔 500 指数收益的平稳性。图 9-2 中显示了每周的标准普

⊖ 参见第 5 章对趋势的定义。
⊜ ARMA 建模只是趋势预测的方式之一，技术交易者可能使用 ARMA 来提取趋势。
⊜ DataStream 是一个来自 Thomson Reuters 的综合的时间序列数据库。

尔 500 指数收益。由图可见，收益的波动很大，但始终围绕着接近于零的常数波动，而且没有呈现时间趋势。如前所述，基于本章的研究目的，我们认为这是平稳的，并进入第二步中去估计 ARMA。

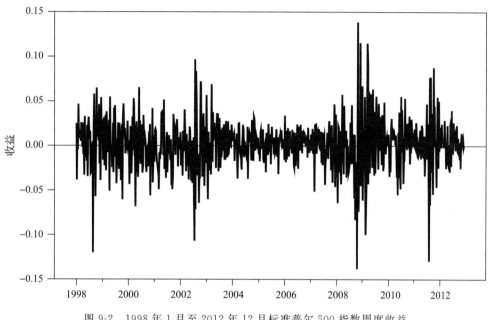

图 9-2　1998 年 1 月至 2012 年 12 月标准普尔 500 指数周度收益

第二步是确定一个最适合的 ARMA 模型。我们尝试了 12 阶 AR 和 MA 组合的模型，并使用 AIC 准则来选择最能精确描述数据的那一个。结果见表 9-6。对于标准普尔 500 指数的每周收益序列来说，当模型有 3 阶 AR 项和 2 阶 MA 项的时候 AIC 是最低的。

表 9-6　ARMA 模型：1998 年 1 月到 2012 年 12 月的标准普尔 500 指数
每周收益拟合的 Akaike 信息准则

AR (n)	MA(q)												
	0	1	2	3	4	5	6	7	8	9	10	11	12
0	-337 8	-339 1	-338 9	-338 7	-338 7	-338 6	-338 4	-338 4	-338 3	-338 2	-338 1	-338 3	-338 1
1	-339 1	-338 9	-338 7	-338 6	-338 5	-338 3	-338 2	-338 3	-338 1	-337 9	-338 2	-338 2	-338 1
2	-338 9	-338 7	-339 4	-338 3	-338 3	-339 2	-339 0	-338 5	-338 7	-338 6	-338 4	-338 1	-325 1
3	-338 8	-338 7	-339 4*	-339 4	-339 1	-338 6	-338 9	-338 3	-338 5	-338 5	-338 2	-338 0	-337 0
4	-338 8	-338 6	-339 4	-339 0	-339 4	-338 8	-338 2	-339 1	-338 7	-338 1	-338 1	-337 5	-338 3
5	-338 6	-338 4	-339 2	-339 0	-339 4	-339 2	-338 5	-314 7	-338 1	-337 6	-338 4	-337 4	-336 9
6	-338 4	-338 4	-339 0	-338 9	-339 2	-338 7	-338 6	-338 5	-312 7	-337 3	-337 9	-337 1

(续)

AR	MA(q)												
(n)	0	1	2	3	4	5	6	7	8	9	10	11	12
7	−338 6	−338 4	−338 9	−338 3	−337 3	−338 3	−338 3	−337 3	−337 1	−336 9	−338 4	−330 7	−337 6
8	−338 4	−338 2	−338 7	−338 5	−337 4	−339 0	−338 6	−338 3	−337 7	−337 4	−337 8	−337 7	−337 4
9	−338 2	−338 1	−337 8	−338 0	−338 2	−337 5	−337 3	−337 0	−337 9	−336 9	−337 3	−335 0	−333 3
10	−338 3	−337 9	−337 7	−338 0	−337 7	−337 1	−337 8	−337 7	−338 2	−336 7	−337 6	−335 4	−337 7
11	−338 3	−338 3	−338 1	−338 2	−337 6	−338 3	−337 7	−338 0	−337 9	−337 3	−330 9	−335 6	−335 4
12	−338 1	−337 9	−338 1	−337 9	−338 4	−336 9	−337 7	−336 8	−336 7	−337 3	−336 9	−336 3	−335 8

模型是基于计算出最小的 AIC 所选择的。

*表示取到最小值。

最后一步是估计第二步中所确定的模型,并检测残差的自相关性。表 9-7 显示了使用 ARMA(3,2)拟合每周标准普尔 500 股指收益序列的结果。可以看出,第 1 个和第 2 个 AR 项和 2 个 MA 项在统计上都具有显著性。为了确保模型能够充分描述数据,我们检查模型的残差是否为白噪声。由于计算的 Q 统计量(12)为 3.75,χ^2 分布的临界值 18.54,我们不能拒绝无自相关的原假设。因此,使用 ARMA(3,2)模型对标准普尔 500 指数每周收益序列的建模似乎是合适的。

表 9-7 ARMA 模型拟合结果:1998 年 1 月到 2012 年 12 月标准普尔 500 每周收益

变量	系数	t 统计量	p 值
c	0.00	1.25	0.21
ρ_1	−1.10	−7.44	0.00
ρ_2	−0.83	−5.44	0.00
ρ_3	−0.03	−0.68	−0.50
δ_1	0.97	6.79	0.00
δ_2	0.72	5.72	0.00

虽然模型似乎是合适的,但我们还不知道它是否能很好地预测数据。为了判断 ARMA(3,2)模型的预测性能,我们需要一组可以与之比较的模型。在本例中,我们使用 AR(1)模型和 MA(1)模型,并比较了 ARMA(3,2)相对于这两种模型的预测表现。评估模型的一个很好的方法是将样本划分为用于估计模型参数的样本内(in-sample)数据集和一个保留数据集(holdout)。样本内数据集用于估计模型参数,而保留数据集将用于构建样本外预测。对于例证中的三个模型,我们使用了 1998 年 1 月到 2011 年 12 月期间的数据进行参数估计(730 个观测值),保留最后的 52 个观测值来构造样本外预测数据集。

预测未来 52 周是有可能的,但预测长期时间序列往往不如预测短期可靠。解决这个问题的一种方法是通过逐步迭代来对长期序列进行预测,即用 1998 年 1 月到 2011 年 12 月的观测值去估计模型,然后预测标准普尔 500 指数在 2012 年 1 月第 1 周的收益。接着我们将第一周的实际收益加入估计期间,再预测第 2 周的收益。这个迭代过程将一直持续到我们用完整个保留样本。这一操作将通过 52 个真实值(即观测值)产生 52 个预测值。预测结果和标准普尔 500 指数每周收益的真实结果如图 9-3 所示。图中所示的 FORECAST_AR1 表示 AR(1) 模型所生成的预测值。图中所示的 FORECAST_MA1 表示 MA(1) 模型所生成的预测值,而 FORE-CAST_AR3MA2 则表示由 ARMA(3,2) 模型生成的预测值。在 2012 年,标准普尔 500 指数的波动幅度远远超过了模型预测的幅度。然而,这 3 个模型似乎都很好地预测了变化的方向。

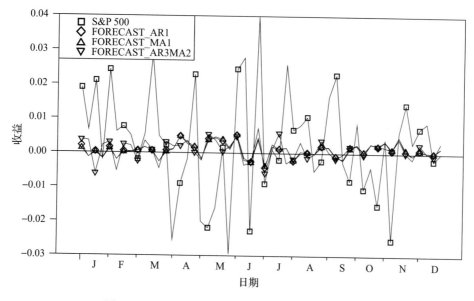

图 9-3　标准普尔 500 指数每周预测收益与实际收益

检验预测准确性的一种正规方法是比较预测误差(即实际值与保留样本的预测值之间的差异),并选择一个产生最低总预测误差的模型。不能仅仅是将保留样本的预测误差相加,因为这样的总预测误差会导致正负差异相互抵消,留下一个较小的预测误差。解决这个问题的一种方法是要么对误差取平方,要么取误差的绝对值然后加总。为了便于说明,我们对误差取平方再除以预测误差的个数,得到的度量值被称为均方误差(mean squared error，MSE)。然后将 3 个模型的 MSE 进行比较，得到的 MSE 最小的模型就是最准确的模型。就每周标准普尔 500 指数收益来说，AR(1)的 MSE 是 0.000 231。MA(1)的 MSE 是 0.000 237，ARMA(3，2)的 MSE 是 0.000 247。AR(1)的 MSE 略优于其他两个模型，但差别非常小。总的来说，MSE 表明这三个模型都提供了合适的预测。

9.5 向量自回归模型

本章到目前为止，我们研究了如何构建和预测一个单变量时间序列模型，那么自然有一个扩展就是同时对多个时间序列变量进行建模并预测。1980 年，克里斯托弗·西姆斯(Christopher Sims)引入了向量自回归(vector autoregression，VAR)模型来分析多个时间序列。㊀一阶二元变量 VAR 模型采用如下形式表示：

$$y_t = b_1 + b_2 y_{t-1} + b_3 z_{t-1} + \varepsilon_{yt}$$
$$z_t = c_1 + c_2 y_{t-1} + c_3 z_{t-1} + \varepsilon_{zt} \tag{9-7}$$

式中：y_t 和 z_t 是两个我们感兴趣的变量，参数的估计值由字母 b 和 c 表示，ε 表示彼此不相关的白噪声误差项。

注意 y_t 和 z_t 是相互影响的。比如说，b_3 表示了 z_{t-1} 的单位变化对 y_t 的影响，而 c_2 表示了 y_{t-1} 对 z_t 的影响。举个例子，y_t 可能是美国股票指数的每日收益，z_t 可能是日本股票指数的每日收益。这些收益不仅受自身前期收益的影响，而且还会相互影响。因此，VAR 建模的优点是不仅可以同时估计多个时间序列变量，而且可以研究变量之间的相互关系。

VAR 的主要缺点是随着变量/滞后阶数的增加，估计的参数数量将会显著增加。例如，为了估计一个含 3 阶滞后项的 3 变量系统，我们需要估计总共 30 个参数。㊁这可能会产生许多带有不显著系数的滞后项。此外，不同滞后项系数的符号可能会变化，使得系数所代表的经济含义难以解释。

为了研究变量之间的相互关系，估计的 VAR 模型可以进行联合显著性检验、

㊀ Christopher Sims，"Macroeconomics and Reality," *Econometrica* 48(1980)：1-48.
㊁ 要估计的参数个数由 $k+nk^2$ 决定，其中 k 为变量数，n 为滞后数。

脉冲响应和方差分解。⊖然而，当格兰杰(Granger)和恩格尔(Engle)引入了协整的概念后，他们发现了 VAR 的一个显著优点，这是下一章的主题。

要点回顾

- 金融时间序列的现值与前值或滞后值相关时，该序列通常具有趋势。
- 利用过去观测值来预测当前值的模型是自回归(AR)和移动平均(MA)模型。
- 当现值由最近一段时间的前值决定时，用 AR 模型进行建模是合适的。
- 当现值受到近期冲击的影响时，用 MA 模型进行建模是合适的。
- 有时 AR 和 MA 模型可能需要估计大量的参数来拟合数据。在这种情况下，建议采用自回归移动平均模型(同时包含 AR 和 MA 项，或 ARMA 模型)。
- ARMA 模型的优点是只需估计较少的参数。
- 不管是 AR、MA 还是 ARMA 模型，选择正确的滞后阶数来拟合数据是很重要的。
- 通过使用偏自相关函数或使用信息准则，可以选择适当的滞后阶数。这通常需要大量的实验。
- 只有模型的残差为白噪声序列时选择这个模型才是合适的。
- 根据预测的准确性对模型进行评估是很重要的。
- 当一个模型预测结果的均方误差(MSE)相对于其他模型较小时，这个模型的预测性能被认为是不错的。
- 使用向量自回归模型可以对多个时间序列变量进行建模。

⊖ 关于这些话题的进一步讨论，请参看拉切夫(Rachev)等人的金融计量经济学。

第10章

协 整

学习目标

在阅读本章后,你将了解以下内容:
- 协整的概念。
- 虚假回归(伪回归)的概念。
- 检验平稳性。
- 使用 Engle-Granger 协整检验法来检验协整。
- 使用 Johansen-Juselius 协整检验法来检验协整。
- 识别多个协整关系。

金融时间序列数据往往呈现趋势。趋势可以是确定性的,也可以是随机的。在第5章中,我们引入了确定性趋势的概念。为了揭示金融变量之间的关系,模型在随机趋势中的变化是很重要的。协整可以用来识别不同金融变量之间的共同随机趋势。如果金融变量是协整的,就可以说明变量之间存在着长期关系。如果这种长期的关系被打破了,就可能预示着金融泡沫⊖的存在。

金融变量之间的长期关系,比如短期利率与长期利率之间,以及股票价格与股息之间的关系,长期以来都是金融从业者关心的内容。对于某些类型的趋势,需要对多元回归分析进行修改来揭示这些规律。趋势代表了变量的长期变化。对于确定性趋势(deterministic trend),有一种简单的办法。由于确定性趋势是时间的函数,我们只需要在回归中包含时间函数即可。例如,如果变量随着时间的线性变化增加或减少,我们可以简单地将时间作为回归方程中的变量。如果趋势是

⊖ 金融泡沫被定义为资产价格的上涨比资产的基本投资属性证明的合理上涨更剧烈的情况。

随机的,则问题会变得更加复杂。正如第5章所定义的,随机趋势是一种持续但随机的长期变动。因此,一个随机趋势变量可能会表现出持续的长期增长,然后是持续的长期下降,或许又呈现另一段长期增长。

大多数金融理论家认为,随机趋势比确定性趋势更好地描述了金融变量的变动。例如,即使股票价格上涨,我们也没有理由相信它们会在未来继续上涨。或者,即使它们在未来继续上涨,它们也可能不会以同样的增长率上涨。这是因为股票价格是由多种经济因素共同驱动的,这些因素的影响可能会随着时间的推移而改变。捕捉这些随机趋势的一种方法是使用一种通常被称为协整(cointegration)的计量经济方法。

在本章中,我们将解释协整的概念。检验协整有两种主要方法。我们将对每种方法的计量方法和基本理论进行说明。我们以第一类协整问题的例子来说明第一种方法:测试市场价格效率。具体来说,我们要研究股票价格的现值模型。我们以第二类协整问题的例子来说明第二种方法:考察市场间的联系。我们特别测试了三个欧洲国家的股票市场指数之间的联动关系和动态作用机制。

10.1 平稳、非平稳时间序列和协整

随机趋势的存在可能导致研究人员得出两个经济变量随着时间的推移呈现相关性的结论,而事实并非如此。这个问题被称为伪回归(spurious regression)。例如,在20世纪80年代,美国股市和日本股市指数都在上涨。用1980年到1990年期间的月度数据,将美国摩根士丹利股票价格对日本摩根士丹利股票价格(以美元计算)做最小二乘回归,可以得到:

$$日本股票指数 = 76.74 + 19\,美国股票指数$$
$$t\,统计量 \quad (-13.95) \quad (26.51) \quad R^2 = 0.86$$

系数估计值的 t 统计量(26.51)相当大,表明两个股票市场之间存在很强的正相关关系。如此高的 R^2 值进一步证实了较强的正向关系。在不同的时间段内对相同的回归进行估计,例如,用1990年到2007年的数据回归,可以得到:

$$日本股票指数 = 2\,905.67 - 0.29\,美国股票指数$$
$$t\,统计量 \quad (30.54) \quad (2.80) \quad R^2 = 0.04$$

这一回归方程表明，这两个股票市场指数之间存在很强的负相关关系。虽然系数估计值的 t 统计量(2.80)大，但较低的 R^2 值表明这种负相关关系非常弱。

这些相互矛盾结果背后的原因是这两个序列的随机趋势。在第一段时期里，这些随机趋势是一致的，但在第二段时期不是。由于不同的经济力量会影响随机趋势，随着时间的推移，这些力量会发生变化，在某些时期内，它们会趋于一致，在另一些时期内则不会。综上所述，当变量具有随机趋势时，使用 OLS 估计参数可能会产生误导性的结果。这就是伪回归问题。

回想一下，OLS 方法要求观测值是独立同分布的，但月度日本股票指数(以及月度美国股票指数)并不是独立同分布的，因此对这样一个月度序列使用 OLS 回归估计是没有意义的。

此外，当变量包含随机趋势时，即使样本量很大，回归系数的 t 值也不再服从正态分布。标准假设检验不再适用于这些非正态分布。

起初，研究人员试图通过计算这些变量的差值来消除趋势从而解决这些问题。也就是说，他们关注的是这些变量的变化值，即 $X_t - X_{t-1}$，而不是这些变量的绝对水平 X_t。尽管这一方法在单变量 Box-Jenkins 的分析中是适用的，但在多变量情况下，这种方法存在两个问题。第一，我们只能对变量的变化值而不是变量的水平做出说明。如果我们的主要兴趣是变量的水平值，那么这个问题将会非常棘手。第二，如果变量受到随机趋势的影响，那么在回归中关注变量的变化值将会导致设定误差。

协整方法使研究人员能够研究具有相同随机趋势的变量，同时避免了伪回归问题。协整分析使用回归分析来研究经济变量之间的长期联系，并允许我们从长期均衡中对短期偏差进行调整。

在金融分析领域，协整的使用已经大幅增加。对大量与协整相关的文献进行研究超出了本章的范围。为了缩小焦点，我们注意到协整分析主要用于解决金融领域的两类问题。第一类问题是，它被广泛应用于评估金融市场的定价效率。例如，Enders 使用协整来评估购买力平价理论的有效性。⊖ 又如，Campbell 和 Shiller 使用协整来

⊖ Walter Enders，"购买力平价的 ARIMA 和协整测试，"*Review of Economics and Statistics* 70 (1988)：504-508.

检验利率期限结构的理性预期理论和股票价格的现值模型。㊀第二类问题是，协整分析用于研究市场之间的联动。例如，有很多研究都着眼于不同国家和地区股票市场之间的联系。㊁

在解释协整之前，首先需要区分平稳变量和非平稳变量。如果变量的均值和方差是常数，它的自相关系数取决于滞后长度，那么就说这个变量是平稳的（更严谨地说应该是弱平稳的），即：

常数均值： $E(X_t) = \mu$

常数方差： $\mathrm{Var}(X_t) = \sigma^2$

自相关系数取决于滞后长度： $\mathrm{Cov}(X_t, X_{t-l}) = \gamma(l)$

平稳意味着变量 X 在它的均值周围以固定方差波动。此外变量表现出均值回复，所以没有随机趋势。相反，非平稳变量可能会任意地偏离平均值。因此，只有非平稳变量具有随机趋势。

非平稳变量的最简单的例子是一个随机游走过程：

$$X_t = LX_t + e_t$$

这里 e_t 是一个均值为 0、标准差为 σ 的随机误差项。当一个变量是一个随机游走。L 被定义为一个滞后算子，则 LX_t 就是 X_{t-1}。㊂

通过简单的计算可知标准差 $\sigma(X_t) = t\sigma$。t 表示时间。由于标准差取决于时间，因此随机游走是非平稳的。

非平稳的时间序列往往包含单位根，单位根反映了一阶回归中 X_{t-1} 项的系数。在高阶自回归模型中，非平稳的条件比较复杂。考虑 p 阶自回归模型：

$$(1 - a_1 L^1 - \cdots - a_p L^p) X_t = e_t + a_0 \tag{10-1}$$

㊀ John Campbell and Robert Shiller,"股票价格、收益和预期股息," *Journal of Finance* 43(1988)：661-676.

㊁ 例如 Theodore Syriopoulos, "中欧股票市场的国际投资组合分散" *Applied Financial Economics* 14(2004)：1253-1268；Paresh K. Narayan and Russell Smyth, 构建澳大利亚和七国集团(G7)股票市场之间的联系的模型：常见的随机趋势和制度转变, *Applied Financial Economics* 14(2004)：991-1004；Eduardo D. Roca, 澳大利亚和它的主要贸易伙伴的股票市场间的短期和长期价格联系, *Applied Financial Economics* 9(1999)：501-511；Angelos Kanas, "美国和欧洲的股票市场之间的联系：协整的进一步证据" *Applied Financial Economics* 8(1999)：607-614；Kenneth Kasa, 在国际股票市场中常见的随机趋势, *Journal of Monetary Economics* 29(1992)：95 124；and, Mark P. Taylor and Ian Tonks, 股票市场的国际化和废除英国外汇管制, *Review of Economics and Statistics* 71(1989)：332-336.

㊂ 类似地 $L^2 X_t = L(LX_t) = X_{t-2}$，更一般的情况是 $L^p X_t = X_{t-p}$，$p = 0, 1, 2, \cdots$。

式中：a_p 是系数；L^p 是滞后算子。

如果多项式系数之和等于 1，那么 X_t 是非平稳的。

如果所有变量都是平稳的，那么没有伪回归问题，可以使用标准的 OLS 方法估计。如果有些变量是平稳的，有些变量是不平稳的，则变量之间没有经济意义上的关系存在。由于非平稳变量包含一个随机趋势，因此，它们与没有随机趋势的平稳变量不会表现出任何关联。只有当系统中所有的变量都是非平稳的时候伪回归问题才会发生。

如果变量具有同样的随机趋势，我们可以克服伪回归问题。在这种情况下，协整分析可以用来揭示长期均衡关系和短期动态关系。如果两个或两个以上非平稳变量的线性组合是平稳的，那么变量之间存在协整关系。这表明协整变量之间有长期联系。它们可能在短期内偏离均衡，但从长期来看又会回到某种均衡。这里需要重点注意，"均衡"这个术语和经济学中使用的均衡是不一样的。对经济学家来说，均衡意味着预期的数量等于实际的数量且没有内生变化的趋势。相反，协整分析中的均衡指的是如果变量之间的走势是分离的，那么未来它们更有可能靠近而不是离得更远。

更严谨地说，考虑两个时间序列 x_t 和 y_t。假设两个序列都是非平稳的且一阶单整的。（一阶单整是说如果我们把变量进行一次差分，那么差分后的变量就是平稳的）如满足下式，那么两个序列是协整的：

$$z_t = x_t - ay_t$$

a 取某些值时 z_t 是平稳的。

在多元情况下，定义类似，但必须使用向量表示法。假设 **A** 和 **Y** 均为向量 $(a_1, a_2, \cdots, a_n)$ 和 $(y_{1t}, y_{2t}, \cdots, y_{nt})'$。如果 $y_{1t}, y_{2t}, \cdots, y_{nt}$ 中每一个变量都是非平稳的且 **Z**=**AY** 中，**Z** 是平稳的，则 **Y** 中的变量具有协整关系。**A** 表示一个协整向量。

能在两个变量之间找到协整关系并不常见。我们不应该期望大多数非平稳变量是协整的。如果两个变量不协整，那么它们就不具有长期的关系或共同的随机趋势，因为它们可以任意远离彼此。在股票价格的现值模型中，假设股票价格和股息不存在协整关系，那么股票价格就会任意上升，远远高于股息的水平。基于 1887 年到 2003 年的美国股票指数和股息的数据，居尔卡伊纳克（Gurkaynak）证明了只要股票价格与股息存在协整关系，股价就会远远高于股息水平。⊖ 这与股市泡沫是一致的。即使

⊖ Refet Gurkaynak，"资产价格泡沫的计量经济学测试：用股票来做，"*Journal of Economic Surveys* 22(2008)：166-186。

这并非泡沫,它也仍然与有效市场理论相矛盾。

就股票市场的联运关系而言,如果不同国家的股票价格指数不存在协整关系,那么不同股票价格之间就会互相随意地偏离彼此。这种情况支持了投资者可以从分散的国际投资组合中获益的说法。

10.2 协整关系检验

常见的检验协整的方法有两种:Engle-Granger 协整检验和 Johansen-Juselius 协整检验。我们在本章中详细说明这两种方法。

10.2.1 Engle-Granger 协整检验

Engle-Granger 协整检验是由恩格尔和格兰杰提出并发展完善的,㊀涉及以下四步。

步骤 1,确定调查期间的时间序列变量是否平稳。我们可以使用非严谨和严谨的方法来考察时间序列变量的平稳性。非严谨的方法包括对随时间变化的变量图表的检验和对自相关函数的检验。自相关函数描述了不同滞后序列的自相关关系。x_t 和 x_{t-i} 之间的相关系数被称为滞后 i 阶自相关。对于非平稳变量,滞后 1 阶的自相关系数应该非常接近于 1,随着滞后期的增加逐渐衰减。检查自相关函数可以使我们确定一个变量的平稳性。

然而,这种非严谨的方法有其局限性。对于与单位根过程非常相近的平稳序列,自相关函数随着滞后长度的增加可能会缓慢衰减。如果需要更严谨的方法,则可以使用 Dickey-Fuller 统计量,增强的 Dickey-Fuller(Augmented Dickey-Fuller,ADF)㊁统计量,或者 Phillips-Perron㊂统计量。这些统计数据检验的原假设是变量有一个单位根。Phillips-Perron 检验(也称 PP 检验)用了比 Dickey-Fuller 和增强的 Dickey-Fuller 统计更弱的假设,通常认为它的检验结果更可靠。如果确定变量是非平稳的,而差分变量是平稳的,则进入步骤 2。

㊀ Robert Engle 和 Clive Granger,"协整和错误校正:表示、估计和测试,"*Econometrica* 55(1987):251-276。

㊁ David Dickey and Wayne Fuller,"单位根时间序列的自回归估计的分布,"*Journal of the American Statistical Association* 74(1979)427-431。

㊂ Peter Phillips and Pierre Perron,"在时间序列回归中测试一个单位根,"*Biometrica* 75(1988):335-346。

步骤 2，估计以下回归：

$$y_t = c + dx_t + z_t \tag{10-2}$$

为了使之更具体，令 y_t 代表某只美国股票的价格，x_t 代表那只股票的股息水平，z_t 代表残差。c 和 d 代表回归系数。对协整检验来说，原假设认为变量之间不存在协整关系，而备择假设认为它们是协整的。

步骤 3，为了检验协整关系，需检验 z_t 的平稳性。最常用的平稳性检验方法是 Dickey-Fuller 检验。也就是说，以下自回归的误差项应该被考虑：

$$\Delta z_t = p z_{t-1} + u_t \tag{10-3}$$

z_t 是式(10-2)的残差。Dickey-Fuller 检验重点在于考察估计参数 p 的显著性上，如果 p 的估计量在统计上是负数，则可以得出结论：残差 z_t 是平稳的，由此可以拒绝协整关系不存在的原假设。

然后应检查式(10-3)的残差，以确保残差不是自相关的。如果残差是自相关的，就应该使用增强的 Dickey-Fuller 检验。增强的 Dickey-Fuller 检验类似于 Dickey-Fuller 检验，但回归方程中包含 Δz_t 的滞后项，方程如下所示：

$$\Delta z_t = p z_{t-1} + a_1 \Delta z_{t-1} + \cdots + a_n \Delta z_{t-n} + u_t \tag{10-4}$$

增强的 Dickey-Fuller 检验平稳性，像 Dickey-Fuller 检验一样，在方程(10-4)中应检验 $p=0$ 的原假设，以及 $p<0$ 的备择假设。

一般来说，OLS 回归产生的残差应当有尽可能小的样本方差，从而使残差看起来尽可能平稳。标准的 t 统计量或 ADF 检验可能会经常拒绝序列非平稳的原假设。因此，有正确的统计临界值是极其重要的。幸运的是，Engle 和 Yoo 提供了正确的临界值。[⊖] 此外，如果认为在调查中的变量有长期的增长因子，那么就可以在确定的时间趋势下，用 DF 和 ADF 方法去检验序列的平稳性了。可以将一个时间趋势加到等式(10-3)或式(10-4)上来实现上述检验。

步骤 4，Engle-Granger 协整检验的最后一步是估算误差修正模型。恩格尔和格兰杰认为，如果两个变量是协整的，那么这些变量可以被描述为误差修正的形式，如下面两个等式所示：

⊖ Robert Engle and Byung Yoo，"协同集成系统的预测和检验，"*Journal of Econometrics* 35(1987)：143-159.

$$\Delta y_t = b_{10} + \sum_{i=1}^{n} b_{1i} \Delta y_{t-i} + \sum_{j=1}^{n} c_{1j} \Delta x_{t-j} + d_1(y_{t-1} - ax_{t-1}) + e_{1t} \tag{10-5}$$

$$\Delta y_t = b_{20} + \sum_{i=1}^{n} b_{2i} \Delta y_{t-i} + \sum_{j=1}^{n} c_{2j} \Delta x_{t-j} + d_2(y_{t-1} - ax_{t-1}) + e_{2t} \tag{10-6}$$

式(10-5)告诉我们 y_t 的变化取决于：

(1) 它自己过去的变化；

(2) x_t 过去的变化；

(3) x_{t-1} 和 y_{t-1} 之间均衡关系的偏离($y_{t-1} - ax_{t-1}$)。

式(10-5)中的 d_1 体现了误差修正项的大小，表示 x_t 和 y_t 对前期不均衡调整速度，式(10-6)中误差修正项 d_2 也可以做类似的解释。

通过试验不同长度的滞后期，我们可以找出合适的滞后期。对于每一个滞后期，计算 Akaike 信息准则(AIC)或贝叶斯(或施瓦茨)信息准则(BIC)，并选择使信息准则有最低值的滞后期。[⊖]

($y_{t-1} - ax_{t-1}$)的值是由协整等式(10-3)的残差 z_{t-1} 估计而得到的。只有当变量存在协整关系时，这个过程才是合理的。当且仅当变量存在协整关系时，误差修正项 z_{t-1} 才是平稳的。方程中其余的回归项(比如每个变量的滞后项)也是平稳的，这保证了式(10-5)和式(10-6)中所有变量的平稳性，并保证 OLS 估计方法的使用是合理的。

👆 Engle-Granger 检验的实证例子

股价估值的股利增长模型认为，股票的基本价值是由其预期未来现金流的现值(折现值)决定的。这个模型可以表示为：

$$P_0 = \sum D_i/(1+r) \tag{10-7}{}^{\ominus}$$

式中：P_0——股价现值；

D_i——i 期的股票股息；

r——折现率。

如果贴现率超过了股息的增长率，且贴现率随着时间的推移保持不变，那么就可以检验股票价格和股息之间的协整关系了。简而言之，如果按照等式(10-7)所给出的现值关系，人们并不期望股票价格和股息会任意地远离。

⊖ 对于这些标准的总结，请参阅附录 E。
⊖ 股利折现模型的正确形式应为 $P_0 = \sum D_i/(1+r)^i$，原书中遗漏了 i 次方。——译者注

在开始分析之前，可以先作出时间序列变量的散点图。图 10-1 给出了 1962 年至 2006 年股票价格和股息的关系。股票价格以标准普尔 500 指数表示，股息由价值 1 000 美元的标准普尔 500 指数收到的股息值来表示。图 10-1 展示了变量在 20 世纪 80 年代之前一起波动。通过这种直观的分析，我们认为这些变量在 20 世纪 80 年代之前是协整的。在此之后，共同的随机趋势可能已经消失了。我们将在 1962~1982 年间进行一次协整检验，然后在整个 1962~2006 年间进行另一次协整检验。

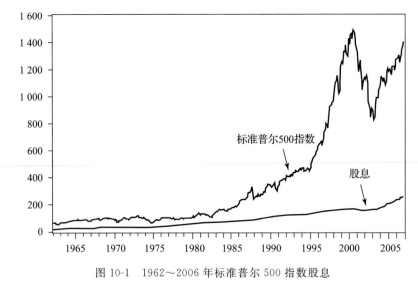

图 10-1　1962~2006 年标准普尔 500 指数股息

注：股息以 10 倍的比例放大。

按照 Engle-Granger 四步法协整检验的步骤，有必要对两个非平稳序列建模——以标准普尔 500 指数为代表的股票价格和股息序列。为了确定序列的非平稳性，我们先使用非严谨的检验方法。

第一种非严谨的检验主要是分析时间序列的散点图，如图 10-1 所示，没有任何一个序列表现出均值回归趋势。相对于股票价格序列，股息序列偏离均值的幅度更少。即便如此，也没有任何一个序列呈现出平稳性。

第二种非严谨方法主要是检验序列的自相关性。表 10-1 列示了 1962~2006 年的月度标准普尔 500 指数股价序列和股息序列滞后 36 期的自相关函数。在较低的滞后期，自相关系数非常接近于 1。此外，自相关函数在较高的滞后期呈现出缓慢的衰减趋势。这也为股票价格和股息序列都是非平稳的提供了足够的证据。当我们继续检验

1阶差分序列的自相关函数时(并未在表10-1中列示),滞后1阶的自相关系数便不再接近于1。一个清晰的结论便是,股票价格和股息的1阶差分序列是平稳的。

表 10-1　标准普尔 500 指数和股息序列的自相关函数

滞后阶数	1	2	3	4	5	6	7	8
标准普尔 500 指数	0.993	0.986	0.979	0.973	0.967	0.961	0.954	0.948
股息	0.991	0.983	0.974	0.966	0.958	0.979	0.941	0.933
滞后阶数	9	10	11	12	13	14	15	16
标准普尔 500 指数	0.940	0.933	0.926	0.918	0.911	0.903	0.896	0.889
股息	0.925	0.916	0.908	0.900	0.891	0.883	0.876	0.868
滞后阶数	17	18	19	20	21	22	23	24
标准普尔 500 指数	0.881	0.874	0.866	0.858	0.851	0.843	0.835	0.827
股息	0.860	0.852	0.845	0.837	0.830	0.822	0.815	0.808
滞后阶数	25	26	27	28	29	30	31	32
标准普尔 500 指数	0.819	0.811	0.804	0.796	0.789	0.782	0.775	0.768
股息	0.801	0.794	0.788	0.781	0.775	0.769	0.763	0.758
滞后阶数	33	34	35	36				
标准普尔 500 指数	0.761	0.754	0.748	0.741				
股息	0.753	0.747	0.743	0.738				

表10-2展示了序列非平稳性严谨检验方法的结果。ADF检验的最优滞后阶数由BIC准则给出。检验的原假设是标准普尔500指数(股息序列)存在一个单位根,备择假设是序列不存在单位根。ADF检验和PP检验结果都表明,标准普尔500指数序列是非平稳的,其1阶差分序列是平稳的。股息序列的检验结果则是不一致的。ADF检验结果支持股息序列存在1个单位根,而PP检验结果并不支持。由于自相关函数和ADF检验结果均认为股息序列存在1个单位根,我们认为股息序列是非平稳的。总而言之,我们的分析表明标准普尔500指数和股息序列包含随机趋势,而它们的1阶差分序列不存在随机趋势。

表 10-2　1962～2006 年标准普尔 500 指数和股息序列的平稳性检验

变量	ADF 检验值	PP 检验值	1%、5%、10%显著性水平下临界值
标准普尔 500 指数	1.22	1.12	−3.44(1%)
△标准普尔 500 指数	−19.07	−19.35	−2.87(5%)
股息	1.52	4.64	−2.56(10%)
△股息	−2.13	−31.68	

注：1. 检验的原假设为变量是非平稳的。
　　2. ADF检验的滞后阶数由BIC准则决定;对于标准普尔500指数序列和其1阶差分序列,最优滞后阶数均为1;对于股息序列和其1阶差分序列,最优滞后阶数分别为12和11。

在 Engle-Granger 协整检验的步骤 2 中，我们要检验标准普尔 500 指数和股息序列是否存在协整关系。这一步通过对取对数的标准普尔 500 指数和股息序列做回归，估计两个序列的长期均衡关系来实现。取对数有助于序列平滑。表 10-3 列示了 1962~1982 年和 1962~2006 年两个阶段月度数据的回归结果。我们无须太在意股息序列回归系数的高 t 值，因为 t 检验对于非平稳序列不适用，除非序列之间存在协整关系。当然，这也正是我们现在研究的问题。

表 10-3 标准普尔 500 指数和股息序列的协整回归结果

时期	常数项	股息的回归系数	股息回归系数的 t 值
1962~1982	4.035	0.404	17.85
1962~2006	2.871	1.336	68.54

注：协整方程的表达式为 Log S&P500 $= a + b$ log dividends $+ z_t$。

一旦我们建立了步骤 2 中的回归方程，接下来的一步就是要检验回归方程式(10-3)中残差项 z_t 的平稳性。根据定义，残差项均值为 0，且不包含时间趋势，这简化了平稳性检验的操作。可以通过估计回归方程式(10-4)来实现 ADF 检验，检验的原假设是序列之间不存在协整关系。如果我们得到回归方程式(10-4)中 p 的系数为负，那么可以拒绝原假设，进而得到检验标准普尔 500 指数和股息序列存在协整关系的证据。最优滞后阶数的选取可能是基于 AIC 原则、经济理论或者实际考虑。我们披露滞后 3 个时期的结果来代表 1 个季度的情况，检验结果见表 10-4。1962~1982 年，可以在 10% 的显著性水平下拒绝不存在协整关系的原假设。在 1962~2006 年整个期间，无法拒绝不存在协整关系的原假设。显然，这是股票价格和股息序列在 20 世纪 80 和 90 年代走势有所分散导致的，这与 20 世纪 90 年代互联网泡沫冲击的证据相一致。

表 10-4 协整方程残差的 ADF 检验

Panel A. 1962~1982 年 $n = 248$

变量	系数	t 统计量	p 值
z_t	−0.063	−3.23	0.001
Δz_{t-1}	0.272	4.32	0.000
Δz_{t-2}	−0.030	−0.46	0.642
Δz_{t-3}	0.090	1.40	0.162

注：系数 p 的 t 统计量为 −3.23；5% 和 10% 显著性水平的临界值分别为 −3.36 和 −3.06。

Panel B. 1962~2006 年 $n=536$

变量	系数	t 统计量	p 值
z_t	−0.008	−1.81	0.070
Δz_{t-1}	0.265	6.13	0.000
Δz_{t-2}	−0.048	−1.08	0.280
Δz_{t-3}	0.031	0.71	0.477

注：系数 p 的 t 统计量为 −1.81；5% 和 10% 显著性水平的临界值分别为 3.35 和 3.05。
ADF 检验的临界值来自 Engle & Yoo(1987)。进行 ADF 检验的协整方程误差基于如下回归得到：

$$\Delta z_t = -pz_{t-1} + a\Delta z_{t-1} + b\Delta z_{t-2} + c\Delta z_{t-3} + e_t$$

其中，Δz_t 为协整方程中误差项的变动，e_t 为随机残差项。如果系数 p 为正数，且显著异于 0，则来自长期均衡方程中的 z 误差是平稳的，因此我们可以接受(无法拒绝)原假设。方程中的残差项 e_t 是白噪声，因此不再需要进行平稳性检验。

当确定了 1962~1982 年标准普尔 500 指数和股息序列存在协整关系后，Engle-Granger 协整检验的最后一步(步骤 4)，即确定标准普尔 500 指数和股息序列的相互作用关系，可以通过估计式(10-5)和式(10-6)给定的误差修正模型来实现。此时，可以回顾一下式(10-5)和式(10-6)的解释。式(10-5)表明，标准普尔 500 指数序列的变动取决于标准普尔 500 指数序列过去的变动、股息序列过去的变动以及标准普尔 500 指数和股息序列偏离均衡的程度。式(10-6)也有类似的统计解释。然而，基于理论的立场来看，式(10-6)是毫无意义的。从未有任何金融理论表明股息的变动受到股息过去的变动和标准普尔 500 指数与股息序列偏离均衡程序的影响。因此，式(10-6)退化成股息序列的自回归模型。

接下来，我们估计滞后 3 阶的误差修正模型。误差修正项 z_{t-1}，来自表 10-3 中报告的协整方程的 OLS 回归。误差修正模型的结果见表 10-5。通过构建该模型，误差修正项的系数反映了股票价格和股息对长期均衡偏离的敏感程度。两个方程中误差修正项的加入也保证了股票价格和股息走势不会偏离得太远。恩格尔和格兰杰曾证明，变量之间如果存在协整关系，则误差修正模型中的误差修正项系数至少在一个方程中显著异于 0。⊖ 在我们的例子中，式(10-5)的误差修正项系数的 t 值显示其显著异于 0。系数值 −0.07 也被称为调整系数的速度。该估计值表明，前一个月股票价格与股息偏离均衡程度的 7% 将在当前月份消除。一般来说，系数的调整速度越快，长期均衡的恢复也越快。由于股息方程中的误差修正项系数在统

⊖ Engle and Granger, "Cointegration and Error-Correction."

计上并不显著异于 0，因此所有对于均衡偏离的调整都作用在股票价格上。

表 10-5　1962～1982 年标准普尔 500 指数和股息序列的误差修正模型

	式（10-5）			式（10-6）	
	系数	t 统计量		系数	t 统计量
b_{01}	−0.009	−2.42	b_{20}	0.001	2.91
b_{11}	0.251	4.00	b_{21}	0.002	0.63
b_{12}	−0.043	−0.66	b_{22}	−0.003	−0.88
b_{13}	0.081	1.27	b_{23}	0.004	1.07
c_{11}	0.130	0.11	c_{21}	0.939	14.60
c_{12}	−0.737	−0.46	c_{22}	−0.005	−0.06
c_{13}	−0.78	−0.65	c_{23}	−0.006	0.87
d_1	−0.07	−3.64	d_2	0.000	0.30

注：标准普尔 500 指数的变化用 ΔY_t 表示，股息的变化用 ΔX_t 表示。

表 10-5 中一个有趣的现象与式（10-5）中的滞后结构有关。股价变动的滞后 1 阶系数在统计上显著。这意味着当月股票价格的变动依赖于上月股票价格的变动，这并不符合有效市场假说。此外，股息变动的滞后阶系数在统计上并不异于 0。有效市场理论和我们的回归结果都能够证实，股息序列过去的变动不会影响股票价格的当期变动。

10.2.2　Johansen-Juselius 协整检验

Engle-Granger 协整检验存在一系列问题。这些问题在多元环境（存在 3 个或更多的变量）中将被放大。原则上，当协整方程建立的时候（甚至是两个变量的情况下），任一变量都应该被考虑作为因变量。在我们之前的应用举例中，同样需要在式（10-2）的左边放置股息变量，右边放置标准普尔 500 指数进行回归。恩格尔和格兰杰证明，当样本趋于无穷大的时候，无论将哪个变量视为因变量，协整检验结果都是相似的。

那么，第一个问题在于：样本量达到多少才足够大？

第二个问题在于，我们用以协整检验的误差项只是估计得到的，并不是真正意义上的误差项。因此，任何式（10-2）中的错误设定，所导致的误差项 Z_t 的估计偏差，都进入了式（10-3）的回归当中。最后一个问题在于，Engle-Granger 协整检验无法检测到多个协整关系的存在。

Johansen-Juselius 协整检验[1]能够避免上述问题。先来看一下向量回归模型：

$$y_t = Ay_{t-1} + u_t \tag{10-8}$$

式中：y_t 是 $n×1$ 维的向量(y_{1t}，y_{2t}，…，y_{nt})；u_t 是 n 维误差项；A 是 $n×n$ 维系数矩阵。

如果变量包含时间趋势，我们就可以在方程(10-8)中加入 A_0 矩阵。这个矩阵能够反映确定性时间趋势，同样适用于方程(10-9)。这样做不会改变我们分析的本质。

模型(不包含确定性时间趋势)可以表示为如下形式：

$$\Delta y_t = By_{t-1} + u_t \tag{10-9}$$

式中：$B = I - A$，I 为 n 维单位矩阵。

多变量系统的协整关系取决于矩阵 B 的秩，矩阵 B 可能达到的最高的秩为 n，即全部变量的个数。如果矩阵 B 为零矩阵，则意味着 y_t 的所有线性组合都不是平稳的，因此这一组变量之间不存在协整关系。

如果矩阵 B 的秩为 n，则每一个 y_{it} 都符合自回归过程。这意味着每一个 y_{it} 都是平稳的，可以用向量自回归模型来检验它们的关系，建模方法我们在第 9 章已经探讨过。对于任何在 1 和 $n-1$ 之间的秩，多变量系统都是协整关系，并且协整向量的个数等于矩阵的秩。

Johansen-Juselius 协整检验通过构建两个统计量来检验协整关系：

(1) λ 迹统计量；

(2) 最大特征值统计量。

λ 迹统计量求证的原假设是"变量间不存在协整关系"，备择假设为"变量间至少存在 1 个协整关系"。最大特征值统计量，顾名思义，是基于最大特征值的检验，其原假设是"变量间存在 i 个协整关系"，备择假设为"变量间至少存在 $i+1$ 个协整关系"。

Johansen 和 Juselius 计算了上述两个统计量的临界值。如果序列存在确定性时间趋势 A_0，临界值是不同的。Enders 提供了含有确定性时间趋势和不含有时间趋势的两个临界值表。[2]大多数统计软件会提供临界值和相关的 p 值。

---

[1] Soren Johansen and Katarina Juselius，"Maximum Likelihood Estimation and Inference on Cointegration with Application to the Demand for Money," *Oxford Bulletin of Economics and Statistics* 52(1990)：169-209.

[2] Enders，"ARIMA and Cointegration Tests of Purchasing Power Parity."

👉 Johansen-Juselius 协整检验的实证例子

许多金融顾问和（投资组合）理财经理指出，相对于将资金限定于投资国内股，投资者可以通过国际化投资来改善他们的风险/收益状况（例如跟随一项多样化的国际政策）。如果不同国家的股票收益并不是高度相关的，那么投资者通过投资不同国家的股票，便可以在不损失重大收益的情况下获得风险的降低。然而，随着全球化的到来以及不同国家资本市场一体化的发展，国际化投资的风险分散优势饱受质疑。在此，我们将说明协整检验如何揭示这一问题，并且如何进行Johansen-Juselius协整检验。

欧洲国家共同货币的概念旨在降低交易成本、促进经济紧密联合。我们可以利用协整模型检验自1999年欧元推出后，法国、德国和荷兰的股票市场价格是否存在联动关系。检验采用的是1999~2006年的月度数据。

尽管在协整检验之前研究者需要对序列进行单位根检验，但约翰森指出平稳性检验是多余的，这是因为协整向量已经揭示了序列的平稳性。[①] 而寻求式(10-9)中合适的滞后阶数是至关重要的。这通常需要估计传统的向量自回归模型（VAR，见第9章），应用AIC准则和BIC准则来判断最优滞后阶数。在我们的实例中，选取滞后1阶，因此模型采用如下形式：

$$\boldsymbol{y}_t = \boldsymbol{A}_0 + \boldsymbol{A}_1 \boldsymbol{y}_{t-1} + \boldsymbol{u}_t \tag{10-10}$$

其中，$\boldsymbol{y}_t$ 是 $n \times 3$ 维的向量 $(y_{1t}, y_{2t}, y_{3t})'$，取值为法国、德国、荷兰股票指数的对数。具体而言，y_{1t} 是法国股票指数在 t 时刻的对数值；y_{2t} 是德国股票指数在 t 时刻的对数值；y_{3t} 是荷兰股票指数在 t 时刻的对数值。取对数的目的是为了平滑序列。$\boldsymbol{A}_0$ 和 $\boldsymbol{A}_1$ 都是 $n \times n$ 维系数矩阵，$\boldsymbol{u}_t$ 是 $n \times n$ 维误差矩阵。

接下来就是对模型参数进行估计，即拟合式(10-9)。我们在方程中加入1个线性趋势，因此列入了矩阵 $\boldsymbol{A}_0$。此外，由于方程是有限制的，因此采取极大似然估计方法而不是OLS方法来进行回归（我们将在第13章解释极大似然估计方法）。这种估计方法的重点并不是计算矩阵 $\boldsymbol{A}$ 的参数值，只有少数软件会披露该估计值。我们更加侧重于对矩阵 $\boldsymbol{B}$ 进行估计，从而确定协整向量的个数。

[①] Soren Johansen, Likelihood-Based Inference in Cointegrated Vector Autoregressive Models (New York: Oxford University Press, 1995).

协整方程的估计结果见表 10-6。我们要确认指数之间是否存在 i 个协整关系。检验的原假设是股票指数之间不存在协整关系。为了实现上述检验,需要进行 λ 迹统计量检验,在这里记为 $\lambda_{\text{trace}}(0)$,其中 0 表示存在 0 个协整向量。表 10-6 也披露了这一结果。为了准确理解这一重要的统计量,我们详细介绍其计算方法,回归中包含了 96 个有效观测值,公式为:

$$\lambda_{\text{trace}}(0) = -T[\ln(1-\lambda_1^*) + \ln(1-\lambda_2^*) + \ln(1-\lambda_3^*)]$$

$$= -96[\ln(1-0.227) + \ln(1-0.057) + \ln(1-0.028)] = 33.05$$

表 10-6 协整检验

原假设	特征根	λ迹统计量	5%临界值	p 值	最大特征值统计量	5%临界值	p 值
存在 0 个协整向量	0.227	33.05	29.80	0.02	24.72	21.13	0.01
至少存在 1 个协整关系	0.057	8.32	15.49	0.43	5.61	14.26	0.66
至少存在 2 个协整关系	0.028	2.72	3.84	0.10	2.72	3.84	0.10

正如表 10-6 所示,λ 迹统计量超过了 5% 的临界值 29.8 ⊖,并且 p 值为 0.02,因此可以在 5% 的显著性水平下拒绝原假设,说明至少存在 1 个协整关系。接下来,我们计算 $\lambda_{\text{trace}}(1)$,其原假设是至少存在 1 个协整关系,备择假设是至少存在 2 个协整关系。表 10-6 显示,$\lambda_{\text{trace}}(1)$ 等于 8.32,小于 5% 的临界值 15.49,我们不能拒绝原假设。最终,我们得出结论:变量之间存在 1 个协整关系。此时,无须再计算 $\lambda_{\text{trace}}(2)$。

最大特征值统计量被记为 $\lambda_{\max}$,加强了 λ 迹统计量检验结论的稳健性。我们可以计算 $\lambda_{\max}(0,1)$ 来检验原假设"变量不存在协整",备择假设是"变量存在 1 个协整关系"。表 10-6 也计算了 $\lambda_{\max}(0,1)$ 的取值。同样地,由于相似的原因,我们介绍 $\lambda_{\max}(0,1)$ 的计算方法如下:

$$\lambda_{\max}(0,1) = [-T\ln(1-\lambda_1^*)] = -96\ln(1-0.227) = 24.72$$

计算的结果 24.72 超过了 5% 显著性水平下的临界值 21.13,且 p 值为 0.01。我们同样可以拒绝原假设(股票价格之间不存在协整关系)。结论依然是,至少存在 1 个协整关系。

下一步需要展示协整方程,并对误差修正模型进行分析。表 10-7 展示了协整

⊖ 协整检验的临界值计算方法参考 Johansen 的书"Likelihood-Based Inference in Cointegrated Vector Autoregressive Models"。

方程和误差修正模型的回归结果。协整方程是 Engle-Granger 协整检验中 z_{t-1} 的多元表达式。误差修正模型形式如下：

$$\Delta y_t = b_{10} + \sum_{i=1}^{n} b_{1i} \Delta y_{t-i} + \sum_{j=0}^{n} c_{1j} \Delta x_{t-j} + d_1 (y_{t-1} - a x_{t-1}) + e_t \quad (10\text{-}11)$$

表 10-7　协整方程和误差修正模型(1999～2007 年)

Panel A 协整方程			
France＝4.82＋2.13 Germany－1.71 Netherlands			
[8.41]　　　　　　　[5.25]			
Panel B 误差修正模型			
国别	Δ(France)	Δ(Germany)	Δ(Netherlands)
z_{t-1}	－0.151 477	－0.057 454	－0.179 129
	[－2.21]	[－0.66]	[－2.52]
Δ(France(－1))	0.087 360	0.245 750	0.225 357
	[0.27]	[0.60]	[0.67]
Δ(France(－2))	－0.200 773	－0.218 331	－0.324 250
	[－0.68]	[－0.58]	[－1.06]
Δ(Germany(－1))	－0.189 419	－0.024 306	－0.094 891
	[－0.82]	[－0.08]	[－0.39]
Δ(Germany(－2))	－0.155 386	－0.109 070	－0.127 301
	[－0.67]	[－0.37]	[－0.53]
Δ(Netherlands(－1))	0.079 881	－0.189 775	－0.188 295
	[0.34]	[－0.64]	[－0.77]
Δ(Netherlands(－2))	0.439 569	0.446 368	0.483 929
	[1.89]	[1.52]	[2.00]
C	0.005 967	0.002 575	0.002 688
	[1.02]	[0.35]	[0.44]

注：France(－1)表示法国股指上个月收益的对数值，Germany(－1)和 Netherlands(－1)与此类似。方括号披露的是回归系数的 t 统计量。

式(10-11)的符号与式(10-5)和式(10-6)的有所不同。式(10-11)中的符号反映了 Johansen-Juselius 协整检验式(10-9)中的矩阵符号。然而，为了便于说明，我们并没有使用误差修正项的矩阵符号。Δ 表示变量的一阶差分，因此 Δy_{1t-1} 表示法国股票指数在 t-1 期的对数差分，即 $y_{1t-1} - y_{1t-2}$。式(10-11)显示，法国股票指数的对数差分取决于其过去 2 期的对数差分、德国股票指数过去 2 期的对数差分、荷兰股票指数过去 2 期的对数差分以及法国股票指数偏离其与德国和荷兰股票指数期随机趋势的程度。㊀类似地，我们也可以写出德国和荷兰股票指数的误差修正方程。

㊀ 最优滞后阶数 2 期的确定取决于信息准则，例如 BIC 准则。不同滞后期信息准则的统计结果由计量软件给出。

表 10-7 的 B 部分显示了三个国家误差修正模型的估计结果。任一方程中的误差修正项都表示过去一段时间股票指数相对长期随机趋势的偏离程度。需要注意的是，与 Engle-Granger 协整检验不同，Johansen-Juselius 协整检验同时估计了序列之间长期和短期的动态趋势。系数调整的速度被加入短期动态模型中。对于德国而言，系数是不显著的（在 5% 的水平下），这意味着德国股票价格变动不受其与法国、荷兰股票价格随机趋势偏离的修正。由于变量之间存在协整关系，因此至少有 1 个调整系数是显著的。事实上，法国和荷兰股票价格的调整系数都是显著的（在 5% 的水平下），系数水平也是相似的。这说明，当法国和荷兰股票价格中的经济因素偏离共同的随机趋势时，它们会调整未来价格。前一期，法国大概有 15%、荷兰大概有 17% 的偏离会在当期被纠正。

要点回顾

- 许多金融专业人士感兴趣的时间序列都是非平稳的。
- 如果非平稳变量之间共享一个共同的随机趋势，则可以分析变量之间的关系。捕获这种共同随机趋势的一种方式是协整检验。
- 协整检验可以揭示变量之间有趣的长期均衡关系。
- 当变量具有随机趋势时，便存在虚假回归问题。因此，普通最小二乘估计方法可能提供误导的结果。
- 协整方法已被应用于检验市场定价效率和国际股票市场价格联动。
- 协整变量在短期内可能偏离均衡关系，但误差修正模型解释了这些变量如何在长期均衡中不断调整。
- 协整检验有两种重要方法：Engle-Granger 方法和 Johansen-Juselius 方法。
- 检验两个变量协整关系最常用的方法是 Engle-Granger 方法。
- Johansen-Juselius 方法常应用于检验多个变量之间的协整关系。

第 11 章

自回归异方差模型及其扩展

学习目标

在阅读本章后,你将了解以下内容:
- 同方差与异方差的概念。
- 条件异方差的概念。
- 条件异方差的实证基础。
- 条件异方差的自回归建模。
- 自回归条件异方差(ARCH)模型。
- 扩展的 ARCH 模型:广义自回归条件异方差(GARCH)模型和多元 ARCH 模型。
- 应用计量软件估计 ARCH 模型。

在第 9 章中,我们介绍了一个重要的时间序列分析工具——自回归移动平均(ARMA)模型。该模型侧重于估计和预测序列均值。在本章中,我们来学习一种重要的金融计量经济学工具,它被应用于估计和预测金融序列的一个重要因素——金融时间序列的方差。方差的准确计算对于量化投资组合或交易头寸的风险、构建风险控制策略(如确定套期保值的比率)、计算期权定价模型关键参数都至关重要。

在所有用于预测条件方差的金融计量工具中,最广泛使用的模型是自回归条件异方差(ARCH)模型和广义自回归条件异方差(GARCH)模型。[1]本章将主要介绍上述模型以及它们的变形形式。估计主要资产类别之间的相关性或者同一资产类别下两种不同金融资产的相关性都需要基于对任一资产方差的准确预测。因此,

---

⊖ 其他预测工具包括随机波动率模型和马尔科夫转换模型。

在构建投资组合时需要一个时间序列工具来估计条件协方差。我们可以运用多元 ARCH 模型和多元 GARCH 模型来预测条件协方差。上述方法将在本章靠后的小节简要介绍。

11.1 估计和预测时间序列的波动性

最简单的用于测算历史波动的方法是使用近期较短时间内价格或收益的样本，计算样本方差和标准差，测量结果取决于每个观测值给定的权重。如果我们分配给每个样本相同的权重，则意味着最近期的观测值和早期的观测值对测量结果具有相同的影响。这种方法称为简单平均法(equally weighted average approach)。这种方法的缺陷在于，最近期的观测值可能比前期的观测值包含更多反映未来波动的信息。为了弥补这种缺陷，指数加权移动平均方法(exponentially weighted moving average，EWMA)应运而生，这种方法分配更大的权重给近期的观测值。分配更大的权重给近期的观测值，本身就意味着过去发生的极端观测值在方差计算中给予较少的关注。这种方法涉及观测值权重的选择，即如何给予近期观测值更大的权重，给予远期观测值更小的权重。指数加权方法的应用便是基于上述目的。研究者必须详细说明加权方案(例如，具体有多少权重分配在近期和远期的观测样本中)。○

上述两种方法的缺陷在于，它们都是对历史波动或者说已实现波动的测量，因此对于测度未来的预期波动未必适用。用"已实现"波动预测未来波动主要基于以下假设，未来的波动将与样本期间的波动保持一致。此外，由于是样本估计方法，它会存在抽样误差。这意味着，历史波动将取决于对不同样本时期的选择。

尽管指数加权移动平均法在预测未来波动方面要优于简单平均法，但上述模型并不能预测波动的未来变化。在寻找金融资产回报的方差未来变动特征时，金融从业人员逐渐发现了以下两个典型特征：①波动具有时变特征；②波动具有聚集性。波动率的时变性，意味着波动存在动荡期(例如高振幅波动率时期)和平稳

○ 对于如何运用简单平均法和指数加权移动平均法估计和预测方差的具体细节参见 Carol Alexander, "Moving Average Models for Volatility and Correlation, and Covariance Matrices," in *Handbook of Finance*, ed. Frank J. Fabozzi, vol. 3(Hoboken, NJ: John Wiley & Sons, 2008): 711-724.

期(例如低振幅波动率时期)。波动率的聚集性,意味着当波动振幅较低时,未来倾向于保持较低的振幅;当波动振幅较高时,未来倾向于保持较高的振幅。

在这一章中,我们将主要介绍两种统计模型,即ARCH模型和GARCH模型(及其变形形式),由这两种模型测算的波动结构与市场中观测的波动率是较为一致的。例如,GARCH模型认为,对下一期波动最好的预测指标由三部分构成:①长期稳定的方差;②前一期波动率的预测值;③预测前一期波动时无法获取的新信息(这部分信息用前一期预测残差的平方项表示)。GARCH模型的许多扩展形式都将已观测到的方差行为包含在内。例如,在股票市场,坏消息往往比好消息对价格的影响更大,这被称为杠杆效应(leverage effect)。GARCH模型的一种扩展形式"门槛GARCH模型"便描述了这种非对称结构。

为了进一步理解如何应用上述方差结构来预测未来波动,我们接下来具体描述ARCH模型和GARCH模型。

11.2 ARCH模型

11.2.1 ARCH行为

自回归条件异方差模型(autoregressive conditional heteroscedasticity model),又被称为ARCH模型,在金融计量经济学中用以描述条件方差的时变特征。作为现代计量经济学的一项重大成就,ARCH模型最早由2003年诺贝尔经济学奖获得者罗伯特·恩格尔提出,恩格尔获得诺贝尔经济学奖正是由于他对时间序列计量经济学所做出的贡献。[⊖]

ARCH模型的核心理念在于:资产价格乃至所有经济时间序列不可预测的平均波动振幅并非一个固定值,波动较大的时期与波动较小的时期将交替呈现。

不可预期的波动的上述行为几乎在所有金融和经济时间序列数据中普遍存在。

ARCH模型可以对大量的金融和经济变量进行分析。为了进一步理解ARCH

⊖ Robert F. Engle,"Autoregressive Conditional Heteroscedasticity with Estimates of the Variance of United Kingdom Inflation," *Econometrica* 50, no.4(1982): 987-1007。恩格尔对ARCH模型的发展仅仅是他对时间序列计量经济学诸多贡献中的一个,他与当年被共同授予诺贝尔奖的格兰杰发展了协整技术(我们已在第10章中讨论过)。

模型，我们将考虑资产收益的变动。首先，我们假定资产收益是一系列服从独立同分布的随机变量，通常记为 i.i.d. 序列。正如第 2 章所述，i.i.d. 序列是最简单的描述收益分布的模型。这意味着收益是不可预测的：任何给定时间的收益是独立于前期收益的，且它们有同样的分布。

图 11-1 给出了一个仿真资产的模拟收益趋势图。假定这个资产的收益服从独立同分布，并给出来自标准正态分布的 1 000 个随机值。标准正态分布均值为 0，方差为 1。标准正态分布的假设是一种简化了的近似情况（我们将在本书后面的章节中检验这种假设）。重点在于：①图中收益波动的幅度是随机的；②图中并没有表现出任何特定规律。尤其是，模拟收益的取值从最小的 -0.3（-30%）到最大的 $+0.3$（$+30\%$），我们并不能确定未来时期波动率的绝对值会变得更大还是更小。

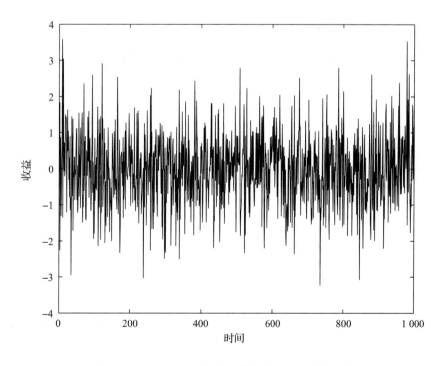

图 11-1　1 000 个独立同分布模拟收益序列的趋势图

图 11-1 的模拟只是对真实金融市场观测值的近似估计。事实上，股票收益只是近似的独立同分布变量。实证研究发现，虽然波动的方向（如波动符号）几乎无法预测，但收益的绝对值却可以预测。换句话说，给定过去 t 时点的收益，我们无

法预测 $t+1$ 时点的收益轨迹,但我们可以预测 $t+1$ 时点收益的绝对值更大还是更小。这是因为,平均收益,即收益绝对值的平均值,会以较大值和较小值在不同时期交替呈现。

例如,考虑到图 11-2 呈现的 2008 年 1 月 12 日至 2011 年 12 月 30 日甲骨文公司股票收益的趋势,该期间包括 1 000 个交易日。图 11-2 中的趋势比图 11-1 中的趋势更具结构性。通过观察图 11-2 中的趋势,我们可以确认小幅的波动与大幅的波动交替呈现。我们称不可预测波动的平均幅度为波动率。波动率是风险的一种度量。因此,我们可以说高风险时期与低风险时期也是交替呈现的。

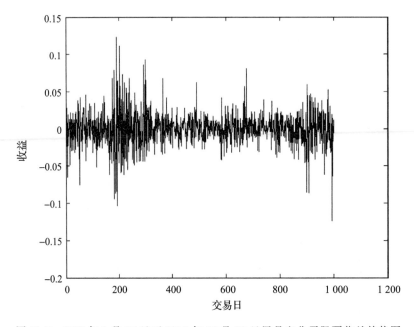

图 11-2 2008 年 1 月 12 日至 2011 年 12 月 30 日甲骨文公司股票收益趋势图

让我们回顾第 4 章回归分析中探讨一般线性模型基本假定时使用过的几个术语。如果变量具有相同的离散程度,尤其是相同的方差,则随机变量被称为同方差,一个 i.i.d. 序列就是同方差的,因为它由同样的随机变量组成,因此具有相同的方差或者其他任何方式度量的离散程度。如果随机变量具有不同的方差或者离散程度,则随机变量是异方差的。

回顾之前的内容,我们可以知道,一个时间序列随机变量,如果所有的一阶矩和二阶矩存在,且它们是不依赖于时间的常数,则可以说时间序列是协方差平稳或弱平稳的[①]。也就是说，协方差平稳序列具有固定的均值、固定的方差、固定的自协方差。

如果时间序列具有恒定的方差，则可以说它是同方差分布的。同方差时间序列由于其均值受时间影响，因此未必是平稳的。而异方差时间序列一定不是平稳序列，因为在不同的时点序列的方差并不固定。

现在，考虑一个如图 11-2 中呈现的序列，该序列中绝对收益较大的时期和较小的时期是交替呈现的。考虑到绝对收益的大小是持续性的，我们可以在概率意义上预测出，绝对收益在什么时候会更大，什么时候会更小。也就是说，当前期收益条件给定时，我们可以预测未来的收益绝对值变得更大还是更小。我们称这样的序列具有条件异方差属性，因为任意时刻收益的方差都取决于前期的收益。也就是说，如果我们可以根据过去收益的分布函数（例如，前期收益的条件分布）可以预测未来收益的方差，则序列具有条件异方差属性。

然而，一个已经证实的关键点在于——即使序列是平稳的，它也可以是条件异方差的。一个具有不变的无条件方差的序列本应是平稳的，但其观测值仍可能出现波动较大的时段和波动较小的时段，尽管这可能不符合直觉。也就是说，方差的条件时变特质取决于序列的前期取值。

11.2.2 ARCH 模型表现

1982 年，罗伯特·恩格尔首先提出了条件异方差模型。恩格尔的做法是构建自回归模型来拟合条件异方差，因此该模型又被称为自回归条件异方差模型。

为了解释 ARCH 模型的特点，我们将使用资产收益进行说明（尽管该模型适用于所有金融变量）。令 t 时刻资产收益为 R_t，假定资产收益行为可以用以下方程概括：

$$R_t = \sigma_t \varepsilon_t \tag{11-1}$$

式中：σ_t 是 t 时刻收益的标准差，ε_t 是均值为 0、方差为 1 的独立正态分布序列。在方程(11-1)中，假定收益均值为 0，相当于在实际收益中减去了一个固定的正收

[①] 协方差平稳序列经常被称为简单平稳序列。如果时间序列所有的有限分布都是时间上独立的，则时间序列是严格平稳的。严格平稳时间序列未必就是弱平稳的，这是因为有限分布可能并不具有一阶矩和二阶矩。

益值。

最简单的 ARCH 模型要求以下关系成立：
$$\sigma_t^2 = c + a_1 R_{t-1}^2 \quad (11\text{-}2)$$
式中：σ_t^2 是 t 时刻收益的方差，c 和 a_1 是待估参数。简单来说，任何时点资产收益的方差都取决于一个固定常数项加上一个固定常数与前期收益平方项的乘积。由于这个模型包含了前一期的收益（一阶滞后项），因此它又被称为 ARCH(1)模型，其中(1)表示滞后 1 阶。

我们需要对参数 c 和 a_1 施加条件以确保 σ_t^2 是大于 0 的，收益序列 R_t 是平稳的。假定取值仅大于 0 的过程又被称为正向过程（positive process）。如果我们令 $c>0$ 并且 $0<a_1<1$，则收益序列 R_t 是平稳的，其方差 $\sigma_t^2 = c/(1-a_1)$，是恒大于 0 的。

为了说明上述情况，图 11-3 展示了 ARCH(1)过程下的模拟收益，其中 $c=0.1$，$a_1=0.1$。图 11-4 显示了时间序列的时变波动在大振幅和小振幅之间的变化。

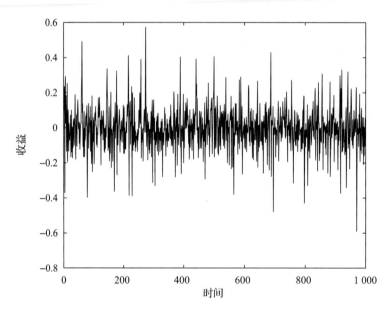

图 11-3 $c=0.1$ 且 $a_1=0.1$ 时 ARCH(1)的模拟收益趋势

为了改进 ARCH 模型在现实时间序列中的拟合能力，我们还可以使用更多的滞后阶数，用 ARCH(m)模型来表示具有 m 阶滞后项的模型，模型的具体形式如下：
$$R_t = \sigma_t \varepsilon_t \quad (11\text{-}3)$$

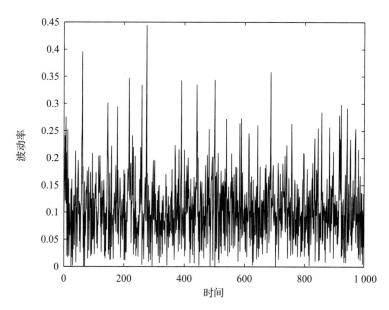

图 11-4　相较于图 11-3 的波动率趋势图

注：高低波动区间是交替变化的，但变化的频率较高。

$$\sigma_t^2 = c + a_1 R_{t-1}^2 + \cdots + a_m R_{t-m}^2 \tag{11-4}$$

在式(11-3)中，随机误差项 ε_t 是与时变方差 σ_t 相乘的。式(11-4)表示，当期的波动率是在过去收益平方的加权平均基础上，再加上一个固定常数来表示的。为了确保 σ_t^2 非负并且模型平稳，需要满足以下条件：

(1) 参数 $a_1, \cdots, a_m$ 都是非负的；

(2) $a_1 + \cdots + a_m < 1$。

图 11-5 和图 11-6 提供了 ARCH(3) 过程的模拟收益序列趋势图，该过程遵循滞后 3 阶的 ARCH 过程。图中假设的模型系数为 $c=0.1$，$a_1=0.6$，$a_2=0.2$，$a_3=0.1$。需要注意的是，为了保证模型是正向平稳的，应假定参数值满足如下两个条件：①3 个滞后项回归系数的取值都是正数；②它们的总和应小于 1，本例为 0.9。可以看出，R_t^2 是一个自回归过程。⊖如果收益遵循 ARCH 过程，便可以对

⊖ 我们将 $\sigma_t^2 = c + a_1 R_{t-1}^2 + \cdots + a_m R_{t-m}^2$ 代入 $R_t = \sigma_t \varepsilon_t$ 中，并取条件期望。由于滞后值 R_t 未知，ε_t 具有零均值和唯一方差，我们得到 $E(R_t^2 \mid)R_{t-1}^2 \cdots R_{t-m}^2 = (c + a_1 R_{t-1}^2 + \cdots + a_m R_{t-m}^2)E(\varepsilon_t^2) = c + a_1 R_{t-1}^2 + \cdots + a_m R_{t-m}^2$。这个关系表明 R_t^2 是一个自回归过程。过程 R_t^2 代表收益率的平方，因此肯定是正的。为确保 R_t^2 为正，我们要求 $c>0$，$a_i \geqslant 0$，$i=1,\cdots,m$，可以证明这个条件能保证平稳性。取期望后，我们得到无条件方差是 $\dfrac{c}{1-\sum a_i}$。

R_t^2 建立自回归模型。容易证明，此时收益的平方项是可利用解析公式预测的。特别地，我们还可以通过预测波动率来衡量风险水平。

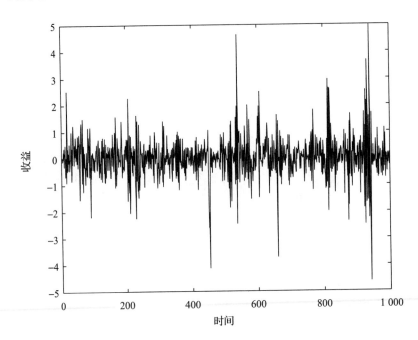

图 11-5 参数 $c=0.1$，$a_1=0.6$，$a_2=0.2$，$a_3=0.1$ 时，ARCH(3)的模拟收益率过程

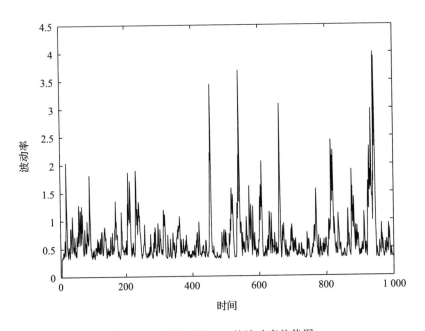

图 11-6 相较于图 11-5 的波动率趋势图

11.2.3 ARCH 均值模型

ARCH 均值模型又被称为 ARCH-M 模型，它是一种变形的 ARCH 模型，该模型考虑到投资者要求更高的预期收益作为持有更高风险资产的补偿。因此，条件方差更高时应该伴随着更高的预期收益。[①] ARCH-M 模型的具体形式如下：

$$R_t = d\sigma_t + u_t \tag{11-5}$$

$$u_t = \sigma_t \varepsilon_t \tag{11-6}$$

$$\sigma_t^2 = c + a_1 u_{t-1}^2 + \cdots + a_m u_{t-m}^2 \tag{11-7}$$

方程(11-5)表示 t 时刻的收益由两部分组成：$d\sigma_t$ 和 u_t。第一部分 $d\sigma_t$ 与 t 时刻的波动率成正比，第二部分 u_t 具有同 ARCH(m) 模型一样的形式。如果我们设定 $d=0$，则 ARCH-M 模型便退化成为标准的 ARCH(m) 模型，正如式(11-3)和式(11-4)给定的那样。

标准的 ARCH 模型代表着零均值收益；如果收益具有恒定均值，则减去该平均值。在 ARCH-M 模型中，式(11-5)中的 $d\sigma_t$（总是正的）表明条件均值收益不为零，并且是时变的。当波动率高的时候，条件均值更大；当波动率低的时候，条件均值更小。

11.3 GARCH 模型

图 11-5 和图 11-6 显示了如何通过增加滞后项以减少低波动和高波动之间的转换频率。当然，在实际应用中，需要估计所有的常数项。多参模型的主要缺点即需要估计常数项[②]：估计量是被噪声影响的且不可靠。为了避免估计模型中包含太多的滞后项，波勒斯列夫(Bollerslev)引入了一种称为广义自回归条件异方差模型(generalized autoregressive conditional heteroscedasticity)的 ARCH 模型的变形，也称为 GARCH 模型。[③]

在 GARCH 模型中，当期的波动率不仅仅取决于 ARCH 过程中描述的过去的收益，也取决于过去的波动率。在 GARCH(p, q) 模型中，p 是 R_t^2 滞后的阶数，q

---

[①] Robert F. Engle, David V. Lilien, and Russell P. Robins, "Estimating Time VaryingRisk Premia in the Term Structure: The ARCH-M Model," *Econometrica* 55(1987): 391-407.

[②] 此处用常数项似有不妥。更准确的表达是，ARCH 模型的缺点在于要估计很多滞后项的参数。——译者注

[③] Tim Bollerslev, "Generalized Autoregressive Conditional Heteroscedasticity," *Journal of Econometrics* 31(1986): 307-327.

是模型中方差的滞后阶数，方程具体描述如下：

$$R_t = \sigma_t \varepsilon_t + d \tag{11-8}$$

$$\sigma_t^2 = c + a_1 R_{t-1}^2 + \cdots + a_p R_{t-p}^2 + b_1 \sigma_{t-1}^2 + \cdots + b_q \sigma_{t-q}^2 \tag{11-9}$$

同 ARCH 模型一样，为确保 σ 为正且符合平稳随机过程，需要满足以下条件：

(1) $c > 0$；

(2) 所有参数 $a_1, \cdots, a_p, b_1, \cdots, b_q$ 都必须是非负的；

(3) 所有参数的和必须小于1，即

$$a_1 + \cdots + a_p + b_1 + \cdots + b_q < 1$$

如果这些条件都满足，那么收益的平方项可以表示为一个自回归过程，具体形式如下：

$$R_t^2 = c + (a_1 + b_1) R_{t-1}^2 + \cdots + (a_m + b_m) R_{t-m}^2 + w_t \tag{11-10}$$

为更明确地讲述，我们模拟一个 GARCH(1, 1) 过程，并假设参数 $c=0.1$，$a_1=0.4$，$b_1=0.4$。图 11-7 显示了 1 000 个由 GARCH(1, 1) 过程所得到的模拟收益。图 11-8 显示了相应的波动率情形，可以看出条件异方差效果特别强。实际上，图 11-8 显示出，波动率周期性地从最小的 0.4 左右升高到一个更高的值。波动的振动周期是 ARCH 模型或 GARCH 模型的本质。

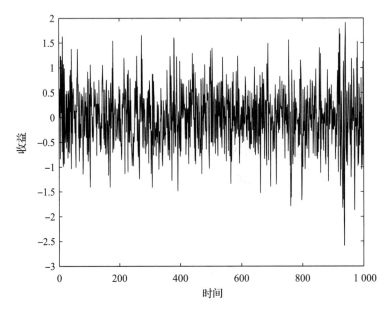

图 11-7　假设 $c=0.1$，$a_1=0.4$，$b_1=0.4$，用 GARCH(1, 1)的模拟收益趋势

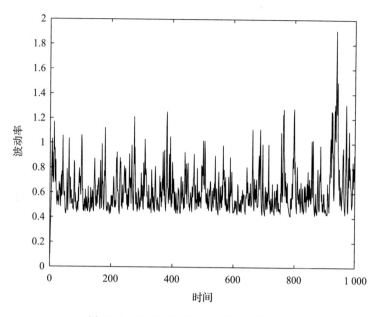

图 11-8　对应于图 11-7 的波动率趋势图

11.3.1 ARCH/GARCH 模型应用

到目前为止，我们将 ARCH 和 GARCH 模型描述为一种收益模型或者说金融时间序列模型。在这些模型中，波动率的大小与收益或某些其他金融时间序列的大小是相吻合的。这是因为我们假定要建模的序列是零均值独立同分布(i.i.d)的，正如方程(11-5)所示。

然而，在许多应用中，情况并非如此。实际上，ARCH/GARCH 模型能够描述更基础的条件均值模型的误差行为。在这种情况下，波动率代表了不可预测残差的大小。换句话说，我们首先构建条件均值模型，然后对残差构建 ARCH/GARCH 模型。注意：由于我们处理的模型是弱平稳过程，因此无条件均值和无条件波动率均为常数。

例如，我们可以用因子模型来表示一些股票的收益，将收益与一系列因子进行回归。在这种情况下，通过因子回归所获得的预测因子就是收益的条件预测值。波动率是因子模型残差的波动幅度。ARCH/GARCH 模型适用于对先前条件均值建模的残差进行分析。该模型形式如下：

$$R_t = \alpha + \beta f_t + u_t \tag{11-11}$$

$$u_t = \sigma_t \varepsilon_t + d \tag{11-12}$$

$$\sigma_t^2 = c + a_1 u_{t-1}^2 + \cdots + a_p u_{t-p}^2 + b_1 \sigma_{t-1}^2 + \cdots + b_q \sigma_{t-q}^2 \tag{11-13}$$

在这个模型中，收益是由方程(11-11)中的多因子函数决定的。然后，GARCH 模型可以用来拟合残差 u_t。按照式(11-11)所示，我们首先写一个条件均值模型，将收益与一系列因子进行回归。这个模型的残差，代表不可预测的成分，不具有恒定方差，但是可以用 GARCH 建模。

11.3.2 GARCH 模型的单变量扩展

GARCH 建模的基本原理就是将残差(或经济变量)与独立建模的波动过程建立某种比例关系。在最初引入 GARCH 模型之后，许多类似的模型也陆续被提出。表 11-1 列出了 GARCH 模型的一些最常见的扩展及其普遍特征。

表 11-1 所示的前三个模型解决了杠杆效应问题，最初由费希尔·布莱克 (Fischer Black) 提出，即负收益对波动率的影响大于正收益对波动率的影响。[一]这种对收益波动率的不对称影响在随后的许多研究中得到了证实。

这些扩展使用的是 GARCH 模型的各种非线性形式。在经典的 GARCH 模型中，正如式(11-9)所示，t 时刻波动率的平方是过去波动率的平方和过去收益平方的加权平均。注意：平方是对称函数，然而我们刚刚还强调的收益对波动率具有不对称的影响。表 11-1 的前三个模型用非线性不对称函数代替了平方函数，并给予负收益率更多的权重。因此，$t-1$ 时刻收益如果是负的，将会比正的收益在 t 时刻产生更大的波动，即便两个收益的绝对值是一样的。

表 11-1 GARCH 模型的单变量扩展

模型	关于这个模型
正态 GARCH (NGARCH)，也叫作非线性 GARCH	由 Engle 和 Ng[a] 引入，是非线性、非对称 GARCH，其中正收益和负收益对未来的波动率有不同的影响
指数 GARCH (EGARCH)	由 Nelson[b] 引入，对条件方差的对数进行建模，它解决了与 NGARCH 相同的杠杆效应，即负收益对波动率的影响大于正收益对波动率的影响

[一] Fischer Black, "Studies of Stock Price Volatility Changes," in *Proceedings of the 1976 American Statistical Association*, Business and Economical Statistics Section(1976), 177-181.

(续)

模型	关于这个模型
GJR-GARCH/门限 GARCH（TGRACH）	由 Glosten、Jagannathan 和 Runkle[c] 以及 Zakoian[d] 建立的模型，对正负收益的非对称性建模
单整 GARCH(IGARCH)	其中条件方差的行为像一个随机游走，因此对方差的冲击是永久性的[e]

[a] Robert Engle and Victor K. Ng, "Measuring and Testing the Impact of News on Volatility," *Journal of Finance* 48(1993)：1749-1778.
[b] Daniel B. Nelson, "Conditional Heteroscedasticity in Asset Returns：A New Approach," *Econometrica* 59(1991)：347-370.
[c] Lawrence R. Glosten, RaviJagannathan, and David E. Runkle, "On the Relation between the Expected Value and the Volatility of the Nominal Excess Return on Stocks," *Journal of Finance* 48(1993)：1779-1801.
[d] Jean-Michele Zakoian, "Threshold Heteroscedastic Models," *Journal of Economic Dynamics and Control* 18(1994)：931-955.
[e] Robert F. Engle and Tim Bollerslev, "Modeling the Persistence of Conditional Variances," *Econometric Reviews* 5(1986)：1-50.

在迄今为止描述的所有模型中，波动性都会均值回复到长期值。然而，对于某些金融时间序列，这个属性可能不会适用。在这种情况下，我们或许可以使用能允许波动率持续冲击的 IGARCH 模型。

不同的 GARCH 模型的波动率预测有何不同？要了解这些差异，让我们来看看在 2012 年 12 月 17 日星期一，1 个月的股票收益平均波动率和 1 天的股票收益波动率的预测。我们对甲骨文公司、可口可乐公司和卡特彼勒公司股价收益数据分别建立标准的 GARCH 模型、EGARCH 模型和 GJR-GARCH 模型。三个模型估计得到的波动率见表 11-2。表中三个模型的预测值从纽约大学斯特恩商学院的 V-Lab 网站获得。㊀

表 11-2 用 GARCH、EGARCH、GJR-GARCH 模型
预测甲骨文公司、可口可乐公司和卡特彼勒公司的月度波动率，2012 年 12 月 17 日，周一

	GARCH 模型	EGARCH 模型	GJR-GARCH 模型
甲骨文公司平均波动率(1 个月)	19.56%	18.49%	20.60%
1 天预测值	19.18%	18.80%	20.42%
可口可乐公司平均波动率(1 个月)	13.66%	15.03%	15.16%
1 天预测值	14.87%	14.04%	14.05%
卡特彼勒公司平均波动率(1 个月)	25.33%	26.60%	26.23%
1 天预测值	23.89%	24.23%	24.62%

注：预测值来自纽约大学斯特恩商学院的 V-Lab 网站。

㊀ 我们感谢 V-Lab 允许我们展示它们的预测值。

11.3.3 ARCH/GARCH 模型的参数估计

ARCH/GARCH 模型可以用第 13 章所描述的极大似然估计(MLE)方法进行参数估计。为了进一步说明，考虑将 MLE 方法应用到式(11-1)和式(11-2)所描述的最简单的 ARCH(1)模型中。MLE 方法的原理是寻求最优的参数值，使得基于联合分布得到样本数据的概率最大。

在给定第一个观测值的前提下计算条件概率分布是方便的。ARCH(1)模型的假设意味着每个收益率都具有以下正态条件分布：

$$f(R_t | R_{t-1}, \cdots, R_0) = \frac{1}{\sqrt{2\pi}\sigma_t} \exp\left(-\frac{R_t^2}{2\sigma_t^2}\right)$$

如果 ARCH 模型被正确地设定，则所有这些条件概率都是相互独立的，因此似然函数仅仅是所有条件概率的乘积：

$$L = \prod_{t=1}^{T} \frac{1}{\sqrt{2\pi}\sigma_t} \exp\left(-\frac{R_t^2}{2\sigma_t^2}\right)$$

对数似然函数(log-likelihood)是：

$$\log L = -\frac{T}{2}\log(2\pi) - \sum_{t=1}^{T}\log(\sigma_t) - \sum_{t=1}^{T}\frac{1}{2}\frac{R_t^2}{\sigma_t^2} \tag{11-14}$$

这个表达式包含了变量 σ_t，它每个时刻的取值都可以从方程(11-2)找到：

$$\sigma_t = \sqrt{c + a_1 R_{t-1}^2}$$

至此，我们已得到给出了包含参数 c 和 a_1 的对数似然函数的表达式。这些参数的取值是由使对数似然值取最大值决定的。最大化取值由数值方法确定。

实际上，我们可以通过大多数标准计量经济学软件包(比如 E-Views)以及量化软件(比如 MATLAB)进行参数估计。用户只需要输入残差的时间序列、模型的具体形式(如 ARCH，GARCH，E-GARCH 或本章中所描述的其他模型)和滞后阶数，软件就会进行参数估计和波动率预测。

11.3.4 GARCH 模型在期权定价上的应用

期权是一种衍生工具，授予买方在期权到期日或之前以执行价格买入(看涨期权)或者卖出(看跌期权)某种标的的权利。仅在到期日才能行权的期权叫作欧式期权,随时都可以行权的期权叫作美式期权。最著名的欧式期权定价模型是Black-Scholes(布莱克-斯科尔斯)模型[一]。在这个模型中,假定收益服从正态分布,欧式看涨或看跌期权的定价由一个封闭形式给出,它仅包含一个未知参数,即收益的方差。Black-Scholes模型假设波动率是常数。

替代很多文献讨论过的恒定波动率(如 Black-Scholes 模型)假定的另一种方法是采用随机波动模型或 GARCH 模型。随机波动模型最早由约翰·赫尔(John Hull)和艾伦·怀特(Alan White)提出[二]。GARCH 模型的运用在很多研究中都能看到[三]。

正如我们所看到的,标准 GARCH 模型假设残差是正态分布的。当使用 GARCH 模型拟合一个收益序列时,我们经常发现残差趋向于厚尾分布,其中一个原因是正态分布不足以描述收益残差的分布。一般来说,如果假设残差服从正态分布,则金融数据的峰度和偏度就难以被 GARCH 模型识别。非正态分布条件下的 GARCH 模型可以对特别的厚尾条件(和无条件)收益分布进行建模[四]。虽然众所周知,资产收益的分布是有条件的尖峰厚尾,但是依然只有少数用 GARCH 模型和非高斯系统研究期权定价的学者考虑了使用替代性的残差假设。

11.3.5 ARCH/GARCH 模型的多元扩展

到目前为止,我们已经将 ARCH 和 GARCH 模型应用于单变量时间序列。现在我们来考虑如何将其应用在多元时间序列中,例如,股票组合或股票指数收益序列。

假设收益是服从正态分布的,单变量正态分布的特征可以完全由均值和方差这两个参数来表示,多元正态分布的特征同样可以由均值向量和协方差矩阵来表示。

[一] Fischer Black and Myron Scholes, "The Pricing of Options and Corporate Liabilities," *Journal of Political Economy* 81(1973): 637-659.

[二] John Hull and Alan White, "The Pricing of Options on Assets with Stochastic Volatilities," *Journal of Finance* 42(1987): 281-300.

[三] Jaesun Noh, Robert F. Engle, and Alex Kane, "Forecasting Volatility and Option Prices of the S&P 500 Index," *Journal of Derivatives* 2, no.1(1994): 17-30; Jan Kallsen and Murad S. Taqqu, "Option Pricing in ARCH-Type Models," *Mathematical Finance* 8(1998): 13-26; Christian M. Hafner and Helmut Herwartz, "Option Pricing under Linear Autoregressive Dynamics Heteroscedasticity and Conditional Leptokurtosis," *Journal of Empirical Finance* 8(2001): 1-34; Christian M. Hafner and Arle Preminger, "Deciding between GARCH and Stochastic Volatility Using Strong Decision Rules," *Journal of Statistical Planning and Inference* 140(2010): 791-805; and Jeroen Rombouts and Lars Stentoft, "Multivariate Option Pricing with Time Varying Volatility and Correlations," *Journal of Banking and Finance* 35(2011): 2267-2281.

[四] Stefan Mittnik, Marc S. Paolella, and Svetlozar T. Rachev, "Unconditional and Conditional Distributional Models for the Nikkei Index," *Asia-Pacific Financial Markets* 5, no.2(1998): 99-128.

股票收益时间序列的实证研究显示，条件协方差矩阵是时变的。不仅每个收益的方差是时变的，股票收益之间的相关系数也是时变的。例如，图 11-9 阐释了标准普尔 500 指数相关性的时变特征。我们计算了从 1989 年 5 月 25 日到 2011 年 12 月 30 日超过 100 天移动窗口的标准普尔 500 股票日收益之间的相关系数。样本区间共包含 5 699 个交易日。由于相关性是对称的，也就是说股票 A 和股票 B 收益的相关性与股票 B 和股票 A 收益的相关性是一样的，因此每个交易日有 500×499/2=124 750 个相关系数。我们取这些相关系数的平均数来获得日平均相关系数 C。

图 11-9 描述了相关性不是随时间恒定的情形。平均相关系数的取值是从最小值 0.1 到最大值 0.7，并呈现上升趋势，另外还有周期性的波动趋势。这些事实表明，应当用 ARCH/GARCH 类模型来对协方差矩阵建模。

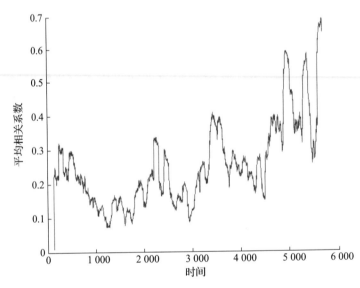

图 11-9　1989 年 5 月 25 日到 2011 年 12 月 30 日期间标准普尔 500 股票指数的平均相关系数图

理论上定义多元 ARCH/GARCH 模型是可行的，该模型又被称为 VEC-GARCH 模型⊖。它是对多个收益之间的协方差矩阵建模而不是对单一的收益建模。多元

⊖ ARCH 框架中的 VEC 模型是在 Robert F. Engle, Clive Granger 和 Dennis Kraft 的 "Combining Competing Forecasts of Inflation Using a Bivariate ARCH Model" *Journal of Economic Dynamics and Control* 8(1984): 151-165 以及 Dennis Kraft 和 Robert F. Engle 的 "Autoregressive Conditional Heteroscedasticityin Multiple Times Series"（未出版，加利福尼亚大学圣迭戈分校经济系，1983 年）中提出的。第一个 GARCH 模型是在 Tim Bollerslev, Robert F. Engle 和 Jeffrey M. Wooldridge 的 "A Capital Asset Pricing Model with Time-Varying Covariances" *Journal of PoliticalEconomy* 96(1998): 116-131 中提出的。

GARCH 模型的问题在于，协方差矩阵上的每一个单独的元素都要与其他元素以及过去的收益进行回归。为说明这一点，考虑一个简单的双变量过程：

$$R_{1,t} = \varepsilon_{1t}$$
$$R_{2,t} = \varepsilon_{2t}$$

该过程的形式类似于式(11-1)中的单变量 ARCH，但是两个残差 ε_{1t}、ε_{2t} 现在由不同方差 σ_{1t}^2、σ_{2t}^2 加上协方差项 σ_{12t} 来表示。与单变量 ARCH 模型类似，我们假设方差和协方差都是与时间相关的自回归过程。但是在这种情况下，每项都取决于所有滞后的收益平方项和所有滞后收益的乘积。例如，对于一阶滞后的情况，我们可以写成如下形式：

$$\sigma_{1t}^2 = c_1 + a_{11}R_{1,t-1}^2 + a_{12}R_{1,t-1}R_{2,t-1} + a_{13}R_{2,t-1}^2$$
$$\sigma_{12t} = c_2 + a_{21}R_{1,t-1}^2 + a_{22}R_{1,t-1}R_{2,t-1} + a_{23}R_{2,t-1}^2 \qquad (11\text{-}15)$$
$$\sigma_{2t}^2 = c_3 + a_{31}R_{1,t-1}^2 + a_{32}R_{1,t-1}R_{2,t-1} + a_{33}R_{2,t-1}^2$$

具有一阶滞后的最简单的二元 ARCH 模型意味着要估计 12 个参数。如果对于三元时间序列的一阶滞后模型，则需要估计 42 个参数。显然，待估参数的数量限制了除二元模型以外的其他多元模型。

在实践中，由于待估参数的数量太多，以至于在金融时间序列里面不能用足够多的样本来估计模型。这意味着 VEC 模型只能在两个时间序列中使用。因此，有必要进行一定的简化。目前学术界已经提出了几种简化方法⊖。Bollerslev 提出一种流行的方法，假设条件相关系数是恒定的，因此只需要对 GARCH 模型中每个序列的方差进行建模⊖。通过这种方法，我们只需要估计一个恒定的相关系数矩阵加上 GARCH 模型中每个序列的参数即可。

⊖ 其他方法在 Luc Bauwens, Sébastien Laurent 和 Jeroen V. K. Rombouts 的 "多元 GARCH 模型：调查" *Journal of Applied Econometrics* 21 (2006)：79-109 以及 Robert F. Engle, Sergio M. Focardi 和 Frank J. Fabozzi 的 "应用金融计量经济学中的 ARCH/GARCH 模型"，*Hand book of Finance*, ed. Frank J. Fabozzi, vol. 3 (Hoboken, NJ：John Wiley & Sons, 2008)：689-700. 中有描述。

⊖ Tim Bollerslev, "Modeling the Coherence in Short-Run Nominal Exchange Rates：A Multivariate Generalized ARCH Approach," *Review of Economics and Statistics* 72(1990)：498-505.

要点回顾

- 方差是波动率的度量指标。在许多金融案例中，方差通常被视为风险的代理指标，金融计量经济学的一个重要应用就是预测方差。

- 测量历史波动率最简单的方法是度量短期内观察到的价格或收益样本的方差。

- 可以通过为每个观测值分配相等的权重来计算历史波动率，也可以给最近期的观测值赋予更大的权重。

- 将历史波动率作为对未来波动率的预测的缺点是它必须满足以下假设：未来波动率与预测样本期间内的波动率保持一致。

- 金融计量经济学中预测未来波动率的常用方法是构建一个条件方差结构，这种方法也是基于市场上观测到的典型特征：(1) 波动率倾向于时变；(2) 波动率有聚集性的特征。

- 如果一个序列的方差可以基于该序列的过去值来预测，则我们称该时间序列为条件异方差序列。

- 自回归条件异方差（ARCH）模型将条件方差预测为过去收益平方项的线性组合。

- 广义自回归条件异方差（GARCH）模型扩展了 ARCH 模型，将过去收益的平方项和过去的方差包含在内。

- 本章提出了 ARCH/GARCH 模型的几种扩展形式，特别是考虑了正向收益和负向收益对未来方差影响的不对称性。

- 本章提出了 ARCH/GARCH 模型的多元扩展形式，但需要进行大量的简化，以减少模型待估参数的数量。

第 12 章

因子分析和主成分分析

学习目标

在阅读本章后,你将了解以下内容:
- 因子分析的概念。
- 因子模型的概念。
- 一个因子模型是否为因子分析的结果。
- 因子模型和多元回归之间的差异。
- 估计因子模型的参数。
- 估计因子得分。
- 主成分分析的概念。
- 构建主成分。
- 因子模型和主成分分析之间的差异。

在本章中,我们将阐述因子模型(factor model)和主成分分析方法(principal components analysis,PCA)。这两种技术都用于将复杂的、较多数量的时间序列数据集合"简化"为较小数量的时间序列数据集合。因子模型和主成分分析在投资组合管理、风险管理、绩效考核、公司金融以及其他金融分析领域发挥了许多作用。

在第 3 章中,我们介绍了多元回归分析,多元回归分析模型作为一个统计学模型,假设一个观测到的因变量和一个或多个自变量存在简单线性关系的模型。虽然因子模型、主成分分析与线性回归分析有许多相似之处,但也存在显著的差别。在本章中,我们将对线性回归、因子模型、因子分析和主成分分析进行区分。我们首先来回顾线性回归的基本性质和假设。

12.1 线性回归的假设

第3章中讲到，线性回归中的所有变量都是可观测到的。通常，由 x_i 表示的自变量被假定为确定性变量或随机变量，而由 y 表示的因变量被假定为随机变量。这意味着自变量 x_i 的观测值被假设为变量的真实值，而因变量 y 的观测值被认为存在某些误差。

需要注意的是，假设回归元（regressors）是随机变量，与假设回归元含有误差项是不一样的。假定回归元是随机变量，仅仅意味着假设样本回归数据不是固定的，但是可以随着给定的分布而改变。这个事实使得在估计技术不变的情况下，估计结果的准确性会受到影响。回归元中存在误差的回归模型，不能采用与没有误差的模型相同的技术进行估计。

线性回归分析的基本假设是由 ε 表示的残差不包含任何信息：假定残差独立同分布。一个关键的假设是残差和回归元是不相关的。在这个假设下，同样的方法可用于估计确定性回归元或随机回归元。

线性回归的估计框架假设我们有一个由 S 个标量因变量 y 的观测值 y_s ($s=1,\cdots,S$) 和 S 个解释变量 $[x_1,\cdots,x_p]'$ 的 p 维向量观测值 $[x_{1i},\cdots,x_{pi}]'$ ($i=1,\cdots,S$) 组成的样本。回归方程为：

$$y = a + b_1 x_1 + \cdots + b_p x_p + \varepsilon$$

线性回归并未限制观测值的数量。估计结果遵循通常的统计规则，如果有更多的样本，可以做出更好的估计。我们将在本章后续内容中看到，一些因子模型只能在无穷样本的极限中定义。

我们可以将回归方程视为变量之间的静态关系，而不涉及时间顺序。例如，假设我们想调查以企业收益作为因变量，以资产水平和债务水平作为自变量时，它们之间是否存在相关关系，我们只需要收集 N 家公司的收益、资产和债务的观测值并估计回归结果即可。我们的观测值中没有时间顺序。

然而，在许多金融问题中，需要考虑观测值的时间顺序。假设我们有一个由 T 个标量因变量 y 的观测值 y_t ($t=1,\cdots,T$) 和 T 个由时间排序的独立 P 维向量的观测值 $[x_{1t},\cdots,x_{pt}]'$ ($t=1,\cdots,T$) 组成的样本。如第5章所述，变量按时间排序，因此也称之为时间序列。在此条件下，线性回归是时间序列之间的关系。例如，如果我们要研究股票指数的收益率RI_t、通胀率IN_t以及经济增长速率GR_t之间是否存在线性关系，我们或许会构建一个如下所示的线性回归方程：

$$RI_t = \alpha_0 + \alpha_1 IN_t + \alpha_2 GR_t + \varepsilon_t$$

理论上，回归可以扩展到由 N 个回归方程组成的多元回归方程组，每个回归方程由误差项和相同的回归元构成，误差项不存在序列相关（serially uncorrelated），但可以是交叉相关（cross correlated）的：

$$y_i = a + b_{i1}x_1 + \cdots + b_{ip}x_p + \varepsilon_i, i = 1, \cdots, N \tag{12-1}$$

假设所有的误差项与回归元都不相关，并且没有任何一个方程式是其他方程式的线性组合（即不存在多重共线性），可以证明，对于方程(12-1)，普通最小二乘（OLS）估计是有效估计。

12.2 因子模型的基本概念

假设现在无法得到所有的因变量 y_t 和自变量 $x_{1t}, \cdots, x_{qt}$，只有一个多元时间序列 $y_t = (y_{1t}, \cdots, y_{Nt})'$。例如，假设我们给出股票收益的集合，那么使用因子分析（factor analysis）和因子模型的主要问题在于数据结构，特别是数据的相关结构是否可以被简化。通过因子分析，我们试图理解如何解释减少自变量数量之后的多元回归模型中自变量的含义。我们将首先定义因子模型和因子分析，然后再看一些构建因子模型的方法。

线性因子模型假设观测到的变量 y_t 可以表示为 q 个不可观测变量或潜变量 f_{it}（$i=1, \cdots, q$）的组合，f_{it} 被称为因子（factor）。

因子模型可写成多种形式，这里有三种常见的表示因子模型的形式。

1. 显式形式（explicit form）

我们可以将一个因子模型明确地写成由 N 个方程构成的一组方程：

$$y_{1t} = a_1 + b_{11}f_{1t} + \cdots + b_{1q}f_{qt} + \varepsilon_{1t}$$
$$\vdots$$
$$y_{it} = a_i + b_{i1}f_{1t} + \cdots + b_{iq}f_{qt} + \varepsilon_{it}, \quad i = 1, \cdots, N, t = 1, \cdots, T \tag{12-2}$$

$$\vdots$$
$$y_{Nt} = a_N + b_{N1}f_{1t} + \cdots + b_{Nq}f_{qt} + \varepsilon_{Nt}$$

式中：a_i 是常数项，系数 b_{jt} 称为因子载荷（factor loading），f_{qt} 称为潜因子（hidden factor），ε_{Nt} 是误差项或者残差项。

2. 向量形式（vector form）

我们可以通过向量形式将因子模型写成如下更紧凑的形式：

$$\boldsymbol{y}_t = \boldsymbol{a} + \boldsymbol{B}\boldsymbol{f}_t + \boldsymbol{\varepsilon}_t, t = 1, \cdots, T \tag{12-3}$$

式中：$\boldsymbol{y}_t = [y_{1t}, \cdots, y_{Nt}]'$ 是时间 t 的观测变量的 $N \times 1$ 向量；

$\boldsymbol{a} = [a_1, \cdots, a_N]'$ 是常数项的 $N \times 1$ 向量；

$\boldsymbol{f}_t = [f_{1t}, \cdots, f_{qt}]'$ 是时间 t 的因子的 $q \times 1$ 向量；

$$\boldsymbol{B} = \begin{bmatrix} b_{11} & \cdots & b_{1q} \\ \vdots & \ddots & \vdots \\ b_{N1} & \cdots & b_{Nq} \end{bmatrix}$$ 是因子载荷的 $N \times q$ 矩阵；

$\boldsymbol{\varepsilon}_t = [\varepsilon_{1t}, \cdots, \varepsilon_{Nt}]'$ 是残差的 $N \times 1$ 向量。

3. 矩阵形式（matrix form）

方程(12-2)和方程(12-3)披露了因子模型的变量形式。然而，我们还可以通过将样本数据赋值给下述矩阵的形式来表示因子模型，该表示形式与多元回归模型的矩阵形式，即方程(12-2)，类似：

$$\boldsymbol{Y} = \boldsymbol{FC} + \boldsymbol{E} \tag{12-4}$$

式中：

$$\boldsymbol{Y} = \begin{bmatrix} y_{11} & \cdots & y_{N1} \\ \vdots & \cdots & \vdots \\ y_{1t} & \ddots & y_{Nt} \\ \vdots & \cdots & \vdots \\ y_{1T} & \cdots & y_{NT} \end{bmatrix}$$

是样本数据矩阵，其中每行对应于所有 N 个变量的观测值，并且每列对应于每个变量的所有 T 个观测值。式(12-4)中：

$$F = \begin{bmatrix} 1 & f_{11} & \cdots & f_{q1} \\ \vdots & \vdots & \cdots & \vdots \\ 1 & f_{1t} & \ddots & f_{qt} \\ \vdots & \vdots & \cdots & \vdots \\ 1 & f_{1T} & \cdots & f_{qT} \end{bmatrix}$$

是因子矩阵，我们添加第一列均取值为 1 以便乘积中包括常数项 a（该矩阵的分项不可观测），而

$$C = \begin{bmatrix} a_1 & \cdots & a_N \\ b_{11} & \cdots & b_{N1} \\ \vdots & \ddots & \vdots \\ b_{1q} & \cdots & b_{Nq} \end{bmatrix}$$

是因子载荷矩阵，并加上第一行中的常数项 a，而

$$E = \begin{bmatrix} \varepsilon_{11} & \cdots & \varepsilon_{N1} \\ \vdots & \cdots & \vdots \\ \varepsilon_{1t} & \ddots & \varepsilon_{Nt} \\ \vdots & \cdots & \vdots \\ \varepsilon_{1T} & \cdots & \varepsilon_{NT} \end{bmatrix}$$

是误差项矩阵，它同样是不可观测的。

或者我们可以将所有数据减去平均值，从而将因子模型写成去均值数据（de-meaned data）$x_t = y_t - \mu$ 形式，μ 是 y 的均值。在这种情况下，常数项 a_i 全部等于 0。

根据去均值数据 x_t，方程(12-3)向量形式的因子模型变为：

$$x_t = Bf_t + \varepsilon_t, t = 1, \cdots, T \tag{12-5}$$

向量模型写成矩阵形式，方程(12-4)变成：

$$X = FB' + E \tag{12-6}$$

式中：

$$X = \begin{bmatrix} x_{11} & \cdots & x_{N1} \\ \vdots & \cdots & \vdots \\ x_{t1} & \ddots & x_{Nt} \\ \vdots & \cdots & \vdots \\ x_{T1} & \cdots & x_{NT} \end{bmatrix}$$

是去均值后的数据构成的矩阵，而

$$F = \begin{bmatrix} f_{11} & \cdots & f_{q1} \\ \vdots & \cdots & \vdots \\ f_{1t} & \ddots & f_{qt} \\ \vdots & \cdots & \vdots \\ f_{1T} & \cdots & f_{qT} \end{bmatrix}$$

是不再含有一列 1 的因子矩阵。

12.3 因子模型的假设和分类

与线性回归的情况一样，需要对因子和误差项进行具体假设，否则因子模型将于实证内容无效。我们将定义不同类别的因子模型，但所有因子模型有以下两个共同的假设：

（1）因子和残差都是零均值变量；

（2）残差和因子不相关，也就是说：

$$E(f_t) = 0, \quad E(\varepsilon_{t'}) = 0, \quad E(f'_t \varepsilon_{t'}) = 0, \text{对任意 } t \text{ 成立} \tag{12-7}$$

如果残差不相关，则将因子模型称为严格因子模型(strict factor model)，也就是说，如果残差的协方差矩阵是对角矩阵[⊖]，因子模型称为标量因子模型(scalar factor model)。此外，所有残差的方差都是相同的。

具有有限样本数量和时间序列的严格标量因子模型叫作经典因子模型(classical factor model)。在本章的后续部分我们将定义一个不同类型的因子模型，即近似因子模型(approximate factor model)。

12.4 因子模型与线性回归的异同

因子模型与多元线性回归具有相同的形式。然而，因子模型与多元回归模型有两个主要的不同点。

⊖ 不同矩阵类型的定义，请参见附录 D。

不同点 1：因子是不可观测的变量，取决于数据本身，而多元回归模型取决于可观测的变量。

不同点 2：尽管多元回归模型与因子模型的误差项均假设序列不相关，但实际上多元回归模型的残差可以相互关联，而因子模型残差则是被认为不相关的。

为了更深入地理解两个模型的不同点，我们记录了 500 只股票和标准普尔 500 指数近 30 年的月收益率。因子模型试图揭示这 500 只股票的月收益率是否可以用更少的隐藏因子来解释，比如说 2 个因子。在这种情况下，模型参数和因子都必须从 500 只股票的月度收益序列中估计出来。现在假设我们的目标是试图观察这 500 只股票的月收益率和一些宏观经济变量之间是否有线性关系，比如国内生产总值(GDP)的变化、通货膨胀率以及评级高和评级低的公司债券之间的收益率差。这便是一个多元回归问题。

12.5 因子模型的性质

现在我们讨论因子模型的一些性质。考虑方程(12-3)中定义的因子模型，给出的假设为式(12-7)。我们将采用下列符号：

(1) $\boldsymbol{\Omega}$ 表示因子的协方差矩阵，$\boldsymbol{\Omega} = \mathrm{Cov}(f_t) = E(f_t f_t')$；

(2) $\boldsymbol{\Sigma} = E((y_t - a)(y_t - a)')$ 表示可观测的变量的协方差矩阵；

(3) $\boldsymbol{\Psi} = E(\varepsilon_t \varepsilon_t')$ 表示残差的协方差矩阵。

因子、可观测变量、残差这三个协方差矩阵，被认为是常数矩阵，并且与 t 不相关，按照协方差的定义我们可以这样写：

$$\boldsymbol{\Sigma} = E((y_t - a)(y_t - a)') = E((Bf_t)(Bf_t)') + 2E(f_t'\varepsilon_t) + E(\varepsilon_t'\varepsilon_t)$$

由于我们假设因子和残差是不相关的，即 $E(f_t \varepsilon_t') = 0$，故而我们可以写成如下形式：

$$\boldsymbol{\Sigma} = B\boldsymbol{\Omega}B' + \boldsymbol{\Psi} \qquad (12\text{-}8)$$

方程(12-8)体现了将可观测变量的协方差矩阵与因子、残差的协方差矩阵联系起来的基本关系。它有时被称为因子模型的基本定理(fundamental theorem of factor model)。

从式(12-3)可以看出,因子模型是不确定的。这意味着观测到的变量并不能决定因子和模型参数。为了说明这一点,考虑任何非奇异的 $q \times q$ 矩阵 T。从矩阵代数中我们知道非奇异矩阵 T 存在一个逆矩阵 T^{-1},且 $T \times T^{-1} = I$,由于单位矩阵乘以任何矩阵都不变,假设矩阵满足结合律,我们可以得到:

$$y_t = a + Bf_t + \varepsilon_t = a + BIf_t + \varepsilon_t = a + BT^{-1}TIf_t + \varepsilon_t = a + BT^{-1}Tf_t + \varepsilon_t$$

因此,给出任意因子 f_t,如果和任意的 $q \times q$ 非奇异矩阵 T 相乘,得到一组新的因子 $g_t = Tf_t$,如果因子载荷 $B(N \times q)$ 乘以 T 的逆矩阵,则我们可以得到一个新的 $N \times q$ 的载荷矩阵 $L = BT^{-1}$,新的矩阵如下:

$$y_t = a + Lg_t + \varepsilon_t$$

新的式子与原始等价。

给定任意一组因子 f_t,我们总能找到一个非奇异的矩阵 T,新的因子 $g_t = Tf_t$ 是不相关的,且只有单位方差($E(g_t g_t') = I$)。不相关因素常被称为正交因子(orthogonal factor)。因此,我们总是可以选择一些因子,它们的协方差矩阵是单位矩阵 $\Omega = I$,那么式(12-8)可以写成:

$$\text{Cov}(\Omega) = I, \Sigma = BB' + \Psi \tag{12-9}$$

这是一个反直觉的结论。给定一组可观测变量,如果它们允许用一个因子表示,那么我们总是可以选择互不相关的因子,并且因子具有单位方差。

在一个严格的因子模型中,可观测变量的相关结构是由因子决定的,与残差不相关,由此可以大大简化协方差矩阵的估计数量。例如,为了估计标准普尔 500 指数的 500 只股票收益的协方差矩阵,我们必须估计 $(500 \times 501)/2 = 125\ 250$ 个不同的值(协方差)。然而,如果我们可以用 10 个因子代表股票的收益,从方程(12-9)中可以看到,我们只需要估计 $500 \times 10 = 5\ 000$ 个因子载荷,加上 500 个矩阵 Ψ 的对角线元素。

对因子模型估计来说,这是一个重要的优势。例如,如果我们的样本包括 4 年中的每日收益数据(每年约 250 个交易日,四年共计约 1 000 个观测值),那么我们将有大约 $500 \times 1\ 000 = 500\ 000$ 个股票收益数据。如果我们必须估计整个协方差矩阵,则每个待估参数只有 $500\ 000/125\ 250 \approx 4$ 个数据,而对于 10 因子模型,每个参数有 $500\ 000/5\ 500 \approx 90$ 个数据。

我们现在可以比较回归模型和因子模型的应用。如果我们想应用多元回归模型，我们就必须确保：①自变量不是共线的；②残差是序列不相关的，且与所有变量不相关。如果我们想应用一个多元回归模型，我们就要假设残差是序列不相关的，但可以接受残差是交叉相关的。

然而，如果我们想研究一组可观测变量的严格因子结构，我们就必须确保残差不仅是序列不相关的，而且是交叉不相关的。事实上，一个严格的因子模型可以根据对一组共同因子的回归结果解释变量之间的相关关系。我们将在本章后续部分讲到如何放松这一要求。

12.6 因子模型的估计

在定义了严格的标量因子模型之后，我们可以问三个重要的问题：
(1) 给定数据，我们如何确定因子的数量？
(2) 给定数据，我们如何估计参数和因子？
(3) 参数和因子是由我们的数据唯一决定的吗？

12.6.1 因子的不确定性问题

假设我们知道因子的数目，我们能估计参数和因子吗？令人惊讶的答案是，我们可以确定模型的参数，但我们不能唯一确定因子。这是一个众所周知的因子不确定性问题(factor indeterminacy)。

历史上，因子的不确定性在统计学上引发了许多争论。原因在于因子模型最初是在心理测量领域中提出的，而因子是人格的决定因素。基于因子分析，心理学家称，人格可以从一些基本因素的角度来解释。因子不确定性的发现削弱了这个命题。

有限和无限因子模型

在实践中，我们在个人的人生和职业生涯中所面对的每一种事物的数量都是有限的，也就是说，它可以用一个普通的数字来衡量。例如，投资组合的潜在股票的范围包括有限数量的股票。候选股票的数量可能很大，比如数以千计，但仍然是有限的。又如，日期的数量，甚至是交易的瞬间，都是有限的。

然而，许多数学属性可以在无限多的时间序列或无限的日期和时间点上得到更好的表述。数学家区分了许多不同类型的无限，以及许多不同类型的无限过程。尽管我们不能深入研究无限数量的数学，但是可以表述无限数字背后的直觉。具体来说，我们可以定义一个由无限多的股票收益序列所形成的无限市场(infinite market)。

基本上，一个无限市场意味着无论我们选择多大的数字，市场都会有更多的股票。如果不可以用具体的数字来描述，那么一个市场就是无限大的，也就是说不管我们选择多大的数字，都只是市场的一部分。同样的概念也适用于无限长的时间序列的概念：不管我们选择什么数字，这个序列都会有更多的时间点。

这显然只是一个数学抽象，因为没有真正意义上无限的市场。然而，它是一个有用的抽象，因为它简化了对许多属性的阐述。在实践中，我们利用无限市场和无限因子模型的概念来近似描述规模很大的市场的行为。如果一个市场很大，比方说，有成千上万只股票，我们假设它的性质可以很好地接近抽象的无限市场的性质。我们将在下面的章节中介绍一些适用于无限市场的属性。

12.6.2 因子的数量估量

确定因子的数量有几种标准，但没有严格的方法可以确定经典因子模型的因子数量。严格的标准存在于由无穷多个时间点组成的无穷级数的极限中。

对于有限模型，一个广泛使用的标准是 Cattell 的碎石图(screen plot)，具体描述如下。一般来说，矩阵具有和股票一样多的特征值。我们可以按降序排列这些特征值。表 12-1 就是一个例子。一般来说，我们从经验方面观察，特征值的图形显示为肘形，也就是说，一开始它迅速下降，但在某一点下降的速度变慢。由此，我们可以认为特征值数量从左到右依次递增，并且在肘部的右侧因子的数量和特征值的数量相同。然而，图示法只是一个启发式判据，而不是一个正式判据。为了确定大型模型的因子数量，我们也可以使用赤池信息准则和贝叶斯信息准则。我们在附录 E 中描述了这两个信息准则。

12.6.3 模型参数估计

让我们从估计模型的参数开始。因子模型的通常估计方法是最大似然估计

(maximum likelihood estimation,MLE),我们将在第 13 章中解释。MLE 要求我们知道变量的概率分布,或者对变量的概率分布提出假设。我们将进一步假设变量是正态分布的。当然也可以假设变量服从其他分布,但正态分布的假设可以简化计算。

正如第 13 章所解释的,似然值(likelihood)被定义为根据抽样数据计算的概率分布。MLE 寻求那些能使似然值最大化的参数值。当我们假设数据是正态分布时,似然值取决于协方差矩阵。从方程(12-9)中我们知道 $\Sigma = \Psi + BB'$,因此我们可以确定参数 B 和 Ψ,从而得到这些参数最大化似然值。在因子与一元方差不相关的假设下,我们可以估计因子载荷和残差方差。

表 12-1 2011 年 12 月 2 日至 2011 年 12 月 30 日期间的股票日收益

日期	ORCL	MSFT	TROW	HON	EMC	FO	LLTC	ADM
02/12/2011	−0.01	0.00	0.02	0.00	0.00	0.00	0.00	−0.01
05/12/2011	0.02	0.02	0.01	0.01	0.01	0.01	0.02	0.00
06/12/2011	−0.01	0.00	0.00	0.00	0.00	0.00	0.00	−0.01
07/12/2011	−0.01	0.00	0.03	−0.01	0.00	0.00	0.00	0.00
08/12/2011	−0.03	−0.01	−0.04	−0.02	−0.02	−0.01	−0.03	−0.03
09/12/2011	0.03	0.01	0.02	0.02	0.01	0.02	0.00	0.01
12/12/2011	−0.01	−0.01	−0.02	−0.02	−0.02	−0.02	−0.02	−0.03
13/12/2011	−0.02	−0.01	−0.02	0.01	−0.02	−0.02	−0.02	−0.02
14/12/2011	−0.03	−0.01	−0.02	−0.01	−0.02	−0.01	−0.02	−0.01
15/12/2011	−0.03	0.00	0.00	0.02	0.00	0.00	0.00	0.02
16/12/2011	0.01	0.02	0.01	0.01	0.00	0.01	−0.01	0.01
19/12/2011	−0.02	−0.02	−0.01	−0.02	−0.02	−0.01	−0.02	−0.02
20/12/2011	0.02	0.02	0.05	0.04	0.02	0.02	0.05	0.04
2/12/2011	−0.12	0.00	0.00	0.00	−0.04	0.00	−0.01	0.01
22/12/2011	0.00	0.00	0.00	0.01	0.01	0.00	0.02	0.00
23/12/2011	0.01	0.01	0.01	0.01	0.01	0.00	0.01	0.01
27/12/2011	−0.02	0.00	0.00	0.00	−0.01	0.01	0.00	0.00
28/12/2011	0.00	−0.01	−0.02	−0.02	0.00	0.00	−0.01	−0.02
29/12/2011	0.00	0.01	0.02	0.01	0.01	0.01	0.00	0.01
30/12/2011	−0.01	0.00	−0.01	−0.01	0.00	0.00	0.00	0.00

股票代码	公司名称	股票代码	公司名称
ORCL	Oracle Corp	EMC	EMC/MA
MSFT	Microsoft Corp	FO	Fortune Brands Inc.
TROW	T. Rowe Price Group	LLTC	Linear Technology Corp
HON	Honeywell International	ADM	Archer-Daniels Midland Co.

虽然我们可以用最大似然估计方法估计因子载荷和残差方差，但我们无法使用最大似然估计法估计因子，因为因子具有不确定性，在有限的模型中因子不能被唯一确定。通常的解决方法是估算一组因子得分。它是由解释方程(12-2)作为一个回归方程来完成的，并通过回归方程来确定因子得分 f。

在继续举例说明其他因子模型之前，我们用一个例子来说明以上阐述是有用的。表 12-1 列出了 8 只股票的 20 天的日收益序列 R_{ti}，$t=1, \cdots, 20$，$i=1, \cdots, 8$。第一行报告了股票符号，后续的行是从 2011 年 12 月 2 日到 2011 年 12 月 30 日的股票日收益。

让我们从标准化数据(standardized data)开始估计。标准化数据的矩阵 X 是通过原数据减去均值并除以标准差而得到的。

$$\mu_i = E(R_{ti})$$

$$\sigma_i = \sqrt{E(R_{ti} - \mu)^2}$$

$$X_{ti} = \frac{R_{ti} - \mu_i}{\sigma_i} \tag{12-10}$$

$$X_i = [X_{1i} \cdots X_{ti} \cdots X_{Ti}]'$$

$$X = [X_1 \cdots X_N] = \{X_{ti}\}$$

标准化数据的经验协方差矩阵 Σ_X 与原始数据的相关系数矩阵相同，都为 8×8 矩阵：

$$\Sigma_X = \begin{bmatrix}
1.0000 & 0.6162 & 0.3418 & 0.3991 & 0.8284 & 0.2040 & 0.4461 & 0.1273 \\
0.6162 & 1.0000 & 0.5800 & 0.7651 & 0.6932 & 0.4072 & 0.7145 & 0.5209 \\
0.3418 & 0.5800 & 1.0000 & 0.7925 & 0.6807 & 0.7864 & 0.8715 & 0.8312 \\
0.3991 & 0.7651 & 0.7925 & 1.0000 & 0.7410 & 0.7449 & 0.8656 & 0.8771 \\
0.8284 & 0.6932 & 0.6807 & 0.7410 & 1.0000 & 0.5630 & 0.7577 & 0.5496 \\
0.2040 & 0.4072 & 0.7864 & 0.7449 & 0.5630 & 1.0000 & 0.7480 & 0.8420 \\
0.4461 & 0.7145 & 0.8715 & 0.8656 & 0.7577 & 0.7480 & 1.0000 & 0.7952 \\
0.1273 & 0.5209 & 0.8312 & 0.8771 & 0.5496 & 0.8420 & 0.7952 & 1.0000
\end{bmatrix}$$

假设标准化的数据 X 可以用 4 个因子表示，那么我们可以利用方程(12-9)将上述协方差矩阵表示为 $\Sigma_X = B'B + \Psi$，其中 B 是一个 4×8 因子载荷矩阵，Ψ 是

8×8方差的对角矩阵。使用 MATLAB 的 factoran 函数估计 $\boldsymbol{B}$ 和 $\boldsymbol{\Psi}$：

$$\boldsymbol{B} = \begin{bmatrix} 0.7411 & 0.5245 & 0.1871 & 0.1707 \\ 0.9035 & 0.0440 & 0.4202 & 0.0107 \\ 0.7614 & 0.5634 & 0.2033 & 0.2069 \\ 0.8630 & 0.3504 & 0.0092 & 0.2900 \\ 0.9215 & 0.1575 & 0.3477 & 0.0137 \\ 0.6028 & 0.5476 & 0.2658 & 0.1600 \\ 0.8503 & 0.3637 & 0.0898 & 0.0025 \\ 0.6616 & 0.6449 & 0.1086 & 0.2814 \end{bmatrix}$$

$$\boldsymbol{\Psi} = \begin{bmatrix} 0.1115 & 0 & 0 & 0 & 0 & 0 & 0 & 0 \\ 0 & 0.0050 & 0 & 0 & 0 & 0 & 0 & 0 \\ 0 & 0 & 0.0188 & 0 & 0 & 0 & 0 & 0 \\ 0 & 0 & 0 & 0.0482 & 0 & 0 & 0 & 0 \\ 0 & 0 & 0 & 0 & 0.0050 & 0 & 0 & 0 \\ 0 & 0 & 0 & 0 & 0 & 0.2405 & 0 & 0 \\ 0 & 0 & 0 & 0 & 0 & 0 & 0.1367 & 0 \\ 0 & 0 & 0 & 0 & 0 & 0 & 0 & 0.0553 \end{bmatrix}$$

我们得到如下矩阵：

$$\boldsymbol{BB}' + \boldsymbol{\Psi} = \begin{bmatrix} 1.0000 & 0.6159 & 0.3421 & 0.4046 & 0.8283 & 0.1819 & 0.4566 & 0.1244 \\ 0.6159 & 1.0000 & 0.5800 & 0.7651 & 0.6932 & 0.4072 & 0.7145 & 0.5208 \\ 0.3421 & 0.5800 & 1.0000 & 0.7926 & 0.6806 & 0.7884 & 0.8710 & 0.8309 \\ 0.4046 & 0.7651 & 0.7926 & 1.0000 & 0.7408 & 0.7561 & 0.8597 & 0.8776 \\ 0.8283 & 0.6932 & 0.6806 & 0.7408 & 1.0000 & 0.5638 & 0.7574 & 0.5497 \\ 0.1819 & 0.4072 & 0.7884 & 0.7561 & 0.5638 & 1.0000 & 0.7352 & 0.8259 \\ 0.4566 & 0.7145 & 0.8710 & 0.8597 & 0.7574 & 0.7352 & 1.0000 & 0.8061 \\ 0.1244 & 0.5208 & 0.8309 & 0.8776 & 0.5497 & 0.8259 & 0.8061 & 1.0000 \end{bmatrix}$$

该矩阵是对标准化数据协方差矩阵的一个较好的估计。为了阐述这一点，我们引入了 Frobenius 范数(Frobenius norm of a matrix)，来衡量矩阵 $\boldsymbol{B}'\boldsymbol{B} + \boldsymbol{\Psi}$ 对标准化

后数据的协方差矩阵的近似程度。给定任何矩阵 $\boldsymbol{A}=\{a_{ij}\}$，$\boldsymbol{A}$ 的 Frobenius 范数可以写成 $\|\boldsymbol{A}\|_F$，是它的元素绝对值的平方和的平方根：

$$\|\boldsymbol{A}\|_F = \sqrt{\sum_{l_i}|a_{ij}|^2}$$

Frobenius 范数是一个度量矩阵平均大小的量。

我们现在可以计算 $\boldsymbol{\Sigma}_X - \boldsymbol{B}'\boldsymbol{B} + \boldsymbol{\Psi}$ 和 $\boldsymbol{\Sigma}_X$ Frobenius 范数之比。我们得到：

$$\frac{\|\boldsymbol{\Sigma}_X - (\boldsymbol{BB}' + \boldsymbol{\Psi})\|_F}{\|\boldsymbol{\Sigma}_X\|_F} = 0.0089$$

这表明 $\boldsymbol{\Sigma}_X - \boldsymbol{B}'\boldsymbol{B} + \boldsymbol{\Psi}$ 和 $\boldsymbol{\Sigma}_X$ 之间的差异小于 1%。因此，这是一个很好的估计。

12.6.4 因子的估计

在用 MLE 确定了因子载荷后，我们现在可以估计这些因子。如前所述，因子并不是唯一的，也不能用 MLE 方法来估计。通过估计得到的因子被称为因子得分 (factor scores) 或简称为得分。在文献和统计软件中，因子得分的估计可能被称为预测，估计的因子被称为预测分数。

估计因子得分最常用的方法是将方程(12-5)作为一个多元回归方程，x 是方程的回归元。在方程(12-5)中估计矩阵 $\boldsymbol{B}$ 后，我们可以将变量 X_t，f_t 作为具有联合正态分布的变量。回想一下，从式(12-7)和式(12-9)可得：

$$\mathrm{Cov}(x_t, f_t) = \mathrm{Cov}(\boldsymbol{B}f_t + \varepsilon_t, f_t) = \boldsymbol{B}$$

由于 $x_t = \boldsymbol{B}f_t + \varepsilon_t$，向量 $[x_t f_t]$ 服从一个均值为 0 的正态分布，协方差矩阵如下：

$$\mathrm{Cov}\left\{\begin{bmatrix}x_t\\f_t\end{bmatrix}\right\} = \begin{bmatrix}\boldsymbol{B}'\boldsymbol{B}+\boldsymbol{\Psi} & \boldsymbol{B}'\\ \boldsymbol{B} & \boldsymbol{I}\end{bmatrix}$$

由此可以看出，因子得分的估计值是通过以下式子给定的：

$$\hat{f}_t = \boldsymbol{B}(\boldsymbol{B}'\boldsymbol{B} + \boldsymbol{\Psi})x_t \tag{12-11}$$

因子得分只是因子的估计，一般来说，并没有因子的性质。也就是说，得分没有单位方差并且不是正交的。例如，使用 MATLAB 的函数 factoran 获得以下 20×4 矩阵的估计得分 $\boldsymbol{F}$：

$$F = \begin{bmatrix} 0.1307 & 0.1885 & 1.1355 & -1.1246 \\ 1.3760 & -0.8360 & -0.9245 & -0.2546 \\ -0.0302 & -0.5621 & 0.6448 & -0.0978 \\ 0.0744 & 0.6716 & 1.0122 & -2.4148 \\ 1.1057 & -1.5757 & -0.1156 & 0.9868 \\ 1.1724 & -0.4423 & 0.1176 & 0.5556 \\ -1.11110 & -0.7784 & -0.3086 & -0.5283 \\ -0.2808 & -0.8173 & -2.3988 & -0.3218 \\ -1.0935 & 0.1184 & -0.5359 & -0.1613 \\ 0.2160 & 0.1450 & 0.9409 & 2.5238 \\ 0.8722 & -0.4340 & -1.6825 & -0.5003 \\ 1.3746 & 0.1600 & 1.4673 & -0.2178 \\ 2.0655 & 1.5356 & 0.1549 & 0.1682 \\ -1.6935 & 3.0525 & -1.3063 & 0.5341 \\ 0.4430 & -0.2481 & 0.7989 & 0.5219 \\ 0.7366 & 0.0515 & -0.0451 & 0.0660 \\ -0.2023 & 0.3304 & -0.2513 & 0.2079 \\ 0.8073 & -0.8878 & 0.6037 & -0.1950 \\ 0.7959 & 0.383 & 0.1956 & 0.0616 \\ -0.1836 & -0.4548 & 0.4972 & 0.1904 \end{bmatrix}$$

计算 F 的协方差矩阵如下:

$$\Sigma_F = \begin{bmatrix} 0.9975 & 0.0000 & 0.0000 & 0.0000 \\ 0.0000 & 0.9737 & 0.0000 & 0.0000 \\ 0.0000 & 0.0000 & 0.9843 & 0.0000 \\ -0.0000 & -0.0000 & 0.0000 & 0.8548 \end{bmatrix}$$

总而言之,我们的例子演示了实际操作中所做的事情。我们从一个由 8 只股票 20 天的标准化日收益率序列组成的矩阵开始,试图找到一个更小的 4 因子构成的多元回归方程来解释数据。要做到这一点,我们首先用 MLE 来确定 B 和 Ψ,然后估计因子得分。

因子是不可被观测到的,它们是根据数据重建的,是抽象的。例如,在我们估计的因子模型中,很难解释因子的含义。我们可以说最初的收益面临着 4 个风险因素,但我们不能很容易地解释这些因素意味着什么。正如我们所指出的,我们不能说风险因素是独一无二的。稍后我们将介绍如何部分地修改这个命题。

12.6.5 其他类型的因子模型

在金融建模中,因子模型往往不是通过因子分析得到的,而是针对特定的回归元进行的多元回归得到的。被广泛使用的回归元包括宏观经济变量,如公司的市值、账面价值比等基本信息,以及国家和行业的基本信息。如果某只股票属于某一国家或某一部门,则因子载荷等于一个单位,否则为零(正如第 6 章中阐述的回归分析中使用的分类变量),而因子得分则是通过回归得到的。

12.7 主成分分析

主成分分析(principal components analysis,PCA)用于对数据进行简化解析。主成分分析与因子分析有相似之处,也有不同之处。主要的区别在于主成分分析是一种数据降维技术,它可以应用于任何一组数据而不必假设任何统计模型,而因子分析需要假设数据的具体统计模型。此外,主成分是数据的线性组合,因此是可观测的,而因子通常是不可观测的变量。

12.7.1 主成分分析步骤

主成分分析的关键思想是寻找变量的线性组合,并称它为主成分(principal components),这些组合是相互正交的,并且具有最大的方差。在本章的前面,我们将正交因子定义为非相关因子。但在定义主成分分析时,我们并没有假设变量服从某个统计特征;主成分是不存在任何联合概率分布的向量。如果主成分作为向量的标量积等于 0,我们就说两个不同的主成分是正交的。

给定两个向量 $x=[x_1,\cdots,x_N]'$ 和 $y=[y_1,\cdots,y_N]'$ 有相同的维度 N,均值为 0,则它们的标量积(scalar product)定义如下:

$$(x',y) = [x_1,\cdots,x_N]\begin{bmatrix} y_1 \\ \vdots \\ y_N \end{bmatrix} = \sum_{i=1}^{N} x_i y_i \qquad (12\text{-}12)$$

我们想要找到正交且有最大方差的主成分的原因是,我们想要将样本数据表示为少量几个主成分的线性组合,这部分在本节后续部分会详细介绍。如果主成分是正交的且具有最大方差,则上述目标能更好地达到。

描述这个过程最简单的方法是通过一个循序渐进的例子进行说明,这里我们要举的例子与前面用于说明因子分析的例子使用的是相同的数据。我们在方程(12-9)的基础上考虑标准化数据 X 及其协方差矩阵 Σ_X。

步骤1:计算样本数据协方差矩阵的特征值和特征向量

在附录D中,我们介绍了矩阵代数的基本知识。矩阵 Σ_X 的特征值(eigenvalue)和特征向量(eigenvector)是数字 λ_i 和向量 V_i,且满足如下条件:$\Sigma_X V_i = \lambda V_i$。一般来说,一个 $N \times N$ 协方差矩阵有 N 个不同的实值特征值和特征向量。因此,我们可以得到一个矩阵 V,其各列是特征向量,并得到主对角线是特征值的对角矩阵 D。

特征值和特征向量可以用统计或数学工具包来计算。我们计算矩阵的特征值和特征向量使用的是 MATLAB 的 eig 函数,并得到以下矩阵:

$$V = \begin{bmatrix} -0.3563 & 0.4623 & -0.1593 & 0.0885 & -0.0951 & -0.3155 & -0.6800 & 0.2347 \\ 0.2721 & -0.0733 & -0.1822 & 0.4334 & -0.0359 & 0.7056 & -0.3014 & 0.3311 \\ -0.1703 & -0.2009 & -0.5150 & 0.0241 & 0.6772 & -0.1653 & 0.1890 & 0.3784 \\ -0.6236 & -0.3148 & 0.0961 & -0.3693 & -0.3385 & 0.2945 & 0.0895 & 0.3963 \\ 0.5319 & -0.4428 & 0.0909 & -0.3693 & -0.0972 & -0.3284 & -0.3586 & 0.3611 \\ -0.0088 & -0.1331 & 0.0672 & 0.6355 & -0.4031 & -0.4157 & 0.3484 & 0.3422 \\ 0.0075 & 0.2697 & 0.7580 & 0.0421 & 0.4326 & 0.0557 & 0.0579 & 0.3966 \\ 0.3131 & 0.5957 & -0.2823 & -0.3540 & -0.2395 & 0.0693 & 0.3869 & 0.3610 \end{bmatrix}$$

和

$$D = \begin{bmatrix} 0.0381 & 0 & 0 & 0 & 0 & 0 & 0 & 0 \\ 0 & 0.0541 & 0 & 0 & 0 & 0 & 0 & 0 \\ 0 & 0 & 0.1131 & 0 & 0 & 0 & 0 & 0 \\ 0 & 0 & 0 & 0.1563 & 0 & 0 & 0 & 0 \\ 0 & 0 & 0 & 0 & 0.2221 & 0 & 0 & 0 \\ 0 & 0 & 0 & 0 & 0 & 0.4529 & 0 & 0 \\ 0 & 0 & 0 & 0 & 0 & 0 & 1.3474 & 0 \\ 0 & 0 & 0 & 0 & 0 & 0 & 0 & 5.6160 \end{bmatrix}$$

注意:乘积 VV' 是对角矩阵,主对角线上的元素都是1,这意味着特征向量是相互正交的向量。也就是说，不同向量之间的标量积是 0，且向量的模的长度等于 1。

步骤 2：利用特征向量乘以样本数据构造主成分

如果用 X 乘以任何一个特征向量（即矩阵 V 中的任何一列），我们会得到一个由数据线性组合形成的新的时间序列。例如，假设我们将数据 X 乘以第一个特征向量，将得到第一个主成分（用 PC_1 表示），即：

$$PC_1 = XV_1 = X_1 \times (-0.3563) + X_2 \times 0.2721 + X_3 \times (-0.1703) + X_4 \times (-0.6236) + X_5 \times 0.5319 + X_6 \times (-0.0088) + X_7 \times 0.0075 + X_8 \times 0.3131$$

接下来，我们可以构造一个新的 20×8 矩阵，即：

$$PC = XV \tag{12-13}$$

其中每一列都是样本数据 X 与对应的特征向量的乘积，而矩阵 PC 的列就是主成分。表 12-2 显示了 8 个主成分的结果。

主成分是原始数据的线性组合。因为原始数据是一系列的股票收益，我们可以把主成分看作是由这些股票组成的投资组合，所以主成分的价值是这些投资组合的收益。

步骤 3：从主成分获取数据

到目前为止，我们已经将原始时间序列转换成一组新的互不相关的时间序列，称为主成分。那么如何能重建主成分数据呢？考虑到 $VV' = I$，我们可以得到：

$$X = XVV' = (XV)V' = PCV' \tag{12-14}$$

表 12-2 样本标准化数据的所有主成分

PC_1	PC_2	PC_3	PC_4	PC_5	PC_6	PC_7	PC_8
0.03	−0.61	−0.25	−0.13	0.48	−0.60	0.09	0.19
0.23	−0.19	0.24	0.67	−0.11	0.39	−1.11	2.28
−0.04	−0.30	0.13	−0.18	0.07	−0.28	−0.51	−0.43
0.31	0.06	−0.49	0	1.18	−0.78	0.08	0.27
0.19	−0.20	0.07	−0.05	−0.71	0.04	−0.72	−3.60
−0.27	−0.11	−0.50	0.28	−0.86	−0.33	−0.42	2.82
−0.17	0.32	0.23	−0.17	0.42	0.15	−0.91	−3.10
0.12	0.17	−0.44	−0.04	0.11	1.6	−1.14	−2.23
−0.13	0.14	−0.14	0.21	−0.07	0.08	0.34	−2.41
0.22	0	0.1	−1.14	−0.73	0.2	0.86	0.9
−0.28	−0.23	0.17	−0.07	0.46	1.38	−1.21	0.96
−0.36	0.12	−0.10	−0.38	0.11	−1.01	0.3	−2.50
−0.12	0.24	0.28	−0.04	0.3	0.12	0.76	6.03

(续)

PC_1	PC_2	PC_3	PC_4	PC_5	PC_6	PC_7	PC_8
0	−0.11	0.04	0.34	0.11	0.83	4.19	−1.77
0.05	−0.01	0.76	−0.36	0.25	−0.14	−0.16	1.2
0.21	0.4	−0.20	0.11	−0.15	−0.12	−0.24	1.77
−0.06	0.06	0.07	0.54	−0.34	−0.21	0.59	0.06
−0.04	0.06	0.48	0.5	−0.12	−0.83	−0.52	−1.90
−0.13	0.04	−0.50	−0.24	−0.16	−0.03	−0.11	1.98
0.24	0.14	0.07	0.14	−0.22	−0.50	−0.15	−0.48

我们可以通过计算矩阵特征向量的转置来得到主成分的数据：

$$X_1 = PC(V')_1 = PC_1 V_{11} + PC_2 V_{12} + \cdots + PC_8 V_{18}$$

$$\vdots$$

$$X_i = PC(V')_i = PC_1 V_{i1} + PC_2 V_{i2} + \cdots + PC_8 V_{i8} \quad (12\text{-}15)$$

$$\vdots$$

$$X_8 = PC(V')_8 = PC_1 V_{81} + PC_2 V_{82} + \cdots + PC_8 V_{88}$$

第 i 个时间序列数据是主成分的加权和，其中第 j 个权重等于第 j 个特征向量的第 i 个分量。可以将这些权重与 PCs 表达式的权重进行对比：

$$PC_1 = X(V)_1 = X_1 V_{11} + X_2 V_{21} + \cdots + X_8 V_{81}$$

$$\vdots$$

$$PC_i = X(V)_i = X_1 V_{1i} + X_2 V_{2i} + \cdots + X_8 V_{8i}$$

$$\vdots$$

$$PC_8 = X(V)_8 = X_1 V_{18} + X_2 V_{28} + \cdots + X_8 V_{88}$$

容易得知，第 i 项的主成分是样本数据的加权求和，第 j 个权重等于第 i 个特征向量的第 j 分量。

如果我们计算每个主成分的方差，则得到以下向量：

$$\text{Var} = [0.0381 \quad 0.0541 \quad 0.1131 \quad 0.1563 \quad 0.2221 \quad 0.4529 \quad 1.3474 \quad 5.6160]'$$

$$(12\text{-}16)$$

可以直观地看到，每个主成分的方差等于对应的特征值：$\text{Var}(PC_i) = D_{ii} = \lambda_i$，这是一个一般性规律：主成分的方差等于样本数据协方差矩阵对应的特征值。

步骤 4：观察主成分方差的衰减

不同主成分的方差差异很大。与 PC_1 对应的方差最小，是 0.0381，而与 PC_8 对应的方差最大，为 5.616 0。图 12-1 显示了第一个和最后一个主成分以及它们的特征值。

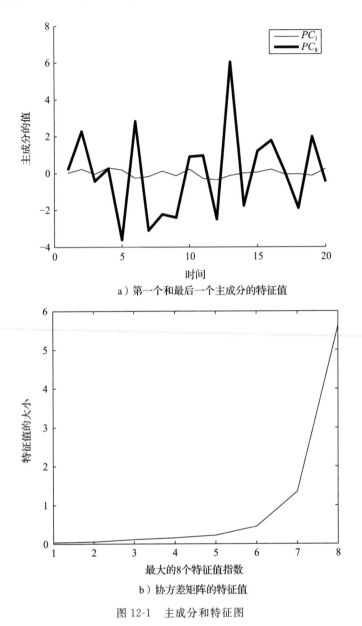

a）第一个和最后一个主成分的特征值

b）协方差矩阵的特征值

图 12-1　主成分和特征图

因为主分量是正交向量，我们可以将第 i 个时间序列 X_i 的方差表示为特征值的加权求和（每个特征值等于相对应的主成分的方差），如下所示：

$$\mathrm{Var}(X_1) = \lambda_1 V_{11} + \lambda_2 V_{12} + \cdots + \lambda_8 V_{18}$$

$$\vdots$$

$$\mathrm{Var}(X_i) = \lambda_1 V_{i1} + \lambda_2 V_{i2} + \cdots + \lambda_8 V_{i8}$$

$$\vdots$$
$$\mathrm{Var}(X_8) = \lambda_1 V_{81} + \lambda_2 V_{82} + \cdots + \lambda_8 V_{88} \tag{12-17}$$

步骤 5：使用最大方差的主成分

从式(12-16)可以看到，示例中最小的特征值和最大的特征值之间有超过两个数量级(＞100)的差异，在前 3 个特征值之后，特征值的数值快速衰减。我们用少量的具有最大方差的主成分来表示数据的近似值，同时这也意味着只使用那些与最大特征值相对应的主成分。

假设只使用 4 个主成分，我们可以写出以下样本数据的近似表示：

$$X_1 \approx PC_5 V_{15} + \cdots + PC_8 V_{18}$$
$$\vdots$$
$$X_i \approx PC_5 V_{i5} + \cdots + PC_8 V_{i8} \tag{12-18}$$
$$\vdots$$
$$X_8 \approx PC_5 V_{85} + \cdots + PC_8 V_{88}$$

或者

$$X_1 = PC_5 V_{15} + \cdots + PC_8 V_{18} + e_1$$
$$\vdots$$
$$X_i = PC_5 V_{i5} + \cdots + PC_8 V_{i8} + e_i \tag{12-19}$$
$$\vdots$$
$$X_8 = PC_5 V_{85} + \cdots + PC_8 V_{88} + e_8$$

其中 e 代表误差。误差项是前 4 个主成分的线性组合，与后 4 个主成分是正交的，但总的来说，它们是相互关联的。关于这一点的证明如下：

$$X_1 = PC_5 V_{15} + \cdots + PC_8 V_{18} + e_1, \quad X_8 = PC_5 V_{85} + \cdots + PC_8 V_{88} + e_8$$

又因为：

$$X_1 = PC_1 V_{11} + PC_2 V_{12} + \cdots + PC_8 V_{18}, \quad X_8 = PC_1 V_{81} + PC_2 V_{82} + \cdots + PC_8 V_{88}$$

因此，可知：

$$e_1 = PC_1 V_{11} + PC_2 V_{12} + \cdots + PC_4 V_{14}, \quad e_8 = PC_1 V_{81} + PC_2 V_{82} + \cdots + PC_4 V_{84}$$

对于标量乘积，有：

$$(e_1' V_{15}) = PC_1 V_{11}' V_{15} + \cdots + PC_4 V_{14}' V_{15}$$

因为特征向量是正交的，每个乘积 $V_{11}' V_{15}, \cdots, V_{14}' V_{15}$ 都等于 0。同样的推理

可以重复为任何一个乘积$(e_i'V_{1j})$，$i=1,2,3,4$，$j=5,6,7,8$，表明误差项与后4个主成分正交。

对于标量$(e_1'e_8)$，这个标量乘积是$V_{1i}'V_{1j}$乘积的加权和，$i=1,2,3,4$，$j=1,2,3,4$。如果$i\neq j$则这些标量的乘积都是0。但是如果$i=j$，则乘积不等于0。因此协方差和残差之间的相关系数不为0。例如，本例中残差的协方差矩阵是：

$$\Sigma_e = \begin{bmatrix} 0.0205 & 0.0038 & 0.0069 & -0.0062 & -0.0250 & 0.0044 & -0.0064 & 0.0108 \\ 0.0038 & 0.0362 & 0.0113 & -0.0322 & -0.0196 & 0.0421 & -0.0138 & -0.0173 \\ 0.0069 & 0.0113 & 0.0334 & 0.0005 & -0.0053 & -0.0000 & -0.0470 & 0.0066 \\ -0.0062 & -0.0322 & 0.0005 & 0.0425 & 0.0172 & -0.0335 & 0.0010 & -0.0002 \\ -0.0250 & -0.0196 & -0.0053 & 0.0172 & 0.0436 & -0.0330 & -0.0009 & 0.0096 \\ 0.0044 & 0.0421 & -0.0000 & -0.0335 & -0.0330 & 0.0646 & 0.0080 & -0.0417 \\ -0.0064 & -0.0138 & -0.0470 & 0.0010 & -0.0009 & 0.0080 & 0.0692 & -0.0178 \\ 0.0108 & -0.0173 & 0.0066 & -0.0002 & 0.0096 & -0.0417 & -0.0178 & 0.0515 \end{bmatrix}$$

这并不是一个对角矩阵。一般来说，因子模型的基本方程$\Sigma=B'B+\Psi$不适用于主成分分析。

可以证明，在等式(12-14)中最后4个主成分的权重可以使残差平方和最小化。因此，等式(12-14)中的权重与通过样本数据对最后4个主成分做线性回归估计出的权重是一样的。

例如，如果我们用MATLAB的回归函数估计一个线性回归：

$$X_1 = \alpha_1 PC_5 + \alpha_2 PC_5 + \alpha_3 PC_5 + \alpha_4 PC_5 + \varepsilon$$

对于回归系数，我们得到以下估计量：

$$\begin{bmatrix} \alpha_1 \\ \alpha_2 \\ \alpha_3 \\ \alpha_4 \end{bmatrix} = \begin{bmatrix} -0.0951 \\ -0.3155 \\ -0.6800 \\ 0.2347 \end{bmatrix}$$

如果我们看一下矩阵V，容易得知，线性回归系数的估计等于V_{15}，V_{16}，V_{17}，V_{18}，如式(12-15)。

图12-2中的8个小图说明了由4个主成分得到的真实数据的近似值。

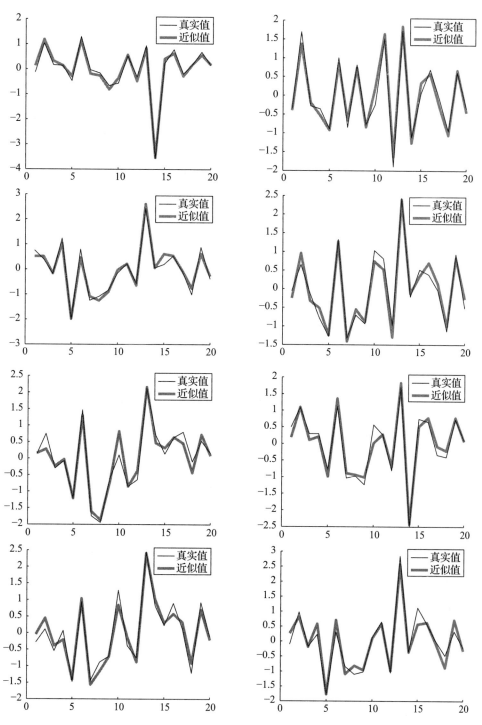

图 12-2 由 4 个主成分得到的真实数据的近似值

注：数据从 X_1（左上角图）到 X_8（右下角图）。

12.7.2 主成分分析的过程

我们在本节中提供的示例可以推广到任何一组数据，因此，我们可以为主成分分析建立以下一般流程。给定一组由相同长度时间序列组成的样本数据，序列拥有非奇异协方差矩阵，主成分分析涉及以下步骤：

(1) 计算样本数据的协方差矩阵 Σ_X。

(2) 计算协方差矩阵的特征值 D 和协方差矩阵 Σ_X 的特征向量。

(3) 计算主成分 PC 和数据特征向量的乘积 $PC = XV$。

(4) 观察特征值是如何衰减的（例如，观察特征值图中数值的大小）。

(5) 从较多的特征值中，选出较少数量的主成分 PC。

(6) 将数据近似表达为所选主成分 PC 的加权求和。

12.8 因子分析与主成分分析之间的差异

因子分析与主成分分析之间具有明显的相似之处。它们的相同点在于，样本数据可以简化为一定数量（通常较少）的因子或主成分的加权和。但它们之间也有三个重要的不同点，总结如下：

(1) 主成分分析是一种数据降维技术，也就是说，它是对数据的一种简化的表示方式，可被应用于任何具有非奇异协方差矩阵的数据。主成分分析本身不对数据的概率分布做任何假设，然而，因子模型则会对数据预设一个统计模型。为了理解这种区别，我们把数据分成两部分，一部分数据用作参数估计，另一部分用作模型检验。如果这些数据符合一个因子模型，那么同一个因子模型在估计数据集和测试数据集中都将适用。然而，没有任何理由假定主成分分析在两组数据中的预计参数近似。

(2) 主成分是可观测的时间序列，在我们的示例中，它们是资产组合；而因子可能是不可观测的。

(3) 主成分分析的残差一般具有相关性，因此方程(12-7)不适用于主成分分析。

我们可能会疑惑主成分是否为因子模型中对因子的估计。到目前为止，我们已经考虑了在时间维度和个体维度都有限的数据集（即时间序列是由有限的时间点组成）。在这些假设下，我们证明了主成分仅在标量模型的情况下（即仅在残差的方差相同的情况下）和因子估计一致[⊖]。如果残差不是同方差的，那么主成分就不是因子的一致估计量。

有限因子模型和主成分分析仅在标量模型下完全相同。在这种情况下，我们可以用主成分估计因子。而在其他情况下：①主成分分析给出了与因子分析相似但不完全一致的结果；②主成分不是对因子的一致估计，尽管它们可能与这些因子的估计非常近似。接下来，我们将介绍在大因子模型中，主成分能够很好地逼近因子。

12.9 近似（大）因子模型

到目前为止，我们考虑了残差不相关的因子模型，样本数据之间的协方差只受因子的影响。在这种情况下，方程 $\pmb{\Sigma}=\pmb{B}'\pmb{B}+\pmb{\Psi}$（其中 $\pmb{\Psi}$ 是一个对角矩阵）成立。我们现在怀疑是否可以放宽这个假设，并且接受 $\pmb{\Psi}$ 是一个非对角矩阵。这个问题是基于以下事实提出的：在实践中，基于真实收益率的因子模型并不一定能产生一个残差的对角矩阵。在得到一个合理数量的因子的估计之后，残差可能仍然表现出交叉相关性。

如果回顾最基本的关系 $\pmb{\Sigma}=\pmb{B}'\pmb{B}+\pmb{\Psi}$，就会发现这个问题没有简单解法。事实上，如果 $\pmb{\Psi}$ 不是一个对角矩阵，我们可以嵌套另一个因子结构，使得 $\pmb{\Psi}=\pmb{H}\pmb{H}'+\pmb{\Omega}$。但是嵌套另一个因子结构会增加因子的数量，也就是说，如果假定残差项是相关的，当残差项也能呈现出因子结构时，那么原来的因子就不会是唯一的因子。

直观来讲，我们可以把所有特征值分为两组，即"大特征值" $\pmb{B}'\pmb{B}$ 和"小特征值" $\pmb{\Psi}$，并且使得 $\pmb{\Sigma}$ 是这两组特征值之和，即 $\pmb{\Sigma}=\pmb{B}'\pmb{B}+\pmb{\Psi}$。但是，这不是一个理论上完美的解法，因为划分"大""小"特征值的标准是主观臆断的。

⊖ Hans Schneeweiss and Hans Mathes, "Factor Analysis and Principal Components," *Journal of Multivariate Analysis* 55(1995)：105-124.

为了找到理论上严谨的解法，我们对因子模型的假设进行了修正，假设时间节点 T 的数量和时间序列的个数均为无穷大。实际上，这种方法是由斯蒂芬·罗斯(Stephen Ross)提出的，他在20世纪70年代中期提出的套利定价模型(arbitrage pricing theory，APT)中就使用了无穷因子模型的方法。[一]具有残差相关性的因子模型又叫作近似因子模型(approximate factor model)。近似因子模型理论于20世纪80年代初期兴起，同样假定时间节点和时间序列的个数是无穷的。[二]近似因子模型允许残差项相关，但是它们被定义在无限市场中。

无限市场是定义近似因子模型的必要假设。这是因为，无限市场假设允许无边界增长的特征值和有边界增长的特征值之间存在本质区别。粗略地说，在无限市场中，真正的全局因子(true global factor)对应于无穷特征值，而局部因子(local factor)对应于有界特征值。

当然，这种区别需要仔细定义的极限结构。为了定义近似因子模型，加里·张伯伦(Gary Chamberlain)和迈克尔·罗斯柴尔德(Michael Rothschild)首先定义了一个无限序列因子模型，它具有不断增加的序列和数据点。[三]假设当模型的规模增大时，只有固定数量的特征值可以无限增长，而其余的特征值仍然有界，此假设允许把一个近似因子模型定义为一系列的因子模型，其中固定数量的特征值是无边界增长的，而其他的特征值是有边界增长的，并且残差项是相关的。

我们注意到套利定价模型只有在无限市场中才可以被严格定义。近似因子模型的理论已经扩展到了更一般的假定上，即残差和因子可以具有自相关性。[四]

12.10 近似因子模型和主成分分析

近似因子模型理论的一个关键发现是，近似因子模型的因子是唯一的，而且可以被主成分估计和识别。当然，这必须定义在一个有限的结构下。事实上，在

[一] Stephen Ross，"The Arbitrage Theory of Capital Asset Pricing," *Journal of Economic Theory* 13 (1976)：341-360.
[二] Gary Chamberlain and Michael Rothschild，"Arbitrage, Factor Structure, and Mean-Variance Analysis in Large Asset Markets," *Econometrica* 51(1983)：1305-1324.
[三] Chamberlain and Rothschild，"Arbitrage, Factor Structure, and Mean-Variance Analysis."
[四] Jushan Bai，"Inferential Theory for Factor Models of Large Dimensions," *Econometrica*，71 (2003)：135-171.

无限市场上确定主成分，这本身是没有意义的。但是我们可以定义一个有限的过程，从而使得市场在不断增长的同时，其有限主成分在某种意义上和有限因子一致。因此，我们可以说，在无穷近似因子模型中，因子是唯一的，并且可以用主成分估计。

我们如何在实践中应用近似因子模型理论？给定市场是有限的，我们如何把该近似因子模型理论应用到股票的收益率中去？研究表明，对于具有大样本的长时间序列的大因子模型，近似因子模型理论对其具有很好的近似值。例如，在大型投资管理公司中处理超过 1 000 个股票收益率序列，每个序列拥有超过 1 000 个日收益率，这并不罕见。

在处理大型模型时，全局因子与大特征值相关，局部因子与小特征值相关。大特征值和小特征值的区别不像无限特征值和有界特征值之间的理论区别那么清晰。然而，准则已经被提出，这就使得区分变得较为合理。一些准则本质上是模型的选择准则。模型选择准则对减少残差大小和降低模型复杂度进行权衡，从而选择最优因子数量，也就是选择需要估计的参数数量。这就是 Bai 和 Ng 的策略。[一] 其他如 Onatski[二] 提出的准则是基于大矩阵特征值的分布。

总之，无论是因子模型还是主成分分析都试图找到一种数据降维的方法。因子模型假设了一个样本数据的统计模型，而主成分分析法是一种纯数据降维方法。这两种方法在大样本模型中基本上是等价的，但在小样本模型中可能存在显著差异。

要点回顾

- 因子模型和主成分分析的统计方法都是用于把大量的观测变量减少为较少的因子和主成分。

- 主成分分析涉及建立一组解释变量的线性组合来构建一组主成分。

- 经典因子模型假设有限数量的序列

[一] Jushan Bai and Serena Ng, "Determining the Number of Factors in Approximate Factor Models," *Econometrica* 70(2002): 191-221.

[二] Alexei Onatski, "Determining the Number of Factors from Empirical Distribution of Eigenvalues," *Review of Economics and Statistics* 92(2010): 1004-1016.

- 和有限数量的观测值。
- 经典因子模型假设残差项是不相关的。在这种情况下，样本数据的方差只由因子决定。
- 因子分析是估计因子模型的过程。
- 尽管极大似然估计法可以用来估计模型的参数，但因子并不是被唯一确定的，因此不能用来估计因子模型。
- 因子得分可以用来近似表示因子。
- 因子模型类似于多元回归，但是一般因子是不可观测的，而且残差是不相关的。
- 除了因子分析之外，可以用主成分分析来实现数据的简约表达。
- 主成分分析是一种数据降维的方法，而不是一个统计模型。
- 为了进行主成分分析：①计算协方差矩阵的特征值和特征向量；②将样本数据乘以特征向量来计算主成分；③与特征值最大的特征向量相对应的一小部分主成分被选出来，并利用数据对所选出的主成分进行回归。
- 仅在大样本模型的条件下，才可以用主成分估计因子。
- 因子分析和主成分分析最大的区别在于：①主成分分析法的残差是相关的；②主成分分析不是一个统计模型。
- 在因子数量较多的因子模型中，可以用主成分较好地近似估计因子。

第 13 章

模型估计

学习目标

在阅读完本章后,你将了解以下内容:
- 估计方法和估计量的概念。
- 估计量的性质。
- 最小二乘估计法。
- 最小二乘法的应用。
- 普通最小二乘法、加权最小二乘法和广义最小二乘法的应用。
- 极大似然估计法。
- 极大似然估计法的应用。
- 工具变量估计方法。
- 矩估计法及其推广。
- 矩估计法的应用。

在之前的章节里,我们已经介绍了最常用的金融计量方法。然而,除了我们在第2章对一元线性回归的讨论以外,我们故意不去关注模型估计参数的方法。正如我们在前言中提到的,我们没有这么做是因为大部分使用者在使用金融计量的商业软件都已经采用了最新的估计方法。尽管如此,了解适用于特定模型的各种估计方法仍然很重要。在本章,我们将从估计和抽样分布的概念入手来讨论这些方法。

13.1 统计估计与检验

在本书中被描述的所有金融计量模型都有待估的参数。统计估计(statistical estimation)是确定最佳参数估计的一系列标准和方法，而检验是估计的补充。虽然可以在估计之后对模型的充分性进行检验，但对关键参数的检验通常在估计过程之前。

概述来说，统计法就是指利用抽样的方法来从样本推断全部整体。统计学内的这一领域叫作推断统计（inferential statistics），或者叫归纳统计，我们在附录C中有进一步的讨论。在金融计量学中，样本通常是时间序列。数据可以是收益率、价格、利率、信贷利差、违约率以及特定公司的财务数据或者其他宏观经济数据。采用统计估计方法的目的是估计那些能够描述实证数据的模型参数。

估计中的关键概念是估计量。估计量（estimator）是样本数据的函数，其值接近于分布中参数的真实值。举例来说，样本均值（即变量样本值之和除以样本数量）就是总体均值的估计量，也就是说，它是样本数据的函数，以此来推断总体平均值的真实值。估计量可以是简单的代数表达式，也可以是复杂计算的结果。

估计量需要具备一系列性质，尤其要满足以下三个条件：

- 当样本规模变大的时候，应该逐渐地接近待估参数的真实值。
- 不应该有任何的系统性误差。
- 应该尽可能快地接近要估计的参数的真实值。

每一个估计都应该考虑什么估计量最适合解决当前的问题。适合于同一参数的估计量在估计效果上可能有显著的差别。在附录C中，我们解释了一些最常用的评估估计量好坏的标准。

作为样本数据的函数，估计量是一个随机变量。估计量有一个概率分布，称为抽样分布（sampling distribution）。在多数情况下，相比于大样本，小样本的估计量概率分布较难准确计算。[一]

抽样分布是很重要的。许多判断必须基于估计量做出，例如判断过程是否单整。因为估计量是随机变量，所以在做相应判断时，需要将经验估计量与抽样分布的检验统计量或临界值进行比较。[二]在假设检验中，我们通过检验统计量来决定是否应该接受或拒绝原假设[三]。

[一] 关于估计量如何随着样本大小的变化而变化的讨论，请参见附录C。
[二] 假设检验见附录C。
[三] 自回归参数的检验统计量或临界值以表格形式列出，并可从时间序列软件包中得到。

13.2 估计方法

因为估算方法涉及一些无法自我证明的标准，所以它们带有主观随意性，关键是，尽管估计过程力图使假设分布与实际数据相吻合，但通过施加一定的限制，任何分布都能与实际数据相吻合。因此，分布的选择有一定的主观随意性。假设想确定一个抛硬币实验的概率分布，一共抛了1 000次，有人头的一面出现了950次。我们可能会得出结论，硬币是高度有偏的，出现人头有95%的可能性。然而，我们没有客观的方法来排除硬币是正常的这种可能性，只是我们正在经历一个不太可能发生的事件。最终，不管我们得到什么结论都是武断的。

在金融计量学中，经常使用4种估计方法：

- 最小二乘估计法（least squares method）
- 极大似然估计法（maximum likelihood method）
- 矩估计法（method of moments method）
- 贝叶斯估计法（bayesian method）

以上4种都是基础的估计方法。这些方法在广义估计框架中不断得到推广，然而与此同时，4种方法之间的重叠导致很难建立一个简单的估计方法分类体系。事实上，最小二乘估计法和极大似然估计法是名为M估计法的更为一般的估计方法的两个特例。M估计法已经推广到广义矩估计法（generalized method of moments），最小二乘估计法和最大似然估计法同样属于广义的矩估计法。贝叶斯估计法则是基于不同的统计学解释，本章不做讨论。⊖ 当原有变量不适合用以上方法进行估计时，通常使用工具变量法进行估计。该方法的原理为改变观测变量。

正如本章即将介绍的，存在一些当模型假设失败时使用的变形的方法。不同的估计方法的选择取决于我们对数据所做的模型假设。更具体地说，如果我们在第4章描述的一般线性回归模型的假设成立，则普通最小二乘法（一种最小二乘的

⊖ 有兴趣了解更多关于贝叶斯估计法的读者，请参见 Svetlozar T. Rachev, John S. J. Hsu, Biliana Bagasheva, and Frank J. Fabozzi, *Bayesian Methods in Finance* (Hoboken, NJ: John Wiley & Sons, 2008).

形式)和极大似然估计法是合适的。在选择估计方法时我们需要考虑的另一个因素是计算成本。

13.3 最小二乘估计法

最小二乘估计法是一种适合于统计情景的最佳拟合方法。作为一种数据拟合方法，最小二乘法总是可用的。当最小二乘法应用于线性回归时，它被称为普通最小二乘法(ordinary least squares，OLS)。OLS 要满足回归的标准假设，当不满足回归的某些标准假设时，还有另外两种可供选择的方法：加权最小二乘法(weighted least squares)和广义最小二乘法。

让我们从拟合数据的基本步骤开始介绍最小二乘估计法。假设我们观测到了一组数据点并且想找出一条最优的直线近似地描述这些点，在这种情况下，一个合理的标准是计算每个点到一条直线的距离的平方和，并且找到使这个平方和最小的直线，这就是最小二乘法。

为了举例说明，假设我们得到了表 13-1 列出的 10 个数据点。我们可以把这些数据看作观测到的两个变量的 10 个值。图 13-1 描绘了数据对应于每个坐标的散点图。

表 13-1 示例样本数据

观测点	Y	X
1	0.8	0.7
2	1.8	1.3
3	1.1	2.9
4	1.7	4.2
5	1.6	5.5
6	1.4	6.7
7	1.6	7.4
8	1.7	8.1
9	2.1	9.2
10	2.4	10.6

我们要得到的最小平方和的那条最优直线是由满足以下线性关系的点来表示的：

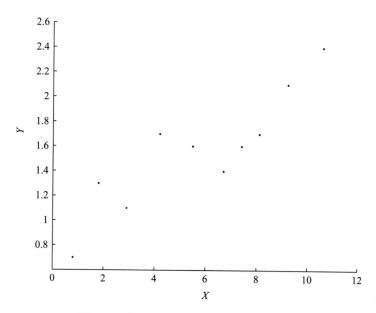

图 13-1 表 13-1 中 10 个样本数据的散点图

$$y = a + bx$$

确定 a，b 以后，直线将对应于我们的样本数据取值：$y_i = a + b_i$ ⊖，$i = 1$，2，$\cdots$，10。图 13-2 表示表 13-1 中的示例数据和与 $a = 0.05$，$b = 0.1$ 相对应的直线。

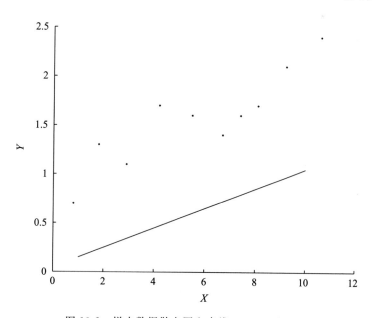

图 13-2 样本数据散点图和直线 $y = 0.05 + 0.1x$

⊖ 原文有误，应为 $y_i = a + bx_i$。

很明显，这条直线并不是最接近样本点的，因为它完全位于数据点的一侧。为了找到最优直线，我们必须找到使得样本点到对应直线距离的平方和最小的 a 和 b。

在这个例子中，一般由 a，b 表示的平方和可以写成：

$$S = (0.7 - a - b \times 0.8)^2 + (1.3 - a - b \times 1.8)^2 + (1.1 - a - b \times 2.9)^2$$
$$+ (1.7 - a - b \times 4.2)^2 + (1.6 - a - b \times 5.5)^2 + (1.4 - a - b \times 6.7)^2$$
$$+ (1.6 - a - b \times 7.4)^2 + (1.7 - a - b \times 8.1)^2 + (2.1 - a - b \times 9.2)^2$$
$$+ (2.4 - a - b \times 10.6)^2$$

令 S 的一阶偏导数为 0，我们可以找到将上述表达式最小化的解析值：

$$\frac{\partial S}{\partial a} = 0 \quad \frac{\partial S}{\partial b} = 0$$

计量软件是用迭代程序通过迭代搜索找出 S 的最小值。例如，我们可以在 MATLAB 中利用拟合函数执行上述操作。利用函数 polyfit(X，Y，1)得出 $a=0.131\,7$，$b=0.806\,5$。图 13-3 表示数据的最佳拟合直线和散点图，直线方程为：

$$y = 0.131\,7 + 0.806\,5x$$

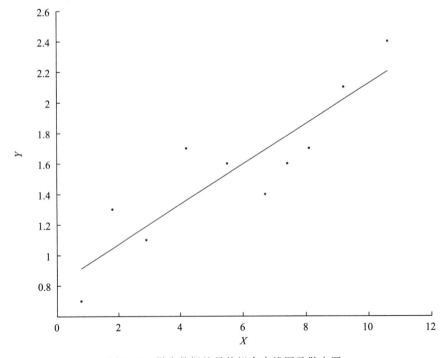

图 13-3　样本数据的最佳拟合直线图及散点图

我们可以用残差平方和的平方根来度量直线拟合样本数据的准确程度，例如对 $a=0.131\,7$，$b=0.806\,5$，我们可以得到 $\sqrt{S}=0.656\,6$。

观察图 13-3 中样本数据的散点图，我们可能会问二次多项式是否能更好地近似表示这些数据。我们可以重复上述过程，使用

$$y = a + bx + cx^2$$

而不是 $y=a+bx$，所以我们可以算出 S 为：

$$\begin{aligned}S =\,& (0.7-a-b\times 0.8-c\times 0.8^2)^2 + (1.3-a-b\times 1.8-c\times 1.8^2)^2 \\ &+ (1.1-a-b\times 2.9-c\times 2.9^2)^2 + (1.7-a-b\times 4.2-c\times 4.2^2)^2 \\ &+ (1.6-a-b\times 5.5-c\times 5.5^2)^2 + (1.4-a-b\times 6.7-c\times 6.7^2)^2 \\ &+ (1.6-a-b\times 7.4-c\times 7.4^2)^2 + (1.7-a-b\times 8.1-c\times 8.1^2)^2 \\ &+ (2.1-a-b\times 9.2-c\times 9.2^2)^2 + (2.4-a-b\times 10.6-c\times 10.6^2)^2\end{aligned}$$

在之前的例子里，我们通过使上述等式的一阶偏导数为 0 得到最小的 S。商业计量软件通常使用迭代优化的方法。我们再次使用 MATLAB 的 polyfit 函数指定一个二次多项式，能够得到这个多项式的方程为：

$$y = 0.003\,8 + 0.088\,9x + 0.889\,3x^2$$

图 13-4 表示样本数据的散点图和最优二次拟合多项式。

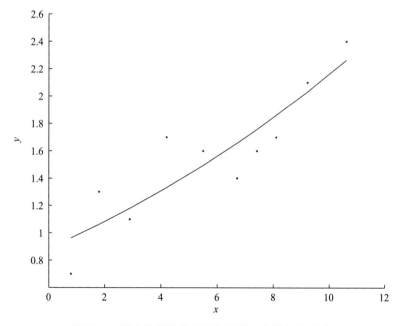

图 13-4　样本数据的散点图和最优二次拟合多项式

在之前的例子里，我们计算残差平方和，得到$\sqrt{S}=0.6566$。二次多项式对样本数据估计的近似性要略好于直线。然而我们现在估计三个参数a，b和c，而不是之前直线模型中的两个参数。通过在最佳拟合线的方程中增加变量的高次项可以获得对样本数据更好的拟合精度，但这种方法并不总是有利的。参数较多的模型较好地拟合了不可预测的样本变化，但预测效果较差。

一般来说，只要选择足够高次的近似多项式，多项式就可以精确地逼近任意一组数据。比如，图13-5说明了用10次最佳拟合多项式得到的样本数据的近似值。由于多项式的参数个数与样本中的数据个数相等，拟合是完美的，残差为零。

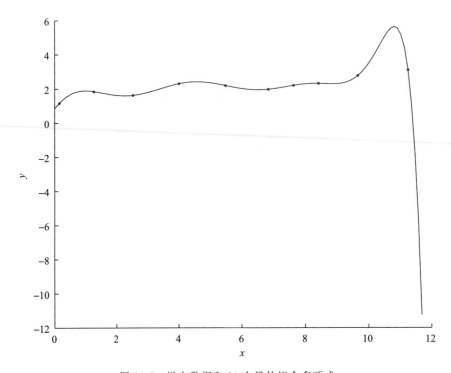

图13-5 样本数据和10次最佳拟合多项式

图13-5说明了10次最佳拟合多项式不能够很好地逼近样本数据最右点后的新数据，这是估计方法的一个基本要求。利用多参数模型可以有效拟合样本数据，例如用高阶多项式来拟合数据，但代表或预测样本外数据的能力很差。模型估计始终是对样本内数据估计的精度与模型简约性之间进行权衡。为了确定什么程度的逼近模型更佳，我们可以使用附录E中讨论的AIC或BIC准则。

在前面的说明中我们使用了两种不同的函数形式，直线（一次多项式）和二次多项式。最小二乘法适用于任何一组数据和不同的函数形式（例如直线、二次函数等）。函数形式的选择取决于理论和统计上的考虑。理论上的考虑可能会采用一种特定的函数形式来逼近数据。例如，假设我们的目标是对某家公司的一系列市值数据进行建模，那么企业成长理论可能会建议我们尝试指数函数。

13.3.1 普通最小二乘估计法

到目前为止，我们已经把最小二乘法作为一种寻找数据最佳近似值的方法，并且我们没有做出任何统计性假设。然而，最小二乘方法同样适用于统计模型，尤其是我们在第 3 章提到的回归模型中。正如我们之前介绍的，应用于标准假设下的一元或多元回归的最小二乘方法叫作普通最小二乘估计法（OLS），以此与我们之后将要描述的加权最小二乘估计法和广义最小二乘估计法加以区分。

一元回归和多元回归的标准假设要求残差是同方差的，它们互不相关并且和解释变量不相关。在这些假设下，OLS 通过最小化残差平方和来估计回归参数。我们已经在第 3 章介绍了回归方程(3-8)，这里被表示成如下等式：

$$y = X\beta + e \tag{13-1}$$

这可以通过找到使得残差平方和最小化的 b 的值来估计：

$$S = \sum_{i=1}^{n} e_i^2 \tag{13-2}$$

我们还看到，估计的回归参数可以用第 3 章中的表达式(3-10)来表示，这些数据在这里被重新表示为如下等式：

$$b = (X'X)^{-1}X'y \tag{13-3}$$

其中：$y = \begin{bmatrix} y_1 \\ \vdots \\ y_n \end{bmatrix}$；$X = \begin{bmatrix} 1 & x_{11} & \cdots & x_{1k} \\ \vdots & \vdots & \ddots & \vdots \\ 1 & x_{n1} & \cdots & x_{nk} \end{bmatrix}$；$n$ 为样本数；k 为回归系数的数量。

矩阵 X 中的第一列对应于常数截距项。

为了解释说明，我们使用表 13-1 中的数据。在这种情况下，矩阵 X 有两列，即第一列常数 1 以及表 13-1 中的数据一列，估计的回归系数可以从方程(13-3)中计算出来。如果我们计算这个表达式（或者我们用商业计量软件进行回归估计，比如用 MATLAB 中的回归函数），则可以得到回归系数的估计如下：

$$b = \begin{bmatrix} 0.806\ 5 \\ 0.131\ 7 \end{bmatrix}$$

这和我们得到的最佳的直线拟合系数是一致的。

回顾一下第 3 章的内容，自变量 X 是确定的或者服从特定分布的，因变量 y 是一个随机变量。这意味着，在不同的样本中，只有 y 改变，而 X 保持不变。需要注意的是，如果有 k 个自变量加一个常数项，那么等式(13-3)中的 $(X'X)^{-1}X'$ 是一个 $k \times n$ 的矩阵，y 是一个 $n \times 1$ 的列向量。因此，向量 b 是一个 $k \times n$ 的矩阵和 $n \times 1$ 的向量的乘积。在给定 X 固定不变的条件下，b 的每个分量都是样本数据 y 的线性组合。方程(13-3)表明，b 的 OLS 估计量是一个线性估计量。

当 X 是给定时，估计量 b 是样本数据 y 的函数。样本数据 y 是随机数据，因此 b 是一个随机变量。回顾第 3 章，我们假设自变量是服从正态分布的，而 b 是正态变量的线性组合，因此它也是一个正态变量。假设真实的回归模型是第 3 章中的式(3-1)，这里重新表示为如下方程式：

$$y = \beta_0 + \beta_1 x_1 + \cdots + \beta_k x_k + \varepsilon \tag{13-4}$$

则 $b - \boldsymbol{\beta}$，其中 $\boldsymbol{\beta} = (\beta_0, \beta_1, \cdots, \beta_k)'$，也就是参数真实值组成的向量，是正态分布的随机变量。

可以证明 $E(b - \boldsymbol{\beta}) = 0$，也就是说，回归系数估计值的期望值等于其真实值；并且 $b - \boldsymbol{\beta}$ 的方差-协方差矩阵 $\text{Cov}(b - \boldsymbol{\beta}) = (X'X)^{-1}\sigma^2$，其中 σ^2 是数据的方差。如果回归变量是服从正态分布的，则以上内容可以简洁地表达为，估计量 b 服从均值为 $\boldsymbol{\beta}$，协方差矩阵为 $(X'X)^{-1}\sigma^2$ 的正态分布。

估计量的方差是其估计精度的度量，高斯-马尔可夫(Gauss-Markov)定理说明 OLS 回归估计量是最优线性无偏估计量(best linear unbiased estimator，BLUE)。也就是说它在所有线性无偏估计量中拥有最小的方差。

13.3.2 加权最小二乘估计法

OLS 可以用不同的方法来概括。最重要的一种概括就是当所有变量 X，y 都假设为随机变量，在这种情况下，由观测数据计算的回归系数保持不变。事实上，我们用和式(13-4)相同的公式来估计 b：

$$b | X = (X'X)^{-1} X' y \tag{13-5}$$

这个公式的数值与方程(13-4)相同,但数据 X 现在是随机变量 X 的一个给定值。

假设残差与解释变量是独立的,那么即使自变量是随机变量,由方程(13-5)得到的 OLS 估计量也是一种无偏估计。但是,估计量的协方差不再是 $(X'X)^{-1}\sigma^2$,这表示之前自变量的协方差矩阵必须在解释变量 X 是固定的假设下才成立。不过,如果解释变量是随机的,则 $(X'X)^{-1}\sigma^2$ 是给定 X 情况下的条件方差。为了得到最终的协方差,我们必须把 $(X'X)^{-1}\sigma^2$ 乘以自变量的分布。一般情况下,即使数据服从正态分布,这个乘积也不服从正态分布。

另一种情况是,自变量是确定的但放宽误差同方差的假设,正如我们在第 4 章介绍的那样。在实践中,许多金融时间序列并不是同方差的。时间序列里拥有不同的方差的现象我们称之为异方差。在第 11 章中,我们解释了时间序列的异方差可以通过自回归过程来描述。在本章中,每一个残差的方差都是完全已知的。

根据式(13-4)给出的回归方程,我们得到残差的协方差矩阵:

$$W = \mathrm{Cov}(\varepsilon) = E(\varepsilon\varepsilon') \tag{13-6}$$

W 是一个 $n \times n$ 的矩阵。在第 3 章中回归的标准假设下,W 与单位矩阵 C 成比例,其中 σ^2 是残差的方差。现在我们放宽这个假设,并且假定 W 是一个对角矩阵,但有不同的对角项,则:

$$W = \sigma^2 V$$

$$V = \begin{bmatrix} v_1^2 & 0 & 0 \\ 0 & \ddots & 0 \\ 0 & 0 & v_n^2 \end{bmatrix} \tag{13-7}$$

在上述情况下,普通的 OLS 公式不再适用。但是,一个修正的 OLS——加权最小二乘(weighted least squares,WLS)估计法仍然适用。WLS 寻求加权残差的最小平方和。不同于最小化式(13-2)给出的残差平方和,WLS 最小化加权残差平方和:

$$WS = \sum_{i=1}^{n} w_i e_i^2 \tag{13-8}$$

给定回归方程 $y = \beta_0 + \beta_1 x_1 + \cdots + \beta_k x_k + \varepsilon$,每个残差项的方差是精确已知的,并且由方程(13-7)中的矩阵给出,然后 WLS 试图最小化:

$$WS = \sum_{i=1}^{n} \frac{1}{v_i^2} e_i^2 \tag{13-9}$$

可以证明回归系数的估计量变为：

$$b = (X'V^{-1}X)^{-1}X'V^{-1}y \qquad (13\text{-}10)$$

该 WLS 估计量是无偏的且是最优线性无偏的。如果残差是同方差的，则矩阵 V 变成单位阵，b 则变成式(13-5)中的表示。

13.3.3　广义最小二乘估计法

WLS 估计可以推广到广义最小二乘(GLS)估计，GLS 适用于残差存在异方差和自相关的情况。在此情况下，等式(13-7)变为：

$$W = \sigma^2 V$$

$$V = \begin{bmatrix} v_{11}^2 & \cdots & v_{n1} \\ \vdots & \ddots & \vdots \\ v_{n1} & \cdots & v_{nn}^2 \end{bmatrix} \qquad (13\text{-}11)$$

在给定 X 的条件下，回归参数的 GLS 估计给出了如方程(13-10)所示的表达，不过这里的 V 是一个满秩协方差矩阵。GLS 估计是线性无偏的，并且在所有线性估计量中具有最小的方差。

WLS、GLS 的理论都假设残差的协方差矩阵是完全已知的。这是 WLS 和 GLS 在应用时受限的主要因素。在实践中，我们必须估计残差的协方差矩阵。在一个特设的迭代过程中，我们首先估计一个 OLS 的回归残差，然后估计残差的协方差矩阵，最后估计一个新的回归并用 GLS 得到相关残差，再进行迭代。

13.4　极大似然估计法

极大似然(maximum likelihood，ML)估计方法包括给定样本分布的情况下最大化似然函数(例如它是正态分布或均匀分布)。似然函数是计算样本的分布。为了应用极大似然估计法，我们必须知道数据分布的函数形式，否则就不能计算似然函数。极大似然估计法在实践中很难应用于包含隐藏变量的模型中。㊀接下来，

㊀ 隐藏变量是未观察到的变量，但可以在数据的函数中计算。例如，在第 11 章所描述的 ARCH/GARCH 模型中，波动性就是一个通过 ARCH/GARCH 模型计算出来的隐藏变量。

我们介绍一下极大似然估计如何用于回归分析。

从直觉来讲，选择那些使样本的似然函数最大化的参数是易于理解的。例如，假设我们掷硬币 1 000 次，得到 950 次正面和 50 次反面，我们可以对在掷硬币时获得正面或反面的概率得出什么结论？虽然每个抽样结果在理论上都是可能的，但直觉告诉我们硬币是有偏的，我们可以合理地假设掷到正面的概率是 95%，掷到反面的概率只有 5%。

极大似然估计原则证实了这种直觉。如果用 p 表示正面出现的概率，用 q 表示反面出现的概率，那么包含 950 次正面和 50 次反面的任何抽样都可以得到一个概率：

$$L = p^{950}(1-p)^{50}$$

这个概率 L 就是该抽样的似然函数。为了最大化似然函数，我们令似然函数对于 p 的一阶导数为 0：

$$\frac{dL}{dp} = 950 p^{950-1}(1-p)^{50} - 50 p^{950}(1-p)^{50-1}$$

$$= p^{950}(1-p)^{50}\left(\frac{950}{p} - \frac{50}{1-p}\right) = 0$$

这个方程有 3 个解：

$$p = 0$$

$$p = 1$$

$$\left(\frac{950}{p} - \frac{50}{1-p}\right) = 0 \Rightarrow 950(1-p) = 50p \Rightarrow 950 = 1\,000p \Rightarrow p = 0.95$$

前两个解是不可行的，使似然函数最大化的 $p=0.95$，这与我们直观感觉的一样。

13.4.1 极大似然估计在回归模型中的应用之一

现在我们来讨论如何将最大似然估计原则应用于回归模型以及上一章所描述的因子模型中。我们首先讨论最大似然估计原则是如何用于确定参数的分布的。我们再次使用表 13-1 中的样本，假设样本数据 y 是从服从均值为 μ、方差为 σ^2 的正态分布的总体中随机抽样的，则基于样本数据计算的正态分布具有以下形式：

$$P(y_i) = \frac{1}{\sigma\sqrt{2\pi}} \exp\left(-\frac{(y_i - \mu)^2}{2\sigma^2}\right) \quad i = 1, \cdots, 10 \quad (13\text{-}12)$$

当数据被假定为独立随机抽样时,它们的可能性就是乘积:

$$L = \prod_{i=1}^{10} P(y_i) = \prod_{i=1}^{10} \frac{1}{\sigma\sqrt{2\pi}} \exp\left(-\frac{(y_i-\mu)^2}{2\sigma^2}\right) \tag{13-13}$$

可以通过取对数来简化似然函数的表达式。因为对数函数是一个单调增长的函数,所以使似然函数最大化的那些参数也同时是最大化对数似然函数的参数,反之亦然。对数形式的似然函数叫作对数似然函数(log-likelihood)。由于乘积的对数是对数之和,我们可以得到:

$$\begin{aligned}
\log L &= \log \prod_{i=1}^{10} P(y_i) = \sum_{i=1}^{10} \log P(y_i) \\
&= \sum_{i=1}^{10} \log\left(\frac{1}{\sigma\sqrt{2\pi}} \exp\left(-\frac{(y_i-\mu)^2}{2\sigma^2}\right)\right) \\
&= \sum_{i=1}^{10} \log\left(\frac{1}{\sigma\sqrt{2\pi}}\right) - \sum_{i=1}^{10} \frac{(y_i-\mu)^2}{2\sigma^2} \\
&= -10\log\sqrt{2\pi} - 10\log\sigma - \frac{1}{2\sigma^2}\sum_{i=1}^{10}(y_i-\mu)^2
\end{aligned} \tag{13-14}$$

我们显然可以计算出样本数据的对数似然函数:

$$\begin{aligned}
\log L = &-10\log\sqrt{2\pi} - 10\log\sigma \\
&-\frac{1}{2\sigma^2}\begin{bmatrix}(0.7-\mu)^2+(1.3-\mu)^2+(1.1-\mu)^2+(1.7-\mu)^2+(1.6-\mu)^2 \\ +(1.4-\mu)^2+(1.6-\mu)^2+(1.7-\mu)^2+(2.1-\mu)^2+(2.4-\mu)^2\end{bmatrix}
\end{aligned}$$

这是需要最大化的表达式,从而确定适合我们的样本数据 y 的正态分布参数。最大化过程可以通过使 $\log L$ 对均值 μ 以及方差 σ^2 的一阶偏导同时为 0 来实现,或者使用商业计量软件,可得到以下估计值:

$$\mu = 1.560\,0$$
$$\sigma = 0.456\,5$$
$$\sigma^2 = 0.208\,4$$

13.4.2 极大似然估计在回归模型中的应用之二

现在我们可以讨论如何将最大似然估计法则应用到回归参数的估计中。首先考虑回归等式(13-4)。假设样本之间独立,回归的似然性是根据每个观察值计算的联合概率的乘积:

$$L = \prod_{i=1}^{n} P(y_i, x_{i1}, \cdots, x_{ik}) \tag{13-15}$$

我们假定自变量是确定的,在这种情况下,自变量已知(概率为1),可以写成:

$$L = \prod_{i=1}^{n} P(y_i, x_{i1}, \cdots, x_{ik}) = \prod_{i=1}^{n} P(y_i | x_{i1}, \cdots, x_{ik}) \tag{13-16}$$

如果假设所有变量是正态分布的,则可得:

$$P(y_i | x_{i1}, \cdots, x_{ik}) \approx N(\beta_0 + \beta_1 x_1 + \cdots + \beta_k x_k, \sigma^2)$$

表达式具体可写成:

$$P(y_i | x_{i1}, \cdots, x_{ik}) = \frac{1}{\sigma \sqrt{2\pi}} \exp\left(-\frac{(y_i - \beta_0 - \beta_1 x_1 - \cdots - \beta_k x_k)^2}{2\sigma^2}\right)$$

因此:

$$\begin{aligned} L &= \prod_{i=1}^{n} P(y_i | x_{i1}, \cdots, x_{ik}) \\ &= \prod_{i=1}^{n} \frac{1}{\sigma \sqrt{2\pi}} \exp\left(-\frac{(y_i - \beta_0 - \beta_1 x_1 - \cdots - \beta_k x_k)^2}{2\sigma^2}\right) \end{aligned} \tag{13-17}$$

并且:

$$\log L = n \log L \left(\frac{1}{\sqrt{2\pi}}\right) - n \log L(\sigma) - \frac{1}{2\sigma^2} \sum_{i=1}^{n} (y_i - \beta_0 - \beta_1 x_1 + \cdots - \beta_k x_k)^2$$

第一项是常量,第二项和第三项为负,因此,最大化对数似然函数等价于找到下面等式的最小化问题:

$$(\beta, \sigma) = \arg\min\left[n \log(\sigma) + \frac{1}{2\sigma^2} \sum_{i=1}^{n} (y_i - \beta_0 - \beta_1 x_1 - \cdots - \beta_k x_k)^2\right] \tag{13-18}$$

想要解决这个问题,需要使参数的偏导数为0,计算等式(13-15)中的导数可得:

$$\frac{\partial \left[\sum_{i=1}^{n} (y_i - \beta_0 - \beta_1 x_1 - \cdots - \beta_k x_k)^2\right]}{\partial \beta_j} = 0$$

$$\sigma^2 = \frac{1}{n} \sum_{i=1}^{n} (y_i - \beta_0 - \beta_1 x_1 - \cdots - \beta_k x_k)^2$$

第一个条件和用普通最小二乘估计法得到的条件一样,第二个表达式表示 σ^2 是通过样本残差的方差估计的。一个很重要的结论是,如果变量是正态分布的,那么普通最小二乘估计法和最大似然估计法可以得到相同的估计量。

13.4.3 极大似然估计在因子模型中的应用

同样的推理可以应用于因子模型，考虑第 12 章中的因子模型等式(12-3)：

$$y_t = a + Bf_t + \varepsilon_t, t = 1, \cdots, T$$

变量 y 是唯一的观察项。如果我们假设 y_t 是正态分布的，则可得：

$$P(y_t) = \mathrm{N}(\boldsymbol{a}, \boldsymbol{\Sigma})$$

其中 $\boldsymbol{a}$ 是均值的向量，$\boldsymbol{\Sigma}$ 是 y_t 的协方差矩阵。因为对数是单调函数，最大化似然函数等价于最大化对数似然函数：

$$\log(L) = \sum_{t=1}^{T} \log(P(y_t))$$

一个正态分布的有如下多元概率分布函数：

$$\mathrm{N}(\boldsymbol{a}, \boldsymbol{\Sigma}) = \frac{1}{(2\pi)^{\frac{N}{2}} |\boldsymbol{\Sigma}|^{\frac{1}{2}}} \exp\left(-\frac{1}{2}(y-a)'\boldsymbol{\Sigma}^{-1}(y-a)\right)$$

因此：

$$\log(L) = \sum_{t=1}^{T} \log(P(y_t))$$

$$= -\frac{TN}{2}\log(2\pi) - \frac{T}{2}\log(|\boldsymbol{\Sigma}|) - \frac{1}{2}\sum_{t=1}^{T}(y_t-a)'\boldsymbol{\Sigma}^{-1}(y_t-a) \quad (13\text{-}19)$$

从等式(13-9)中，我们知道 $\boldsymbol{\Sigma} = \boldsymbol{B}'\boldsymbol{B} + \boldsymbol{\Psi}$，因此我们可以求得关于这些参数的最大化对数似然函数，从而确定 $\boldsymbol{B}$ 和 $\boldsymbol{\Psi}$。

极大似然估计是一个普遍适用的方法。需要注意的是，只有在分布形式已知的情况下才可以使用最大似然估计方法，否则无法计算似然函数。

13.5 工具变量估计法

工具变量(instrumental variable，IV)估计法是解决估计问题中变量改变的一种方法，之前介绍的方法不能解决这一问题。要想理解这种方法，我们考虑一下到目前为止讨论的回归模型，一个必需的条件是解释变量和误差项是不相关的。这个条件确保了因变量受自变量和误差项的影响是独立的。在回归模型中，自变量被认为是外生的。如果不满足这个条件，则 OLS 回归参数的估计量是有偏的。

在实践中，金融模型中使用的回归通常不满足解释变量和误差项相互独立的条件。这主要是因为误差包括所有自变量不能解释的影响，因此有些影响可能仍与自变量相关。因为回归模型没有正确设定，所以 OLS 估计法不再适用。

工具变量估计法可以较好地解决这个问题。例如通常的回归方程(13-4)，我们允许一些自变量 x 和误差项相关。假设存在一个 k 维向量 z，满足与误差项独立并且与 x 相关，此时向量 z 被称为工具变量。

工具变量形成回归参数的一致估计。事实上，可以证明以下 $(k+1)$ 维向量是回归参数的一致 IV 估计量：

$$b = (Z'X)Z'y \quad b = (\beta_0, \cdots, \beta_k)' \tag{13-20}$$

一般来说，工具变量估计量并不有效。如果工具变量和解释变量高度相关，那么工具变量估计量的有效性会提高。在实践中，对于给定的回归模型，可能很难找到合适的工具变量。

13.6 矩估计法

矩估计法(method of moments estimation，MOM)是估计总体参数最原始的估计方法。矩估计法的原理很简单：通过使得从样本计算而得的经验矩与总体理论矩相等，获得概率分布的参数的矩估计。矩估计有以下两个假设：①我们知道所抽样的总体的分布形式；②矩可以用分布的参数表示。一般来说，第二个假设对于所有常见的分布都满足。[○]

给定具有 $P=P(\vartheta)$ 分布的随机变量 X，其中 ϑ 是一个 k 维的参数向量，P 的 j 阶矩定义为：

$$\mu_j = \mu_j(\vartheta) = E(X^j)$$

假设现在样本为从一个服从分布 P 的总体中抽样得到的 n 个独立的变量，P 的 j 阶经验矩(empirical moment)定义如下：

○ 但是，从理论上讲，定义参数的分布可能很难。例如，一个分布可以被定义成一个差分等式的解，这样会使建立矩和参数的关系变得非常困难。

$$m_j = \frac{\sum_{i=1}^{n} X_i^j}{n}$$

该方程是观测值的函数。经验矩是总体矩的一致估计量。

如果我们要估计 k 个参数，我们可以计算 k 阶经验矩，使其等于相应的 k 阶矩。得到 k 个等式，进而可以得到想要的参数：

$$\begin{aligned} \mu_1 &= \frac{\sum_{i=1}^{n} X_i}{n} \\ &\vdots \\ \mu_k &= \frac{\sum_{i=1}^{n} X_i^k}{n} \end{aligned} \quad (13\text{-}21)$$

我们假设式(13-1)给出的例子中，数据 Y 是从正态分布中随机抽样得到的，正态分布的特点是有两个参数，即均值和方差，一阶矩等于均值，二阶矩等于方差加上一阶矩的平方，则：

$$\begin{aligned} \mu_1 &= \mu \\ \sigma^2 &= E[(X-\mu)^2] = E[X^2 - 2\mu X + \mu^2] = \mu_2 - \mu_1^2 \\ \mu_2 &= \sigma^2 + \mu \end{aligned} \quad (13\text{-}22)$$

根据等式(13-21)，计算样本数据的前两阶经验矩，可得：

$$m_1 = 1.56$$
$$m_2 = 2.642$$

计算等式(13-22)中的 μ 和 σ，可得：

$$\mu = 1.56$$
$$\sigma^2 = 2.642 - 1.56^2 = 0.2084$$

根据矩估计的结果可知，我们的样本数据是从正态分布 $N(1.56, 0.2084)$ 中抽样得到的。这和用最大似然估计法得到的结果一样。

广义矩估计法

迄今为止，矩估计法是参数方法，因为假设分布的函数形式是已知的。矩估计的一般化是广义矩估计法(generalized method of moments，GMM)^㊀。广义矩估计不需要知道误差项分布的准确信息，而是试图优化分布的一些参数。

想要了解广义矩估计是如何进行的，需先回顾之前的例子，计算 μ 和 σ 函数的三阶经验矩和三阶理论矩(theoretical moment)。通过扩展矩的基本定义，可以得到：

$$\begin{aligned}\mu_3 = E(X^3) &= E[((X-\mu)+\mu)^3] \\ &= E[(X-\mu)^3 + 3(X-\mu)^2\mu + 3(X-\mu)\mu^2 + \mu^3] \\ &= E[(X-\mu)^3] + E[3(X-\mu)^2\mu] + E[3(X-\mu)\mu^2] + E[\mu^3]\end{aligned}$$

鉴于 $E[(X-\mu)]=0$，$E[(X-\mu)^2]=\sigma^2$，三阶理论矩为：

$$\mu_3 = 3\sigma^2\mu + \mu^3$$

对比中心矩和原点矩：

$$\mu_1 = 1.560\,0 \quad m_1 = 1.560\,0$$
$$\mu_2 = 2.642\,0 \quad m_2 = 2.642\,0$$
$$\mu_3 = 4.771\,7 \quad m_3 = 4.771\,8$$

根据等式(13-21)，前两阶理论矩和经验矩的值明显一样。注意：三阶理论矩和经验矩的值也几乎一致，如果计算二者的差：

$$\mathbf{g} = \begin{bmatrix} \mu_1 - m_1 \\ \mu_2 - m_2 \\ \mu_3 - m_3 \end{bmatrix} \tag{13-23}$$

可以得到 $\mathbf{g} \approx \mathbf{0}$。

为了说明 GMM 的原理，我们使用表 13-2 中的数据。注意：X 的值和表 13-1 中的数据一样，但是有些 Y 的观察值不一样。如果我们重复上述计算，则得到以下样本：

$$m_1 = 1.860\,0$$
$$m_2 = 4.522\,0$$
$$m_3 = 13.960\,8$$

㊀ GMM 框架是 2013 年诺贝尔经济学奖得主拉尔斯·皮特·汉森在 1982 年提出的，可参见 Lars P. Hansen "Large Sample Properties of Generalized Methods of Moments Estimators," *Econometrica* 50(1982)：1029-1054。

表 13-2　用于阐述广义矩估计的样本数据

观测值	Y	X
1	0.7	0.7
2	1.3	1.3
3	1.1	2.9
4	1.7	4.2
5	1.6	5.5
6	1.4	6.7
7	1.6	7.4
8	1.7	8.1
9	3.1	9.2
10	4.4	10.6

如果我们用矩估计方法，使用等式(13-21)来估计前两阶的理论矩和经验矩，可得：

$$\mu = 1.86$$
$$\sigma^2 = 4.522\,0 - 1.86^2 = 1.062\,4$$

我们现在用这些参数可以计算前三阶理论矩：

$$\mu_1 = 1.860\,0 \quad m_1 = 1.860\,0$$
$$\mu_2 = 4.522\,0 \quad m_2 = 4.522\,0$$
$$\mu_3 = 12.363\,0 \quad m_3 = 13.960\,8$$

在前面的例子中，前两阶的理论矩和经验矩是相同的，但是三阶理论矩和经验矩有很大的不同。等式(13-22)中的向量 $\boldsymbol{g}$ 如下：

$$\boldsymbol{g} = \begin{bmatrix} 0 \\ 0 \\ -1.597\,8 \end{bmatrix}$$

当前，鉴于正态分布只有两个参数，我们没有办法恰好拟合前三阶矩使得 $\boldsymbol{g} = \boldsymbol{0}$。但是，我们可以尝试估计正态分布的参数，用一些涉及前三个矩（或更多）的优化标准。广义矩估计的精髓是：使用比参数更多的矩来优化。我们如何定义优化标准呢？合理的做法是，基于一个优化标准，这一标准基于理论矩和经验矩的差的乘积的一些线性组合。因此，如果我们写出等式(13-22)那些差的向量，则优化标准可以将以下表达式最小化：

$$Q(\mu,\sigma,Y) = \mathbf{g}'\mathbf{W}\mathbf{g} \qquad (13\text{-}24)$$

其中 $\mathbf{W}$ 是一个正定对称矩阵。等式(13-24)中的表达式形式叫作二次型。矩阵 $\mathbf{W}$ 的选择是关键。选择的 $\mathbf{W}$ 不同意味着分配给三个矩的权重不同。为了说明这一点，我们假设给每个矩赋予相同的权重，令 $\mathbf{W}$ 等于单位矩阵。因此，$Q(\mu,\sigma,Y) = \mathbf{g}'\mathbf{g}$。如果我们想要使这个表达式最小化，例如使用 MATLAB 中的 fminsearch 函数，则得到模型参数的如下估计：

$$\mu = 1.7354$$
$$\sigma = 1.2930$$
$$\sigma^2 = 1.6718$$

计算总体矩，得到以下比较：

$$\mu_1 = 1.7354 \quad m_1 = 1.8600$$
$$\mu_2 = 1.7354 \quad m_2 = 4.5220$$
$$\mu_3 = 13.9298 \quad m_3 = 13.9608$$

因此向量 $\mathbf{g}$ 为：

$$\mathbf{g} = \begin{bmatrix} -0.3411 \\ -1.9543 \\ -9.2691 \end{bmatrix}$$

这时目标函数 $Q=0.0425$，尽管初始值 Q 为 2.5528。

通过上面对广义矩估计的关键要素的介绍，广义矩估计是基于对包括数据和参数的大量独立条件的识别。这些条件主要采取等式的形式，使既有函数的期望等于 0：

$$E[h_i(X_t,\beta)] = 0$$

在本例中，这些条件定义了一个正常变量的前三个矩。

广义矩估计用均值代替了这些条件，并且建立了向量：

$$g_i = \frac{1}{T}\sum_{t=1}^{T} h_i(X_t,\beta)$$

其中 T 是可获得的样本数量，找到一个 β，使得二次型 $Q(\mu,\sigma,Y) = \mathbf{g}'\mathbf{W}\mathbf{g}$ 最小。

13.7 M 估计方法和 M 估计量

最小二乘估计法和极大似然估计法都是基于使数据的函数最小化或最大化。这个方法已经一般化。M 估计量是通过最大化数据和参数的给定函数得到的。这种一般化被证明有较好的稳健效果，附录 F 稳健统计中提到，实际上就是选择合适的函数进行最小化，使那些偏离均值非常远的观察量有较小的比重，从而使估计量稳健。

要点回顾

- 推断性统计是从样本推断总体的特性。
- 估计是指从样本中决定总体参数的方法。估计量是样本数据的函数。
- 在金融计量经济学中常用的估计方法是最小二乘估计法、极大似然估计法、矩估计法和贝叶斯估计法。
- 最小二乘估计法通过使残差平方和最小来估计参数。
- 标准回归的最小二乘估计量叫作普通最小二乘估计（OLS）量，是样本数据的线性函数。
- 回归的最小二乘估计量是最优线性无偏估计量。
- 加权最小二乘估计量最小化残差平方的加权和，在存在异方差时使用。
- 广义最小二乘估计量最小化残差平方的加权和，在残差存在异方差并且相关时使用。
- 极大似然估计法通过最大化样本数据出现的概率来估计参数。
- 极大似然估计法假设分布的函数形式是已知的。
- 如果变量服从正态分布，则采用最大似然估计法和最小二乘估计法会得到相同的结果。
- 如果残差和自变量相关，则不能用普通最小二乘估计法，而要用工具变量估计法。
- 工具变量估计法将和残差相关的自变量用新变量代替，这些新变量和自变量相关，但和残差不相关。
- 矩估计法通过让经验矩和总体矩相等获得参数估计。
- 广义矩估计法使用比参数多的条件，并通过最优化算法获得参数的估计。

第 14 章

模型选择

学习目标

在阅读本章后,你将了解以下内容:
- 机器学习的概念。
- 基于理论的方法和基于学习的方法之间的区别。
- 样本容量和可学习模型复杂性的关系。
- 过度拟合的概念。
- 惩罚函数的使用。
- 数据透视的概念。
- 幸存者偏差的概念。
- 模型风险的概念。
- 降低模型风险的方法。
- 模型平均。

在此书之前的章节中,我们描述了最重要的一些金融计量经济学工具,但是还没有解决问题的是,一个金融模型建模者在处理重要问题时是如何选择、如何建立最优的金融计量经济学模型来解释所研究现象的。解决这些问题需要个人的创造力、理论知识和机器学习的结合。在本章以及接下来的一章中,我们将讨论模型选择的方法,分析模型选择过程中的诸多陷阱。

14.1 物理和经济学:科学的两种途径

米歇尔·沃尔德罗普在《复杂》一书中描述了 1987 年在圣菲研究所举行的全球

经济研讨会，圣菲研究所是一个致力于研究复杂现象和相关事件的研究中心。⊖ 很多杰出的经济学家和物理学家参加了会议，他们在会上提出：物理学尤其是新发展出的复杂系统理论，也许可以更好地理解经济学原理。书中的一则轶事揭示了经济学作为一门科学所特有的问题。据沃尔德罗普所言，出席研讨会的物理学家惊讶地发现经济学家会使用高度复杂的数学。据报道，一个参加研讨会的物理学家询问1972年诺贝尔经济学奖得主肯尼斯·阿罗（Kenneth Arrow），经济学家为什么在缺乏数据支持理论的情况下使用这样复杂的数学。阿罗说："正是因为我们没有足够的数据，我们才使用复杂的数学。我们必须确保我们的论点的逻辑一致性。"对于物理学家来说，情况正好是相反的，针对实证数据的解释才是理论逻辑一致性的最佳保证。如果理论在实证上有效，那么数学细节就不是那么重要了，之后会做出修正；如果理论在实证上不奏效，那么任何逻辑的巧妙就不能改善理论。

这则轶事揭示了任何研究经济现象的建模者必须面对的关键问题之一。一方面，金融经济学是一门以实证事实为基础的实证科学。另一方面，由于数据稀缺，有许多理论和模型用于对相同的数据进行分析。

鉴于模型选择的重要性，在真正讨论估计问题之前，我们先来讨论模型选择这个问题。也许再次采用比较金融经济学和物理学的方法是有用的。在物理学中，模型选择的过程主要基于人类的创造力。事实和部分理论不断积累，直到科学家取得重大突破。物理学家不关心用于拟合模型的数据和进行预测的数据是同一个样本的问题，即数据透视（data snooping），稍后我们会对此做出解释。一般来说，数据是过量的，模型不是通过拟合和调整过程来确定的。

然而考虑金融经济学的话，概念框架是完全不一样的。尽管明显有很多数据可用，但是这些数据的规律却大不相同。例如，年度不同、国别不同，金融系统和金融工具的细节有很大的不同。资产价格似乎是随机游走的。通过引入下一章将介绍的在构建投资策略中发挥根本作用的概念，我们可以说：从统计估计的角度来看，鉴于金融数据规律的复杂性，金融经济数据总是稀缺的。

⊖ M. Mitchell Waldrop, *Complexity*(New York：Simon&Schuster，1992)

尝试发现能够精确符合金融实证数据的确定性规律被证明是徒劳的。此外，由于金融数据是人工产物，我们有理由相信从长期看金融数据不会遵循相同的法则。简单地说，任何金融和经济系统的结构都会随着时间的推移发生很大变化，难以确定金融经济学的规律随时间的推移是保持不变的。人们倾向于相信只有近似的规律才能被发现。所以，建模者的注意力必须从发现确定性规律转移到确定概率分布随时间的演变上来。㊀

采用概率作为描述性框架不是没有成本的：发现以置信区间表示的概率性规律需要处理大量的总体数据（或样本数据）。在物理学上，这并不是问题，因为物理学家有大量的粒子总体。㊁然而，在金融领域，总体数据量通常太小，无法估计出可靠的概率规律；样本数据的很小的变化就会导致所得到的概率规律发生变化。因此，我们可以得出以下一般性陈述：金融数据的稀缺性，导致我们不能完全确定地做出概率估计（超高频数据、五秒钟频率数据或更高频的交易数据除外）。

由于金融数据的稀缺性，许多统计模型，甚至是简单的模型，对相同数据得出的统计结果是类似的。例如，许多统计模型，包括随机游走，在描述股票价格过程的竞争中，显著性水平都是相同的。在讨论关于模型选择和估计的诸多问题之前，我们将简要讨论一下机器学习的相关主题和机器学习建模的方法。

14.2　对复杂性建模和样本容量

现在，我们讨论三个金融建模的基本方法：

- 机器学习方法（machine learning approach）。
- 理论方法（theoretical approach）。
- 机器学习理论方法（machine learning theoretical approach）。

机器学习理论方法是前两种方法的混合。

使用机器学习方法构建金融模型，是低成本、高性能的计算机被广泛应用的

㊀ 在物理学中，这种转换始于 19 世纪末，并引入了统计物理学。后来，它形成了一篇《对自然最好的描述就是概率性描述》的关于科学信仰的文章。
㊁ 尽管这一说法需要一些验证，因为物理学现在已经到了可以用少量基本粒子进行实验的阶段，但这里对于我们的讨论来说已经足够。

结果。○机器学习方法基于一系列非常灵活的模型族，可以无限精确地近似表示样本数据。○大多数金融计量经济学研究中都会出现"机器学习"，以金融计量经济学建模时常见的问题为例，即确定自回归模型中的滞后阶数(见第9章)。

实践表明，如果我们用非常高的精度表示样本数据，通常会得到较差的预测效果。这是为什么呢？一般来说，数据的主要特征可以用简单结构的模型加上不可预测的噪声来描述。由于噪声不可预测，模型的目标就是抓住主要成分。在样本内，一个非常精确的样本数据模型，也会试图拟合不可预测的噪声。这种现象称为过度拟合(overfitting)，本章稍后会讨论。在样本外，过度拟合，会导致预测能力差(样本外)。显然，不能保证通过简单结构的模型加上噪声，数据就能够被真实地描述。数据可能是完全随机的，也可能通过非常复杂的模型来描述。

为了解决过度拟合的问题，机器学习理论制定了一个标准，用来限制模型的复杂性，使其在部分拟合样本数据的同时，还保留一些预测能力，直观的含义如下：数据结构和样本数据量的大小决定了规律的复杂性，而这些规律可以被计算机算法学习。这通常是通过引入惩罚函数(penalty function)来完成的。例如，确定自回归模型中的滞后阶数的问题，可以通过机器学习理论选择能使模型的损失函数(loss function)加惩罚函数之和最小的滞后阶数。

这是一个基本点。如果我们只有一个小样本数据集，那么我们只能得到简单的规律，假定这些规律确实存在，学习理论限制了模型的维度，从而不能适应样本数据的规模和结构。机器学习理论方法的一个中心思想是为目标函数添加一个惩罚项，其中惩罚项随参数数量的增加而增加，但随着样本数据量的增加而变小。○也就是说，惩罚函数是样本大小和模型复杂性的函数。有人比较模型时，将惩罚函数添加到似然函数中(第13章给出了似然函数的定义)，通过这种方式，可以很好地平衡模型的复杂性和预测能力。

○ 在20世纪70年代，万普尼克(Vapnik)和切尔冯尼基斯(Chervoneniks)写作的 *Theory of Pattern Recognition*(Moscow：Nauka，1974)发展了一种成熟的机器学习量化理论。尽管这个理论超出本章的范围，但理论的实践启发非常重要：模型复杂度必须限制在样本函数中。

○ 神经网络就是一个典型的例子。由于层数和节点数不受限制，神经网络能以任意精度逼近任何函数。鉴于此，可以说神经网络是通用的逼近器。通用逼近器的概念在微积分中广为人知。泰勒级数和傅里叶级数是很多种类函数的通用逼近器。

○ 已经提出一些关于惩罚函数模型的想法。普遍使用的三个标准是：①赤池信息量准则(AIC)；②贝叶斯信息准则(BIC)；③最大化描述长度原则。前两个准则在附录E中有介绍。

此外，机器学习理论方法是基于人的创造力。在这种方法中，模型是由理论中蕴含的新的科学理念产生的，通常源于自然科学。在金融经济学中最有名的理论模型是资本资产定价模型（capital asset pricing model，CAPM）。

机器学习理论方法兼具理论方法和机器学习方法的特点。这种混合模型用理论基础来选择模型族，但是用机器学习模型选择族内正确的模型。例如，ARCH/GARCH模型族（见第11章）是根据理论提出的，而在其实践中，通过学习模型选择模型参数，进而选出正确的模型。基于计算机的金融计量经济学学习模型与基于先验的理论法没有明确的区别。

综上所述，关于模型复杂性和样本大小的四个关键结论如下：

- 鉴于金融数据规律的复杂性，对于做出合适的统计估计所需要的数据量来说，金融数据是稀缺的。
- 由于金融数据的稀缺性，因此不能做出完全确定的统计估计。
- 金融数据的稀缺意味着对同样的数据集，不同的模型得到的统计结果可能是相同的。
- 模型复杂度与数据样本大小之间存在一个权衡。

最后两个结论很重要。

14.3 数据透视

金融计量经济学家在制定投资策略时，会犯的最严重的错误之一，就是寻找一些稀有或独特的规律，这些规律在样本内看起来是可以盈利的，但是在样本外却会产生损失。那些可以处理大量数据的强大的计算机很容易犯这样一种错误：任何包含大量规律的大数据集，其中许多都看起来都是盈利的，也就是说，任何大数据集，即使是随机生成的，用模型来表示看起来也可以产生高额利润。

鉴于数据的稀缺性和金融计量经济学模型的不确定性，通常需要在一些数据集上校准模型，称为训练集（training set），并在另一个数据集上进行测试，称为测试集（test set）。换句话说，有必要在单独的测试集上进行样本外验证。这个程序的原理是：任何机器学习过程，甚至是校准机制本身，都是启发式方法论，而不是真正的发现过程。通过机器学习过程确定的模型必须通过样本外的数据进行验证。不能通过上述过程验证的，被称为数据透视（data snooping），就是在相同的数据集上进行训练和测试。

样本外检验是典型的机器学习方法。学习需要具有无限逼近样本数据能力的模型，这些模型受到某种人工机制（如惩罚函数）的约束。这种学习机制通常是有效的，但不能保证将产生一个好的模型。因此，学习过程被认为是启发式发现（discovery heuristics）的一个例子。真正的验证测试，比如说实验，必须在测试集上进行。当然，测试集必须很大，至少在某种程度上应覆盖所有可能的规律。

数据透视并不总是易于理解或检测。数据透视是一个训练过程的缺陷导致的，必须受到控制，但是考虑到当前可用的数据样本的大小，又难以避免。假设可以使用10年期的样本，[⊖]我们就能对这些数据进行划分，并执行没有数据透视偏差的单次测试。但是，如果测试失败了，就必须重新开始，设计一个新的策略。在找到可接受的解决方案之前，重新设计策略模型的过程可能需要重复几次。在同一个数据集上重复建模，不可避免地会面临数据窥探的风险。

数据透视中的真正风险是在试错时，可能会发现一个模型在样本内和样本外都表现良好，但在现实预测中表现不佳。在下一章，我们将深入探讨数据透视和其他偏差可能进入模型发现过程的不同方式。我们提出一个最小化偏差风险的方法，在这一章最后一部分会谈到。

14.4 幸存者偏差和其他样本缺陷

现在让我们来看看样本是如何受偏差影响，使我们正确估计参数的能力降低的。除了错误和数据丢失外，金融计量经济学中一个熟知的偏差是幸存者偏差（survivorship bias），这是一种在时间序列样本数据的最后日期形成的有效标准上

⊖ 从技术上说，金融市场上更长时间的数据，甚至是50年的价格数据都是可得的。尽管数据对于某些应用有用，但是对于资产管理者因经济结构变化而面对的问题，这些数据在金融计量中的应用有限。

所选出来的样本表现出的偏差。当数据的幸存者偏差出现时，在时间序列最后日期之前已经不再存在的公司的收益序列被忽略了。例如，在有关共同基金表现的研究中，表现不佳的共同基金通常倒闭（因此不在样本中），而表现好的共同基金继续存在（因此仍在样本中）。在这种情况下，由于存在幸存者偏差，因此用全样本估计历史收益时会导致高估。另举一个例子，假设一个样本包含 10 年里所有当前属于标准普尔 500 指数中的成分股的价格数据，并且在过去 10 年存续。这个样本形式显然是比较好的，但是有偏差。实际上，这个例子选的是现在属于标准普尔 500 指数的公司的股票，也就是说，这些公司状态维持得比较好，能够"幸存"在标准普尔 500 指数中。

幸存者偏差源于许多成功度过一些困难期而幸存下来的个体（共同基金或个股）。度过困难期是一种回归到均值的形式。当公司面临困难、等待随后的复苏时，一个资产管理者确实可以通过低价买入赚取交易利润。在期末，我们就会知道哪些公司能够复苏。

幸存者偏差是基于期末适用的标准对时间序列进行选择的结果，尤其是资产价格的时间序列。原则上避免幸存者偏差似乎很简单，在预测开始的时候进行样本选择似乎已经足够了，这样在交易之前就不会有无效的信息进入策略中。然而，公司的成立、合并和倒闭的事实对简单模型产生了破坏性的影响。事实上，校准一个简单的模型需要资产数据在整个训练期间都存续。这本身就引入了大量潜在的训练偏差。

一方面，一个简单的模型无法处理在训练中间开始或结束的序列。另一方面，那些考虑到企业成立或倒闭的模型不可能是简单的模型。回想一下，简单线性自回归模型的例子（见第 9 章）可知，任何公司的增加或减少都会在模型中引起非线性效应，因此不能使用普通最小二乘法等标准工具。

对此并没有理想的解决方案。需要注意的是，样本偏差可能导致估计效果的偏差。假设我们基于过去三四年的收益率数据训练得到的模型，对收益率序列进行预测。很明显，这个过程不存在数据透视，因为我们仅使用预测前可用的信息。但是，需要明白的是，我们正在使用的数据是存在偏差的。如果根据较强的标准选择预测的公司，例如，公司要包含在标准普尔 500 指数等主要股指中，模型很有可能会表现不佳。这是因为模型的训练是根据虚假的过去表现进行的。如果建模者在选择具体股票时受限,例如,为了针对所选的基准构建一个主动管理策略,建模者可能希望减少采取自身判断所造成的偏差。

幸存者偏差不是样本数据的唯一可能产生的偏差。一般来说,任何数据选择都会有一些偏差,其中一些偏差是有意的。例如,选择大市值公司或小市值公司,会导致有意为之的行为偏差。然而,其他选择偏差更难理解。一般来说,除了幸存者偏差,基于股票指数的任何选择都会导致指数层面的偏差。目前数千个指数正在使用。机构投资者及他们的咨询师用这些指数来构造资产配置策略,然后把指数给资产管理者,帮助他们进行积极的资产管理。

任何使用金融计量经济学的人,在使用这些股票指数来构建积极的管理策略时,应该意识到指数固有的偏差。存在于人为选股过程中的数据透视,可能导致不佳的表现,因为指数的形成过程就存在资产选择过程,所以可以在样本内产生非常好的效果,但这些结果在样本外就消失了,如同"阳光下的雪"。

移动训练窗口

目前为止,我们假设数据生成过程(data generating process,DGP)是不随时间变化的模型,这些内容在第1章中讨论过。我们可以假设数据生成过程是变化的,因此可以通过移动训练窗口进行估计吗?如果答案是肯定的,那么该怎么检验呢?这些复杂的问题并没有简单的答案。金融市场通常被认为在经历"结构断裂"或"制度转变"(即金融市场在固定或随机时间点发生不连续的变化)。

如果金融市场确实受到断裂或转变的影响,并且断裂之间时间持续很长,那么模型会在一段时间表现良好,在断裂的时点,模型的表现会变差,直到新的模型对此进行了调整。如果制度变化频繁,变化之间的间隔变短,就可以使用包含变化的模型,结果通常是使用非线性模型。因为模型的非线性,并且模型的训练所需的时间很长,所以这类模型的估计非常复杂。

然而,另一种可能性在建模中较常见。考虑一个被定义好结构的模型,例如VAR模型(见第9章),但允许其系数随着训练窗口的移动而及时改变。在实际中,大多数模型都是以这种方式运作的,因为它们会被定期重新校准。这个策略的原理是假定模型在短时间内近似并足够稳定。显然,我们不得不平衡长期训练数据所具有的优势和长期的训练数据包含太多变化的劣势。

直观上，如果模型系数迅速变化，这就意味着模型系数有噪声，不携带真正的信息。所以，简单地对模型进行重新估计是不够的，必须确定如何将系数中的噪声与信息分离开。例如，通常用于表示价格或收益的大型 VAR 模型是不稳定的。频繁重新估计模型是没有意义的，应该首先减少模型维度，例如，因子分析（见第 12 章）。一旦模型维度降低，系数会慢慢变化。如果系数持续快速变化，模型结构就是不合适的。例如，有可能忽视厚尾分布或必要的非线性因素。

我们如何定量估计模型系数可接受的变化率？我们是否在校准训练窗口时引入了一种特殊形式的数据透视？

校准训练窗口显然是一个经验问题。但是，很容易看出，校准可以引入一种微妙形式的数据透视。给定一段相当长的时间序列，比如 6～8 年，选择一个模型族来捕获序列(该序列是基于金融计量经济学模型生成的)的规律，并构建投资策略。测试该策略需要校准移动窗口。因此，需要测试不同的移动窗口。即使训练和测试数据保持分开，不会在训练数据上进行预测，该方法也明显是在模型学习中用到的相同数据上进行测试的。

数据透视的其他问题来自建模的心理，有助于规避偏差的关键规则如下：建模直觉要基于理论推理，而不是观察数据。这个说法似乎对一个实践型企业来说是不利的，上述"清晰的推理"的就是一个危险示例。不过，长时间看数据可能会对具体样本数据产生直觉，这倒是真的。在查看经验数据以发现它们的行为方式和避免捕获可用数据的特殊行为之间存在一定的矛盾。

显然，简洁是建模的优点(即只有少量参数需要校准)。一个运行良好的简单模型应该比一个可能产生不可预测结果的复杂模型更受欢迎。非线性模型尤其容易受到不可预测行为的威胁。

14.5 模型风险

正如我们所看到的，任何模型选择都可能导致偏差和不佳的表现。换句话说，任何模型选择过程都有模型风险(model risk)。有人可能会问，是否有可能降低模型风险。在统计学中，有一个悠久的传统，源自 18 世纪英国数学家托马斯·贝叶斯(Thomas Bayes)，即在考虑不确定性时，不仅要考虑个体结果，而且要考虑概率分布本身。因此，我们很自然地会想到，能否应用贝叶斯统计和相关概念的思想降低模型风险。

在实践中，被广泛使用的一个简单的方法是取不同模型的平均值。平均值可以采取不同的形式。降低模型风险的主要原因有两个。首先，我们也许不能确定哪个模式最好，所以通过多元化来降低风险。其次，或许更有说服力的原因是我们也许认为不同的模型在不同情况下会有不同的表现。建模者希望通过取均值减少模型预测的波动。应该清楚的是，对模型的结果取平均值和构建一个平均模型（即对系数取平均值）是两种不同的方法，二者的困难程度也不同。

对结果取平均值是一件简单的事情。一个人可以用不同的技术估计不同的模型，做预测，然后对预测结果取平均值。这个简单的方法可以扩展到不同的情境。例如，在开发股票评级的计量经济学模型时，建模者可能想要对过去的评级进行指数平均，所以现在要提出的评级是现在的评级模型和过去的评级模型的指数平均。显然，参数必须准确设定，这就需要对可能的数据透视偏差进行仔细的分析。无论对哪个过程取平均值，都应该仔细检查方法的统计相容性，关键准则是平均化是用来消除噪声的，而不是真实信息。

模型平均化比结果平均化更难。在这个例子中，最终的结果是一个简单模型，在某种意义上，是其他模型的平均。⊖

14.6 模型选择小结

这部分我们将前面提到的所有的注意事项转化成模型选择时的一些可行策略。我们在下一章会提到，任何的模型选择过程都必须基于一个很强的经济直觉。单靠机器学习不太可能构建可以确定产生正收益的投资策略。

显然，做金融决策所依赖的直觉产生于人类的创造力。正如在其他任何科学和技术领域一样，这与个人能力密不可分。世界上存在正确的、可被任何建模者共同使用的科学吗？或者建模者只能满足于文献中报告的片面且不确定的结果吗？

⊖ 计算组合方差时使用的简化协方差矩阵是平均化模型的一个简单的例子。

这个时候，答案可能二者都有。

很难找到存在于金融经济学并在真正的科学规律中占有一席之地的规律。诸如无套利等原理，看起来是最接近真正的科学规律的，但是，这个原理本身在寻找能赚钱的交易策略的过程中不那么有效。㊀金融领域大部分的实证结果都存在一定的不确定性，并且依赖于金融市场和金融体系的结构。公平地说，金融直觉是基于大量、广泛的金融学原理加上一系列带有不确定性和有限适用性的结果产生的。金融中的实证结果是在有限样本下统计有效的，而且可能只在有限的时间段内成立。比如说，资产率的波动聚集现象。你可能会认为波动聚集现象是普遍存在的，而且在每个金融市场上都成立，广义上来说可能是对的，但是没有哪个波动聚集模型敢声称它是一条自然规律，因为所有的波动聚集模型都存在无法解释的基本事实。

我们经常可以听到这样一种说法：好的投资策略只需要独有的投资策略。这也许是成立的但其重要性不能被过分夸大。很显然保密不利于知识体系的建设。保密也很难做到。非军事性质的工业项目很少以真正的科学突破为基础，它们通常是利用已有的知识。

金融计量很可能也不例外。专利技术在大多数情况下，也应用了一些共享信息。金融领域没有哪个资产管理公司的投资团队单独做出过有重大突破的项目。一些公司在数据上有优势。到了现在，计算能力已成为华尔街的一些大公司的优势，但是计算能力现在成了一种商品。因此，可以说金融决策中的直觉是基于大量共享的知识加上一些独有的发现和解释。

在基于直觉形成一个事前的假设之后，模型选择和校准正式开始，即选择一个没有偏差的样本，并确定一个好的估计方法。在模型生成阶段，独立的风险控制机制很重要。关键是发现过程应该是线性的。在形成策略的任一阶段如果不满足质量标准，我们都应该不去调整参数而是重新开始，重新形成一个新的直觉。

这个过程意味着当面对金融领域各种各样的问题时，我们会基于许多直觉来

㊀ 在金融市场中，如果同一件金融产品可以在同一时刻在不同地点以不同的价格进行交易，那么就存在套利机会。如果套利机会确实存在，那么一个人可以赚取无限收益，因为有无数的产品可以在价格低时买入而在价格高时卖出。

进行研究。建模者必须具备很多想法，由直觉得到的想法也不尽相同，从认为金融市场的某个部门一些特定的行为，到发现某些特定规律还存在未被挖掘的机会。在某些情况下，可能是实施一些广为人知但未被大规模应用的想法。

模型选择过程中一个特殊之处是不确定性和噪声的程度。模型的选择过程就是在大量的噪声之中捕捉少量的信息。模型总是不确定的，模型适用的时间长度也是不确定的。同时，心理作用也扮演了重要的角色。这些需要考虑的地方意味着我们要采用一个严格客观的研究方法。在下一章，我们将展示一个合理的寻找赚钱策略的过程。

金融计量领域的研究者总是面临所发现的规律是人为的而非真正存在的风险。但是矛盾的是，这些研究者也不能过分使用数据，这类风险产生于由于数据虽然可以获得但是不充足而带来的偏差。即使尝试大量可能的解决办法，研究者也可能陷入数据透视偏差的麻烦。

要点回顾

- 金融计量经济学中的模型选择是理论、创造力和机器学习的共同作用的结果。
- 机器学习方法从我们想要解释的一组经验数据开始。
- 我们需要在模型的复杂程度和样本数据的规模之间做出权衡。为了保证模型的预测能力，我们需要采用合适的样本数据来避免拟合噪声。
- 考虑到金融数据规律的复杂程度，金融数据量通常是不足的。数据的缺乏导致统计估计的不确定性上升。这意味着在相同的置信水平上，对同样的样本数据建模，许多不同的模型都似乎是可行的。
- 模型选择过程中存在的一个很严重的错误是对一些出现频率很低或者很特殊的规律进行建模；这类规律的出现是完全随机的，这会使得模型缺乏预测能力。
- 模型选择中存在的另一个错误是数据透视，即用于模型拟合的和我们想要解释的是同一组数据。一个合理的模型选择方法需要将样本数据和测试数据分开：用样本数据拟合模型，再用测试数据来检验。
- 由于数据量不充足，我们需要通过优化技术来最大化地利用数据，可能最广泛使用的技术就是自举法（bootstrapping）。
- 金融数据也受到幸存者偏差的影响，即数据是根据时间序列期末才知道的规则选取的。幸存者偏差会导致模型偏误以及预测误差的出现。
- 模型风险是指对实际数据预测时模型存在预测误差的风险。
- 一个简单并且被广泛使用的减少模型风险的方式是对不同的模型结果取平均值。
- 一个合理的模型选择方法包含强有力的理论支撑，样本数据和测试数据严格分离以及避免数据透视。

第 15 章

使用金融计量经济模型构建和实施投资策略[一]

学习目标

在阅读本章后,你将了解以下内容:
- 量化研究过程中涉及的金融计量的内容。
- 使用金融计量工具的目的是识别出金融数据中的持续性模式,并将这些信息转化为可实施且能盈利的投资策略。
- 量化研究过程的三个阶段:①基于金融经济理论形成一个事前的合理推断;②选择一个不存在幸存者偏差的样本;③估计出模型参数。
- 使用金融计量工具形成投资策略过程中常见的谬误。
- 金融计量经济学模型中应包括哪些解释变量和多少解释变量。
- 为什么在构建一个可以盈利的投资策略时会存在数据过度挖掘的隐患。
- 数据量不足带来的困难。
- 为什么防范数据透视偏误的方法是每次从头开始核定模型。
- 为什么基于某个金融计量模型开发投资策略之后,总是要谨慎地用一个人工数据集来测试该模型。

在第 3 章和第 4 章,我们解释了如何建立、诊断和检验一个多元线性回归模型。在本章,我们将展示金融计量在量化资产管理中的应用。量化资产管理的目的是找到金融数据中的持续性趋势并将这些趋势信息转化成可行的投资策略。本章将讨论从金融计量工具应用中获得的统计信息转化为可以被资产管理者采用的可实施投资策略的一般过程。一般来说,这个过程包含建立基本的金融理论、解

[一] 本章是由作者和 KCM 资产管理公司的 K. C. Ma 博士共同完成的。K. C. Ma 博士同时是斯泰森大学金融学教授和 George Investments Institute and Roland George Investments Program 的负责人。

释实际的资产收益和估计投资组合或者交易头寸的预期收益。另外,我们指出了过程中常会出现的偏误。

在图 15-1 中,我们用流程图展示了量化研究的实施过程以及如何转化为可操作的交易策略。过程可分为两个阶段:第一阶段是利用金融计量经济学做量化研究,第二阶段是利用量化研究获得的结果生成一个投资策略。

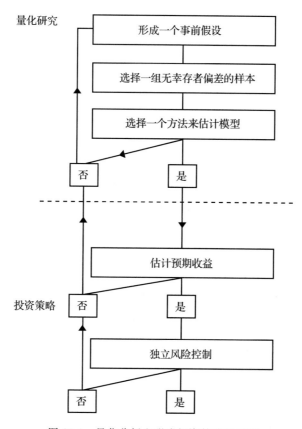

图 15-1　量化分析和形成投资策略的过程

15.1　量化研究过程

从图 15-1 中可以看出,关于量化分析过程的金融计量研究涉及三个阶段:

- 基于金融经济理论形成一个事前的合理推断。
- 选择一组无幸存者偏差的样本。
- 选择一个方法来估计模型。

接下来的这一部分我们讨论一下每个阶段。

15.1.1　基于金融经济理论形成一个事前的合理推断

一个合理的假设是制定一个可实施和可复制的投资策略的必要条件。但是金融经济学的发展不是来自先前的经验或者后知后觉,而是由创造性的直觉和严密的推理推动的。这一点非常关键,因为科学结论很容易受到数据透视的影响而产生偏误,尤其是在事先还未建立一个独立的金融经济学理论的时候。

正如前一章所述,数据透视的存在会产生表面上看非常显著实际上并不成立的结果。⊖ 所有的实证检验都存在这样的风险,尤其是已有大量文献对相同数据集进行过研究。有了足够的时间和尝试次数,人们在坚信数据中某一种规律存在的前提下,最终会成功地找到这种规律,无论该规律是真实存在的还是想象出来的。同时,各个研究中数据透视的过程也是相似的。研究人员经常面临几乎同样的问题,在解决问题的过程中也会做出几乎同样的选择。

造成数据透视偏差的原因有很多。从某种意义上来说,一个基于金融经济理论的假设,是建立在数据中过去的规律的基础上。研究人员可能会根据他们自身的知识、学习、经验或者只是别人所说的内容来建立他们的"先入为主"的想法。举一个股票分析的经典但是错误的例子,那就是在解释超额收益时应将市值因子包含在模型中,因为有证据表明存在规模效应。

那么,只要有更多选择的空间,这个问题就会变得越来越严重。针对相似的数据,一名研究人员可能会使用与其他研究人员相似的统计检验。他们可选择的检验包括但不限于解释变量的选取、解释变量的度量、模型的函数形式选择、时间的长度、所服从的概率分布以及检验统计量。这些选择本身的差异可能很小,但是其对投资组合业绩的影响通常很显著。

理想情况下,应该不需要人为做出上述选择,因为所有的检验结论都是基于背后的理论基础做出的。但是,即使是最完善精简的金融概念有时也很难在现实

⊖ 比如 Stephen A. Ross 的 "Survivorship Bias in Performance Studies" 和 Andrew Lo 的 "Data-Snooping Biases in Financial Analysis",都出现在 *Proceedings of Blending Quantitative and Traditional Equity Analysis*(Charlottesville,VA:Association for Investment Management and Research, 1994)。

中得到充分好的设定。研究中还是常常需要寻找代理变量和工具变量来完善建模过程。

但是，一个很常见的谬误是当结果不理想时，研究人员倾向于只是回到之前一步寻找解决方案。当然，这反映了人们的一种倾向：过于看重最近时期的信息。这很容易导致人们没有理由地进行了很多种类的其他建模尝试，而这样做却可能在很大程度上是不合理的。

一个直接的防范数据透视的方法是只要过程中任何阶段的结果无法通过检验，整个过程就需要重新再来。比如，如果估计的模型对于超额收益波动的解释无法令人满意，那么这个模型就要推翻。我们需要回到起点，再去选择一个新的理论。如果预测模型无法产生可以接受的预期收益，那也要推翻回到最初。最后，如果策略产生的超额收益不符合要求也要重新再来。这种"试错"过程也许能解决大多数的数据透视偏误问题。通过这个检验过程，我们排除了一些明显"很差"的模型，同时还收获了很多经验，这些经验不可避免地会影响下一阶段模型的构造。

当然，大部分研究人员也都明白我们无法完全避免数据透视偏误，因为即使是最严密的科学过程也是包括一系列主观或者客观选择的过程。正如 Lo 所说[○]，当人们对药物上瘾时，想要恢复健康的第一步就是正视这个问题，接着营造一个可以避免诱惑的研究环境。[○] 这个结论也意味着，在明确数据透视带来偏误的前提下，研究人员做出每一步选择时都需要极度谨慎。

15.1.2 避免样本中的幸存者偏差

由于所有的回测研究都是基于一组历史数据，如果观测对象已经不存在了，那么它的所有历史数据也无法被观测到。研究人员做研究所采用的样本数据，可能是由某些共同因素通过时间预先选出的一组观测对象。如果是从样本数据中随机地选取的子样本数据，那就不存在问题了。但是对于大部分样本数据来说并非如此，都会存在之前章节描述的幸存者偏差。如果幸存的观测对象的共同特征与我们正在寻找的规律是相关的，那么得到的结果就是有偏差的。统计上的显著仅

○ Lo，"Data-Snooping Biases in Financial Analysis."
○ 这可能是前文讨论过的近期机器学习技术快速发展的最重要的原因。

仅反映了用于构建检验的样本数据中潜在的共同特征(而非整体数据的共同特征)。

一个深受幸存者偏差影响的典型例子是投资组合业绩的比较。如果只看现有的投资组合,那么很显然那些由于业绩差而消失的投资组合已经不会出现在样本中,所以样本中就只存在业绩好的投资组合。我们又如何识别出那些不利于业绩表现的因素呢?

数据卖方并不会对这一问题提供解决的办法。考虑到成本,大部分数据库只提供现存的样本,也就是说,对于那些现在已不存在的样本,常见的措施是将它们从数据库中完全删除。为了模拟真正的历史情境,研究人员有责任将这些观测对象恢复到样本数据之中。样本收集过程需要及时修改。在样本期开始时就存在的案例,应包含在样本数据内,并进行跟踪。

15.1.3　选择模型的估计方法

选择模型估计方法和选择金融计量理论与样本数据应该遵循相同质量的检验。除非具备相当强的直觉,否则研究人员应该选择涉及最少主观性的方法。一个很好的例子是机器学习方法,用算法来寻找数据中包含的信息(规律或者定理)。比较高级的建模技术,例如人工智能、神经网络和遗传算法就属于此类。这类方法的优秀之处在于它们具有相当大的自由度。正如前面章节所述,这类方法放松了经典模型、线性模型和平稳模型中的那些约束条件。

当然,研究人员不能过分依赖模型本身。没有知识就无法学习。即使想简单地将数据放入模型得到结果,研究人员也需要输入一些背景知识,比如输入变量的定义和类型,而且在接下来的很多情境下,研究人员还需要做出合理决策。比如,对股票收益建模的一种经典方法是使用以下线性形式:

$$R_{it} = a + b_{1t}F1_{it} + b_{2t}F2_{it} + \cdots + b_{nt}Fn_{it} + \varepsilon_{it} \tag{15-1}$$

式中:R_{it}——第 i 只股票在第 t 期的超额收益(超过某一基准收益);

Fj_{it}——第 i 只股票在第 t 期第 j 个因子的收益;

b_{nt}——第 k 个因子在第 t 期的市场收益;

ε_{it}——第 t 期的误差项(特质性)。

15.1.4　拟合和预测的权衡

毫无疑问,在估计和检验式(15-1)时,首要任务是考虑模型中应该包含哪些解释变量。这个决策应该基于事前的金融计量假设。但是，在金融计量领域的理论中有很多概念是极其抽象的，我们需要找到代理变量来度量。选择合适的代理变量（可能会产生数据透视偏差），使得选择解释变量的类型和数量的过程更像一种艺术。变量在模型中起作用并不是选择这个代理变量的充分理由，必须要有理论的支持。

一个经验原则是要控制变量的引入。包含更多变量的模型不一定更好，尤其是在预测超额收益的时候。随着模型中变量数量的上升，模型的解释能力也会上升，但是在超过某一临界值之后，变量的边际解释能力会快速下降。当引入一个新变量时，会给模型增加额外的解释能力，同时也伴随着参数估计误差的上升。

我们在表 15-1 中展示了一个典型的股票收益率的多因子模型，每增加一个解释变量模型拟合优度的变化。[⊖] 从表中第二列和第三列可以清楚地看出，尽管 R^2 随着解释变量数目的上升而增加，但是调整 R^2 却在某一临界值之后变得平缓甚至开始下降，这表明在估计的过程中，当模型进一步扩展时模型误差会更加复杂。

表 15-1 增加解释变量的边际贡献

增加解释变量	样本内		样本外		信息比率
	拟合优度 (R^2)	调整的拟合优度 (Adj. R^2)	年化超额收益率 (%)	年化标准差 (%)	
1st	0.086	0.082	2.52	7.15	0.352
2nd	0.132	0.105	2.98	7.10	0.420
3rd	0.175	0.117	3.61	6.97	0.518
4th	0.188	0.165	3.82	6.82	0.560
5th	0.202	0.174	4.05	6.12	0.662
6th	0.251	0.239	3.99	6.08	0.656
7th	0.272	0.221	3.76	6.19	0.607
8th	0.282	0.217	3.71	6.22	0.596
9th	0.291	0.209	3.64	6.37	0.571
10th	0.292	0.177	3.53	6.58	0.536

我们在表 15-2 中展示了使用估计出的多因子模型进行的样本外预测结果。表中第四列和第五列的结果很令人意外，到达某一临界值后，随着模型的进一步扩

⊖ Christopher K. Ma, "How Many Factors Do You Need?" (Research Paper #96-4, KCM Asset Management, Inc., 2005 and 2010).

张,以信息比率(information ratio)[1]形式呈现的超额收益率却在加速恶化。

表 15-2 统计显著性和经济收益

相关系数[a]	t 值[b]	年化超额收益率(%)	年化标准差(%)	信息比率
0.10	2.10[b]	0.50	2.17	0.230
0.25	3.78[b]	1.82	4.06	0.448
0.50	7.15[b]	3.71	4.25	0.873
0.15	1.20	0.58	1.10	0.527
0.35	2.93[b]	1.98	4.55	0.435
0.60	2.75[b]	3.80	4.55	0.835

[a] 在 1% 水平显著。
[b] 相关系数显著性的 t 值。
资料来源:Christopher K. Ma, "How Many Factors Do You Need?" Research Paper #96-4, KCM Asset Management, Inc., 2010.

15.1.5 情绪的影响

让研究人员引以为豪的建模过程,同时也会产生这样一个问题:"如果每个人都使用金融计量模型,他们会不会得到相同的结果?"通过建立简单的线性模型,在同样的数据集上"过度挖掘"(overmining),会使获取超额收益(或 alpha)的可能性变为 0。

量化研究的竞争带来令人悲观的结果,这也强调了经济学家凯恩斯提出的"动物精神"(animal spirit)在决策中的重要性——情绪如何影响人类行为。[2]这一点可能是传统的证券分析强于量化研究唯一的优点。随机的观察值为我们提供了大量的关于投资者行为的案例,投资者的行为既不对称也不满足线性条件:投资者对于坏消息和好消息的反应有很大不同[3];投资者在做决策时过于看重最近一段时期的信息[4];投资者看重事件的影响力却会忽视事件发生的概率[5];投资者买股

---

[1] 信息比率是一个收益-风险比率。收益是指组合的平均主动管理的收益,是用组合收益减去基准收益。在金融领域常以"α"表示。风险是指主动管理收益的标准差,是一个追踪误差。信息比率越高,相较于假定(基准组合)风险,资产组合管理经理的业绩越好。
[2] John Maynard Keynes, *The General Theory of Employment, Interest, and Money* (New York: Harcourt, Brace and Company, 1936).
[3] Keith Brown, W. Van Harlow, and Seha M. Tinic, "Risk Aversion, Uncertain Information, and Market Efficiency," *Journal of Financial Economics* 22(1988): 355-386.
[4] Werner F. DeBondt and Richard Thaler, "Does the Stock Market Overreact?" *Journal of Finance* 40(1985): 793-805.
[5] Christopher K. Ma, "Preference Reversal in Futures Markets," working paper, Stetson University, 2010.

票的时候看重股票受追捧的程度而不是其内在价值[1]；低市盈率的股票获得高收益，并不意味着高市盈率股票会有低收益[2]。在这里，我们并不认为一个统计模型应该将这些现象都包含进去，但是如果想强调建模的方法应该更加灵活，从而在存在理论支撑时，则模型可以将以上的一些现象包含进去。

15.1.6 统计显著并不能保证 alpha

量化研究的坚定捍卫者认为，通过使用金融计量学家的工具进行定量分析，所构建的可以获利的投资策略不能被商业化[3]；超额收益的产生过程具有特质性和专有性。alpha 可以通过使用那些表现优于商业标准化的数据分析软件包的独有算法获得。换句话说，即使没有统计学意义，研究人员也必须学会坚定信心，因为统计显著的结果不一定会产生 alpha。

由于构建量化策略的研究人员常常从识别某个金融计量工具定义的规律开始，很容易根据传统的统计显著性判断 alpha 的存在。为了说明二者之间没有必然联系，我们实施了一个典型的动量策略，完全基于过去的收益预测未来收益。在此框架下，一个简化的收益产生过程如下式所示：

$$E_{t-1}(R_t) = a + b_{t-1} R_{t-1}$$

式中 $E_{t-1}(R_t)$ 是基于 $t-1$ 期信息对 t 期的条件预期收益，a 是不随时间变化的收益，b_{t-1} 是 $t-1$ 期观测到的动量系数。当 b_{t-1} 显著为正时，可以说这组时间序列的收益呈现"持续的正动量收益"。为了使用相关性信息建立交易策略，在每个月月初我们将存在一定相关性的股票纳入投资组合之中，并持续跟踪它们的收益。这些投资组合的业绩反映了连续收益之间相关性的统计显著性（或缺乏显著性）。在表 15-3 中我们总结了 Ma 在 2005 年和 2010 年的一系列研究中构建和更新的一些代表性投资组合的业绩[4]。

---

[1] Josef Lakonishok, Andrei Shleifer, and Robert W. Vishny, "Contrarian Investment, Extrapolation, and Risk," *Journal of Finance* 49, no. 5(1994): 1541-1578.
[2] Ma, "How Many Factors Do You Need?"
[3] Russell H. Fogler, "Investment Analysis and New Quantitative Tools," *Journal of Portfolio Management* (1995): 39-47.
[4] Ma, "How Many Factors Do You Need?"

表 15-3 统计显著性和经济收益

相关系数[a]	t 值[b]	年化超额收益率(%)	年化标准差(%)	信息比率
0.10	2.10[b]	0.50	2.17	0.230
0.25	3.78[b]	1.82	4.06	0.448
0.50	7.15[b]	3.71	4.25	0.873
0.15	1.20	0.58	1.10	0.527
0.35	2.93[b]	1.98	4.55	0.435
0.60	2.75[b]	3.80	4.55	0.835

[a] 在 1% 水平显著。
[b] 相关系数显著性的 t 值。
资料来源：Christopher K. Ma, "How Many Factors Do You Need?" Research Paper #96-4, KCM Asset Management, Inc., 2010.

结果并不出乎意料，更高的超额收益率通常伴随着连续收益率之间更强的相关性。更重要的是，更高的风险似乎也与相关性的更强的统计学显著性相关。底线是，以信息比率(例如，等于 1)表示的可以接受的超额收益率水平，不能只通过统计显著性来实现。有时即使统计不那么显著，投资组合也能产生超额收益率。尽管这背后的机制还未探究清楚，但这也是统计显著性和超额收益率之间没有必然联系的证据。

15.2 投资策略的构建过程

一旦完成了量化研究过程，接下来就是制定投资策略来执行金融计量模型得到结果。正如我们在图 15-1 中看到的，这需要经过两个阶段：

- 估计预期收益。
- 独立的风险控制。

我们接下来分别介绍。

15.2.1 建立估计预期收益的模型

由于该过程的目标是预测未来收益，因此仅通过量化研究过程估计出的模型对历史收益率进行解释是不够的。因为缺少足够的数据，我们很难找到一个好的模型来预测未来收益。正如费希尔·布莱克(Fischer Black)指出的，人们常常面临这样一个两难抉择：是选择更好地解释平均收益的模型还是选择预测未来收益更精准的模型？㊀前者可以通过大量的历史数据来检验，而后者需要涵盖各种情况的一个很长的时间段（有时候是数十年），从而更好地预期未来收益。但是很显然，我们没有那么长的时间可以等待，因此我们常常只是简单假设能解释平均收益的模型也能较好地预测未来收益。当然，这样的假设是非常不精确的，只有在预期收益不变的时候才成立。

我们很容易找到证明以上假设不成立的证据。例如，如果观察可以解释股票横截面短期收益的模型，即使是最初级的研究人员也可以看出相邻两个时期的模型是不一样的。这意味着，至少在短期内，可以解释历史收益的模型无法用来解释未来收益。

这就需要重新建立一个事前预期收益模型。这个过程也需要通过本书之前的章节中提到的构建好的模型所需通过的严格检验。这些检验包括预期收益的独立表达式、合适的估计方法以及不受数据透视偏差影响和不存在幸存者偏差的样本数据。构建条件预期收益模型的假设的过程，能够从众多历史收益模型所传递的信息中受益，尽管条件预期收益模型和历史收益模型可能并不相关。

1. 最大化增加价值

显然，一个策略能得到最终的收益要归功于图 15-1 中每个步骤的合理实施。整个过程一般可以分成三步，包括经济假设、模型估计和模型预测。研究人员很自然地会考虑如何在这三步中合理分配精力来实现效用最大化。

为了回答这个问题，我们来检验一下模型估计和模型预测过程对收益的贡献。我们使用一个多因子模型来解释标准普尔 500 指数中的所有股票收益。假设在每一个时期期初，投资组合经理已经知道最适合这个时期的股票收益的模型，通过使用该信息，可以构建一个包含预期收益率最高的前四分之一股票的投资组合。这个完全信息下构建的投资组合的超额收益，将会体现模型的估计对收益的贡献程度。于是，基于表 15-3 中 2010 年的研究结果，由于投资期限的不同，预测收益最高的前四分之一股票的年化平均超额收益为 12%～26%。

然而，实际的标准普尔 500 指数中收益最高的前四分之一股票构建的投资组合

㊀ Fischer Black, "Estimating Expected Return," *Financial Analysts Journal* 49(1993): 36-38.

的平均年化超额收益为 42%~121%。预测的收益最高的前四分之一股票的超额收益和实际收益最高的前四分之一股票的超额收益之间的差距为 30%~95%，这就反映了模型预测收益的效果。很显然，模型预测的超额收益平均来说是模型估计过程的 2~5 倍。

综上所述，无论是出于什么样的研究目的，找到一个能更好地预测未来收益的模型，会为获得超额收益带来最大的潜在价值。这意味着研究的时候应该将更多精力放在样本外的预测上。

2. 再次检验预测

防止数据透视偏差的方式是再次从头检验模型。也就是说，用一个"新"的数据区间检验用于估计预期收益的条件模型。由于得到预期收益的条件模型需要多个时期的数据，因此只在单一条件下产生的预期模型就需要被重复确认。在样本期间内，估计、检验和确认这些阶段的关系如下：

估计	测试	预测	测试	预测	
时期 I	时期 I	时期 II	时期 II	时期 II	现在

经过在预测时期对预测模型的一系列检验，可以确保将实际收益模型转化为预期收益模型后，仍然可以达到合理的业绩水平。如果在三个时期下投资组合仍然有一致的业绩，则可以证明结果不是由数据透视偏差造成的。

3. 随机游走假设的检验

建立好模型之后，最好用一组人为生成的与收益率独立、同分布的数据来检验一下模型。任何建立在纯随机数据之上的交易策略，一般来说都不能产生超额收益。当然，随机波动能产生正的或者负的收益。但是，因为我们可以模拟非常长的数据序列，所以可以高精度地进行测试，我们的模型实际上并没有与实际不符的情况。

15.2.2 独立的风险控制

即使在个体股票层面建立了合理的预测收益的模型，投资策略实施的底线也还是需要用风险调整的超额收益的水平进行评估。因为大部分机构的投资组合是有业绩基准的，组合管理的目标是在给定资产组合超额收益率的条件下，最小化跟踪误差（主动管理收益的标准差）。因此，风险控制在技术上比传统的有效投资组合概念复杂得多。理查德·罗尔（Richard Roll）的研究成果显示，一个能够获得超额收益并最小化跟踪误差的最优投资组合，并不是均值-方差有效组合[1]。这里需要强调，由于量化方法本质上的客观性和竞争性，大部分模型会产生相似的预期收益。量化方法构造的组合的业绩差异主要来源于风险控制技术。

风险管理上有一个不受推崇但在实践中常用的做法，该做法实施于模型识别阶段，即通过校准模型参数的估计值来解释实际收益。该做法的目的是通过减少模型的估计误差来控制风险。这个方法有几个缺点。第一，大部分情况下，校准参数估计值（使用真实收益模型）使其可用于估计预测收益模型的做法，常常是在很随意的基础上实施的，很容易受到数据透视误差的影响。第二，在校准参数估计时，建立一个预测误差较小的预期模型被误认为是投资组合收益的风险控制。第三，由于是在先前步骤的估计结果之上再做估计，模型的自由度会下降，那么"风险控制"过程就会依赖于预期收益的估计过程。因此，独立的风险控制程序（通常通过最优化过程实现）应该在所选的股票组合上执行，该股票组合是由最初预测的预期收益决定的。

为了使计算过程更有效率，在有其他条件共同约束时，一些步骤可以简化。比如说，跟踪误差的最大来源是投资组合的行业权重和基准投资组合行业权重之间的差别。[2]因此，大部分最优基准投资组合是"行业中性"的，即投资组合不需要对基准投资组合的行业进行押注。这一做法表明需要对投资组合的行业权重偏离基准投资组合的行业权重程度的最大值进行限制。

另外，当限定单个股票权重要与其基准投资组合权重一致时，跟踪误差可以被进一步控制。这样也伴随着设定一个对于单个股票权重偏离程度的合理约束条件。

其他现实中的投资组合约束也要考虑到，比如：①单个股票最低的市场流动性；②股票允许投资的最大绝对权重；③最低的总股票持有量；④每个行业最低的股票持有量；⑤投资组合允许的最大换手率。

---

[1] Richard R. Roll, "A Mean/Variance Analysis of Tracking Error," *Journal of Portfolio Management* (Summer 1992): 13-23.
[2] Ma, "Nonlinear Factor Payoffs?"

要点回顾

- 在评估量化投资策略所使用的金融计量模型时，两个基本准则是模型的简洁性和样本外预测的有效性。
- 经过样本外数据验证的简单模型有可能相比其他模型呈现出更高的置信水平。
- 在量化分析过程中，寻找数据呈现的任何持续性的规律并转化成获利和可执行的投资策略，这个过程的实现需要经济理论的支持：对实际收益的解释，对预期收益的估计以及相应投资组合的构建。
- 在回测目标策略时，使用的样本数据可以是通过一些共同特征事先选择的观测值。
- 尽管在回测过程中，如果从总体样本中随机选择子样本就不应产生幸存者偏差，但是大多数的总体样本无法避免幸存者偏差的问题。
- 一个策略表现出的统计显著性可能仅仅反映了检验样本内某种潜在的共同特点。
- 选择金融计量模型的估计方法时，应该遵循与选择经济理论模型和选取样本数据同样的标准。在没有很强直觉的情况下，评估模型时，应选择需要最少人工干预的方法。
- 无论是模型估计还是模型检验，首要任务都是决定模型中应该包含哪些和多少个解释变量。
- 一个模型所基于的经济理论通常涉及抽象概念，需要找到合适的代理变量来表示。
- 选择合理代理变量的过程很可能产生数据透视偏差，这使得选择解释变量的类型和数量的过程变得更像一门艺术而非科学。一个经验法则是使模型尽可能简洁。
- 为了防止出现数据透视偏差，我们应该对预测模型进行一系列检验，以此来确保将实际收益模型应用于预测预期收益时仍然可行。
- 即使在个体股票层面建立了合理的预期收益模型，投资策略是否可以实施的底线是通过可接受的风险调整后投资组合的超额收益水平来评估的。
- 由于大部分机构的投资组合是有业绩基准的，投资组合管理的目标是最小化跟踪误差，这样的目标使得其风险控制比一般的有效投资组合在技术上更加复杂。

附录 A

描述性统计

在这个附录中，我们将回顾描述性统计。与我们将在附录 C 中描述的推断统计不同，描述性统计的目的是定量描述数据，而推断统计的目的则是从数据中得出结论并做出相应预测。

A.1 基础数据分析

在开始使用金融计量方法研究数据之前，最重要的任务是确定分析的目标。我们可以使用多种方法来收集数据。在金融行业中，我们有交易所记录的常规交易形成的市场数据，这些数据可以直接观测。除了常规的交易过程，还存在所谓的场外交易(over-the-counter，OTC)，场外交易的数据可能较难获得。公司会以电子版或打印版的形式公布年度报告和季度报告。这些数据还可以通过大部分主流纸媒和互联网媒体中的商务和金融版面得到。

如果有人在感兴趣的金融领域做了相当数量的研究，他的数据或许是从免费数据库或者商业数据库中获得的。因此，我们必须关注数据的质量。不幸的是，从免费的数据库中得到的数据通常并不十分可信，比如我们从互联网上可直接访问的某些数据库。相比之下，有许多金融数据供应商提供的数据被公认为是准确的。但是，往往我们需要为质量支付相应的价格。

数据收集好之后，描述性统计的目的是通过可视化和计算将收集到的信息转化为我们感兴趣的变量，进而揭示我们感兴趣的问题。通常在这种情况下，可视化支持会让我们更容易掌握信息。

描述性统计能辨别不同类型的数据、通常情况下有两种类型：非定量数据(例如定性数据和序数数据)和定量数据。

如果一个事物的某些属性只能以种类划分,这些数据就被称为定性数据(qualitative data)。举一个例子,在纽约证券交易所交易的股票可以被归类为某一个特定的行业板块,如"银行""能源""媒体""电信"等○。这样我们可以把研究对象(如股票)分配到一个或多个包含"银行""能源""媒体""电信"等的行业集合中。另一个例子是标准普尔(Standard & Poor's)、穆迪(Moody's)和惠誉国际评级(Fitch Ratings)等信用评级机构评定的信用等级。我们能对定性数据做的所有操作只是给特定的属性定一个值。我们可以使用数值代码来表示不同的领域,例如银行业设定为1,能源业设定为2,诸如此类。然而,我们不能对这些数值做任何计算,因为它们只是行业属性的代号。

另外,如果一个事物被指定为一个定量变量(quantitative variable),这个变量的值就是数值。一般来说,所有的实数都是符合条件的。然而具体来说我们有时候只会使用离散值,比如整数。例如股票价格或股息就是定量变量,它们是有着若干有效数字的正实数。定量数据可以进行转化和计算,比如人们很容易想到由某天所有公司的总市值构成某个指数,但是定性数据不能进行转化和计算○。

A.1.1 横截面数据和时间序列数据

还有一种数据分类的方式,即从感兴趣的变量集中收集同一个变量的不同个体的数据。一个变量的值可以从一组数据集中产生。举一个例子,"股价"这一变量可以在技术上假定为任何非负实数的货币值,但是每次只能为一个值,每一天的股价都有一个特定值。另外一个例子是,一个变量可以是一个特定公司在某一段时间支付的股息,在分红的情况下,每一季度都有一个观测值,这组数据就会形成所谓的时间序列数据。相比之下,我们可以选择一个特定时期比如本年第一季度,观察这个时期内标准普尔 500 指数包含的所有公司支付的股息,这样我们就能得到特定时间段内标准普尔 500 指数包含的公司的所有股票的横截面数据。

○ 大多数时候,我们使用"变量"这一术语,而不是"属性"。
○ 市值是指所有公司普通股的总市值,它是通过流通股的数量乘以每股市场价格计算得到的。

A.1.2 频率分布

处理数据最重要的一个方面就是我们要有效地对其进行组织和转化，传达出其中包含的必要信息。处理原始数据的过程有助于以一种更直观的方式显示出数据的内在意义。

相对频率

假设我们对可能取有限或无限多值的某个特定变量感兴趣，这些值可以是定性的也可以是定量的。在这两种情况下，当获得一些变量的样本数据之后，第一步是要对每一个观察值进行分类，然后确定数据集的频率分布。我们只需要计算每个变量可能取到的每一个值的观测次数，这被称为绝对频率（absolute frequency）。另外，如果变量可以在全部或部分实线上取值，则频率可以通过计算观测值落在不互相重叠的实数区间的观察次数来确定。

在我们的例子中，我们从定性数据开始，然后处理定量数据。例如，假如我们想要比较道琼斯工业平均指数（Dow Jones Industrial Average，DJIA，即一个以美国 30 家公司股票为成分股构成的指数），道琼斯全球 50 指数（Dow Jones Global total 50 Index，DJGTI），以及标准普尔 500 指数的成分股的产业构成。我们会面临一个问题，就是三个指标中包含的股票数量是不一样的。因此我们不能比较其各自的绝对频率。作为替代，我们需要找到方法使得不同的数据集可以进行比较，可以把一个特定值的观测值数量表示为该值的观测值占数据集的总观测数量的比例。这意味着我们需要计算相对频率（relative frequency）。

让我们用 a 来表示绝对频数，用 a_i 来表示变量的第 i 个值的绝对频数。第 i 个值的相对频率 f_i 即可被定义为：

$$f_i = \frac{a_i}{n}$$

式中：n 是观测值的总数，k 表示不同观察值的数量，则有[一]：

$$n = \sum_{i=1}^{k} f_i$$

[一] 原文这里有误，公式中的 n 应为 1。——译者注

A.1.3 经验累积频率分布

除了频率分布外,还有另一种用于比较数据的统计量,该统计量与绝对频率或相对频率分布密切相关。

假设我们对某一特定日期的道琼斯工业指数成分股中收盘价低于 50 美元的股票比例感兴趣,我们可以将观测到的收盘价按照数值升序进行排序,这样就可以得到如表 A-1 所示的数组。表 A-1 显示的是 2006 年 12 月 15 日的市场价格。需要注意的是,因为每个值只出现一次,且道琼斯工业指数包含 30 只成分股,所以我们必须对每个值分别赋予 1 的绝对频率或者 1/30 的相对频率。

表 A-1 2016 年 12 月 15 日道琼斯指数股票以股价升序排列

公司	股票价格(美元)
英特尔	20.77
辉瑞	25.56
通用汽车	29.77
微软	30.07
美铝	30.76
迪士尼	34.72
美国电话电报公司	35.66
威瑞森电信	36.09
通用电气	36.21
惠普	39.91
家得宝	39.97
霍尼韦尔	42.69
默克集团	43.60
麦当劳	43.69
沃尔玛	46.52
摩根大通	47.95
杜邦	48.40
可口可乐	49.00
花旗集团	53.11
美国运通	61.90
联合技术公司	62.06
卡特彼勒公司	62.12
宝洁公司	63.35
强生公司	66.25
美国国际集团	72.03
埃克森美孚公司	78.73
3M 公司	78.77
奥驰亚集团	84.97
波音公司	89.93
IBM	95.36

资料来源:www.dj.com/TheCompany/FactSheets.htm,December 15,2006.

我们从最低的收盘价(20.77 美元)开始,并逐步上升到低于 50 美元这个范围内最高的收盘价 49 美元(可口可乐)。每次观测到低于 50 美元的收盘价,我们将每个公司的频率增加 1/30,最终得到累积频率为 18/30,它代表收盘价低于 50 美元的股票的总份额。这个累积的频率被称为价格为 50 美元的经验累积频率(empirical cumulative frequency)。如果我们计算所有值的经验累积频率,我们就能得到经验累积频率分布(empirical cumulative frequency distribution)。之所以用"经验"这个词是因为我们只考虑被实际观测到的,在附录 B 中,我们将介绍考虑所有理论值的累积分布函数。

经验累积频率分布 F_{emp} 的计算公式是:

$$F_{\text{emp}}(x) = \sum_{i=1}^{k} a_i$$

其中 k 是指观测值中小于 x 的最大值的序数值。在我们的例子中,k 等于 18。

当我们使用相对频率时,我们能获得经验相对累积频率分布,其定义类似于经验累积频率分布,只是改为使用相对频率而非绝对频率。我们有:

$$F_{\text{emp}}^{f}(x) = \sum_{i=1}^{k} f_i$$

在我们的例子中,$F_{\text{emp}}^{f}(50\text{ 美元})=18/30=0.6=60\%$。

需注意的是,经验累积频率分布可以对任何实数 x 的函数值进行估值,x 不需要是一个已有的观测值。对在两个连续观测值 x_i 和 x_{i+1} 之间的任意值 x,其经验累积频率分布以及其经验累积相对频率分布仍然保持在其 x_i 的水平上,也就是说保持不变且分别对应于 $F_{\text{emp}}(x_i)$ 和 $F_{\text{emp}}^{f}(x_i)$,例如表 A-1 中数据的经验相对累积频率分布。

对分类数据来说,以上两种形式对分类变量的经验累积频率分布的计算显然都并不直观,除非我们对每一个无意义的数值都赋予有意义的含义,比如"行业 A"=1,"行业 B"=2,等等。

A.1.4 连续型变量和离散型变量

不论是被观测到的还是理论上可能的,当定量型变量取值于实数区间或者全部实数时,这样的变量就被称为连续型变量(continuous variable)。与连续型变量相反，离散型变量(discrete variable)假定只能从有限集或可数集中取值。定类型(nominal scale)变量将不被考虑在其中，因为解释结果会遇到诸多困难。我们也不会考虑排序数据(rank data)。

当我们计算一个连续型变量的观测值的频率时，我们会注意到一个值出现的次数很难超过一次[⊖]。从理论上说，在几乎100%的概率下，所有的观测值都将取到不同的值。因此，对每个值计算频率的方法并不可行。然而连续集的值可以被划分为互不相交的区间。这样，就可以统计落入每一段区间的观测值的数量。换句话说，我们把数据分为不同的集合，对这些集合的频率可以进行计算。每个集合各自的上界和下界都必须是实数。

此外，我们还需要规定组边界是否是组内的元素。一个组的组边界也必然是与其相邻的组的边界，因此所有组会无缝覆盖全部数据。所有集合边界的宽度范围也应该都相同。然而，如果既有数据非常密集的区域，也有数据密度较低的区域，那么组边界的宽度可以根据数据密度的变化而改变。在特殊情况下，大部分数据相对均匀地分散在某些范围内，同时也有一些极值位于数据组两端的孤立区域上。这时，不给最低组指定下界以及不给最高组指定上界是可取的，这种组被称为开放组(open class)。另外，我们应该考虑数据的精度。如果数据按四舍五入取一位小数，然而精确值可能在0.05左右的范围内波动，那么集合边界就必须考虑这种不确定性的存在，即承认在组的某一端有0.1的一半的精度。

A.1.5 累积频率分布

在这一节我们将介绍一些与经验累积频率分布不同但含有基本相似信息的函数，也就是频率分布，但相似性依赖于一些假设。我们不应将这里介绍的累积频率分布的相关内容和下一章中介绍的由概率论给出的理论定义相混淆，即使我们能清晰地注意到两个概念是类似的。

一方面，每个集合边界的绝对累积频率分布(absolute cumulative frequency)说明了到这一集合边界共有多少观测值。然而，我们不能确切知道在这些集合里数据是怎样分布的。另一方面，当我们使用相对频率时，累积相对频率分布说明了

⊖ 自然地，精度位数四舍五入的数值可能会导致某些值出现的频率更高。

直到某些集合的某一下界或某一上界的所有值的总比例。

到目前为止，这与经验累积频率分布和经验相对累积频率分布的定义还没有太多差别。在每一边界上，经验累积频率分布与累积频率一致。考虑到观察值在每一组合的两个边界范围内的分布，当计算累积频率分布时，必须做出一个附加的假定，即假设观察值在区间内是连续分布的，并且是均匀分布的。因此，这两种形式的累积频率分布，在一个集合的两个边界之间都以一种线性的形式增加。对于这两种累积分布函数，我们都可以计算每一个组内各个值的累积频率。

为了更深入地进行分析，我们将采用更正式的形式。我们用指数 I 来表示所有的组数 i 的集合，i 是 1 到 $n_1 = |I|$ 之间的整数（也就是组的序数）。此外，用 a_j 和 f_j 来分别表示组 j 的（绝对）频率和相对频率。对给定某个组的某上界 x_u^i，累积频率分布按下式计算：

$$F(x_u^i) = \sum_{j: x_u^j \leqslant x_u^i} a_j = \sum_{j: x_u^j \leqslant x_l^i} a_j + a_i \tag{A-1}$$

也就是说，我们加总上界小于 x_u^i 的所有组和组 i 自身的频率，相同 x 值对应的累积相对频率分布为：

$$F^f(x_u^i) = \sum_{j: x_u^j \leqslant x_u^i} f_j = \sum_{j: x_u^j \leqslant x_l^i} f_j + f_i \tag{A-2}$$

这个过程与等式(A-1)相同，只是使用了相对频率而不是绝对频率。对于在组 i 的两个边界 x_l^i，x_u^i 之间的任何值 x，其累积相对频率分布被定义为：

$$F^f(x) = F^f(x_l^i) + \frac{x - x_l^i}{x_u^i - x_l^i} f_i \tag{A-3}$$

总的来说，这意味着我们计算 x 值的累积相对频率分布其实是计算两个值的加总。首先，我们计算组 i 的下界的累积相对频率分布，然后我们添加上组 i 的相对频率份额，它等于在整个组 i 中被 x 覆盖的部分。

A.2 对位置和离散度的度量

一旦我们着手处理数据，我们就想找到关键数字特征来传达数据的特定信息。作为关键数字特征，我们将介绍数据中心和位置的度量以及对数据离散程度的度量。

A.2.1 参数与统计数据

在更进一步之前，我们必须介绍一种对所有类型数据都有效的分类。我们必须弄清楚自己是在分析总体还是只分析总体的一组样本。关键数字在处理总体数据时就被称为参数，而如果只是处理样本数据，则被称为统计量。参数通常用希腊字母表示，而统计量常用罗马字母表示。

二者之间的区别是，参数对总体或者全部数据范围来说都是有效值，因此自始至终保持不变，而统计量可能随样本的不同而改变，即便是从同一群体中选出的样本，所计算得到的统计量也可能不同。通过下面的例子我们就能很容易地理解。例如考虑标准普尔 500 指数的全部成分股在某一特定年份的平均收益，这个量是参数 μ，因为它代表了所有这些股票。如果我们从所有股票中随机选出 10 只股票，我们计算得到的平均值是样本平均值，样本平均收益可能会偏离整体的平均收益 μ。偏离原因可能是我们选择的样本股票碰巧并不能很好地代表整体。例如，我们可能选择了全部股票中表现最好的 10 只股票，则样本平均收益（即统计量）将超过全部 500 只股票的平均收益（即参数）。与之相反的情况就是我们选择了总体中 10 只表现最差的股票。一般来说，统计量与参数间的偏差是样本选取造成的。

A.2.2 中心和位置

我们首先展示的指标能揭示数据的中心和位置。平均数、众数和中位数这三个指标都能表达数据的中心和位置。

平均数（mean）是由所有值的加总除以数据集规模后得到的量。数据集大小是数值或观测值的个数。众数（mode）就是在数据集中出现次数最多的值，如果一些总体的分布或者一些样本数据的经验分布是已知的，那么众数则可以确定为有最高频率的值。大致来说，中位数把数据集按值的大小划分为下半部分和上半部分。中位数（median）更严格的定义是我们要求至少有一半的数据不大于它，也至少有一半的数据不小于它。

平均数的解释是，它指出了数据在哪个值周围。此外，平均来说，当我们随机选择观测值时，我们对所有观测值的期望等于平均数。然而一些信息的损失并不是无关紧要的。给定特定的数据规模，可能会得到一个特殊的平均数。一种极端情况是所有值都等于平均数,另一种极端情况是一半的观测值在平均数的极左边,同时一半的观测值在平均数的极右边,最终互相抵消达到平均水平。

在三种度量集中趋势的指标中,众数是信息缺失最大的指标。它仅仅说明了哪个值是最常出现的,而没有揭示出更深远的信息。这是平均数和中位数被使用得更多的原因。平均数对数据集的变化很敏感,而只要频率最大的数的值不变,众数是绝对不变的。在描绘数据的分布形状时,众数也是很重要的。众数的一个优越性在于它适用于所有层次的数据。

A.2.3 变异

我们不再讨论对中心或仅仅是单一位置的度量,现在我们要讨论的是获取数据相对于某参考值(如位置度量值)的离散程度的度量指标,这一离散程度可以是按绝对值也可以是按相对值来计算,这里介绍的度量指标是对变异的度量。例如可能给定所选择的一组股票在一段时间内的平均收益,然而,仅仅是平均值一项不能向我们提供关于收益的变异信息,不足以帮助我们更深刻地洞察数据。就像现实生活中的任何事情一样,单只股票的收益常常偏离其参考值,至少是一定程度上的偏离。这是因为每个单一事物背后的驱动力量将使各个变量按照各自的属性来取值,这些背后的驱动力量会或多或少地导致变量向某种方向偏离标准。虽然金融文献中提出了很多关于变异的度量指标,但是我们将范围限制为更常用于金融计量的指标,分别是绝对偏差、标准差(方差)和偏度。

1. 绝对偏差

平均绝对偏差(mean absolute deviation,MAD)是所有数据对某参考值(通常是数据的中心指标)的平均偏差。偏差通常用与平均值的差距来度量。MAD 指标考虑了每一个数据的值。

2. 方差和标准差

方差(variance)是最常用的度量变异的指标。它是平均绝对偏差(MAD)的一种拓展,因为它是对平方偏差的平均而不是对绝对偏差的平均。其中偏差是与平均值对比所得。平方的效应也是较大的偏差对指标的影响更大,这与 MAD 的情况一样。

偏离平均值的程度越大，风险就越大。就方差而言，实践中人们通常用样本偏差的平方的平均值来度量风险。样本方差被定义为：

$$s^2 = \frac{1}{n}\sum_{i=1}^{n}(x_i - \overline{x})^2 \tag{A-4}$$

式中使用了样本平均值。如果式（A-4）中我们用 $n-1$ 作为除数而不是 n，那么我们就能获得修正样本方差（corrected sample variance）。

与方差相关的是比方差更常使用的度量变异的指标是标准差（standard deviation），这是因为标准差的单位与数据的原始单位相一致，而方差的单位是数据原始单位的平方。标准差被定义为方差的正数平方根。计算标准差的公式是：

$$s = \sqrt{\frac{1}{n-1}\sum_{i=1}^{n}(x_i - \overline{x})^2} \tag{A-5}$$

3. 偏度

最后介绍的衡量变异的指标是偏度（skewness）。偏度有多种形式的定义。皮尔森偏度（Pearson skewness）被定义为中位数和平均数之差的三倍除以标准差[一]。皮尔森偏度的计算公式是：

$$s_P = \frac{3(m_d - \overline{x})}{s}$$

式中：m_d 表示中位数。

很容易看出，对称分布的数据偏度为零。对于平均数与中位数不同的数据，也就是平均数落在数据的左半边或右半边，这样的数据就有非零偏度。如果平均值落在数据的左半边，则称数据偏向左边（或左偏），因为左边相比右边存在更多的极值。与之相反的情况（偏向右边或右偏）出现在数据平均数比中位数更偏右。与 MAD 和方差不同，偏度可以得到正值也可以得到负值。这是因为不仅有绝对偏差，还有方向。

A.3 多元变量和分布

到目前为止在附录中我们只介绍了检测一个变量的方法。然而金融计量工具

⊖ 更准确地说，这只是皮尔森偏度系数。这里没有给出的另一种形式使用了众数而不是平均数。

的应用过程中,很少孤立地分析一个变量,典型的问题是调查多个变量的共同情况和事件的联合发生。换句话说,我们需要建立联合频率分布,并引入变量之间相关度的度量方法。

A.3.1 频率

与单变量的情况相似,我们首先要收集所有关注变量的联合观测值。为了更好地观察数据表现出来的特征,建立一个数据表格是很有必要的,行表示观测值,列表示不同变量。这个表格就叫作观测值表(table of observations)。因此,第 i 行第 j 列对应的单元格包含的就是变量 j 的第 i 个观测值。让我们用一些公式来更正式地表述变量和观测值之间的关系。

接下来我们研究一对观测值,也就是 $k=2$。这样观测值就是两个变量,表示为 (x_1, x_2)。其中第一个成分 x_1 从数集 V 中取值,V 是 x_1 可能取到的值的集合。第二个成分从数集 W 中取值,W 就是第二个成分的可能值的集合。

考虑在一段时间内的道琼斯工业指数,比如一个月(约 22 个交易日)。道琼斯工业指数包含 30 家公司的股票,那么其对应的观测值表的列是大约 22 个观测日,行是各家公司的名字。这样在每一列,我们都能看到在一个具体日期所有成分股的股票价格。如果我们挑出一个特定行,就能把观测值缩小到联合观测值中某一个特定日期的观察值。

我们不是对不同变量的每一特定观测值都特别感兴趣,这样就能将信息压缩到只需分辨某些变量出现的频率㊀。换句话说,我们只对所有可能的第一变量和第二变量的所有可能组合出现的频率感兴趣。我们的任务是建立所谓的联合频率分布(joint frequency distribution)。变量 x 和变量 y 的绝对联合频率分布(absolute joint frequency distribution)是组合 (v, w) 被测算到出现的次数。相对联合频率分布(relative joint frequency distribution)通过绝对联合频率分布除以观测值的数量得到。

所有种类的数据都存在联合频率分布,根据表格展示出的联合频率分布,我们可以把定性数据与排序数据和定量数据区分开。对定性(分类)数据来说,这个

㊀ 无论在何时组合中的变量取到特定值超过一次,都是合理的。

表被称为列联表(contingency table)。而对于定量数据和排序(序数)数据来说,这个表被称为相关表(correlation table)。

A.3.2 边缘分布

观察二元数据,我们可能只对其中某一个特定成分变量感兴趣。这样,列联表或相关表中的联合频率可以聚合来产生对这一关注变量的单变量分布。换句话说,联合频率被投射到某一特定成分变量的频率维度所得到的分布就被称为边缘分布(marginal distribution)。边缘分布处理数据时如同只有一个变量是被观测的,而对与其他成分变量相关的详细的联合分布不感兴趣。

我们可以用边缘频率(marginal frequency)来度量感兴趣的成分变量的特定值的频率。例如,为获得第一个成分变量的边缘频率,成分变量的值 v 用列联表或相关表的行来表示。我们对特定的行(比如行 i)加总所有的联合频率,这样就能获得行的总和,这就是成分 v_i 的边缘频率,即对于每一个值 v_i,保持 v_i 不变,对所有的组合(v_i, w_j)的总联合频率进行加总。

为了获得第二个成分变量 w 的边缘频率,对于每一个值 w_j,我们通过加总第 j 列中的联合频率来获得列的总和。这一次,保持 w_j 不变,加总所有(v_i, w_j)。

A.3.3 图形化表示

一个常见的用于二元数据数组的图形工具是散点图(scatter diagram)。每一个组合的一对值都在这个图中被展示出来。沿横轴的通常是第一个成分变量的值,而沿纵轴的通常是第二个成分变量的值。散点图有助于人们直观地看出一个成分变量的变化能否在一定程度上影响另一个成分变量的变化。第一种极端的情况是,散点图上的所有点都是没有明显规律随意散布的,那么两个变量的变化就不会相互影响,如图 A-1 所示。第二种极端情况是考虑两个变量之间存在函数关系。

在这里对这两种情况进行描述。在图 A-2 中 x 和 y 之间的关系是线性的,而图 A-3 所示为第三种极端情况,二者之间是更高阶的函数关系⊖。当我们在某个时

⊖ 事实上在图 A-2 中,二者之间的函数关系是 $y=0.3+1.2x$。在图 A-3 中,二者之间的关系是 $y=0.2+x^3$。

间点观察两个（或更多个）变量时，我们会使用横截面分析（cross-sectional analysis）。相比之下，如果分析同一个变量在不同时间点的情况，我们则会使用时间序列分析（time series analysis）。之后我们会回到各个方面的联合情况分析。

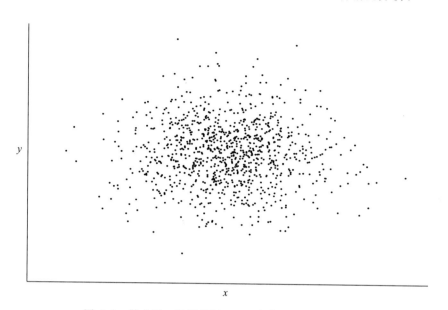

图 A-1　散点图：极端情况 1——成分变量 x 和 y 无关

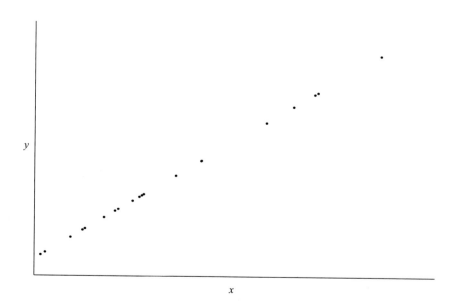

图 A-2　散点图：极端情况 2——成分变量 x 和 y 完全线性相关

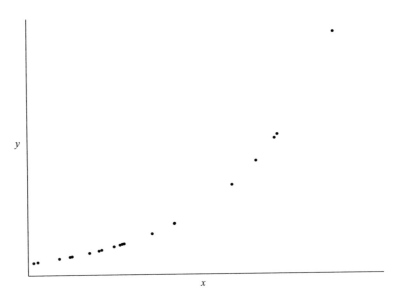

图 A-3　散点图：极端情况 3——成分变量 x 和 y 之间存在完全三次方函数关系

图 A-4 中展示了标准普尔 500 指数和通用电气股票在 1996 年 1 月到 2003 年 12 月期间每月收益率数据（共 96 个观测值）。我们对组合收益率做散点图，通用电气股票的收益率作为 x 轴，标准普尔 500 指数的收益率作为 y 轴。通过观察散点图，我们能大致估计出：数据的联合表现没有显示出明显的规律，然而通过更透彻的观察，我们可以发现两个收益率序列之间存在微弱的线性关系。也就是说，观测值似乎散布在从左下角到右上角的一条无形的线附近。这看上去似乎是合理的，因为我们可能期望通用电气股票收益率和标准普尔 500 指数的收益率之间存在一些联系。

A.3.4　条件分布

通过之前定义的边缘分布，我们能得到成分变量 x 取值为 v 的频率。我们对待变量 x 时假定 y 变量不存在，只观察 x。因此，x 的边缘频率之和等于 1。对待变量 y 时处理方法相同。观察列联表或者相关表，当 x 取值固定为一个 v 值时，y 的取值可能是很多个 w 值。这样，成分变量 y 对 x 取值为 v 的出现频率有一定的影响。这种影响如同接下来将要展示的那样，是相互的。我们对在给定一个成分变量的值的情况下求另一个变量的分布感兴趣。这种分布被称为条件频率分布（conditional frequency distribution）。在 y 取值为 w 的条件下 x 的条件相对频率被定义为：

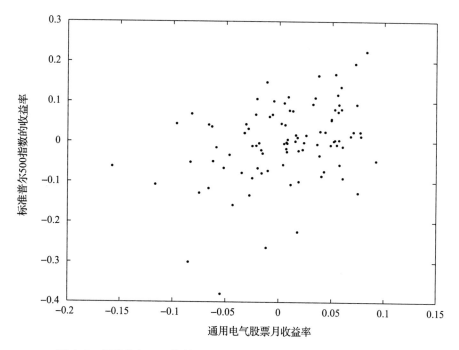

图 A-4 标准普尔 500 指数收益率和通用电气股票月收益率的散点图

$$f_{x|w}(v) = f(x|w) = \frac{f_{x,y}(v,w)}{f_y(w)} \tag{A-6}$$

y 在 x 取 v 值的条件下的相对频率的定义与在 y 取值为 w 的条件下 x 的条件相对频率的定义是类似的。在式(A-6)中，条件频率的符号都在等式左边给出。等式右边是条件相对频率的定义，是用 x 和 y 分别取 v 值和 w 值的联合频率除以 y 取 w 值的边缘频率计算得到的。条件分布的使用减少为一个由条件变量的值决定的原来空间的子集。在式(A-6)中，我们加总所有 v 的可能值，就能获得 y 取 w 值的边缘分布 $f_y(w)$，即等式右边的分子的表达式，等于式中的分母。当 y 取值为 w 时，加总所有的 x 条件相对频率和为 1。在 y 取某个值 w 时，x 的累积相对频率的最大值一定是 1。将例中的 x 换成 y 也同样适用。

类似于单变量分布，我们也可以计算条件分布的中心和位置的度量指标。

A.3.5 独立性

前面的讨论引出了一个问题，就是一个成分变量可能对其他变量的值有影响。该问题可以通过分析比较 x 和 y 的联合频数和在其中一个变量取固定值(如 $x=v$)

时的联合频率得出。如果这些频率因为 y 取值不同而不同，那么 x 并不独立于 y 的值。同样也可以检查 y 取一个定值时，x 取某值的频率会不会更高，也就是给定 y 的条件下检查 x 的条件频率，并比较这个条件频率和 x 取该特定值时的边缘频率是否相同。

独立性（independence）的定义公式是，对所有的 v 和 w 都有

$$f_{x,y}(v,w) = f_x(v) \cdot f_y(w) \tag{A-7}$$

也就是说对于所有的组合 (v,w)，联合频率是它们各自边缘频率的乘积。通过条件频率的定义，我们得到一个等价的定义如下：

$$f_x(v) = f(v|w) = \frac{f_{x,y}(v,w)}{f_y(w)} \tag{A-8}$$

x 和 y 的独立性，应该对所有的 v 和 w 都成立。相反，对于 y 取任何 w 值时 y 的边缘频率 $f_y(w)$，任何一个等价于式（A-8）的式子都应该是正确的。一般来说，如果我们能找到一组 (v,w) 使式（A-7）或式（A-8）不成立，则 x 和 y 就不是独立的，而是相关的。所以，我们很容易通过找到一组推翻式（A-7）或式（A-8）的反例来证明 x 和 y 是相关的。

现在我们将证明 x 对 y 值的影响也是相似的，因此，两个变量的统计数据相关性是相互的。我们将用如下简短的公式⊖来展示，假设 x 值的频率与 y 值相关：

$$f_x(v) \neq \frac{f_{x,y}(v,w)}{f_y(w)} = f(v|w) \tag{A-9}$$

方程左右两边同乘以 $f_y(w)$，得到

$$f_{x,y}(v,w) \neq f_x(v) \cdot f_y(w) \tag{A-10}$$

这就是相关性的定义。方程（A-10）左右两边同除以 $f_x(v) > 0$，得到：

$$\frac{f_{x,y}(v,w)}{f_x(v)} = f(w|v) \neq f_y(w)$$

这显示出 y 的值与 x 相关。这样我们就证明了 x 和 y 的相关性是相互的。

A.3.6 协方差

在二元环境中，有一种对定量数据的联合变化进行度量的方法，即协方差。

⊖ 此式在 $f_y(w) > 0$ 的条件下成立。

协方差用下式定义：

$$s_{x,y} = \text{Cov}(x,y) = \frac{1}{n}\sum_{i=1}^{n}(x_i - \overline{x})(y_i - \overline{y}) \tag{A-11}$$

在式(A-11)中，对每一个观测值，用第一个成分变量对其平均值的偏差乘以第二个成分变量对其平均值的偏差。样本协方差就是所有联合偏差的平均值。经过冗长的计算，我们得到式(A-11)，而

$$s_{x,y} = \text{Cov}(x,y) = \frac{1}{n}\sum_{i=1}^{n}v_i w_i - \overline{x}\,\overline{y}$$

是对(A-11)所做的变形。

两个独立变量之间的协方差等于零。而反过来说则通常不正确。也就是说，我们不能通过两个变量之间协方差为零判断出这两个变量的独立性。这是统计和概率论中最重要的结果之一。从技术上说，如果 x 和 y 之间的协方差为零，则可以说这两个变量是不相关的。如果有任意一组(x, y)使 $\text{Cov}(x, y)$ 的值不为零，则两个变量就是相关的。因为两个协方差为零的变量是不相关的，但并不一定是独立的，所以显然独立性的标准比不相关更严格㊀。

图 A-5 展示了二元变量独立性和相关性的关系。在该图中，一组相关变量和一组不相关的变量被虚线隔开。在虚线内部是不相关的变量，在虚线外部是相关的变量。因为圆圈完全在虚线里，我们可以看出独立性比不相关性的要求更严格。图 A-5 中零相关却不独立的概念可以用一个简单的例子来证明。假设有两个证券 x 和 y，表 A-2 展示出了收益的模式。在最左列，我们有证券 y 的收益值；在首行，我们有证券 x 的收益值。表内是组合(x, y)的联合频率。如我们所见，x 每一个特定值的出现只对应一个特定的 y 值，因此这两个变量（如证券 x 和 y 的收益）是不独立的。我们计算这两个变量的均值是 $\overline{x}=0$，且 $\overline{y}=0$，则根据式(A-11)，样本协方差为：

$$s_{X,Y} = \frac{1}{3}\cdot\left(\frac{7}{6}-0\right)\cdot(1-0) + \cdots + \frac{1}{3}\cdot\left(-\frac{11}{6}-0\right)\cdot(1-0) = 0$$

上式表示 X 和 Y 之间相关性为 0。须注意的是，尽管数据显示两个变量显然不是独立的，但根据协方差的定义可知它们不存在相关关系。

㊀ 原因在于即使两个变量并不独立，其协方差之和也可以相互抵消。

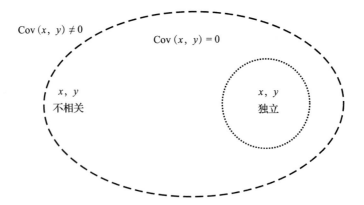

图 A-5 二元变量独立性和相关性的关系

表 A-2 假设变量 x 和 y 的联合频率收益表

y	x			
	7/6	13/6	−5/6	−11/6
1	1/3			
−2		1/6		
2			1/6	
−1				1/3

A.3.7 相关性

如果两个变量的协方差非零,则可以说这两个变量不是独立的。然而,相关性的程度并不能确定。

这个问题从下面的例子中可以明显看出。假设我们有两个变量 x 和 y,有一个确定值的 $\text{Cov}(x,y)$,则 $ax+b$ 的线性变换通常会导致协方差的值变化,因为协方差有下列性质:

$$\text{Cov}(ax+b, y) = a\text{Cov}(x,y)$$

然而,这并不意味着转换后的变量与 y 的相关关系比 x 大。由于协方差显然对变换很敏感,用来表示相关关系的程度并不是合理的。

将协方差除以方程(A-11)中相关变量的标准差的乘积可以绕过协方差的这个缺点。由此得出的结果是皮尔森相关系数或简单的相关系数(correlation coefficient)的定义为:

$$r_{x,y} = \frac{\text{Cov}(x,y)}{s_x \cdot s_y} \tag{A-12}$$

上式是用协方差除以 x 和 y 的标准差的乘积。根据定义,任何二元定量数据计算得到的 $r_{x,y}$ 可以取从 -1 到 1 的值,因此我们可以比较不同数据的相关系数。一般来说,我们将 $r_{x,y}<0$ 定义为负相关;$r_{x,y}=0$ 表示无相关性;而 $r_{x,y}>0$ 表示正相关。与协方差相比,相关系数的线性变换是不变的。也就是说,它是缩放不变的。例如,如果我们把 x 看作 $ax+b$,我们仍然有:

$$r_{ax+b,y} = \frac{\mathrm{Cov}(ax+b,y)}{s_{ax+b} \cdot s_y} = \frac{a\mathrm{Cov}(x,y)}{as_x \cdot s_y} = r_{x,y}$$

A.3.8 相依系数

到目前为止,我们只能确定定量数据的相关性。将分析扩展到任何类型的数据,我们引入了另一个方法,即卡方检验的统计量(chi-square test statistic)。用相对频率定义卡方检验统计量如下:

$$\chi^2 = n \sum_{i=1}^{r} \sum_{j=1}^{s} \frac{(f_{x,y}(v_i,w_j) - f_x(v_i)f_y(w_j))^2}{f_x(v_i)f_y(w_j)} \tag{A-13}$$

类似的公式可以用于绝对频率。

方程(A-13)的直觉是希望度量联合频率与它们独立时频率偏差的平方的平均值。当这些变量实际上是独立的时,卡方检验统计量为零。然而,在任何其他情况下,我们都会面临一个很难比较不同数据集的相关程度的问题。卡方检验统计量的值依赖于数据 n 的大小,对于增加 n,统计量可以超出任何界限,没有理论最大值。这个问题的解决方法是皮尔森相依系数(Pearson contingency coefficient)或简称为相依系数(contingency coefficient):

$$C = \sqrt{\frac{\chi^2}{n+\chi^2}} \tag{A-14}$$

方程(A-14)给出了相依系数的定义,其中 $0 \leqslant C < 1$。因此,它假定值严格小于 1,但可以无限接近 1。这仍然不能令人满意,因为我们的目的是设计一种能够比较不同数据集相关程度的方法。

还有另一个系数,可以按照以下方式使用。我们有双变量数据,其中第一个成分变量的值集包含 r 个不同的值,第二个成分变量的值集包含 s 个不同的值。在 x 和 y 完全相关的极端情况下,每个变量会得到一个确定的值当且仅当另外一个变量取一个特定的值时。因此，我们有 $k=\min\{r,s\}$ 对以正频率发生的组合，而任何其他组合都不会发生(也就是说其他组合是零频率)。然后这种情况下可以证明：

$$C = \sqrt{\frac{k-1}{k}}$$

一般地，$0 \leqslant C \leqslant \sqrt{(k-1)/k} < 1$。现在，标准化系数为：

$$C_{\text{corr}} = \sqrt{\frac{k}{k-1}} C \qquad (\text{A-15})$$

这被称为修正相依系数(corrected contingency coefficient)，有 $0 \leqslant C \leqslant 1$。根据方程(A-13)、(A-14)、(A-15)，以及修正后的相依系数，我们可以确定对任意类型的数据的相关程度。

附录 B

金融计量经济学常用的连续概率分布

在本附录中，我们将讨论金融计量经济学中常用的连续概率分布，分别是正态分布(normal distribution)，卡方分布(chi-square distribution)，学生 t 分布(Student's t-distribution)，F 分布(Fisher's F-distribution)。应该强调的是，尽管这些分布在金融计量经济学和金融理论中被广泛应用(例如正态分布)，但是由于其众所周知的特点或数学上的简单性，其中一些分布形式并不能反映现实中金融收益行为。特别地，因为自身的简洁性，刚刚提到的四个分布在自然科学中很受欢迎，但是由于金融领域中观察到的变量的行为较为复杂，因此，与保持模型在数学形式上的简洁性相比，更需要较灵活的分布形式。例如，尽管这一附录中要讨论的学生 t 分布，可以模拟金融数据的部分特征，如所谓的"肥尾(fat tails)分布"或者"厚尾(heavy tails)分布"(这意味着概率分布中包含了大量的极端值)㊀，但是学生 t 分布不能捕获偏态(skewness)分布等观察到的行为。出于这个原因，α 稳定分布(α-stable distribution)在金融计量经济学中日益受到青睐。我们将在本附录的末尾描述这个分布。

B.1 正态分布

我们讨论的第一个分布是正态分布。它是一种最常用的分布形式，尽管它有许多限制。这个分布也称为高斯分布(Gaussian distribution)，特点是有两个参数：均值(μ)和标准差(σ)，可以表示为 $N(\mu, \sigma^2)$。当 $\mu=0$ 和 $\sigma^2=1$，我们就会得到标

㊀ 文献中对厚尾的描述有很多种，在金融学中，通常比指数分布更重的尾部被认为是"厚尾"。

准正态分布(standard normal distribution)。下式给出了正态分布的密度函数：

$$f(x) = \frac{1}{\sqrt{2\pi}\sigma} \cdot e^{-\frac{(x-\mu)^2}{2\sigma^2}} \tag{B-1}$$

密度函数是关于 μ 对称的。图 B-1 给出了几个参数值的密度函数图。可以看到，μ 的值会导致图形从零开始的水平移动，而 σ 会使图形膨胀或收缩。正态分布的一个特征是密度函数是钟形的。

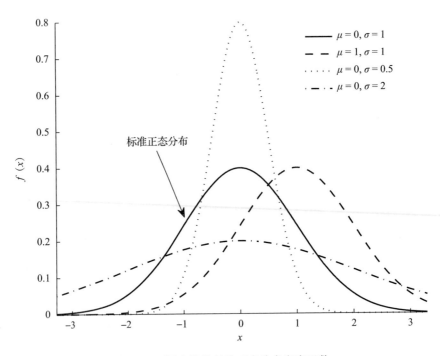

图 B-1　不同参数的标准正态分布密度函数

正态分布存在的一个问题是分布函数不能得到解析解，因此必须用数值逼近。标准正态分布的数值都被列在标准正态分布表中。标准的统计软件不仅提供了标准正态分布的具体数值，还提供了本章节提到的大部分分布的数值。标准正态分布通常用希腊字母 Φ 表示，对于某个标准正态随机变量 X 的分布函数可以表示为：$\Phi(x) = F(x) = P(X \leqslant x)$。图 B-2 给出了三组不同参数值的分布函数图。

正态分布的性质

正态概率分布是概率分布中最重要的种类之一，因为其具有两个吸引人的性质：

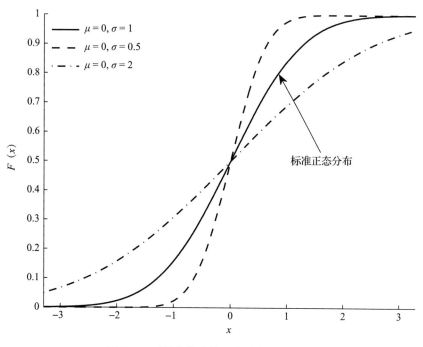

图 B-2　不同参数值的正态分布密度函数

性质 1　正态分布不随着位置和尺度（location-scale invariant）改变。也就是说，如果 X 是一个正态分布随机变量，那么对于每一组常数 a 和 b，$aX+b$ 依然是一个正态的随机变量。

性质 2　正态分布随机变量的和仍服从正态分布。也就是说，如果 X 服从一个正态分布 F，并且 $X_1,\cdots,X_n$ 是 n 个独立随机变量且均服从正态分布 F，然后是 $X_1+\cdots+X_n$ 也是一个正态分布的随机变量。

事实上，如果一个随机变量 X 的分布满足性质 1 和 2，且 X 的方差是有限的，那么 X 就是一个正态分布的随机变量。

根据性质 1，即位置-尺度不变性质，我们可以用 X 乘以 b 再加 a，其中 a 和 b 是任何实数，然后得到的 $a+bX$ 也服从正态分布，其分布可以具体地表示为 $N(a+\mu,b\sigma)$。因此，如果我们改变计量单位，正态分布随机变量仍然是服从正态分布的。也可以把 $a+bX$ 简单地看成 X，只不过尺度不同而已。特别地，如果 $a+bX$ 的均值和方差分别是 0 和 1，那么就可以说，$a+bX$ 被称为 X 的标准化。

根据性质 2，正态分布随机变量的和仍服从正态分布，确保对任意自然数 n，X_1，X_2，$\cdots$，X_n 是正态分布的随机变量，如果变量之间是相互独立的，则它们的和是正态分布的随机变量。

此外，正态分布经常在中心极限定理（central limit theorem）中被提到。n 个具有有限方差且独立同分布随机变量的和，在分布上将会收敛到一个正态分布。⊖我们正式地表述如下：

随机变量 X_1，X_2，$\cdots$，X_n 同分布，且 $E(X_i)=\mu$，$\mathrm{Var}(X_i)=\sigma^2$，互不影响（即它们是独立的），则当 n 趋于无穷时，有：

$$\frac{\sum_{i=1}^{n} X_i - n \cdot \mu}{\sigma \sqrt{n}} \xrightarrow{D} \mathrm{N}(0,1) \tag{B-2}$$

方程(B-2)中上面有符号 D 的箭头表示左边表达式的分布函数收敛于标准正态分布。

一般来说，在方程(B-2)中 $n=30$，我们认为左边表达式的分布函数与标准正态分布基本相等，也就是说，左边表达式的分布函数是 $\mathrm{N}(0,1)$ 分布。在某些情况下，根据 X_i 的分布形式和相应的参数值，当 $n<30$ 时等式(B-2)左边表达式也可以认为是标准正态分布。

这些性质使得正态分布是金融领域被应用得最广泛的分布形式，但是使用正态分布也存在争议，所以本章将介绍 α 稳定分布。

和很多其他分布形式一样，正态分布的密度函数也是钟形的。根据"经验法则"（empirical rule），可以粗略地估计分布的离散度：

$$P(X \in [\mu \pm \sigma]) = F(\mu+\sigma) - F(\mu-\sigma) \approx 68\%$$
$$P(X \in [\mu \pm 2\sigma]) = F(\mu+2\sigma) - F(\mu-2\sigma) \approx 95\%$$
$$P(X \in [\mu \pm 3\sigma]) = F(\mu+3\sigma) - F(\mu-3\sigma) \approx 100\%$$

如上所述，变量 X 距离均值(μ)为 1 个标准差的区间面积占总体的 68%；变量 X 距离均值(μ)为 2 个标准差的区间面积占总体的 95%；在变量 X 距离均值(μ)为 3 个标准差的区间，几乎包含了 100% 的面积。

⊖ 这个定理可以推广到分布不再需要是相同的。但是，这超出了本附录的研究范围。

B.2 卡方分布

接下来讨论卡方分布（chi-square distribution）。假设 Z 是一个标准的正态随机变量，即 $Z \sim N(0, 1)$。令 $X = Z^2$，则 X 分布是一个自由度为 1 的卡方分布，记为 $X \sim \chi^2(1)$。自由度表示卡方分布中所包含独立的标准正态分布的个数。这里 X 仅包含 1 个元素（Z），因此自由度为 1。因为是 Z 的平方，所以卡方分布只有非负的值，也就是说，条件是非负实数。它的均值是 $E(X) = 1$，方差 $Var(X) = 2$。

扩展到更一般的情形，假设卡方分布自由度为 n，其中 $n = 1, 2, \cdots$，令 $X_1, X_2, \cdots, X_n$ 为独立分布的随机变量，并服从 $\chi^2(1)$ 分布。它们的和表示为 S：

$$S = \sum_{i=1}^{n} X_i \sim \chi^2(n) \tag{B-3}$$

也就是说，和 S 也是卡方分布，并且自由度为 n，对应的均值是 $E(X) = n$，方差是 $Var(X) = 2n$，均值和方差直接与自由度相关。从方程(B-3)我们可知自由度等于求和公式中独立分布 X_i（服从 $\chi^2(1)$ 分布）的个数。如果我们有两个独立随机变量 $X_1 \sim \chi^2(n_1)$ 和 $X_2 \sim \chi^2(n_2)$，那么

$$X_1 + X_2 \sim \chi^2(n_1 + n_2) \tag{B-4}$$

从方程式(B-4)中，我们得到卡方分布的第 2 个性质，即卡方分布的求和分布是不变的：两个独立的卡方分布的和仍然服从卡方分布。

我们这里没有给出卡方分布的密度函数的具体表达式，但在图 B-3 中画出了不同自由度的卡方分布密度函数图形。从图中我们可知，卡方分布是右偏的。

B.3 学生 t 分布

当分布的总体方差未知时，一个可用的重要的连续概率分布是学生 t 分布（Student's t-distribution），也可以称为 t 分布（t-distribution）或者学生分布（Student's distribution）。

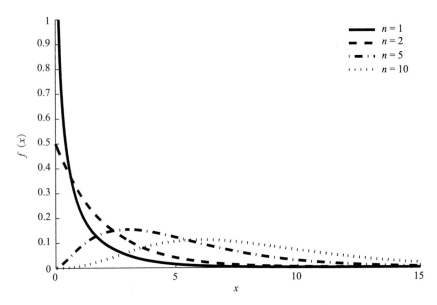

图 B-3　不同自由度 n 的卡方分布密度函数

为了推导出该分布的具体表达式,我们假定 X 服从标准正态分布,即 $X \sim N(0,1)$,S 服从自由度为 n 的卡方分布,即 $S \sim \chi^2(n)$。

此外,如果 X 和 S 相互独立,那么:

$$Z = \frac{X}{\sqrt{\frac{S}{n}}} \sim t(n) \tag{B-5}$$

简而言之,方程式(B-5)表示随机变量 Z 是学生 t 分布,具有 n 个自由度。自由度同卡方分布 S 保持一致。

现在我们来解释方程式(B-5),假设一个数据总体服从均值为 0 的正态分布,相应的正态随机变量可以表示为 X,如果也知道 X 的标准差为:

$$\sigma = \sqrt{\operatorname{Var}(X)}$$

经过变化 $\frac{X}{\sigma}$,我们就可以得到服从标准正态分布的随机变量。

然而,如果 σ 未知,我们就必须用以下的形式:

$$\sqrt{\frac{S}{n}} = \sqrt{\frac{1}{n} \cdot (X_1^2 + \cdots + X_n^2)}$$

$X_1^2, \cdots, X_n^2$ 是 n 个独立同分布(服从 χ^2)的随机变量,其中 $X_1, \cdots, X_n$ 相互

独立。下式

$$\frac{X}{\sqrt{\dfrac{S}{n}}}$$

的分布是具有 n 个自由度的 t 分布，即：

$$\frac{X}{\sqrt{\dfrac{S}{n}}} \sim t(n)$$

把上式除以 σ 或 $\dfrac{S}{n}$，可以得到服从标准分布的随机变量。上式在参数估计的过程中起着重要的作用。

学生 t 分布的密度函数的具体表达式过于复杂，此处不再给出其具体表达式。大体上，学生 t 分布的密度函数和正态分布形状相似，不同之处是 t 分布的密度函数具有厚尾。当自由度 n 较大时，学生 t 分布与标准正态分布没有明显的区别。事实上，当 $n \geqslant 50$ 时，它几乎与 $N(0,1)$ 无差异。

图 B-4 对比了不同自由度的学生 t 分布密度函数与标准正态分布密度函数。图 B-5 对比了相应的累计分布函数。

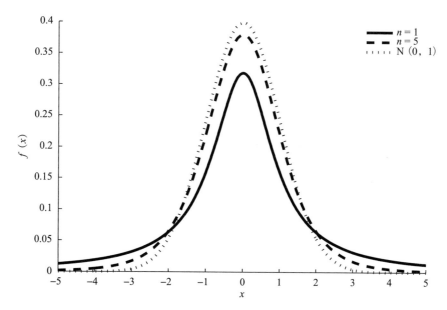

图 B-4　不同自由度 n 下 t 分布函数与标准正态分布函数 $N(0,1)$ 的对比

一般来说，自由度越低，分布的尾部越厚，与较大的自由度（极限情形下的正

态分布)相比出现极端值的概率更高。这可以从图 B-5 中描述的分布函数中看到。对比 $n=1$ 及 $n=5$ 的 t 分布的累计分布函数与标准正态分布累计分布函数。对比 $n=5$ 的 t 分布或 N(0, 1)分布,$n=1$ 这样较小的自由度的 t 分布的实线曲线会更早开始上升但比自由度高的如 $n=5$ 的 t 分布或 N(0, 1)分布趋近于 1 的速度慢。

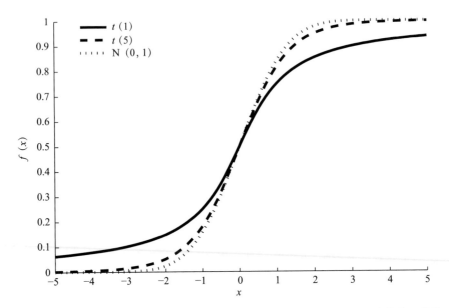

图 B-5 不同自由度 n 下 t 分布的累计分布函数与标准正态分布 N(0, 1)的累计分布函数的对比

这可以理解如下:当我们在方程(B-5)用 X 除以 $\sqrt{\dfrac{S}{n}}$ 进行调整时,新的随机变量 $\dfrac{X}{\sqrt{\dfrac{S}{n}}}$ 显然受 X 和 S 的随机性影响。现在,当 S 由一些 X_i 构成,例如 $n=3$,则 $\dfrac{X}{\sqrt{\dfrac{s}{n}}}$ 有三个自由度。S 与标准正态分布有很多不同的地方。

通过包含更多相互独立的随机变量 X_i(服从 N(0, 1)分布),使自由度增加,S 就更接近于标准正态分布了。因此,随着自由度的增加,来源于 $\dfrac{X}{\sqrt{\dfrac{S}{n}}}$ 分母的,与标准正态分布存在差异的不确定性逐渐消失。来源于 $\dfrac{X}{\sqrt{\dfrac{S}{n}}}$ 中 X 的随机性增加,从而正态分布的特征逐渐占得优势。最后，当 n 趋于无穷大时，t 分布几乎与标准正态分布一致了。

学生 t 分布的均值为零，即 $E(X)=0$，而方差是自由度 n 的函数，有如下形式：

$$\sigma^2 = \mathrm{Var}(X) = \frac{n}{n-2}$$

对于 $n=1$ 和 2，方差都是有限的。相对于更大的自由度的分布函数，较小的自由度的分布更可能产生极端值。正是由于这个原因，股票价格的收益经常用小的自由度分布来构建模型，或者用幂律衰减的厚尾分布来刻画，一般幂律衰减的参数小于 6。

B.4 F 分布

接下来将介绍 F 分布，定义如下，让 $X \sim \chi^2(n_1)$，$Y \sim \chi^2(n_2)$。

假定 X 和 Y 相互独立，得到以下比值：

$$F(n_1, n_2) = \frac{\dfrac{X}{n_1}}{\dfrac{Y}{n_2}} \tag{B-6}$$

F 分布中的 X 和 Y 分别服从自由度为 n_1 和 n_2 的卡方分布。我们可知方程式(B-6)中的随机变量为非负值，因为 X 和 Y 都是非负的。因此，取值范围为非负实数。像卡方分布一样，F 分布也是右偏的。

另外，没有必要列出 F 分布的密度函数的具体表达式。图 B-6 显示了不同自由度的密度函数。随着自由度 n_1 和 n_2 的增加，密度函数会展现出更加尖峰和不对称的特点，同时尾部趋近于 0。

均值是：

$$E(X) = \frac{n_2}{n_2-2} \quad 当 n_2 > 2 \tag{B-7}$$

方差是：

$$\sigma^2 = \mathrm{Var}(X) = \frac{2\,n_2^2(n_1+n_2-2)}{n_1\,(n_2-2)^2(n_2-4)} \quad 当 n_2 > 4 \tag{B-8}$$

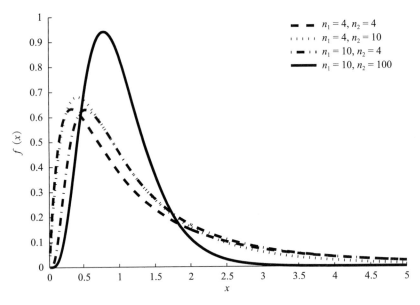

图 B-6　不同自由度 n_1 和 n_2 下 F 分布的密度函数

注意：根据方程式(B-7)，均值不受第一个卡方分布随机变量的自由度 n_1 的影响，而方差(见方程式(B-8))是由两个随机变量的自由度来决定的。

B.5　α 稳定分布

尽管许多金融模型都是基于正态分布的，因为容易处理，但人们越来越担心，这种分布低估了股票市场极端值导致的衰退风险，而这种风险常常在金融市场中发生。许多可替代的分布可以更真实地刻画价格的剧烈波动，比如学生 t 分布。在 20 世纪 60 年代早期，本华·曼德博(Benoit Mandelbrot)建议把一系列的 Lévy 稳定分布(Lévy stable distribution)或者简单地称为稳定分布(stable distribution)，作为大宗商品价格变化的分布。⊖原因是，通过特殊的参数化，它们能够像对正态分布一样对普通情况进行建模，也可以刻画极端的情形。

稳定分布由四个参数 α，β，σ，μ 描述。简而言之，我们用 $S(\alpha, \beta, \sigma, \mu)$ 表示稳定分布。参数 α 是所谓的尾指数(tail index)或特征指数(characteristic expo-

---

⊖ Benoit B. Mandelbrot, "The Variation of Certain Speculative Prices," *Journal of Business* 36 (1963): 394-419.

nent)。它决定了分布在中心和尾部的概率。α 值越低,分布在密度函数中间的值会越集中,尾部会厚。这两个特征被称为相对于正态分布的超值峰度(excess kurtosis)。这可以利用图 B-7 直观地显示出来。我们比较正态分布密度函数和 α=1.5 的 α 稳定分布密度函数。[⊖] 使用正态分布和 α 稳定分布在同一段随机生成的数据上进行拟合。参数 α 与帕累托分布的参数 ξ 相关,导致 α 稳定分布的密度函数的尾部消失,消失速率与帕累托的尾部分布消失的速度成比例。

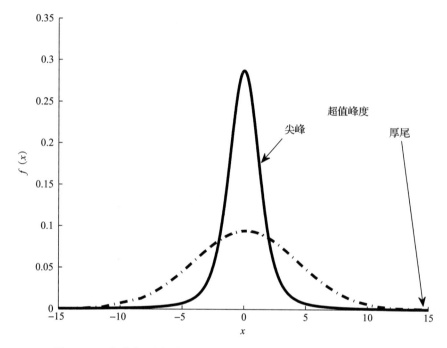

图 B-7　正态分布(破折点线)和 α 稳定分布的密度函数(实线)的比较

帕累托分布与 α 稳定分布的尾部以固定的 α 次幂的速度衰减,即 $Cx^{-\alpha}$(幂律指数)。与正态分布相反,正态分布的尾部以指数速度衰减(大约为 $x^{-1}e^{-\frac{x^2}{2}}$)。

参数 β 衡量的是偏度,负值表示左偏,而正值表明右偏。尺度(scale)参数与标准差 σ 有类似的含义。最后,参数 μ 决定了分布的位置,其解释能力取决于参数 α。如果后者是在 1 和 2 之间,那么 μ 等价于均值。

参数可能的取值范围如下:

⊖ 图 B-7 中正态分布参数为 μ=0.14,σ=4.23。稳定分布的参数为 α=1.5,β=0,σ=1,μ=0。请注意:两种分布的通用符号具有不同的含义。

α (0, 2]
β [-1, 1]
δ (0, ∞)
μ 任意实数

根据参数 α 和 β 的不同，α 稳定分布的取值范围是所有实数，或者只延伸到实数轴右侧的某个位置。

一般来说，密度函数并没有明确的表达式。服从 α 稳定分布的随机变量分布由它的特征函数决定，这里我们不做说明。㊀

图 B-8 显示了在给定 $\beta=0$，$\mu=0$，$\sigma=1$ 条件下，不同 α 对密度函数厚尾和在原点附近尖峰的影响，并与正态分布进行了比较。随着 α 的值降低，分布表现为厚尾分布和尖峰(密度函数的峰度)的特征。图 B-9 展示了在 $\alpha=1.5$，$\mu=0$，$\sigma=1$ 条件下，β 对于密度函数偏度的影响。增加(减少)的 β 值导致右(左)偏。

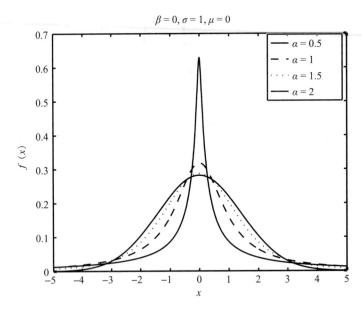

图 B-8 α 对稳定分布的影响

㊀ 唯一定义概率分布的方法有三种：累积分布函数、概率密度函数和特征函数。特征函数的精确定义需要一些更深层次的数学概念，本书对此并不感兴趣。在这一点上，我们只说明了一个事实，即知道特征函数在数学上等同于知道概率密度或累积分布函数。只有在三种情况下，稳定分布的密度函数具有解析表达式。

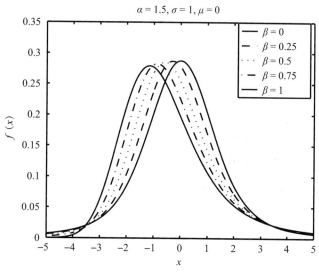

图 B-9 β 对稳定分布的影响

只有 α 为 0.5, 1 或 2 时,密度函数形式才可以表示出来。在这里我们只对 $\alpha=2$ 时感兴趣,因为对于这个特殊的情况,稳定分布代表的是正态分布。此时,参数 β 不再有任何意义,因为正态分布是对称的。

稳定分布的一个特征是,某些时候均值只取决于 α 的次幂,所以除了正常的情况下($\alpha=2$),不存在有限方差。当 α 等于 1 或更小时,情况会变得更加极端,此时不存在均值。在将稳定分布应用于金融数据时,不存在方差是一个主要缺点。这就是为什么在金融领域应用各种稳定分布仍然存在争议。

这类分布具有稳定的特征(stability property),就是我们前面所述的正态分布性质(性质 2):具有相同参数的独立 α 稳定分布随机变量的加权和也服从 α 稳定分布。更正式的表达为:令 $X_1, \cdots, X_n$ 为独立同分布的随机变量,$n \in \mathbf{N}$,然后假设存在一个正的常数 a_n 和一个实数常数 b_n,标准化的和为 $Y(n)$,即

$$Y(n) = a_n(X_1 + X_2 + \cdots + X_n) + b_n \sim S(\alpha, \beta, \sigma, \mu) \tag{B-9}$$

依概率收敛于随机变量 X,那么 X 必须服从参数 α,β,σ,μ 的稳定分布。分布收敛意味着方程(B-9)中 $Y(n)$ 的分布函数收敛于方程(B-9)右边的分布函数。

在金融收益中,这意味着服从 α 稳定分布的月度收益可被视为每周独立收益的总和,同样,α 稳定分布的每周收益可以被理解为每天独立收益的总和。根据方程式(B-9),可知 $Y(n)$ 是均匀分布的并通过参数 a_n 和 b_n 调节分布的形式。

由正态分布可知，$Y(n)$是有限个独立同分布的随机变量的和。特别地，当随机变量以合适的方式进行变换之后，上述和会依概率收敛于标准正态分布。前提是方差存在（即方差是有限的）。现在，我们可以放弃对有限方差的要求，只要求独立同分布，并满足等式(B-9)所表示的广义中心极限定理(generalized central limit theorem)。分布的变换与等式(B-2)左边类似的情况下，当n非常大时，它得到的分布服从稳定分布。因此，α稳定分布提供了比正态分布更多的极限分布，正态分布是α稳定分布的一种特殊情况。从理论上讲，当收益是由许多独立同分布的随机变量冲击的总和带来的时，选择α稳定分布用于资产价格收益的建模是合理的。

附录 C

推断统计

在附录 A 中，我们提供了描述性统计的基本知识。本附录的重点是推断统计，涵盖了点估计、置信区间和假设检验三个主题。

C.1 点估计

分析总体数据以获得真实环境的完全确定性的结果一般是不可能的，因此我们需要依靠一个小样本来探索关于总体的参数。为了了解未知参数值的真实值，我们抽取样本，计算参数的估计值和统计量。

在本节中，我们将学习样本、统计量和估计量。特别地，我们讲述了线性估计量，解释了拟合质量的判断标准（例如偏倚、均方误差、标准误差）和大样本的判断标准。在大样本条件下，我们提出了一致性的概念，需要引入依概率收敛和大数定律的定义。作为另一个大样本判断标准，我们引入了无偏性，解释了最佳线性无偏估计量，或者最小方差线性无偏估计量。

C.1.1 样本、统计量和估计值

金融计量经济学使用的概率分布通常依赖于一个或多个参数。这里以参数 θ 作为参考，θ 可以包含一个或多个分量，如均值和方差。参数集合由 Θ 给定，也称为参数空间（parameter space）。

我们所讨论的一般问题是获取关于总体参数真实值的信息，如一些投资组合收益的平均值。因为我们不知道 θ 的真实值，我们仅仅知道它一定在 Θ 中，如正态分布的参数 $\theta = (\mu, \sigma^2)$，第一个分量为均值，用 μ 表示，理论上可以在任意实数之

间取值。第二个分量为方差，用 σ^2 表示，取值范围为正实数。

【示例】 Y 是服从参数为 θ 的概率分布的某个随机变量。为了获得关于这个总体参数的信息，我们从 Y 的总体中抽取样本，样本是来自总体的 n 个抽样 (X_1，X_2，…，X_n)。注意：即使是从总体中抽样得出的，X_i 仍然是随机的。n 个抽样的观测值（即实现值）表示为 x_1，x_2，…，x_n。我们将向量 (X_1，X_2，…，X_n) 和 (x_1，x_2，…，x_n) 简写为 X 和 x。

为了方便说明，我们将道琼斯工业平均指数（Dow Jones Industrial Average，DJIA）的值作为随机变量来分析。为了获得 DJIA 的样本，我们将"抽取"两个值，观察未来某两天的收盘价，比如 2009 年 6 月 12 日和 2010 年 1 月 8 日。在这两个日期之前，比如 2009 年 1 月 2 日，我们仍然不能确定 2009 年 6 月 12 日和 2010 年 1 月 8 日 DJIA 的价格。因此，这两个未来日期的价格是随机的。然后，在 2009 年 6 月 12 日，我们观察到 DJIA 的收盘价为 8 799.26，而 2010 年 1 月 8 日的收盘价则为 10 618.19。在 2010 年 1 月 8 日之后，这两个值是 DJIA 的实现值，不是随机的。

让我们回到这个理论。一旦我们有了样本的实现值，任何进一步的决定将仅仅基于样本。然而，我们必须记住，样本只提供不完全的信息，因为分析总体是不切实际或者不可能的。从样本中得出关于总体参数的结论的这个过程被称为统计推断（statistical inference），或者简单地称为推断（inference）。

形式上，我们用 X 表示给定长度为 n（也称为样本大小）的样本所有可能的样本值的集合。

1. 抽样技术（sampling technique）

有两种类型的抽样方法：重置抽样（有放回）和非重置抽样（无放回）。重置抽样方法是首选的，因为这种方法更符合独立抽样，因此 X_i 是独立同分布的。

在讨论中，我们假设每次抽样都是独立同分布的（也就是说，X_1，X_2，…，X_n 是 i.i.d）。

独立随机变量的联合概率分布是由这些变量边际分布的乘积计算所得。

比如说，通用电气股票每天的收益率由随机变量 X 刻画。10 天的收益率（X_1，

$X_2, \cdots, X_{10}$)是独立同分布的。现实中,收益率并不是独立的。如果我们观察的不是连续 10 天出现的收益率,而是有间隔天数的收益率,那么独立性假设一定程度上是合理的。此外,股票收益率被认为是服从正态(或高斯)分布的随机变量。

2. 统计量(statistic)

统计量和总体参数(population parameter)之间的区别是什么?在估计中,总体的参数借助统计量进行推断。统计量只适用于特定的样本,而总体的参数适用于总体。

在大多数情况下,每个由样本得到的总体参数的估计都是统计量。如果真实但未知的参数由 k 个分量组成,统计量将提供至少 k 个数值,即每个分量至少一个。注意:统计量很可能不等于总体参数,因为从真实值中抽样是随机的。

在技术上,统计量是样本($X_1, X_2, \cdots, X_n$)的函数。用 t 表示这个函数。由于样本和 t 是随机的,因此,基于它们得到的任何数量都是随机的。

需要假设可测量性,以便可以将任意概率分配给函数 $t(X_1, X_2, \cdots, X_n)$ 任何值。每当需要表示统计量 t 对样本(x)的结果的相关性时,就将统计量写为函数 $t(x)$。否则,就简单地引用函数 t 而不带显式参数。

统计量 t 作为一个随机变量,基础随机变量(即从 $X_1, X_2, \cdots, X_n$ 中随机抽样)在一定程度上蕴含其理论分布。如果改变样本量 n,在大多数情况下统计量的分布也会发生变化。这种依赖于 n 的特定分布称为 t 的抽样分布(sampling distribution)。当然,抽样分布显示了潜在的总体分布的随机变量特征。

3. 估计量(estimator)

获取总体参数数值最简单的方法是猜测。这种方法没有科学根据,它基于运气;在最好的情况下,一些猜测可能会被一些经验证据证明。但是,这种方法很难用于分析。取而代之,我们应该使用从样本中获取的信息或更好的方式,从统计量中获取。

当对特定参数 θ 的估计感兴趣时,通常不将估计函数称为统计量,而是将其作为估计量(estimator),并通过 $\hat{\theta}: X \to \Theta$ 表示。这意味着估计量是从样本空间 X 映射到参数空间 Θ 的函数。估计量可以理解为一种指令,即如何通过处理样本获得一个有效的代表性参数 θ。在确定样本之前,需要确定估计量的结构。在估计量被定义之后，只需要输入相应的样本值。

由于估计量依赖于随机抽样，因此，估计量本身是随机的。基于一些样本数据的观察值得到特定的估计量称为估计（estimate）。例如，如果得到了1 000个长度为n的样本，则获得1 000个估计$\hat{\theta}_i$，$i=1，2，\cdots，1 000$。通过排序，可以计算出估计量的分布函数，这与附录A中解释的经验累积分布函数相似。该分布函数与前文介绍的给定样本长度为n的理论抽样分布不同。然而，随着n的增加，已实现估计的分布会逐渐接近于抽样分布。

4. 线性估计（linear estimators）

我们来讨论一种特殊类型的估计量，即线性估计量（linear estimator）。假设有一个样本量为n的样本，使得$X=(X_1，X_2，\cdots，X_n)$。线性估计量具有以下形式：

$$\hat{\theta} = \sum_{i=1}^{n} a_i X_i$$

其中每个抽样X_i都由a_i加权，其中$i=1，2，\cdots，n$。线性估计量是对X_i赋权重a_i得到的。通常，对a_i的约束是它们总和为1：

$$\sum_{i=1}^{n} a_i = 1$$

线性估计量的特殊形式是样本均值，即$a_i = \dfrac{1}{n}$。

来看一下X_i的一个特定分布——正态分布。从附录B可以看出，这种分布可以通过性质1和2的线性变换来表示。也就是说，通过添加几个X_i并加上某个常数，又可以获得一个服从正态分布的随机变量。因此，任何线性估计量都将是正态的。这是线性估计量极具吸引力的特征。

即使潜在分布不是正态分布，根据附录B中介绍的中心极限定理，样本平均值$\left(\text{即当} a_i = \dfrac{1}{n}\right)$将随样本量的增加而近似正态分布。该结果有助于大多数分布的参数估计。

n多大是足够呢？如果总体分布是对称的，则不需要大样本量，通常小于10。如果总体分布不对称，将需要较大的样本。一般来说，25到30之间就可以了。当n超过30时，结果比较稳健。

中心极限定理要求总体分布满足某些条件，如方差的有限性。如果方差或均值不存在，则可以在某些条件下应用另一个定理，即所谓的广义中心极限定理（generalized central limit theorem）。但是，这些条件超出了本书的范围。例如 α 稳定分布就是一种极限分布（limiting distribution），即：

$$\sum_{i=1}^{n} a_i X_i$$

随着 n 的增加，某些估计量将大致满足这一分布。金融经济学家建议采用这一分布作为高斯分布的更一般的替代方法来描述金融资产的收益。

C.1.2 估计量的估计效果

与每个估计相关的问题应该是，什么样的估计量是最适合所要研究问题的估计量。适用于相同参数的估计量在估计质量上也会有很大的变化。这里将介绍一些最常用的检验准则（quality criteria）。

1. 偏倚（bias）

在选择估计量时，在所有可能情形下平均表现如何是重要的考虑因素。估计量均值取决于样本结果，估计量可能不等于真实参数值，有可能差距相当大。这可能是样本差异带来的结果。估计量的平均值是可以控制的。

首先考虑抽样误差（sampling error），即估计量与总体参数之间的差异。差异的随机性是由于抽样的不确定性导致的。对于参数 θ 和估计量 $\hat{\theta}$，定义样本误差为 $(\theta - \hat{\theta})$。样本误差期望为估计量与真实值之差的期望，该期望值为：

$$E_\theta(\hat{\theta} - \theta) \qquad (\text{C-1})$$

上式被称为偏倚⊖。如果等式（C-1）中的表达式不等于 0，则方程式（C-1）中估计量被称为有偏估计量（biased estimator），如果等式（C-1）中的表达式等于 0，则称为无偏估计量（unbiased estimator）。

式（C-1）中的下标 θ 表示期望值是根据参数 θ 的分布计算的，而参数 θ 的值未知。然而，从技术上讲，对一般的计算期望值是可行的。

⊖ 这里假定，样本的估计量和元素为有限的方差，特别是在等式（C-1）中。

2. 均方误差（mean squared error）

偏倚作为一种质量标准衡量了估计量与参数偏差的期望。然而，偏倚未能告诉我们估计量的波动或者离差。对于参数值的可靠推断，我们倾向于选择波动性较小的估计量，或者换句话说是高精度的估计量。

假设反复抽样 m 次，设定给定样本量大小为 n。在每个样本中得到估计量 $\hat{\theta}$，对应于每个样本的估计为 $\hat{\theta}_i$，其中 $i = 1, 2, \cdots, m$。从这 m 个估计中，得到估计的经验分布，包括由估计的样本分布得出的经验分布。随着样本数据量 n 的增加，经验分布最终逐渐接近正态分布，然而，不管估计的经验分布如何，估计量对于每个样本大小 n 都有一个理论上的抽样分布，因此，随机估计是一个随机变量，由抽样分布规律决定。随着 n 变大，抽样分布越来越接近经验分布。抽样分布提供了一种称为标准误差（standard error，SE）的理论度量。这是一个经常与观察到的估计量一起被列出的度量值。

为了完全消除方差，可以简单地将常数 $\hat{\theta} = c$ 作为某个参数的估计量。然而，这是不合理的，因为它对样本信息不敏感，因此对于任何真实参数值，θ 保持不变。我们将偏倚称为最优质量标准。当然，如果一个估计量 $\hat{\theta}_i$ 有轻微偏倚，但是与其他任何可能的有偏或无偏估计相比方差最小，那么对该估计量零偏倚的要求似乎太苛刻。因此，需要设立一些标准来同时衡量偏倚和方差。

该标准可以通过使用均方误差（mean squared error，MSE）来满足。取平方，而不是由偏差造成的损失本身，MSE 被定义为期望平方损失，即：

$$\mathrm{MSE}(\hat{\theta}) = E_{\theta}[(\hat{\theta} - \theta)]^2$$

其中下标 θ 表示平均值取决于真实但未知的参数值。均方误差可以分解为估计量的方差和偏倚变换（如平方变换）。如果偏倚为 0（即估计量是无偏的），则均方误差等于估计量方差。

有趣的是，MSE 最小估计不适用于所有参数。也就是说，必须在降低估计量的偏倚和方差之间进行权衡。因此，我们只需找到所有无偏估计的最小方差估计量，也被称为最小方差无偏估计（minimum-variance unbiased estimator）。这样做是因为在许多应用中，无偏性是优先考虑的。

C.1.3 大样本准则(large-sample criteria)

到目前为止，我们并没有阐述估计量随样本规模 n 的变化而变化的情况，但这是估计需考虑的一个重要方面。例如，对于任何给定的有限样本的有偏估计量可能在 n 增加时逐渐降低偏倚。在这里，我们将分析样本规模趋近于无限时的估计量。用技术术语来讲，本小节专注于所谓的估计量的大样本或渐近属性(large-sample or asymptotic properties of estimators)。

1. 一致性(consistency)

随着样本量的增加，一些估计量显示出随机行为的相应变化。只要样本量 n 很小或有限，参数的真实分布可能就是未知的，这使得评估特定估计值的质量变得困难。例如，在样本量 n 有限的条件下，几乎不可能给出估计量的准确偏倚，但当 n 无限时情况相反。

如果过于关心估计量的性质，我们可能无法选出最适合的估计量。幸运的话，估计质量的不确定性会随着 n 的变大而消失，因此，我们可以根据它的大样本性质，得出它在某些估计任务中可应用的结论。

中心极限定理在评估估计量的性质方面起着至关重要的作用。这是因为标准化加总会形成标准的正态随机变量，这让变量变得容易处理。标准化加总的渐近性质有助于推导更复杂的估计量的大样本行为。

在这一点上，需要考虑一个相当具有技术性的概念，其中涉及控制估计量在极限中的行为。这里将分析估计量的收敛(convergence)特性，这意味着考虑随着样本量的增加，估计量的分布是否接近一些特定的概率分布。为此，我们给出如下定义：

依概率收敛(convergence in probability)：给定一个随机变量，如基于样本量为 n 的估计量 $\hat{\theta}_n$。称 $\hat{\theta}_n$ 依概率收敛至常数 c，如果

$$\lim_{n\to\infty} P(|\hat{\theta}_n - c| > \varepsilon) = 0 \quad \text{(C-2)}$$

对于任意 $\varepsilon > 0$ 均成立。

等式(C-2)表明，随着样本量变大趋向于无穷，对于任意给定的 ε，估计量远离 c 值的概率趋近于零。除了相当冗长的方程式(C-2)，还可以用以下公式简单描

述 $\hat{\theta}_n$ 依概率收敛：

$$P\lim_{n\to\infty} \hat{\theta}_n = c \tag{C-3}$$

这里，在估计量 $\hat{\theta}_n$ 中引入 n，表明估计值取决于样本量 n。依概率收敛并不意味着估计量最终将等于 c 并保持不变，只是说偏离 c 的概率越来越小。

假设有几个规模为 n 的样本集，不同的样本记为 N。可得到 N 个估计量 $\hat{\theta}_n^{(1)}$、$\hat{\theta}_n^{(2)}$，…，$\hat{\theta}_n^{(N)}$。$\hat{\theta}_n^{(1)}$ 是第一组样本估计量，$\hat{\theta}_n^{(2)}$ 是第二组样本估计量，以此类推。按照上述定义，可得出以下定理。

大数定理（law of large numbers）：令 $X^{(1)} = (X_1^{(1)}, X_2^{(1)}, \cdots, X_n^{(1)})$，$X^{(2)} = (X_1^{(2)}, X_2^{(2)}, \cdots, X_n^{(2)})$ 和 $X^{(N)} = (X_1^{(N)}, X_2^{(N)}, \cdots, X_n^{(N)})$ 为样本量为 n 的 N 个独立样本的序列，且每个样本的样本量为 n。每个样本都可以得到一个估计量 $\hat{\theta}_n$，在 N 个这样的样本中可以得到 N 个类似于 $\hat{\theta}_n$ 的独立同分布随机变量，$\hat{\theta}_n^{(1)}$、$\hat{\theta}_n^{(2)}$，…，$\hat{\theta}_n^{(N)}$。定义 $E(\hat{\theta}_n)$ 为 $\hat{\theta}_n^{(1)}$，$\hat{\theta}_n^{(2)}$，…，$\hat{\theta}_n^{(N)}$ 的期望，可得⊖：

$$P\lim \frac{1}{N}\sum_{k=1}^{N} \hat{\theta}_n^{(k)} = E(\hat{\theta}_n) \tag{C-4}$$

由方程(C-4)给出的大数定理可知，从不同样本获得的所有估计量的平均值（如样本均值）将最终等于期望值或总体均值。根据方程(C-2)可知，随着样本量越来越大，偏离 $E(\hat{\theta}_n)$ 的概率越小。因此可以说如果 N 越大，样本平均值将越接近其期望值，有：

$$\frac{1}{N}\sum_{k=1}^{N} \hat{\theta}_n^{(k)}$$

这是一个很重要的性质，因为当我们抽取了许多样本时，我们可以断言，观察到的估计值的平均值，如

$$\frac{1}{N}\sum_{k=1}^{N} \overline{x}_k$$

几乎不可能是某个有偏参数分布 $E(\overline{X}) = \mu$ 的真实值。

依概率收敛在这里表现得非常明显。即使 $\hat{\theta}_n$ 的期望值不等于 θ（即 $\hat{\theta}_n$ 在有限样

⊖ 从形式上看，方程(C-4)被称为弱大数定理。需要确保 $\hat{\theta}_n^{(k)}$ 具有同分布和有限方差，那么凭借切比雪夫不等式，可以得出方程(C-4)。切比雪夫不等式表示至少一定数量的数据应该落在平均值的规定数量的标准偏倚之内。

本中是有偏的），仍然满足 $P\lim \hat{\theta}_n = \theta$，换句话说随着样本量的增加，$E(\hat{\theta}_n)$ 渐进且最终等于真实值 θ。为了解释这些特征以及所有的无偏估计量，我们介绍下一个定义。

一致性（consistency）：如果 $\hat{\theta}_n$ 依概率收敛于 θ，那么它是 θ 的一致估计量（consistent estimator），如（C-3）$P\lim \hat{\theta}_n = \theta$ 所示。估计量的一致性是一个重要的属性，因为可以依靠一致的估计量来系统地给出关于真实参数的可靠结果。这意味着如果样本量 n 增加，估计值将越来越接近真实值 θ（仅有少数情况例外）。

无偏有效性（unbiased efficiency）：在之前的讨论中，我们试图确定估计量的趋近值。然而，这种分析没有表明估计的效率。为此，这里介绍无偏有效性的概念。

假设两个估计量 $\hat{\theta}$ 和 $\hat{\theta}^*$ 是 θ 的无偏估计量。我们可以说 $\hat{\theta}$ 和 $\hat{\theta}^*$ 更有效率，如果满足以下公式：

$$\text{Var}_\theta(\hat{\theta}) < \text{Var}_\theta(\hat{\theta}^*) \tag{C-5}$$

在保证无偏性的前提下[⊖]，给定任意 θ，$\hat{\theta}$ 的标准差都小于 $\hat{\theta}^*$。

2. 线性无偏估计量（linear unbiased estimators）

线性无偏估计量是一种特殊的估计量。我们在这里单独介绍线性无偏估计量，是因为它们具有吸引人的统计特征。一般来说，线性无偏估计的形式如下：

$$\hat{\theta} = \sum_{i=1}^{n} a_i X_i$$

为满足无偏条件，权重 a_i 的总和为 1。由于没有偏倚，MSE 只由方差部分组成。方差由下式表示：

$$\text{Var}_\theta(\hat{\theta}) = \sum_{i=1}^{n} a_i^2 \delta_X^2$$

δ_X 代表每个样本的方差，方差能通过系数 a_i 实现最小化，从而得到最佳线性无偏估计量（best linear unbiased estimator，BLUE）或最小线性无偏估计量（minimum-variance linear unbiased estimator，MVLUE）。但我们必须认识到，并不是

⊖ 如果参数由多个部分组成，则方程式（C-5）中效率的定义需要扩展到使用估计量的协方差矩阵而不仅仅是方差的表达式。

每个参数都能找到这样的估计量。

一个样本的 BLUE 对应该样本的均值 $\bar{x}$。我们知道 $a_i = \dfrac{1}{n}$，这不仅保证了样本均值对于整体平均值 μ 是无偏的，而且它还使所有无偏估计实现最小方差。因此，所有线性估计量中的样本均值是有效的。相比之下，第一种情况也是无偏的，然而其方差是样本均值的 n 倍。

C.2 置信区间（confidence intervals）

在做出金融决策时，我们需要知道总体参数中各随机变量的概率分布。然而，在大多数现实情况下，这些信息不容易得到。我们通过点估计来估计未知参数，以从样本提供的信息中获取估计量。然而，从有限样本获得的估计量不可能完全等于总体参数值，即使估计量是一致的，原因是估计量很可能因样本而异。我们不知道差异将是多少。

为了解决这种不确定性，人们可能会想到计算一个依赖于参数维度的区间，该区间大概率包含真实参数。也就是说，集中在这一部分建立置信区间。首先介绍一下置信水平，这对于了解随后将要介绍的置信区间是必要的。然后，我们介绍与置信区间相关的错误概率，这与置信水平有关。

置信水平和置信区间

在上一节中，用一个估计量推断了未知参数。准确再现真实参数值的估计量也许是不可能的，但是，通过估计一个区间 I_θ，我们得到的是一个更大的参数空间，而不仅仅是一个数字，这增加了真实参数值被包含在置信区间内的可能性。

在一种极端的情况下，如果选择整个参数空间作为区间，那么真正的参数就肯定会落入该区间内。相反，如果选择的区间仅由一个值组成，则该区间包含真实值的概率接近 0。因此，增加区间的宽度可以提高区间 I_θ 包含真实参数值的概率，而缩小区间可以获得更高的精度，我们必须在两者之间做出取舍。

正如在上一节讨论点估计时，我们应该使用样本所提供的信息，区间界限在一定程度上取决于样本。从技术上来说，每个区间是将样本空间（由 X 表示）映射到参数空间中的函数，因为样本位于样本空间中，并且区间界限将样本转换为参数空间中的值，表示为区间参数的最小值或最大值。因为置信区间依赖于样本 $X(X_1, X_2, \cdots, X_n)$，且样本是随机的，故区间 $[l(X), u(X)]$ 也是随机的。从样本分布中，我们能得出置信区间超出真实参数值（如高于或低于）的概率。如果 $u(X) < \theta$ 或者 $\theta < l(X)$，就会发生这两种可能存在的错误。

我们的目标是构建一个区间，使这些错误发生的可能性最小。假设我们设定这个误差概率等于 α。例如，可以选择 $\alpha = 0.05$，使得在所有结果中，真实参数有 5% 的概率不在此区间中，则：

$$p_l = P(\theta < l(X)) \text{ 和 } p_u = P(u(X) < \theta)$$

也就是说：

$$P(\theta \notin [l(X), u(X)]) = p_l + p_u = \alpha$$

现在让我们提供两个重要的定义：置信水平和置信区间。

1. 置信水平（confidence level）的定义

对于某个参数 θ，用 α 表示置信区间不包含真实参数值的概率，则真实参数值位于区间 $[l(X), u(X)]$ 的概率为 $1 - \alpha$：

$$P(\theta \in [l(X), u(X)]) = 1 - \alpha$$

上式中的概率被称为置信水平（confidence level）。有时无法确定边界以获得准确的置信水平，所以无论 θ 取什么值，我们简单地假定 $1 - \alpha$ 的置信水平满足条件：

$$P(\theta \in [l(X), u(X)]) = 1 - \alpha$$

2. 置信区间的定义和解释

给定一个置信水平 $1 - \alpha$，无论未知真实参数 θ 是什么[⊖]，如果

$$P(\theta \in [l(X), u(X)]) = 1 - \alpha$$

成立，那么我们可以得出一个置信区间 $[l(X), u(X)]$。

置信区间就是如果样本量为 n 的样本抽样次数足够多，每次抽样得到一个样本区间，所有样本区间的最终包含真实参数值 θ 的概率为 $1 - \alpha$。

置信区间的界限通常由参数和点估计组成的一些标准化随机变量决定，其分

⊖ 注意：如果不能获得准确的等式，则取概率大于 $1 - \alpha$ 的最小区间。

布是已知的。此外，对于诸如正态分布的对称密度函数，给定 α，如果 $p_l = \dfrac{2}{\alpha}$ 和 $p_u = \dfrac{2}{\alpha}$（p_l 和 p_u 定义如前所述），此时置信区间是最紧的。真实参数 θ 分布是对称的，对应的置信区间的界限为 l 和 u。这是置信区间的一个重要性质，因为我们希望获得特定置信水平下的最高精度。

通常在置信区间的讨论中，以概率 $1-\alpha$ 为检验水平，参数落在置信区间内的概率为 $1-\alpha$，落在区间外的概率为 α。这种解释可能产生误导，因为读者可能以为参数是随机变量。回想一下，只有置信区间界限是随机的，置信区间的位置取决于样本 x。正如刚刚提到的，区间包含真实参数值的概率为 $(1-\alpha)\times100\%$，不包含真实参数值的概率为 $\alpha\times100\%$。

请注意：参数不变，只有区间是随机的。

C.3 假设检验（hypothesis testing）

推断某些未知参数意味着我们不知道其真实值，因此只能得到估计值。这可以是点估计，也可以是区间估计。然而，有时在估计前，你已经有一个关于参数值的假设。因此，获取参数的特定值或范围值不重要，重要的是获得足够的信息以得出参数是否与假设的参数值相吻合。因此，我们需要获取信息来检验是支持还是拒绝参数的原假设。这让我们开始进入假设检验的范围。

为了执行假设检验，必须将假设设定为参数取值的对立性陈述。为了检验假设，我们设定一个检验统计量（test statistic），并为此设置了一个决策规则（decision rule）。对于一个特定的样本，检验统计量可以假定为接受域或拒绝域中的一个值。此外，检验时可能会出现两种错误类型。假设检验结构允许通过看到的检验样本大小或者显著性水平来控制错误的概率。我们发现每个观测都有一个确定的 p 值来表示它的显著性。作为一个测试的质量标准，我们给出了一致最佳检验的定义。此外，这部分还将阐述无偏性的重要性，无偏的检验意味着具有一致性。

C.3.1 假设

在检验之前，需要清楚地知道检验目标，因此必须清楚制定通过检验想要达到的结果。因此,我们必须明确地制定测试的可能结果。在实际的假设检验中,我们需要在两个相互对立的陈述中做出决定,这些对立性陈述就是检验的假设。

1. 设置假设

由于在统计推断中,我们打算获取关于某个未知参数 θ 的信息,所以检验的结果是指包含所有可能值的参数空间 Θ。更准确地说,为了制定假设,我们将参数空间划分为两个不相交集 Θ_0 和 Θ_1,使得 $\Theta = \Theta_0 \cup \Theta_1$。假设未知参数在 Θ_0 或 Θ_1 中,而且它们不能同时存在于 Θ_0 或 Θ_1 中。通常,这两个参数集可以将参数空间划分为两个不相交的区间或区域(取决于参数的维度),或者将单个值与参数空间中的任何其他值分开。

现在,对于两个子集 Θ_0 和 Θ_1 分别联系一个假设。在接下来的两个定义中,我们提出了最常用的假设方法。

原假设(null hypothesis),由 H_0 表示,原假设表明参数 θ 在 Θ_0 中。

如果没有足够的证据证明原假设错误,应该支持原假设。

备择假设(alternative hypothesis),由 H_1 表示,备择假设表明参数 θ 在 Θ_1 中。

我们应意识到只有一个假设成立,因此,检验的结果只能支持一个假设。

当检验参数时,我们通常会遇到以下两个假设检验。在第一个检验中,将参数空间 Θ 以 $\tilde{\theta}$ 为边界,分为高于 $\tilde{\theta}$ 的上半部分和低于 $\tilde{\theta}$ 的下半部分。然后,将下半部分设置为等于 Θ_0 或 Θ_1。因此,上半部分就是非 Θ_1 或 Θ_0,边界值 $\tilde{\theta}$ 通常归类于 Θ_0,即归于原假设下。这种检验被称为单尾检验(one-tailed test)。

在第二个检验中,我们检验参数是否等于一个特定的值。因此,参数空间再次分为两组,即 Θ_0 和 Θ_1。但这次,Θ_0 只由一个值组成(即 $\Theta_0 = \tilde{\theta}$),而与备择假设对应的集合 Θ_1 等于参数空间减去原假设包括的值(即 $\Theta_1 = \dfrac{\Theta}{\tilde{\theta}}$)。这种检验叫作双尾检验(two-tailed test)。

2. 决策法则(decision rule)

假设检验的目的是对这些假设做出判定。所以,要么接受原假设,那就必须拒绝备择假设,否则拒绝原假设,并支持备择假设。

假设检验就是如果样本提供的证据没有强到必须拒绝原假设,那么我们就需要接受原假设。这就给我们提供了两种使用假设检验的方式。

第一种应用是我们只想弄清楚我们确信的一个事情是不是真实的。因此，原假设下的情况被认为是可观测到的，直到样本极为支持备择假设而不能再维持原假设为止。

假设检验的第二种应用是试图通过找到有利的证据支持备择假设从而提出一种新观点，使得备择假设是两个之中更可信的假设。在第二种应用中，检验者的目标是拒绝原假设，支持备择假设。

在假设检验中，决策一般遵循某些准则。我们用 δ 表示决策准则。决策 δ 被假定为 d_0 或 d_1。根据使用检验的用意，这两个值的含义如下：在第一种情况下，值 d_0 表示支持 H_0，而 d_1 表示拒绝 H_0。在第二种情况下，将 d_0 解释为在 H_0 和 H_1 之间，支持 H_1 证据不足。或者，d_1 表示拒绝 H_0，支持 H_1。

一般来说，d_1 可以被理解为根据样本结果反映出的结果与原假设非常不一致。

那么，我们如何得到 d_0 或 d_1？如本章前面所讨论的，首先要设定一组样本 $X=(X_1, X_2, \cdots, X_n)$（样本量为 n）。决策准则应基于该样本。也就是说，将决策刻画为样本的函数，即 $\delta(X)$，使判定规则中包含样本 X。然后，由于 X 的随机性，$\delta(X)$ 是随机变量。合理的步骤是将检验的 $\delta(X)$ 与由 $t(X)$ 表示的统计量相关联，或者使统计量 $t(X)$ 等于参数 θ 的估计量 $\hat{\theta}$。本章前面介绍了这样的估计。

从现在开始，无论统计量 $t(X)$ 是否被假设为某些特定值，我们都将检验的决策准则 δ 视为一样的，从而得出的 d_0 和 d_1。

我们从关于点估计的介绍中知道，通过设定样本 X，从样本空间 $\mathcal{X}$ 中选择一个特定值 x。统计量 $t(x)$ 要么拒绝了原假设（即 $\delta(X)=d_1$），要么不拒绝原假设（即 $\delta(X)=d_0$）。

为了确定何时需要做出决定是 d_0 还是 d_1，我们将 $t(X)$ 的状态空间 Δ 分解成由 Δ_A 和 Δ_C 表示的两个不相交集合。集合 Δ_A 被称为接受区域(acceptance region)，而 Δ_C 是临界区域或拒绝区域(critical region or rejection region)。

一方面，当样本 x 位于 Δ_A 中，不拒绝原假设（即检验结果为 $\delta(X)=d_0$）。另一方面，如果 x 位于 Δ_C 中，那么检验结果为拒绝原假设（即 $\delta(X)=d_1$），这样就支持备择假设。

C.3.2 错误类型

我们必须意识到,无论如何设计检验,都可能犯错误。给定两个假设 H_0 和 H_1 以及两个可能的决策 d_0 和 d_1,我们可能会犯两类错误。下面讨论这些错误。

第 I 类型错误和第 II 类型错误

两种类型的错误都可以说是无意之中拒绝了真实假设。下面将用标准术语来描述两种类型的错误。

第 I 类型错误(Type I error):原假设实际上为真(即 $\theta \in \Theta_0$),由于拒绝原假设(H_0)(即 $\delta(X)=d_1$)而产生的误差被称为 I 型误差。

第 II 类型错误(Type II error):假设备择假设(H_1)成立(即 $\theta \in \Theta_1$),由于没有拒绝原假设(H_0)(即 $\delta(X)=d_0$)而产生的误差被称为 II 型误差。表 C-1 展示了假设检验的所有四个可能的结果:

表 C-1 假设检验的四个可能的结果

决策		$H_0: \theta \in \Theta_0$	$H_1: \theta \in \Theta_1$
	d_0	正确	第二类型错误
	d_1	第一类型错误	正确

所以在两种情形下,我们能做出正确决定。第一种情形是不拒绝原假设但原假设实际是成立的(即 $\delta(X)=d_0$)。第二种情形是我们正确地拒绝了原假设(即 $\delta(X)=d_1$)同时原假设事实上也不成立。不幸的是,不知道在检验时我们会犯哪种错误。然而基于下面我们将要解释的一些假设我们能在一定程度上避免这些错误的发生。

C.3.3 检验水平(test size)

上文提到,当不同的假设成立时,我们可能犯第 I 类或第 II 类错误。现在将集中精力分析导致这些错误发生的可能性。

检验水平是犯第 I 类错误的概率。该概率由检验 δ 的 $P_1(\delta)$ 表示⊖。

图 C-1 说明了这一点,图上的曲线表示原假设下检验统计量 $t(X)$ 的密度函数

⊖ 也可以将概率 $P_1(\delta)$ 写为 $P_{\Theta_0}(d_1)$,表示即使 H_0 成立,也拒绝原假设。

$f(t(X),\theta_0)$。水平轴表示 $t(X)$ 被细分为接受区域 Δ_A 和临界区域 Δ_C。该统计量取值在临界区域的概率由阴影区域表示。

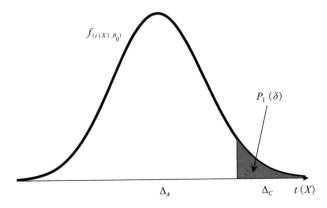

图 C-1　通过统计量 $t(X)$ 的密度函数确定检验水平 $P_{\mathrm{I}}(\delta)$

一般情况下，由于集合 Θ_0 包含于原假设之中（即 $\Theta_0 \subset \Theta$），犯第 I 类型错误概率 $P_{\mathrm{I}}(\delta)$ 可能会随参数 θ 的变化而变化。按照惯例，设置检验水平为 $P_{\mathrm{I}}(\delta)$，$P_{\mathrm{I}}(\delta)$ 为在 Θ_0 中概率的最大值[⊖]。图 C-2 描述了随着参数值 θ 的变化拒绝原假设的概率。在集合 Θ_0 中，如图中的实线所示，这等于第 I 类型错误的概率，而在 Θ_1 中，虚线表示的是正确决策的概率（即 d_1）。

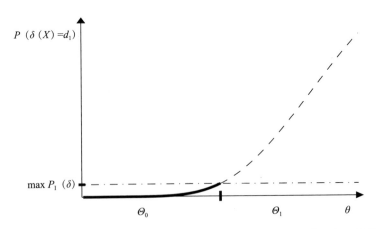

图 C-2　在原假设下，在可能的参数值集合 Θ_0 中，通过最大化第 I 类型错误的概率确定检验水平 α

⊖　理论上，这可能是无法用检验得到证实的。

类似于概率 $P_{\mathrm{I}}(\delta)$，表示犯第 II 类型错误的概率为 $P_{\mathrm{II}}(\delta)$。

做出错误决策可能会带来不利的结果。为了处理这个问题，无论我们将检验用于什么目的，我们在选择假设时通常都尽量去控制第 I 类型错误发生的概率。因此，我们尝试通过降低检验水平来避免这种类型的错误。

幸运的是，检验水平是可以控制的。可以简单地通过选择任意大的接受区域 Δ_A 来减少 $P_{\mathrm{I}}(\delta)$。在最极端的情况下，将 Δ_A 设置为等于 δ 的整个状态空间，以至于绝对无法拒绝原假设。然而，扩大 Δ_A 必须降低 Δ_C，而由于现在当 θ 在 Θ_1 时（即在备择假设下），X 变得更可能落入 Δ_A，这通常导致犯第 II 类型错误的概率 P_{II}（即 d_0）上升。因此，我们面临对第 I 类型错误与第 II 类型错误的概率之间的权衡。一个共识是将第 I 类型错误发生的概率限制在 0 和 1 之间。该 α 被称为显著性水平（significance level）。通常，$\alpha=0.01$ 或 $\alpha=0.05$。

形式上，检验的条件是 $P_{\mathrm{I}}(\delta)\leqslant\alpha$。因此，当原假设为真时，我们将以最大 α 的概率在 Δ_C 中获得样本值 x。因此，在大多数 α 的检验运行中，检验结果为 d_1（即拒绝原假设）。

C.3.4　p 值

假设设定了一些样本 x，并计算了统计量 $t(x)$，想知道检验结果显著的程度，或者换句话说，在什么显著水平下 $t(x)$ 能使 d_0 为真（即不拒绝原假设），而如果值大于 $t(x)$ 将拒绝原假设（即 d_1）。这个想法引出了下面的定义。

假设有一组样本 $x=(x_1,x_2,\cdots,x_n)$，令 $\delta(X)$ 是统计量为 $t(X)$ 的检验，使得检验统计量在 x 处的值 $t(x)$ 是最接近拒绝区域 Δ_C 的接受区域 Δ_A 的值。p 值确定在原假设下，在实验 X 中，检验统计量 $t(X)$ 在拒绝区域 Δ_C 中的概率，即

$$P = P_{\theta_0}(t(X) \in \Delta_C) = P_{\theta_0}(\delta(X) = d_1)$$

可以解释 p 值如下：假设我们有一组样本 x，检验统计量相应地为 $t(x)$。现在，我们想知道当原假设成立时检验统计量出现比 $t(x)$ 更加极端的情况的概率，这个概率等于 p 值。

如果 $t(x)$ 是一个非常接近 $t(X)$ 分布中值的值，那么有可能得到更极端的值，从而更容易拒绝原假设的可能性很大。那么，p 值会很大。然而，如果 $t(x)$ 取值过于极端使得在原假设下得到了一个比 $t(x)$ 值更加支持备择假设的统计量的概率

很低，这将对应于非常低的 p 值。如果 p 小于某个给定的显著性水平 α，则拒绝原假设，并且检验结果是显著的（significant）。

图 C-3 中展示了 p 值的含义，横轴为统计量 $t(x)$ 可能的取值空间。图 C-3 展示了在假定原假设成立时对空间中的每个 c，$t(x)$ 取值大于 c 的概率，尤其是在 $t(x)$ 处（即根据样本 x 计算的统计量）。可以看到，根据定义，$t(x)$ 是接受区域和临界区域之间的边界，$t(x)$ 本身属于接受区域。在这种特殊情况下，恰好选择了 $\Delta_A = (-\infty, t(x)]$ 和 $\Delta_C = (t(x), \infty)$ 的检验。

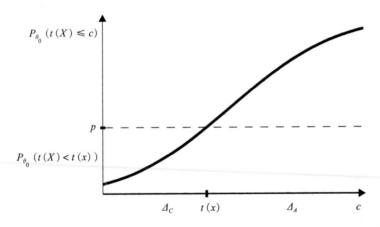

图 C-3 接受区域为 $\Delta_A = (-\infty, t(x)]$ 和临界区域为 $\Delta_C = (t(x), \infty)$ 检验 δ 的 p 值示例

C.3.5 检验的功效

到目前为止，我们已经学会了如何对给定问题进行检验，一般来说先形成一对意思相反的假设再寻找一个合适的检验统计量来确定决策准则。然而，对于任何给定的一对假设检验并不唯一，需要尽可能地寻找更多更加合适的检验。如何定义"合适"呢？为了回答这个问题，我们将讨论如下判断依据。

1. 检验的功效（power of a test）

前文中，检验水平一般用 α 度量。我们知道 α 表示犯第 I 类型错误的可能性。然而，到目前为止，可能会有多个能满足检验水平 α 要求的检验，从中选择最适合的一个会涉及第 II 类型错误。回想一下，第 II 类型错误为在原假设实际不成立时没有拒绝原假设。因此，对于参数值 $\theta \in \Theta_1$ 的检验应该产生尽可能提高判定 d_1 的概率，从而尽可能减小犯第 II 类型错误的概率 $P_{II}(d_0)$。下面提供一个衡量检验的功效的标准。

检验的功效是错误拒绝原假设的可能性(即备择假设成立)，形式上可以写为 $P_{\theta_1}(\delta(X)=d_1)$ⓐ。

为了更好说明，我们来看图 C-4，其中描述了参数空间 Θ 中某些任意检验 δ 的参数依赖概率 $P(\delta(X)=d_1)$。该图的实线部分表示集合 Θ_1 上检验的功效。可以看到，功效函数的曲线越陡峭，检验功效越好。这引入了下一个概念。

2. 一致最大功效检验(uniformly most powerful test)

在图 C-4 中，只考虑检验水平为 α。也就是说，没有检验会产生比 α 更大的犯第 I 类型错误的概率。对于每一个检验，计算对应于原假设的集合 Θ_1 中的所有值 θ 各自的功效函数(即拒绝原假设的概率 $P(\delta(X)=d_1)$)，和备择假设相对应。

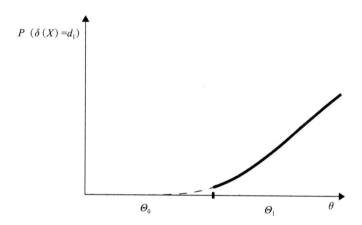

图 C-4 在集合 Θ_1 上的概率 $p(\delta(X)=d_1)$，用实线表示，表示统计检验 δ 的功效

回想一下，无论该参数的值是多少，我们都可以获得 d_0 或 d_1 作为检验结果。由于 d_0 和 d_1 都是相互排斥的，所以我们得到以下关系：

$$p(\delta(X) = d_0) + p(\delta(X) = d_1) = 1$$

现在，对于 Θ_1 的任何参数值 θ，这意味着检验的功效和犯第 II 类型错误的概率 $p_{II}(\delta(X))$ 相加等于 1。我们可以利用图 C-5 来阐述。虚线分别表示相应参数值 θ 的概率 $p_{II}(\delta(X))$，而点虚线表示给定的 $\theta \in \Theta_1$ 的功效。我们可知：当参数值越大

ⓐ The index θ_1 of the probability measure P indicates that the alternative hypothesis holds (i.e., the true parameter is a value in Θ_1).

时，检验的功效逐渐在第Ⅱ类型错误的概率质量函数中占上风。

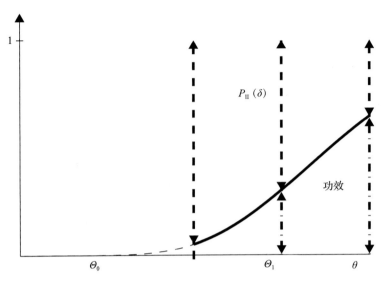

图 C-5　于 Θ_1 上分解 $1 = p_{II}(\delta) + p_{\theta_1}(\delta(X)) = d_1$

假设所有检验的显著水平为 α，我们有一个 δ^*，其总是比其他任何一个检验都有更大的检验的功效。那么，由于它使得犯第Ⅱ类型错误的概率最小，所以选择这个检验是合理的，从而得到以下概念。

检验水平为 α 的一致最大功效检验（UMP）：如果满足给定检验水平为 α 的所有检验 δ 中，检验 δ^* 对于任何 $\theta \in \Theta_1$ 具有最大的功效，那么给定检验水平 α 的检验 δ^* 为一致最大功效检验。

3. 无偏性检验（unbiased test）

我们知道当一个检验水平为 α 时，它导致第Ⅰ类型错误的概率永远不会大于 α。而当检验的设计合理时，一旦我们在 Θ_1 中选择参数值，检验的势就会快速增加。在这两种情况下（即当我们计算 $\theta \in \Theta_0$ 第Ⅰ类型错误发生的概率时，以及当我们计算 $\theta \in \Theta_1$ 时检验的功效时），我们实际是在计算拒绝原假设的概率（即 $p(\delta(X) = d_1)$）。如果对于某些参数值 $\theta = \Theta_1$，$p(\delta(X) = d_1)$ 小于 α，那么，相比在原假设实际成立时而接受它，更有可能在原假设不成立时接受原假设。这看起来并不是很有用，我们应该在设计检验时尽量避免。以下定义了一个概念：

无偏性检验：如果犯第Ⅱ类型错误的概率不超过 $1 - \alpha$，检验水平为 α 的检验是无偏的，形式上：

$$p_{II}(\delta(X)) \leqslant 1-\alpha, \quad \theta \in \Theta_1$$

所以如果一个检验是无偏的，那么当原假设实际不成立时我们会以最低 α 的概率拒绝它。因此，该检验的功效至少为 α，$\forall \theta \in \Theta_1$ 拒绝原假设的概率低于最高参数值对应的显著水平 α。

4. 一致性检验（Consistent Test）

到目前为止，好的检验要求是尽可能地少地产生错误。我们试图通过以下方法来达到这种要求：首先限制 α 的取值水平，然后在给定的显著水平 α 下得到最大的功效。

通过构造，我们的每个检验 $\delta(X)$ 都是基于一些检验统计量 $t(X)$。对于 $t(X)$，我们构建了一个置信区间以及判别区域，使得在给定某些参数值的情况下，检验统计量将以有限概率进入这些判别区域之一。另外存在这些检验统计量将随着我们的样本量 n 的增加而发生变化的可能性。例如，最好有一个检验水平 α 使得第 II 类型错误消失。

从现在开始，我们将考虑基于一些特定检验统计量的检验，这些检验在备择假设下，随着抽样数量 n 趋于无穷，检验统计量落入各自的判定区域 Δ_c 的概率在增加。也就是说，实际上对于更大的样本，这些检验会更加可靠地拒绝原假设。在最优情况下，当备择假设成立时，这些检验 100% 拒绝原假设（即 $\delta(X) = d_1$）。我们引入以下的定义：

一致性检验：随着样本数量的增加，如果其功效增加到 1，那么在给定水平 α 下的检验是一致的。

回想一下，在我们对点估计的讲解中，我们引入了一致的估计量，它是正数，同时它随着预期值变动而变化的概率在逐渐减小。因此，它以一个逐渐上升的概率接近这个预期值，最终达到预期值。使用这样的统计量进行检验将带来以下理想情况：检验统计量将不再是各个假设下极端的值，它最终总是在原假设成立时处于接受区域中或者在备择假设成立时处于拒绝区域中。

附录 D

矩阵代数基础

在金融计量经济学中,学习有序数组的运算是有用的。有序数组被称为向量和矩阵,而单个数字则称为标量。在本附录中,我们将讨论矩阵代数的概念、运算和结论。

D.1 向量和矩阵的定义

现在我们来准确地定义向量和矩阵。虽然向量可以被认为是特殊的矩阵,但在许多情况下,区分这两个概念是有用的。特别地,可以为向量定义一些重要的概念和性质,但这些概念和性质不容易推广到矩阵中去。⊖

D.1.1 向量

n 维向量是由 n 个数字组成的有序数组。通常情况下向量以粗体小写字母表示,但在本书中我们并不总是遵循这种惯例。因此,向量 x 可以表示为:

$$x = [x_1, \cdots, x_n]$$

x_i 称为向量 x 的元素。

向量由一系列的元素组成。向量可以是行向量或列向量。如果向量的元素以水平方向排列,则称其为行向量,例如:

$$x = [1, 2, 8, 7]$$

这里有两个例子。假设 w_n 是某个投资组合中风险资产的权重,同时假设有 N

⊖ 当矩阵被认为是在线性空间上的运算符时,向量可以被认为是矩阵中抽象线性空间的元素。

种风险资产,那么下面的行向量 w,代表着持有的 N 种风险资产的投资组合:

$$w = [w_1 w_2 \cdots w_N]$$

接着是行向量的第二个例子,假设 r_n 表示风险资产的超额收益率(超额收益率是风险资产的收益率和无风险利率的差额),那么下面这个行向量表示超额收益率向量:

$$r = [r_1 r_2 \cdots r_N]$$

如果向量的元素以列的形式排列,则称其为列向量。

例如,投资组合的超额收益率将受到不同特征或属性的影响,如市盈率、市值和行业等。可以用一个列向量 a 来表示某一具体属性的影响,元素 a_i 表示投资组合中每一个资产对该属性的风险敞口:

$$a = \begin{bmatrix} a_1 \\ a_2 \\ \vdots \\ a_N \end{bmatrix}$$

D.1.2 矩阵

一个 $n \times m$ 矩阵是由 $n \times m$ 个数字组成的二维有序数组。矩阵通常用粗体大写字母表示。因此,一般形式的矩阵 A 可以表示为 $n \times m$ 数组:

$$A = \begin{bmatrix} a_{1,1} & \cdots & a_{1,j} & \cdots & a_{1,m} \\ \vdots & & \vdots & & \vdots \\ a_{i,1} & \cdots & a_{i,j} & \cdots & a_{i,m} \\ \vdots & & \vdots & & \vdots \\ a_{n,1} & \cdots & a_{n,j} & \cdots & a_{n,m} \end{bmatrix}$$

其中,第一个下标表示行,而第二个下标表示列。a_{ij} 是矩阵 A 的元素,即第 i 行和第 j 列交汇处的数字。当不会产生混淆时,矩阵元素下标之间的逗号可以省略:$a_{i,j} = a_{ij}$。矩阵 A 通常可以由括号加上通用元素来表示:

$$A = \{a_{ij}\}_{nm} \quad 或者 \quad A = [a_{ij}]_{nm}$$

其中,下标 nm 是矩阵的维度。

通常有几种类型的矩阵。首先是应用广泛的长方矩阵和方阵。长方矩阵(rectangular matrix)具有不同数量的行和列；方阵(square matrix)是行数和列数相同的长方矩阵。因为方阵在应用中十分重要，所以下一部分将集中介绍方阵。

D.2 方阵

$n \times n$ 的单位矩阵(identity matrix)(用 I_n 来表示)是一个方阵，其对角线上元素(即元素的下标具有相同行和列)等于 1，而其他所有元素为零：

$$I_n = \begin{bmatrix} 1 & 0 & \cdots & 0 \\ 0 & 1 & \cdots & 0 \\ \vdots & \vdots & \ddots & \vdots \\ 0 & 0 & \cdots & 1 \end{bmatrix}$$

所有元素都是零的矩阵称为零矩阵(zero matrix)。

对角矩阵(diagonal matrix)是指对角线以外的元素全为零的方阵：

$$A = \begin{bmatrix} a_{11} & 0 & \cdots & 0 \\ 0 & a_{22} & \cdots & 0 \\ \vdots & \vdots & \ddots & \vdots \\ 0 & 0 & \cdots & a_{nn} \end{bmatrix}$$

给定 $n \times n$ 方阵 A，矩阵 $\mathrm{dg}A$ 是指从 A 中提取出来的对角矩阵，即矩阵 $\mathrm{dg}A$ 是除了对角线上的元素之外所有元素都是零的方阵并且对角线上的元素与 A 的相同的方阵：

$$A = \begin{bmatrix} a_{11} & a_{12} & \cdots & a_{1n} \\ a_{21} & a_{22} & \cdots & a_{2n} \\ \vdots & \vdots & \ddots & \vdots \\ a_{n1} & a_{n2} & \cdots & a_{nn} \end{bmatrix}$$

从而

$$\mathrm{dg}A = \begin{bmatrix} a_{11} & 0 & \cdots & 0 \\ 0 & a_{22} & \cdots & 0 \\ \vdots & \vdots & \ddots & \vdots \\ 0 & 0 & \cdots & a_{nn} \end{bmatrix}$$

方阵 A 的迹（trace）是其对角元素的总和：

$$\text{tr}A = \sum_{i=1}^{n} a_{ii}$$

如果对角线上方的元素等于下方的相应元素，则称方阵是对称的：$a_{ij} = a_{ji}$。如果对角元素为零，而且对角线上方的元素与下方的相应元素相反，则称矩阵 A 是反对称的（skew-symmetric）：$a_{ij} = -a_{ji}$。

金融计量经济学中最常用的对称矩阵是协方差矩阵，也称为方差-协方差矩阵。例如，假设有 N 种风险资产，并且每种风险资产超额收益率的方差和每对风险资产之间的协方差都被估计出来了。因为风险资产的数量为 N，所以方差-协方差矩阵总共有 N^2 个元素，包括 N 个方差（沿着对角线排列）和 $N^2 - N$ 个协方差。矩阵的对称性质减少了待估元素的数量。事实上，风险资产 i 与风险资产 j 之间的协方差将等于风险资产 j 与风险资产 i 之间的协方差。因此，方差协方差矩阵是对称矩阵。

D.3 行列式

考虑 $n \times n$ 方阵 A，则 A 的行列式记为 $|A|$，定义如下：

$$|A| = \sum (-1)^{t(j_1,\cdots,j_n)} \prod_{i=1}^{n} a_{ij}$$

这里的求和表示对集合 $(1, 2, \cdots, n)$ 取遍一切可能的排列 $(j_1, \cdots, j_n)$，其中 $t(j_1, \cdots, j_n)$ 表示从 $(1, 2, \cdots, n)$ 到 $(j_1, \cdots, j_n)$ 需要交换（或位置的倒置）的步数。例如，当 $n=2$ 时，$(1, 2)$ 只有一种可能的交换：$1, 2 \Rightarrow 2, 1$。因此，2×2 矩阵的行列式计算如下：

$$|A| = (-1)^0 a_{11}a_{22} + (-1)^1 a_{12}a_{21} = a_{11}a_{22} - a_{12}a_{21}$$

考虑 n 阶的方阵 A。矩阵 M_{ij} 是删除第 i 行和第 j 列剩余的部分。它是一个 $(n-1)$ 阶方阵。矩阵 M_{ij} 的行列式 $|M_{ij}|$ 称为 a_{ij} 的余子式。有符号的余子式 $(-1)^{(i+j)}|M_{ij}|$ 称为 a_{ij} 的代数余子式（cofactor），通常表示为 a_{ij}。

如果矩阵 A 的行列式等于 0，则称 A 为奇异矩阵（singular）。如果至少有一个（方阵）r 阶余子式不等于 0，同时所有的 $(r+1)$ 余子式都为 0，那么称 $n \times m$ 矩阵 A 的秩为 r。一个非奇异的方阵，如果其秩 r 等于其阶数 n，则方阵被称为满秩（full rank）。

D.4 线性方程组

含有 m 个未知变量的 n 个线性方程,它们的联立方程如下所示:

$$a_{11}x_1 + \cdots + a_{1m}x_m = b_1$$
$$\cdots\cdots\cdots\cdots\cdots\cdots\cdots\cdots\cdots\cdots$$
$$a_{n1}x_1 + \cdots + a_{nm}x_m = b_n$$

$n \times m$ 矩阵:

$$A = \begin{bmatrix} a_{1,1} & \cdots & a_{1,j} & \cdots & a_{1,m} \\ \vdots & & \vdots & & \vdots \\ a_{i,1} & \cdots & a_{i,j} & \cdots & a_{i,m} \\ \vdots & & \vdots & & \vdots \\ a_{n,1} & \cdots & a_{n,j} & \cdots & a_{n,m} \end{bmatrix}$$

A 是由这 n 个线性方程中系数组成的矩阵,因此称为系数矩阵(constant terms)。b_i 称为常数项。通过将由常数项形成的列向量加到系数矩阵中而形成的矩阵称为增广矩阵 $[A\ b]$,表示如下:

$$[A\ b] = \begin{bmatrix} a_{1,1} & \cdots & a_{1,j} & \cdots & a_{1,m} & b_1 \\ \vdots & & \vdots & & \vdots & \vdots \\ a_{i,1} & & a_{i,j} & & a_{i,m} & b_i \\ \vdots & & \vdots & & \vdots & \vdots \\ a_{n,1} & & a_{n,j} & & a_{n,m} & b_n \end{bmatrix}$$

如果方程组右侧的常数项全部为零,则称方程组为齐次的(homogeneous)。如果常数项中至少有一个不为零,则称该方程组是非齐次的(nonhomogeneous)。如果线性方程组有解,即存在一组值,同时满足所有方程,那么就说方程组是一致的(consistent),否则就是非一致的(inconsistent)。

下面考虑非齐次线性方程组的情况。线性方程组的基本定理如下:

定理 1. m 个未知数的 n 个线性方程组是一致的(即它有解),当且仅当系数矩阵和增广矩阵具有相同的秩。

定理 2. 如果 m 个变量 n 个方程的齐次线性方程组的秩 $r<m$，则可以选择 $m-r$ 个未知变量使得包含剩余 r 个未知变量的系数矩阵的秩为 r。当这 $m-r$ 个未知变量被赋予任意值时，剩余未知变量的值是唯一确定的。

两个基本定理的直接结果是：①由 n 个未知变量、n 个方程组成的方程组只容许有 1 个解；②方程组存在唯一解，当且仅当系数矩阵和增广矩阵的秩都为 n 时。

现在我们来看齐次方程组。齐次方程组的系数矩阵和增广矩阵总是具有相同的秩，因此，齐次方程组总是一致的。事实上，平凡解 $x_1=\cdots=x_m=0$ 总是满足齐次方程组。

现在考虑由 n 个未知变量、n 个方程组成的齐次方程组。如果系数矩阵的秩为 n，则方程组只有零解。如果系数矩阵的秩为 $r<n$，则根据定理 2 可知该方程组除了零解外还存在其他解。

D.5 线性独立和秩

考虑 $n\times m$ 矩阵 $\boldsymbol{A}$。从矩阵 $\boldsymbol{A}$ 提取的 p 列如下：

$$\begin{bmatrix} \cdots & a_{1,i_1} & \cdots & a_{1,i_p} & \cdots \\ \vdots & \vdots & \vdots & \vdots & \vdots \\ \cdots & a_{n,i_1} & \cdots & a_{n,i_p} & \cdots \end{bmatrix}$$

如果不能够找到 p 个常数 β_s，$s=1,\cdots,p$ 使得以下 n 个方程式同时得到满足，则它们被称为是线性独立的：

$$\beta_1 a_{1,i_1} + \cdots + \beta_p a_{1,i_p} = 0$$
$$\cdots\cdots\cdots\cdots\cdots\cdots\cdots\cdots$$
$$\beta_1 a_{n,i_1} + \cdots + \beta_p a_{n,i_p} = 0$$

同理，从矩阵 $\boldsymbol{A}$ 提取 q 行，如果不能够找到 q 个常数 λ_s，$s=1,\cdots,q$ 使得以下 m 个方程式同时得到满足，则它们被称为是线性独立的：

$$\lambda_1 a_{i_1,1} + \cdots + \lambda_q a_{i_q,1} = 0$$
$$\cdots\cdots\cdots\cdots\cdots\cdots\cdots\cdots$$
$$\lambda_1 a_{i_1,m} + \cdots + \lambda_q a_{i_q,m} = 0$$

可以证明，在任何矩阵中，线性独立列的数量 p 与线性独立行的数量 q 相同。这个数字又等于矩阵的秩 r。回想一下 $n \times m$ 矩阵 $\boldsymbol{A}$ 的秩为 r 的定义，即至少有 r 阶余子式不等于 0 而 $r+1$ 阶余子式都为 0。常数 p 对于行和列来说是相同的。矩阵秩的另一个定义：给定一个 $n \times m$ 矩阵 $\boldsymbol{A}$，其秩表示为 $\mathrm{rank}(\boldsymbol{A})$，用行或者列的线性独立数量 r 表示，因为行秩总是等于列秩。

D.6 向量和矩阵运算

现在介绍在向量和矩阵中最常见的运算。运算是指对标量、向量和矩阵进行映射以产生新的标量、向量和矩阵。对一组对象映射操作来产生同一集合下的另一组对象是代数的重要概念。我们先从向量运算开始。

D.6.1 向量运算

通常在向量上定义以下三个运算：转置、加法和乘法。

1. 转置（transpose）

转置操作是将行向量转换为列向量，反之亦然。给定行向量 $\boldsymbol{x}=(x_1,\cdots,x_n)$，它的转置是列向量，用 $\boldsymbol{x}^{\mathrm{T}}$ 或 $\boldsymbol{x}'$ 表示：

$$\boldsymbol{x}^{\mathrm{T}} = \begin{bmatrix} x_1 \\ \vdots \\ x_n \end{bmatrix}$$

显然，转置的转置是初始向量：$(\boldsymbol{x}^{\mathrm{T}})^{\mathrm{T}}=\boldsymbol{x}$。

2. 加法

两行（或两列）相同的 n 维向量 $\boldsymbol{x}=(x_1,\cdots,x_n)$，$\boldsymbol{y}=(y_1,\cdots,y_n)$ 可以相加。两个向量相加得到一个新的向量，其分量是对应元素的和：

$$\boldsymbol{x}+\boldsymbol{y} = [x_1+y_1,\cdots,x_n+y_n]$$

这个定义可以推广到任意数量 N 的总和：

$$\sum_{i=1}^{N} x_i = \left[\sum_{i=1}^{N} x_{1i},\cdots,\sum_{i=1}^{N} x_{ni}\right]$$

总和必须都是列向量(或行向量)相加；不可以把行向量加到列向量上。

从加法的定义可以清楚地看出，加法是一种交换运算，在这个意义上，总和的顺序并不重要：$x+y=y+x$。加法也是一种关联运算，可知：$x+(y+z)=(x+y)+z$。

3. 乘法

我们定义两种类型的乘法：①标量和向量的乘法；②两个向量的标量乘法(内积)。⊖

标量 a 和行(或列)向量 x 的乘法，用 ax 表示，被定义为标量和每个分量相乘：

$$ax = [ax_1, \cdots, ax_n]$$

类似的定义也适用于列向量。从这个定义可以看出，向量和标量相乘满足结合律：

$$a(x+y) = ax + ay$$

向量 x，y 的标量积(scalar product)，也称为内积(inner product)，由行向量和列向量定义，记为 $x \cdot y$。这两个向量之间的标量积根据以下规则产生：

$$x \cdot y = \sum_{i=1}^{n} x_i y_i$$

如果它们的内积为零，则两个向量 x，y 被称为正交。

D.6.2 矩阵运算

现在我们来定义矩阵的运算。以下 5 种矩阵运算是通常定义的：转置、加法、乘法、逆和伴随矩阵。

1. 转置

矩阵转置的定义是向量转置的扩展。转置运算包括行与列的交换。考虑 $n \times m$ 矩阵：

$$A = \{a_{ij}\}_{nm}$$

矩阵 A 的转置是 $m \times n$ 的，用 A^T 或者 A' 来表示，它的第 i 行就是 A 的第 i 列：

⊖ 向量之间还有第三种类型的乘积，即两者之间的向量(或外部)乘积产生第三个向量。我们不在这里定义，因为尽管向量在物理学领域有广泛的应用，但是它并不在经济学领域中被广泛地使用。

$$\mathbf{A}^{\mathrm{T}} = \{a_{ji}\}_{nm}$$

由定义可知：$(\mathbf{A}^{\mathrm{T}})^{\mathrm{T}} = \mathbf{A}$，并且如果矩阵是对称的，当且仅当 $\mathbf{A}^{\mathrm{T}} = \mathbf{A}$。

2. 加法

考虑两个 $n \times m$ 矩阵：

$$\mathbf{A}^{\mathrm{T}} = \{a_{ij}\}_{nm} \text{ 和 } \mathbf{B}^{\mathrm{T}} = \{b_{ij}\}_{nm}$$

矩阵 $\mathbf{A}$ 和 $\mathbf{B}$ 的和被定义为两个 $n \times m$ 矩阵相对应的元素相加：

$$\mathbf{A} + \mathbf{B} = \{a_{ij} + b_{ij}\}_{nm}$$

注意：两个矩阵具有相同的阶数 $n \times m$ 是加法运算的前提。

加法运算可以扩展到任意 N 个矩阵的求和，如下所示：

$$\sum_{s=1}^{N} \mathbf{A}_i = \left\{ \sum_{s=1}^{N} a_{s_{ij}} \right\}_{nm}$$

$a_{s_{ij}}$ 是第 s 个矩阵的元素。

3. 乘法

考虑一个标量 c 和一个矩阵

$$\mathbf{A} = \{a_{ij}\}_{nm}$$

乘积 $c\mathbf{A} = \mathbf{A}c$ 是通过将矩阵的每个元素乘以 c 而获得的 $n \times m$ 矩阵：

$$c\mathbf{A} = \mathbf{A}c = \{ca_{ij}\}_{nm}$$

矩阵的和乘以标量是各自的矩阵同标量相乘，然后再相加：

$$c(\mathbf{A} + \mathbf{B}) = c\mathbf{A} + c\mathbf{B}$$

现在我们来定义两个矩阵的积。考虑两个矩阵：

$$\mathbf{A} = \{a_{it}\}_{np} \text{ 和 } \mathbf{B} = \{b_{tj}\}_{pm}$$

矩阵 $\mathbf{A}$ 乘 $\mathbf{B}$ 的积定义 $\mathbf{C} = \mathbf{AB}$，如下：

$$\mathbf{C} = \mathbf{AB} = \{c_{ij}\} = \left\{ \sum_{t=1}^{p} a_{it} b_{tj} \right\}$$

因此，积 $\mathbf{C} = \mathbf{AB}$ 的元素 $\{c_{ij}\}$ 是矩阵 $\mathbf{A}$ 的第 i 行和矩阵 $\mathbf{B}$ 的第 j 列的标量积。这个定义推广了向量内积的定义：两个 n 维向量的内积是 $1 \times n$ 矩阵（行向量）和 $n \times 1$ 矩阵（列向量）相乘。

4. 逆矩阵和伴随矩阵

考虑阶数为 n 的两个方阵 $\mathbf{A}$ 和 $\mathbf{B}$，如果 $\mathbf{AB} = \mathbf{BA} = \mathbf{I}$，则矩阵 $\mathbf{B}$ 称为 $\mathbf{A}$ 的逆矩

阵，并 A^{-1} 用表示。以下两个性质得以成立：

性质 1. 方阵 A 存在逆矩阵 A^{-1} 当且仅当它是非奇异的。也就是说，当且仅当它的行列式不为 0。或者说，矩阵 A 存在逆矩阵当且仅当它是满秩的。

性质 2. 方阵的逆（如果存在）是唯一的。该性质是定义的结果，如果 A 是非奇异的，则 $AB=AC$ 意味着 $B=C$。

现在考虑一个 n 阶方阵 $A=\{a_{ij}\}$ 并考虑它的代数余子式 α_{ij}。回忆代数余子式的定义，它是矩阵 A 带有符号的余子式：

$$(-1)^{i+j}|M_{ij}|$$

则 A 的伴随矩阵 $\mathrm{Adj}(A)$：

$$\mathrm{Adj}(A) = \begin{bmatrix} \alpha_{1,1} & \cdots & \alpha_{1,j} & \cdots & \alpha_{1,n} \\ \vdots & \cdots & \vdots & \cdots & \vdots \\ \alpha_{i,1} & \cdots & \alpha_{i,j} & \cdots & \alpha_{i,n} \\ \vdots & \cdots & \vdots & \cdots & \vdots \\ \alpha_{n,1} & \cdots & \alpha_{n,j} & \cdots & \alpha_{n,n} \end{bmatrix} = \begin{bmatrix} \alpha_{1,1} & \cdots & \alpha_{i,1} & \cdots & \alpha_{n,1} \\ \vdots & \cdots & \vdots & \cdots & \vdots \\ \alpha_{1,j} & \cdots & \alpha_{i,j} & \cdots & \alpha_{n,j} \\ \vdots & \cdots & \vdots & \cdots & \vdots \\ \alpha_{1,n} & \cdots & \alpha_{i,n} & \cdots & \alpha_{n,n} \end{bmatrix}$$

因此，先用矩阵 A 的代数余子式代替所有的元素，然后再转置就得到了伴随矩阵。如果矩阵 A 是非奇异的，因此它存在逆矩阵，则可以证明：

$$A^{-1} = \frac{\mathrm{Adj}(A)}{|A|}$$

满足下列条件，n 维方阵 A 被称为正交的：

$$AA' = A'A = I_n$$

这是因为在这种情况下，A 必须是满秩的，正交矩阵的转置矩阵与其逆矩阵相等：$A^{-1}=A'$。

D.7 特征值与特征向量

考虑阶数为 n 的方阵 A 和 n 维向量的集合。矩阵 A 是向量空间上的线性算子，即 A 对每个向量进行运算，产生另一个向量，运算如下：

$$A(ax + by) = aAx + bAy$$

现在考虑向量 x 的集合，使得以下性质成立：

$$Ax = \lambda x$$

任何使上述属性成立的向量称为矩阵 A 的特征向量,其对应的 λ 称为特征值(eigenvalue)。

为了确定矩阵的特征向量和相对应的特征值,考虑方程 $Ax=\lambda x$ 可以写成

$$(A - \lambda I)x = 0$$

这又可以被写成一个线性方程组:

$$(A - \lambda I)x = \begin{bmatrix} a_{1,1}-\lambda & \cdots & a_{1,j} & \cdots & a_{1,n} \\ \vdots & \cdots & \vdots & \cdots & \vdots \\ a_{i,1} & \cdots & a_{i,i}-\lambda & \cdots & a_{i,n} \\ \vdots & \cdots & \vdots & \cdots & \vdots \\ a_{n,1} & \cdots & a_{n,j} & \cdots & a_{n,n}-\lambda \end{bmatrix} \begin{bmatrix} x_1 \\ \vdots \\ x_i \\ \vdots \\ x_n \end{bmatrix} = 0$$

这个方程组只有在矩阵 $(A-\lambda I)$ 是奇异矩阵的情况下才有非零解。为了确定矩阵 A 的特征向量和特征值,我们必须求解以下等式:

$$|A - \lambda I| = \begin{vmatrix} a_{1,1}-\lambda & \cdots & a_{1,j} & \cdots & a_{1,n} \\ \vdots & \cdots & \vdots & \cdots & \vdots \\ a_{i,1} & \cdots & a_{i,i}-\lambda & \cdots & a_{i,n} \\ \vdots & \cdots & \vdots & \cdots & \vdots \\ a_{n,1} & \cdots & a_{n,j} & \cdots & a_{n,n}-\lambda \end{vmatrix} = 0$$

这个行列式的扩展产生的一个 n 次多项式 $\varphi(\lambda)$ 称为矩阵 A 的特征多项式(characteristic polynomial)。$\varphi(\lambda)=0$ 被称为矩阵 A 的特征方程。通常情况下,该方程将具有 n 个根 λ_s,作为矩阵 A 的特征值。每一个特征值对应于线性方程组的一个解,如下所示:

$$\begin{bmatrix} a_{1,1}-\lambda_s & \cdots & a_{1,j} & \cdots & a_{1,n} \\ \vdots & \cdots & \vdots & \cdots & \vdots \\ a_{i,1} & \cdots & a_{i,i}-\lambda_s & \cdots & a_{i,n} \\ \vdots & \cdots & \vdots & \cdots & \vdots \\ a_{n,1} & \cdots & a_{n,j} & \cdots & a_{n,n}-\lambda_s \end{bmatrix} \begin{bmatrix} x_{1_s} \\ \vdots \\ x_{i_s} \\ \vdots \\ x_{n_s} \end{bmatrix} = 0$$

每个解表示对应于特征值 λ_s 的特征向量 x_s。如第12章所述,特征值和特征向量的确定是主成分分析的基础。

附录 E

模型选择准则：AIC 和 BIC

在前面的章节中，我们讨论了运用拟合优度来评估模型在解释数据方面的优劣。然而，如果我们想从几个候选模型中进行选择，该用什么标准筛选模型呢？众所周知，模型选择的标准是使模型尽可能地逼近现实。给定一组数据，为确定哪一个模型最契合数据，这牵涉最小化信息损失。信息理论主要涉及如何量化信息的期望，运用信息理论方法推导模型的选择有两种最常用的标准——Akaike 信息准则和贝叶斯信息准则[一]。正如本附录所述，这两个标准主要用于计量经济学模型的选择[二]。

E.1 Akaike 信息准则

在 1951 年，Kullback 和 Leibler 发展了一种方法来捕捉在逼近现实时所丢失的信息。Kullback 和 Leibler 认为好模型的标准是最小化信息损失。[三]二十年后，Akaike 将 Kullback-Leibler 的方法和极大似然估计方法联系起来（在许多统计分析中

[一] 除此之外，还出现了一些其他方法。一种方法是基于 Vapnik-Chervonenkis(VC)学习理论。该方法为学习理论提供了一个复杂的框架，在特定情况下它能够为模型的学习能力提供精确的理论界限。虽然其理论基础坚实，但 VC 理论的实际适用性很复杂。它在金融计量经济学方面尚未找到广泛的应用。见 Vladimir N. Vapnik, Statistical Learning Theory (New York ：John Wiley & Sons, 1998)。

[二] 有关 AIC 和 BIC 的这些应用的进一步讨论，请参见 Herman J. Bierens, "Information Criteria and Model Selection," Pennsylvania State University, March 12, 2006, working paper。除了 AIC 和 BIC 外, Bierens 还与 E. J. Hannan 和 B. G Quinn 讨论了另一个标准，见 E. J. Hannan and B. G. Quinn, "The Determination of the Order of an Autoregression," Journal of the Royal Statistical Society B, no. 41(1979)：190-195.

[三] S. Kullback and R. A. Leibler, "On Information and Sufficiency," Annals of Mathematical Statistics 22, no. 1(1951)：79-86.

使用的估计方法，如第 13 章中的描述），推导出一个模型选择标准（即公式）。[一] 这个标准，被称为 Akaike 信息准则（AIC），该模型选择标准通常被认为在实践中的使用位列第一。AIC 采用如下公式计算：

$$\text{AIC} = -2\log L(\hat{\theta}) + 2k$$

式中：θ——模型参数的集合（或者向量）；

$L(\hat{\theta})$——当由给定的数据使用极大似然估计得出参数 θ 后候选模型的似然值；

k——候选模型的参数数量。

单独使用 AIC 没有实际意义。因为每个候选模型都会计算该值，"最佳"模型是拥有最小 AIC 的候选模型。让我们来看看 AIC 的两个组成部分。第一个分量是对数似然函数 $-2\log L(\hat{\theta})$，$\log L(\hat{\theta})$ 计算了给定候选模型得到样本数据的概率。暂时不考虑第二个分量，由于似然函数值乘以 -2，具有最小 AIC 的模型很可能是具有极大似然函数值的模型。然而，除了第一个分量，还添加了一个基于估计参数数量的调整。参数越多，调整越大，从而增加了 AIC 值，对候选模型实施惩罚。因此，这里有一个权衡：为了更好地匹配需要创建更多参数使得模型更加复杂，但是必须考虑到添加更多参数所引起的惩罚。这就是为什么 AIC 的第二个组成部分被认为是惩罚的原因。

对于小样本来说，应该使用二阶 Akaike 信息准则（AIC_C 模型）替代前面描述的 AIC 准则。AIC_C 的计算为：

$$\text{AIC}_\text{C} = -2\log L(\hat{\theta}) + 2k + \frac{(2k+1)}{(n-k-1)}$$

其中，n 是观测值的数量。小样本是指当 $\frac{n}{k}$ 小于 40 的情况[二]。注意：当 n 增加时，AIC_C 模型中的第三项接近零，因此将得到与 AIC 相同的结果。当 n 很小或 k 很大的时候，AIC_C 模型也被建议用来代替 AIC。[三] 例如，在选择 ARMA 阶数的时

[一] 见 Hirotugu Akaike, "Information Theory and an Extension of the Maximum Likelihood Principle," in *Second International Symposium on Information Theory*, ed. B. N. Petrov and F. Csake (Budapest: Akademiai Kiado, 1973), 267-281; 和 Hirotugu Akaike, "A New Look at the Statistical Model Identification," *I. E. E. E. Transactions on Automatic Control*, AC 19, (1974): 716-723.

[二] Clifford M. Hurvich and Chih-Ling Tsai, "Regression and Time Series Model Selection in Small Samples," *Biometrika* 76, no. 2 (June 1989): 297-307.

[三] Kenneth P. Burnham and David R. Anderson, *Model Selection and Multimodel Inference: A Practical Information-Theoretic Approach*, 2nd ed. (New York: Springer-Verlag, 2002).

候（第 9 章有描述），使用的就是 AIC_C。[①]

通常为了增强评估每个候选模型的可信度，可以使用以下两个衡量方法：

- The delta AIC
- The Akaike weights

假设有 m 个候选模型，首先考虑 delta AIC 方法。每个候选模型都可以计算 AIC，简记为 AIC_m（$m=1,\cdots,M$）。拥有 AIC 最小值的模型用 AIC^* 表示，代表最优的模型。第 m 个候选模型的 delta AIC 记为 Δ_m，表示 AIC_m 和 AIC^* 的差值。然后将此差值用于确定对每个候选模型的支持程度。如果 delta AIC 的值：

- 小于 2，这表明有大量证据支持候选模型（即候选模型几乎和最佳模型一样好）。
- 在 4 到 7 之间，这表明候选模型的支持力度较小。
- 大于 10，这表明基本不支持候选模型（也就是说，它不可能是最优的模型）。[②]

针对 delta AIC_s 的上述取值范围只是一般的经验法则。

由于 delta AIC 的大小本身没有意义，所以为了提升评估候选模型的证据强度，我们仅仅对 delta AIC 的相对值感兴趣。Akaike 权重是通过规范相对似然值获得的，记为 w_m，即一个候选模型的 delta AIC 相对于所有候选模型的 AIC_s 之和的比率，如下式所示：

$$w_m = \frac{\exp(-0.5\Delta_m)}{\sum_{j=1}^{M}\exp(-0.5\Delta_j)}$$

给定样本数据，该测量方法对每个候选模型的支持力度的测量原理如下：Akaike 权重是每个候选模型在所有候选模型中最优模型的概率。例如，一个候选模型的 Akaike 权重为 0.60 意味着，该候选模型有 60% 的概率是最优的。

更多的信息可以通过计算不同候选模型的 Akaike 权重的比例来确定，在某种程度上一个候选模型比另一个候选模型更优。该衡量方法被称为证据比（evidence ratio），用来比较最佳模型和候选模型。例如，如果以最佳模型与某些候选模型计算的证据比为 1.8，那么可以被解释为最优的模型比候选模型成为最优模型的可能性大 1.8 倍。

[①] Peter J. Brockwell and Richard A. Davis, *Time Series: Theory and Methods*, 2nd ed. (New York: Springer-Verlag, 2009), 273.
[②] Burnham and Anderson, *Model Selection and Multimodel Inference*, 70.

那么，在第 3 章和第 4 章中描述的各种回归模型的统计检验以及逐步回归分析同 AIC 和假设检验在模型选择中的区别是什么？在前面的章节中，用于模型选择的是假设检验，在一定的置信水平下，一个独立的变量将被包含或排除在模型外。相反，应用 AIC 的模型选择基于证据的强度，并为每个候选模型提供不确定性度量。需要强调的是，AIC 能够确定哪种模型在候选模型中最优，但这并不意味着任何候选模型都能更好地解释数据。

E.2 贝叶斯信息准则

贝叶斯信息准则（Bayesian information criterion，BIC）是由施瓦茨[1]提出的，因此又被称作施瓦茨信息准则或施瓦茨-贝叶斯信息准则，是基于贝叶斯信息理论的另一种模型选择准则。BIC 和 AIC 的区别在于前者比后者具有更大的参数惩罚力度。Burnham 和 Anderson 的理论观点表明，更青睐于 AIC，尤其 AIC_C 优于 BIC[2]。此外，在多变量回归分析的情况下，Yang 解释为什么 AIC 在模型选择中优于 BIC[3]。

BIC 的计算如下：

$$BIC = -2\log L(\hat{\theta}) + k\log n$$

其中，上式中的变量和 AIC 的描述相同。

最优模型将提供最小 BIC，记为 BIC^*。与每个候选模型中的 delta AIC 相同，我们可以计算出 delta $BIC = BIC_m - BIC^*$。给定 m，delta BIC 可以被理解为相对候选模型的最佳模型。经验法则是[4]：

- 小于 2，则无法做出判断；
- 若介于 2 和 6 之间，则拒绝候选模型；
- 若介于 6 和 10 之间，则强烈拒绝候选模型；
- 若大于 10，则非常强烈地拒绝候选模型。

---

[1] Gideon Schwarz, "Estimating the Dimension of a Model," *Annals of Statistics* 6(1978): 461-464. The purpose of the BIC is to provide an asymptotic approximation to a transformation of the candidate model's Bayesian posterior probability.
[2] Burnham and Anderson, *Model Selection and Multimodel Inference*.
[3] Ying Yang, "Can the Strengths of AIC and BIC Be Shared?" *Biometrika* 92, no. 4 (December 2005): 937-950.
[4] Robert E. Kass and Adrian E. Raftery, "Bayes Factors," *Journal of the American Statistical Association* 90, no. 430(June 1995): 773-795. The rules of thumb provided here are those modifed in a presentation by Joseph E. Cavanaugh, "171: 290 Model Selection: Lecture VI: The Bayesian Information Criterion" (PowerPoint resentation, The University of Iowa, September 29, 2009).

附录 F

稳健统计

稳健统计(robust statistics)解决了在统计模型的基本假设条件下,估计量对于基本假设的微小变化过于敏感的问题。在本附录中,我们讨论稳健统计的一般概念和方法,并为第 8 章所涵盖的稳健估计的讨论提供背景信息。

F.1 稳健统计的定义

统计模型都基于一系列假设,其中最重要的假设包括:①关键变量的分布,例如,误差服从正态分布;②模型的设定,例如,模型线性或非线性。其中一些假设对估计过程至关重要,如果违反这些假设,估计就变得不可靠。而稳健统计能够:①评估由于基本假设的微小变化而引起的估计量变化;②在一些假设中创建对小变化不敏感的新估计量。本附录讨论的重点是对误差分布较小的变化,特别是对异常值进行稳健的估计。

稳健统计也有助于将分布于尾部的数据与分布于主体部分的数据分开。可以说,稳健检验和经典的非稳健性检验是互补关系。通过实施稳健的统计分析,可以更好地解释金融计量经济学发现的金融规律。

Peter Huber 研究认为,稳健(robust)、无分布估计(distribution-free)和非参数估计(nonparametrical)似乎是密切联系的,但是事实上不是。⊖例如,样本均值和样本中位数是总体样本均值和中位数的非参数估计,但均值对离群值没有稳健

⊖ Huber's book is a standard reference on robust statistics: Peter J. Huber, *Robust Statistics* (New York: John Wiley & Sons, 1981). See also R. A. Maronna, R. D. Martin, and V. J. Yohai, *Robust Statistics: Theory and Methods* (Hoboken, NJ: John Wiley & Sons, 2006).

性。事实上，一个观测值的变化可能对平均值有无限的影响，而中位数对半数以上样本的变化不敏感。稳健的方法假定所研究的分布函数确实存在参数，并试图尽量减少离群值和对分布形状的错误假设的影响。

本质上，给出稳健性的一般性定义需要很强的专业性。原因是，我们需要根据分布的变化对稳健性进行定义。也就是说，我们需要精确地给出概念，分布（函数）的微小变化，只会引起估计量的微小变化（数值）。因此，我们只给一个直观的、非专业的、稳健性的现代概念和衡量方法。

F.2 稳健性的定性和定量分析

这里先介绍估计方法稳健性的定性和定量分析的定义。估计量是样本数据的函数。给定一个服从累计分布函数 $F(x)$ 的 N 个样本数据 $X=(x_1,\cdots,x_N)'$，设 $F(x)$ 函数依赖于参数 θ_∞，则 θ_∞ 的估计量是该数列的一个函数。估计量可以写作经验分布的函数，定义为 $F_N(x)=$ 数值小于 x 的样本的百分比。

对于这样的估计量，可以写作

$$\hat{\vartheta} = \vartheta_N(F_N)$$

大多数估计量可以写成此形式，并且概率为 1。总的来说，当 $N\to\infty$ 时，依概率，$F_N(x)\to F(x)$ 和 $\hat{\vartheta}_N=\vartheta_\infty$。估计量 $\hat{\vartheta}_N$ 是一个依赖于样本的随机变量。在 F 分布条件下，$\hat{\vartheta}_N$ 的估计服从 $LF(\hat{\vartheta}_N)$ 分布。直观上，统计量可视为分布的函数，如果它关于分布是连续的，则它可以被视为稳健的。这意味着，统计量较小的变化也会引起累积分布函数发生较小的变化。

F.3 抗性估计量

估计量如果对单个观测值的变化不敏感，则称该估计量有抗性的（resistant）。[一]给定一个估计量 $\hat{\vartheta}=\vartheta_N(F_N)$，我们想要知道的是如果在大样本中增加一个新的观测值

[一] 股票 beta 的计算请参考 R. Douglas Martin and Timothy T. Simin, "Outlier Resistant Estimates of Beta," *Financial Analysts Journal* (September-October 2003): 56-58. 我们在第 8 章讨论过此应用。

x，将会发生什么。我们定义影响曲线（IC，influence curve），或者影响方程（IF，influence function），为在给定分布 F 的条件下，衡量单个观测值 x 对 ϑ 统计量的影响。在实践中，影响曲线是通过计算单个数据点 X 增加到 Y 后统计量的变化除以 X，并将各个点连接起来生成的。比如，影响曲线的均值是一条直线。

关于影响曲线的以下几个特点很有趣：

- 当 X 趋向于无穷的时候，曲线是否"有界"？稳健性检验应该是有界的。也就是说，稳健性检验不能受到极端值的影响。
- 当 X 的观测值趋向于无穷的时候，影响曲线的一般行为是什么？例如，当 X 值趋向无穷时，该值的权数是否会平滑地下降？
- 如果 X 点在 Y 点的中心位置会有什么影响？

在介绍了稳健性检验之后，我们再介绍一下在应用中非常重要的概念。

F.3.1 崩溃界（breakdown bound）

崩溃界或点是指，如果样本中的数据能够按一定比例被随意替换，但是估计量的变化是有界的，则该比例的最大值就是崩溃点。例如，我们可以改变 50% 的样本点，而不会引起中位数的无限变化。相反，一个观测值的变化可能对平均值有无界的影响。

F.3.2 拒绝点（rejection point）

拒绝点可以被定义为使 IC 为零的点。需要注意的是，超越拒绝点的观测值对最终的估计没有任何贡献。估计的拒绝点是有限的通常被认为是再降的（redescending），可以防止非常大的离群值的影响。然而，有限的拒绝点通常会导致被低估。这是因为当一个分布的尾部附近的样本被忽略时，估计过程中的观测值可能仍然不够。这反过来又对估计的效率产生不利影响。

F.3.3 大错敏感性（gross error sensitivity）

大错敏感性渐近地表示了污染观测值对估计量的最大影响。它是 IC 的最大绝对值。

F.3.4 局部转移的敏感性(local shift sensitivity)

局部转移的敏感性衡量了大量的 y 观测值被移除之后再引入的过程对 x 的影响。对连续可微的 IC，局部转移的敏感性就是 IC 所有点的斜率的绝对值。

F.3.5 缩尾原则(winsor's principle)

缩尾原则表明所有分布在中间是正常的。

F.4 M 估计量

M 估计量(M-estimator)是通过最小化样本数据的函数得到的估计量。正如第 13 章所解释的，普通最小二乘估计和最大似然估计是 M 估计的特例。假设有 N 个样本数据的 $X=(x_1,\cdots,x_N)$，估计量 $T(x_1,\cdots,x_N)$ 如果是通过下式得到的，则被称作 M 统计量：

$$T = \text{argmin}_t \left\{ J = \sum_{i=1}^{N} \rho(x_i,t) \right\}$$

其中，"argmin_t" 代表通过参数 t 最小化括号内表达式的取值，$\rho(x_i,t)$ 是依赖于统计值和变量 "argmin_t" 的函数。

如果 $\rho=-\log f$，其中 f 是概率密度函数，则最大似然估计就是 M 估计量(事实上，M 估计量的名字意味着最大似然类的估计量)。LS 估计量也 M 估计量。

F.5 最小中位数平方回归估计量

与 LS 估计最小化残差平方和不同，Rousseuw[1] 提出了最小化残差平方的中位数，称为最小平方中值(least median of squares，LMedS)估计量。该估计量有效地去除了残差最大的 $\frac{N}{2}$ 个观测值，并使用剩余残差中的最大值作为最小化的标准。

---

[1] P. Rousseuw, "Least Median of Squares Regression," *Journal of the American Statistical Association* 79(1984): 871-890.

这相当于假设噪声的比例是 50%。

由于不可以进行微分，LMedS 从计算角度来看有些不方便。这意味着需要对所有可能的参数值进行穷举搜索以找到全局最小值。

F.6 最小截尾二乘估计量

最小截尾二乘估计量（the least trimmed of squares，LTS）提供了通过最小化目标方程得到有效的稳健性估计的方法，目标方程为：

$$\left\{ J = \sum_{i=1}^{h} r_{(i)}^2 \right\}$$

式中：当残差按升序排列时，$r_{(i)}^2$ 是第 i 个最小的残差或距离，所以，$r_{(1)}^2 \leqslant r_{(2)}^2 \leqslant r_{(N)}^2$，$h$ 是纳入求和中的残差数量。该估计量基本上通过将具有最大残差的 $N-h$ 个点作为离群值，并从数据集中丢弃（截尾），得到一个稳健估计量。所得到的估计量就是截尾后的数据集的 LS 估计量。值得注意的是，h 应该尽可能接近数据集中包含的数据的数量，即我们不考虑离群值。

F.7 中心的稳健估计

均值是分布的中心的估计量，但是非抗性估计。中心的抗性估计量如下：

- 截尾均值（trimmed mean）。给定 $x_{(1)} \leqslant x_{(2)} \leqslant \cdots \leqslant x_{(N)}$ 按顺序排列样本值（即将样本排序）。截尾平均 $T_N(\delta, 1-\gamma)$ 可以被定义为：

$$T_N(\delta, 1-\gamma) = \frac{1}{U_N - L_N} \sum_{j=L_N+1}^{U_N} x_j$$

$$\delta, \gamma \in (0, 0.5) \quad L_N = \text{floor}[N\delta] \quad U_N = \text{floor}[N\gamma]$$

- 缩尾均值（winsorized mean）。缩尾均值 $\overline{X}_w$ 就是缩尾后的数据的均值：

$$y_j = \begin{cases} x_{I_N+1} & j \leqslant L_N \\ x_j & L_N + 1 \leqslant j \leqslant U_N \\ x_j = x_{U_N+1} & j \geqslant U_N + 1 \end{cases}$$

$$\overline{X}_W = \overline{Y}$$

- 中位数(median)。中位数 Med(X) 定义为在排序后的样本数据中，占据中间位置的值：

$$\mathrm{Med}(X) = \begin{cases} x(\frac{(N+1)}{2}) & \text{如果 } N \text{ 是奇数} \\ \left(\dfrac{(x(\frac{N}{2}) + x(\frac{N}{2}+1))}{2} \right) & \text{如果 } N \text{ 是偶数} \end{cases}$$

F.8 离差的稳健估计量

方差是离差的经典估计，但不稳健。离差的稳健估计如下：

- 中位数绝对偏差(median absolute deviation)。中位数绝对偏差(MAD)可以定义为一个变量与它的中位数之间差值的绝对值的中位数，即：

$$\mathrm{MAD} = \mathrm{MED}|X - \mathrm{MED}(X)|$$

- 四分位间距(interquartile range)。四分位间距(IQR)被定义为值最大的四分之一数据和值最小的四分之一数据的差异：

$$\mathrm{IQR} = Q(0.75) - Q(0.25)$$

其中，$Q(0.75)$ 和 $Q(0.25)$ 是样本的第 75 百分位的数值和第 25 百分位的数值。

- 平均绝对误差(mean absolute deviation，MeanAD)。平均绝对误差的定义如下：

$$\frac{1}{N} \sum_{j=1}^{N} |x_j - \mathrm{MED}(X)|$$

- 缩尾标准偏差(winsorized standard deviation)。缩尾标准偏差是数据缩尾后的标准偏差，即

$$\sigma_W = \frac{\sigma_N}{\dfrac{(U_N - L_N)}{N}}$$

F.9 稳健统计举例

为了说明稳健统计的影响,以日本石油在 1986~2005 年间的日收益率序列为例,如图 F-1 所示。

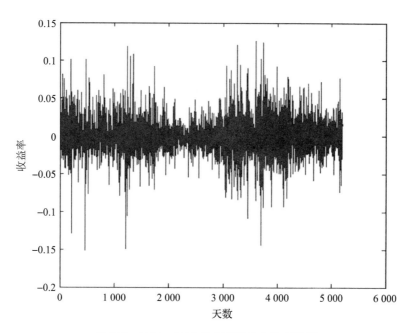

图 F-1　1986~2005 日本石油日收益率序列

如果计算这个序列的均值、截尾均值和中位数,我们会得到以下的结果:

均值　　　　　　　$= 3.839\,6\mathrm{e}-005$

截尾均值(20%)　　$= -4.563\,6\mathrm{e}-004$

中位数　　　　　　$= 0$

为了显示这些估计量的稳健性,让我们把前 10% 的最高收益/后 10% 的最低收益乘以 2。如果再计算相同的量,可以得到:

均值　　　　　　　$= 4.475\,6\mathrm{e}-004$

截尾均值(20%)　　$= -4.493\,6\mathrm{e}-004$

中位数　　　　　　$= 0$

虽然均值在很大程度上受到影响,但是中位数不受影响,而截尾均值只受到轻微的影响,增加了20%。

我们可以对差值做同样的检验。如果我们计算标准偏差 IQR 和 MAD,可以得到以下结果:

标准差　　　　　＝0.022 9
IQR　　　　　　＝0.023 7
MAD　　　　　　＝0.016 4

让我们把前10%的最高收益/后10%的最低收益乘以2,新的结果如下:

标准差　　　　　＝0.041 5
IQR　　　　　　＝0.023 7
MAD　　　　　　＝0.024 8

MAD 值比标准差受变化的影响小,而 IQR 值不受影响。如果将前25%的最高收益/后25%的最低收益乘以2,我们得到以下结果:

标准差　　　　　＝0.045 0
IQR　　　　　　＝0.023 7
(但是,如果突然增加或者减少一个元素,数值会突然变化)
MAD　　　　　　＝0.029 9

推荐阅读

中文书名	原作者	中文书号	定价
公司金融(第12版·基础篇)	理查德 A. 布雷利 伦敦商学院	978-7-111-57059-2	79.00
公司金融(第12版·基础篇·英文版)	理查德 A. 布雷利 伦敦商学院	978-7-111-58124-6	79.00
公司金融(第12版·进阶篇)	理查德 A. 布雷利 伦敦商学院	978-7-111-57058-5	79.00
公司金融(第12版·进阶篇·英文版)	理查德 A. 布雷利 伦敦商学院	978-7-111-58053-9	79.00
《公司金融（第12版）》学习指导及习题解析	理查德 A. 布雷利 伦敦商学院	978-7-111-62558-2	79.00
投资学（第10版·精要版）	滋维·博迪 波士顿大学	978-7-111-48772-2	55.00
投资学（第10版·精要版·英文版）	滋维·博迪 波士顿大学	978-7-111-48760-9	75.00
投资学：原理与概念（第12版）	查尔斯 P.琼斯 北卡罗来纳州立大学	978-7-111-53341-2	89.00
投资学原理：估值与管理（第6版）	布拉德福德 D. 乔丹 肯塔基大学	978-7-111-52176-1	95.00
投资学：以Excel为分析工具（原书第4版）	格莱葛 W.霍顿 印第安纳州立大学	978-7-111-50989-9	45.00
财务分析:以Excel为分析工具(第6版)	蒂莫西 R. 梅斯 丹佛大都会州立学院	978-7-111-47254-4	59.00
个人理财(第6版)	杰夫·马杜拉 佛罗里达亚特兰大大学	978-7-111-59328-7	79.00
固定收益证券	彼得罗·韦罗内西 芝加可大学	978-7-111-62508-7	159.00